Kohlhammer
Urban-
Taschenbücher

D1868673

für Kollegen Beutler
mit herzlichem Gruß
aus Münster

28.8.97

Karl Röming

Band 455

Karl Löning

Das Geschichtswerk des Lukas

Band 1
Israels Hoffnung und Gottes Geheimnisse

Verlag W. Kohlhammer
Stuttgart Berlin Köln

Die Deutsche Bibliothek – CIP-Einheitsaufnahme

Löning, Karl:
Das Geschichtswerk des Lukas/Karl Löning. – Stuttgart ; Berlin ;
Köln : Kohlhammer

Bd. 1. Israels Hoffnung und Gottes Geheimnisse. – 1997
(Urban-Taschenbücher ; Bd. 455)
ISBN 3-17-013121-4

Umschlagbild: Chartres, Kathedrale Notre Dame. Ausschnitt aus dem Bogenfeld des mittleren Königsportals, um 1140.

Stuttgart Berlin Köln
Verlagsort: Stuttgart
Umschlag: Data Images
audiovisuelle Kommunikation GmbH
Gesamtherstellung:
W. Kohlhammer Druckerei GmbH + Co. Stuttgart
Printed in Germany

Inhaltsverzeichnis

Vorwort

Mit diesem ersten von drei Bänden einer Gesamtinterpretation des lukanischen Doppelwerks (Lukasevangelium und Apostelgeschichte) wird eine Analyse vorgelegt, die sich nicht nur konsequent an der erzählerischen Einheit der beiden Bücher orientiert, sondern vor allem davon ausgeht, daß das lukanische Geschichtswerk in seiner Ganzheit überhaupt nur als Erzählung verstanden werden kann. Die Interpretation folgt dem Grundsatz, daß der Text so, wie er in seiner Endfassung vorliegt - auch ohne Kenntnis seiner Entstehung durch die Redaktion von Quellen, von denen auch der ursprüngliche Leser nichts wußte - , verständlich ist, wenn der Leser dem Gang der erzählten Handlung als Programm der Lektüre folgt.
Im ersten Teil dieses ersten Bandes wird die inhaltliche Konzeption des Geschichtswerks des Lukas, eben diesem Prinzip entsprechend, über die erzählerische Gesamtstruktur des Werkes erschlossen. Die Schlüsseltexte dafür sind das Proömium Lk 1,1-4 und vor allem der Zyklus der Ostererzählungen Lk 23,50-24,52. Im übrigen wird der Text fortlaufend kommentiert.
Das Analyseverfahren favorisiert den synchronen Ansatz. Die dabei angewandte Methode entspricht neueren Einsichten der narrativen Semiotik. Meine Absicht ist es aber weder, den Prinzipien und klassischen Methoden der historischen Kritik, die ihre Berechtigung haben und behalten, den Kampf anzusagen, noch die linguistischen Theorien, auf denen meine Arbeit aufbaut, als neue Mysterien zu feiern. Es geht mir darum, auf der jedem Leser durch Lektüre zugänglichen Erfahrung mit erzählenden Texten aufzubauen und zu zeigen, welche Kompetenz ein heutiger Leser hat und aufbieten muß, wenn er sich mit diesem und ähnlichen theologisch erzählenden Texten selbständig befassen will.
Die hier vorgelegte Interpretation stellt das lukanische Geschichtswerk in den Kontext nicht nur der urchristlichen Literatur, sondern vor allem auch der frühjüdischen Religionsgeschichte, speziell der apokalyptischen Weisheit. Auf diesem Hintergrund ergeben sich wesentliche neue Einsichten in seine Relevanz. Das lukanische Geschichtswerk erweist sich so als Dokument einer frühchristlichen Auseinandersetzung mit dem Problem des Verhältnisses der christlichen Gemeinden zur jüdischen Geschichte. Das Geschichtswerk des Lukas ist ein originärer, einheitlicher Entwurf der Ursprungsgeschichte des Christentums, mit dem Lukas die Reichweite des historisch-theologischen Erinnerungsvermögens des (nachpaulinischen) Christentums seiner Zeit im Verhältnis zur jüdischen Hoffnungsgeschichte bestimmt.
Lukas stellt die eigene Ursprungsgeschichte dar als ambivalenten historischen Prozeß. Er versteht ihn einerseits als die vom jüdischen Volk

erhoffte Wiederherstellung der zerfallenen Davidsherrschaft durch den Messias Jesus, der als der Lehrer Israels und als der erste von Gott aus dem Tod errettete Gerechte das Hoffnungswissen des jüdischen Volkes bewahrheitet; er versteht diesen Prozeß andererseits als die Geschichte des Gelingens und des Scheiterns der Verständigung der Zeugen Jesu mit dem jüdischen Volk über diese Interpretation der Geschichte Israels und ihrer so nicht erwarteten Vollendung. Die Auseinandersetzung darüber erzählt Lukas facettenreich als Zerbrechen der ursprünglichen Einheit von Juden und Christen. Er sieht in dem von ihm dargestellten und zugleich historisch und theologisch analysierten Ereigniszusammenhang das eschatologische Krisengeschehen, das trotz aller Abbrüche und Widersprüche letztlich die Wiederherstellung Israels nach Gottes verborgenem Plan ist und sein wird.

Lukas schreibt für ein heidenchristliches Publikum, das sich knapp eine Generation nach der Zerstörung des Jerusalemer Tempels seiner eigenen kulturellen Identität vergewissern muß. Dies ermöglicht Lukas seinem Leser durch die Erinnerung an den historisch verschütteten Anfang und an das für die christliche Identität grundlegende Verhältnis zur Geschichte des jüdischen Volkes.

Einführung

1. Erzählung und theologischer Sinn

Das lukanische Geschichtswerk ist nach der indirekten Selbstklassifizierung im Proömium des ersten Buches (Lk 1,1-4) eine *Erzählung* (διήγησις, narratio; V 1). Es stellt *Ereignisse* (πράγματα) dar. Daß diese Ereignisse von theologischer Qualität und von theologischem Interesse sind, wird innerhalb des Proömiums deutlich an der Art der Charakterisierung der vom Autor benutzten Quellen einerseits und der Zielsetzung des Werkes andererseits. Das Werk beruht nach Lk 1,2 auf der Überlieferung, die sich herleitet von Augenzeugen, die selbst an den *Ereignissen* beteiligt waren als "Diener des *Wortes*". Das lukanische *Geschichtswerk* selbst setzt sich zum Ziel, die "Gewißheit der *Worte*" (V 4) zu erweisen, in denen sein Leser unterwiesen worden ist. Es gibt demnach einen engen Zusammenhang zwischen dem, was der Erzähler Lukas an Ereignissen darstellt, und dem theologischen Sinn, den er der Lektüre seiner historischen Monographie beimißt. *Theologie* und *Narrativität* stehen dabei nicht in einem äußerlichen Verhältnis zueinander, das man auflösen oder anders konstruieren könnte, sondern das *Erzählen* ist für die lukanische Theologie die *konstitutive Form des Redens von Gott.* Dies gilt nicht nur für das lukanische Geschichtswerk, sondern von der biblischen Tradition generell. Sie spricht von Gott nicht in erster Linie wie über einen Gegenstand spekulativen Denkens, sie macht Gott nicht primär zu einem Thema theologischer Reflexion, sondern sie redet von Gott als dem handelnden Subjekt einer Geschichte, der Geschichte seines Volkes Israel. Deshalb ist die erzählende Erinnerung die *adäquate* Form der Rede von Gott. Erzählen ist keine beliebige Verpackung für theologische Inhalte, die in der Erzählung lediglich enthalten sind, z.B. in Form von Aussagen über Gott, über Schöpfung und Gottesherrschaft, Sünde und Erlösung und dergleichen, die entweder in den erzählten Geschichten von einer Figur geäußert werden oder vom Erzähler der Geschichten kommentierend beigesteuert werden, die aber auch außerhalb der Erzählung unabhängig von den erzählten und erinnerten Ereignissen ausgesagt werden könnten. Das in den theologischen Erzählungen Erzählte als solches, die *Handlung*, ist der theologische Inhalt.

Dies ist die Grundvoraussetzung, mit der diese Interpretation des lukanischen Geschichtswerks unternommen wird. Es geht mir darum, dieses Werk als theologische *Erzählung* - und nicht nur als erzählende *Theologie* - zu lesen und diesen Leseprozeß methodisch zu reflektieren. Dazu wird ein entsprechendes methodisches Instrumentar eingesetzt. Es ist nicht in jeder Hinsicht neu und beruht auch nicht auf völlig neuen theoretischen Einsichten über das Wesen erzählender Kommunikation. Es entspricht allerdings auch nicht den klassischen Methoden der historisch-kritischen Exegese. Daher scheint es angebracht, die grundlegenden Voraussetzungen und typischen methodischen Verfahren dieser Arbeit vorzustellen.

2. Übersetzungskriterien

Der effektivste und ganz einfach zu praktizierende erste Schritt der semantischen Erschließung eines Erzähltextes besteht nach meiner Erfahrung darin, daß man im Text die *Hauptsatzprädikate* auf der 1. Textebene (vgl. dazu S. 14, auf der alle Funktionen der Handlung explizit erscheinen, *markiert*, um die Wörter hervorzuheben, die die einzelnen Handlungselemente der Erzählung benennen. Dabei darf aber die *Syntax des griechischen Originaltextes* in diesem entscheidenden Punkt nicht verändert werden. Syntaktisch unselbständige Verbalkonstruktionen (Prädikate der Nebensätze, participia coniuncta, genitivi absoluti und dergleichen) dürfen im Deutschen nicht durch Hauptsätze wiedergegeben werden, weil sonst Elemente der Handlung, die nach der Logik der Syntax im griechischen Original lediglich als einer Handlung zugeordnete Nebenaspekte erscheinen, zu Handlungen im eigentlichen Sinn aufgewertet werden. Die Einheitsübersetzung teilt z.B. das Proömium des Lukasevangeliums Lk 1,1-4, das aus einer einzigen Satzperiode besteht, in vier selbständige Sätze bzw. Satzgefüge auf. Die entsprechenden vier Handlungen verteilen sich auf drei Instanzen. Zwei entfallen auf die Autoren, deren Werke der Verfasser des lukanischen Geschichtswerkes als Quellen benutzt, eine auf den Autor Lukas selbst und eine auf den Leser seines Werkes. Im griechischen Original bezieht sich dagegen das einzige (!) Hauptsatzprädikat auf den Autor des lukanischen Werkes. Dieser teilt seinen Entschluß mit, dieses Werk zu verfassen. Was die Einheitsübersetzung in drei weitere Hauptsätze transformiert, betrifft die Voraussetzungen (V 1 f) und das Ziel (V 4) des lukanischen Geschichtswerks. Dadurch daß diese Aspekte zu gleichrangigen Themen aufgewertet werden, verliert das Hauptthema des Proömiums seine ihm im Originaltext eignende Solitärstellung. Der Benutzer der Einheitsübersetzung kann diese Veränderung nicht durchschauen. Er bekommt zwar eine syntaktisch leichtere Lesart geboten, die aber semantisch weniger klar ist als der Originaltext.

Umgekehrt gilt entsprechend, daß Hauptsätze des griechischen Textes bei der Übersetzung nicht in Nebensätze umgeformt werden dürfen, weil dadurch ein selbständiges Element der Handlung abgewertet wird zu einem Aspekt einer anderen Handlung, z.B. zu einer bloßen Folge, die sich aus einer selbständigen Handlung ergibt. Ein Beispiel dafür: Die Einheitsüber-

setzung gibt Lk 5,6b ("Es drohten aber ihre Netze zu zerreißen") mit einem Konsekutivsatz wieder ("... daß ihre Netze zu reißen drohten"). Die Gefahr, von der hier die Rede ist, entsteht nach der Logik der Syntax der Einheitsübersetzung als die Folge davon, daß mit den Netzen eine übergroße Menge von Fischen eingefangen worden ist. Das Zerreißen der Netze illustriert also lediglich die wunderbare Größe der Menge (vgl. V 6a). Von einer drohenden Gefahr zu sprechen, erscheint dann eher als eine Übertreibung. (Wem fällt schon auf, daß das Motiv einer drohenden Schädigung dann eigentlich gar nicht am Platz ist?) Tatsächlich ist von einem solchen Zusammenhang im griechischen Text nicht die Rede. Mit dem Hauptsatz Lk 5,6b setzt nach der Logik des griechischen Originalwortlauts eine neue Handlungssequenz ein, die sich aus insgesamt vier Funktionen zusammensetzt: Ein Schaden droht (διερρήσσετο V 6b). Um ihn abzuwenden, werden Helfer verständigt (κατένευσαν V 7a). Diese kommen zu Hilfe (ἦλθον V 7b). Zusammen mit den Helfern wird die Fülle ohne Schaden und Verlust geborgen (ἔπλησαν V 7c), so daß - hier folgt wirklich sinngemäß ein Konsekutivsatz - beide Boote tief einsinken. Das Schadensmotiv wird auf diese Weise viel stärker gewichtet als in der Einheitsübersetzung, nämlich als erzählerisches *Disäquilibrium*, mit dem - nach dem glücklichen Gelingen des wunderbaren Fischfangs nach vergeblicher Arbeit in der Nacht - die Erzählspannung erneut aufgebaut wird, bis sie mit der gelungenen Bergung des Fangs vorläufig wieder zur Ruhe kommt. Welche Bedeutung dies im Sinne des Erzählers Lukas haben könnte, erscheint dann aber nicht als nebensächlich, sondern als ein entscheidender Aspekt der Interpretation. Daß die an sich wünschenswerte Größe einer Menge zum Problem werden kann, ist ein für Lukas charakteristisches Thema (vgl. z.B. Apg 6,1).
Der durch die Syntax gegebene Rhythmus der einzelnen Handlungselemente ist also für das Verständnis einer Erzählung höchst aufschlußreich. Als in dieser Beziehung verläßliche Übersetzungen sind vor allem das Münchener Neue Testament und die Interlinearübersetzung von Chr. Dietzfelbinger zu empfehlen. Im folgenden werde ich bei jeder einzelnen Analyse die Hauptsatzprädikate des jeweiligen Textes (wie oben) in der Regel durch Hinzufügen des griechischen Wortes eindeutig kennzeichnen, so daß die Interpretation auch mit Hilfe anderer Übersetzungen nachvollzogen werden kann.

3. Textebenen

Ein Drama wird auf einer sichtbaren Bühne mit leibhaftig agierenden Schauspielern inszeniert. Der Zuschauer sieht die Bühne und die agierenden Schauspieler. Er bekommt als Text nur geboten, was die Schauspieler als Rollentext sprechen. Was sonst noch im Textbuch des Regisseurs steht, wird im Theater dem Zuschauer nicht als Text geboten, sondern, vom Regisseur umgesetzt, als Bühnenbild, als Mimik und Gestik der Schauspieler, als nonverbales Geräusch, Requisite und dergleichen. Dies ist bei der Erzählung anders. Der Erzähler inszeniert die gesamte Handlung auf der Bühne der Vorstellungskraft seines Lesers. Alle szenischen Vorstellungen (Räume, Zeiten, Requisiten), alle nonverbalen Elemente der Handlung (Körpersprache, sprachlich nicht geäußerte Wahrnehmungen und Empfindungen und dergleichen) werden durch Erzählung und Lektüre, also sprachlich als Text durch den Erzähler und den Leser realisiert. Der von den Figuren der erzählten Handlung gesprochene Text erscheint dabei erst auf einer zweiten Textebene (Figurenrede), die jeweils als Teiltext in die erste Textebene eingebettet ist, auf der der Erzähler alle einzelnen Handlungen der Figuren, auch die verbalen, ausdrücklich durch ein Satzprädikat bezeichnet. Soweit in diesem Buch Texte aus dem lukanischen Geschichtswerk präsentiert werden, geschieht dies in einer entsprechend segmentierten Form. Bei der Segmentierung wird der einzelne Text zunächst durch horizontales Einrücken nach Kommunikationsebenen gegliedert.

0. Textebene: Ebene der metakommunikativen und metanarrativen Sätze
Der Autor erzählt nicht, sondern verständigt sich mit seinem Leser über den Text, den er erzählt hat oder erzählen wird, und/oder über dessen Verhältnis zu sonstigen Texten. (Im lukanischen Werk trifft dies auf die Proömien der beiden Bücher zu.)

> 1. Textebene: Ebene der fortlaufenden Handlung (die ganze erzählte Geschichte)
> Hier werden alle Sätze angeordnet, deren Prädikat die Handlung einer der Figuren der erzählten Welt bezeichnet, gleichgültig ob transitiv oder intransitiv, verbal oder nonverbal gehandelt wird.
>
> > 2. Textebene: Ebene der Kommunikation der Figuren der erzählten Welt
> > Hier werden die als wörtliche Rede abgehobenen Teiltexte angeordnet, mit denen sich die Figuren der erzählten Welt untereinander verständigen.
> >
> > > 3. (und weitere) Textebene(n): Ebene der in der Kommunikation der Figuren der erzählten Welt zitierten Texte anderer Herkunft
> > > Hier werden vor allem Schriftzitate im Munde Jesu oder der Apostel in den Reden der Apg angeordnet.

Die horizontale Gliederung bezieht sich also vor allem auf das Verhältnis von Texten und Teiltexten, besonders auf das Verhältnis von Gesamter-

zählung und wörtlicher Rede. Ich werde nicht nur die übersetzten Texte selbst, sondern auch Paraphrasen von Handlungsabläufen entsprechend segmentieren.
In der Vertikalen werden die Texte nach bestimmten im Text gegebenen Signalen in Sequenzen, Szenen und Episoden gegliedert. (Vgl. dazu unten die Punkte 6 und 7.)
Die Segmentierung des Proömiums Lk 1,1-4, das ja aus nur einem Satzgefüge besteht, erfolgt unterhalb der Satzebene nach syntaktischen und semantischen Kriterien.

4. Die Erzählung als Darstellung einer Handlung

Die Erzählung ist nach der Poetik des Aristoteles wie das Drama eine Form der poetischen *"Darstellung"* (μίμεσις) *einer "Handlung"* (πρᾶξις). Denn nicht nur speziell für die Tragödie, sondern vom Gegenstand der poetischen Darstellung allgemein gilt: "Wer etwas darstellt, stellt handelnde Menschen dar" (Poetik 1448a). Die Frage, welche *Charaktere* diese handelnden Menschen haben, ist demgegenüber zweitrangig. Die Personen im Drama und in der Erzählung charakterisieren sich durch ihr Handeln. Sie handeln nicht deshalb, weil sie Charaktere darzustellen haben, sondern umgekehrt stellen sie Charaktere dar, indem sie handeln (vgl. 1450a). Ohne Handlung gibt es keine Tragödie, wohl aber möglicherweise ohne Charaktere (ebd.).
Die Darstellung einer Handlung geschieht in erzählenden Texten durch die explizite Bezeichnung von Handlungen (Funktionen) der an der Handlung beteiligten Figuren. Syntaktisch handelt es sich bei diesen Bezeichnungen um Verbformen, insbesondere um die Prädikate der Hauptsätze einer Erzählung. Die dargestellte Handlung als ganze setzt sich zusammen aus den einzelnen Funktionen der einzelnen Akteure, syntaktisch gesprochen: aus den Satzkernen der Sätze und Satzgefüge, aus denen die Erzählung besteht. Die Reihe der Hauptsatzprädikate enthält daher im Kern den von Aristoteles als μῦθος, im Deutschen üblicherweise als 'Fabel' bezeichneten 'plot' der Erzählung.

5. Das Spannungsgefüge einer Handlung

Durch das letzte Beispiel ist bereits deutlich geworden, daß es bei der Hervorhebung der Handlungselemente eines Erzähltextes darauf ankommt, ihren Zusammenhang zu erkennen. Die Handlung einer Erzählung ist etwas Einheitliches, Zusammenhängendes, nicht nur eine Summe aus unkoordinierten Einzelfunktionen. Konstitutiv für den Zusammenhang von

Einzelfunktionen als Handlung ist das Spannungsgefüge einer Erzählung. Die Spannung wird in der Exposition in der Regel angelegt durch ein *Disäquilibrium* (Mangel, Schädigung, Trennung, Gefahr u.ä.), das die neutrale Ausgangssituation, von der eine Erzählung ihren Anfang nimmt ("Ein Mann ging von Jerusalem nach Jericho ..."), in Unordnung bringt ("... und fiel Räubern in die Hände"). Dadurch wird die folgende Handlung erzählökonomisch erforderlich zur Wiederherstellung der gestörten Verhältnisse in einem durch die Erzählung erreichten neuen *Äquilibrium*. Das Ende kann glücklich sein oder eine Katastrophe; der Schluß kann auch offen sein. Was ein erzählerisch sinnvolles Ende ist, definiert sich aber über das Spannungspotential des Disäquilibriums. Man kann die Erzählung, die mit der Ausplünderung eines Reisenden durch Räuber beginnt, entweder täterorientiert damit enden lassen, daß die Übeltäter bestraft werden, oder opferorientiert damit, daß der Geschädigte seine Reise doch noch fortsetzt. So oder so wird aber Potential genutzt, das im Ausgangsmotiv der Schädigung eines Reisenden durch Raub und Körperverletzung steckt. Das Verhältnis von Anfang und Ende ist maßgeblich für den gesamten Erzählverlauf und die Struktur der Einzelelemente zueinander.

6. Die Sequenz als dramatische Einheit

Das Spannungsverhältnis von expositionellem Disäquilibrium und finalem Äquilibrium bestimmt das Gefüge der gesamten Handlung, die zwischen diesen Polen verläuft. In den kleinen Erzählgattungen, mit denen wir es zu tun haben werden, kann man beobachten, daß sich mit großer Regelmäßigkeit die einzelnen Funktionen der Handlungsträger nach dem Gesetz der Spannung zwischen dem Disäquilibrium der Exposition und dem Schluß *paarweise* aufeinander beziehen. Sie bilden kleinste *Handlungs-Sequenzen* z.B. im Schema fragen - antworten, geben - nehmen, sehen (Reiz) - dennoch weitergehen (Nicht-Reaktion) oder im Gegenteil sich von Mitleid bewegen lassen u.ä.. Den ersten Handlungszug einer Sequenz nenne ich Protasis, den zweiten Apodosis. Sequenzen dieser elementaren Art beruhen auf dem Entsprechungsverhältnis zweier Funktionen von Akteuren, syntaktisch gesprochen: sie ergeben sich aus dem Verhältnis der Prädikate zweier aufeinander folgender Hauptsätze. Dieses Phänomen begegnet, wie gesagt, so regelmäßig, daß andere Anordnungen von Handlungselementen mit ihren Spezialeffekten dagegen auffallen. Wenn z.B. die Reaktion auf eine Aktion ausbleibt, ist dies kein gutes Omen für den Fortgang der Handlung. Das Halten der Spannung in der steigenden Handlung vollzieht sich oft durch Verdopplungen der Protasis, des eröffnenden Elements von Sequenzen. Dasselbe kann aber auch durch die

Verdopplung des respondierenden Teils (Apodosis) einer Sequenz erfolgen. Die positive Reaktion (Admiration) des Publikums auf das Sprachenwunder Apg 2,7-11 z.B. steht in Spannung zu der gespaltenen Reaktion (Ratlosigkeit und Skepsis) desselben Publikums Apg 2,12-13 demselben Phänomen gegenüber. Das Bestaunte ist zugleich das Bezweifelte. Was dem heutigen Leser als erzählerischer Verstoß gegen die psychologische Wahrscheinlichkeit der Darstellung erscheinen mag, ist aber gerade charakteristisch für das lukanische Verständnis des Vorgangs, um den es hier geht. Der Anfang der Erneuerung der Schöpfung im Geist wird so erzählt, daß dabei das problematische Verhältnis von Gottes Handeln und menschlichem Wissen, der Spannung zwischen der Hoffnung Israels und den Geheimnissen der Gottesherrschaft erzählerisch manifest wird. Die Reaktion desselben Publikums auf die Pfingstrede des Petrus Apg 2,37a wird durch eine komplette Dialog-Sequenz weitergeführt (Apg 2,37b-41). Die Schwierigkeit der Verständigung über das schöpferische Handeln Gottes und die Kraft der Rede, die diese Verständigung herbeiführen kann, werden so erzählerisch sichtbar gemacht.

Bei der inhaltlichen Erschließung eines Erzähltextes werde ich also von diesem elementaren Phänomen, der sequentiellen Struktur der Handlung, ausgehen. Das gerade benutzte 'Wir' bezieht sich auf 'uns' als Leser des lukanischen Werkes. Das Verstehen der Sequenzen einer erzählten Handlung gehört nämlich zu den schöpferischen Leistungen, die ein Text seinen Lesern abverlangt. Das Verhältnis der einzelnen Handlungselemente zueinander wird durch die syntaktischen Verknüpfungen eines Erzähltextes oft nur additiv, oft logisch mehrdeutig oder nicht vollständig bestimmt. Dies gilt in besonderem Maße von der für neutestamentliche Erzähltexte typischen καί-Parataxe (Verknüpfung von Sätzen mit "und"). Diese und andere "Leerstellen" (W. Iser) füllt der Leser aus. Die einzelnen Sätze und Satzgefüge einer Erzählung werden erst durch den Leser im Prozeß der Lektüre zu einem Kontinuum. Diese schöpferische Leistung vollzieht sich in der Regel, ohne daß sich der Leser über die Unbestimmtheiten des Textes und seine eigene kombinatorische Leistung Rechenschaft gibt.

Das hier praktizierte Verfahren der Analyse von Erzähltexten beruht auf der Idee, diesen elementaren Beitrag des Lesers bei der Realisierung des Textsinns nach den eindeutigen Kriterien der Syntax an der Struktur der Texte aufzuweisen und bewußt zu machen. Mein Ziel dabei ist es nicht, dem Leser seinen schöpferischen Anteil an der Sinnkonstitution abzunehmen und ihm die Freude an der Lektüre zu verderben. Die Arbeit, die hier unternommen wird, scheint mir deswegen notwendig zu sein, weil das Lesen biblischer Texte, vor allem der Evangelien, mit der beschriebenen Methode in seiner ursprünglichen Dynamik überhaupt erst wieder rekonstruiert werden muß. Der biblische Text rechnet ja nicht mit uns als

Lesern. Er setzt offensichtlich einem heutigen Leser fremde Formen der literarischen Kommunikation voraus.

7. Szenen, Episoden, Zyklen

Wir sind von der Sequenz als der elementaren Struktur der Erzählung ausgegangen und haben diese bisher auf der niedrigsten Ebene definiert als kleinste Einheit im Zusammenspiel der Figuren einer Erzählung, syntaktisch als den Zusammenhang mindestens zweier Funktionen, die durch die Prädikate zweier Hauptsätze bezeichnet werden. Im übrigen halte ich mich bei der Gliederung erzählender Texte an den von E. Gülich und W. Raible entwickelten Kriterienkatalog. Nach diesen Kriterien wird als *Szene* eine Einheit bezeichnet, die durch eine bestimmte *Figurenkonstellation* definiert ist (z.B. die Szene Engel - Zacharias Lk 1,11-20), als *Episode* die übergeordnete Einheit, die durch *Orts- und/oder Zeitangaben* zusammengehalten wird (z.B. die erste Tempel-Episode Lk 1,8-23, die aus zwei Szenen besteht). Diese Definitionen sind wegen der Eindeutigkeit der Gliederungskriterien nicht schwierig. Eindeutig ist auch die höchstrangige Gliederung. Das lukanische Geschichtswerk wird durch zwei Proömien (Lk 1,1-4; Apg 1,1 f) in zwei "Bücher" (vgl. Apg 1,1) gegliedert. Dazwischen rechne ich mit einer weiteren Größenordnung von literarischen Einheiten, die ich als Zyklen bezeichne. Mit Lk 1,5-7 beginnt z.B. eine als Zyklus zusammenhängende Reihe von Episoden, deren Einheit definiert ist durch ein Disäquilibrium (Kinderlosigkeit; Lk 1,7), das mit dem Lobgesang des Vaters nach der Geburt und der Namengebung des ersehnten Kindes aufgehoben wird (Lk 1,57-79).

Eine für meine Interpretation des lukanischen Geschichtswerkes grundlegende These ist, daß auch auf diesen Ebenen das Prinzip der Sequentialität aller Handlungsstrukturen herrscht. Elementarsequenzen verbinden sich zu komplexeren Sequenzen, die die Struktur von Szenen ausmachen. Szenen bilden Sequenzen innerhalb von Episoden, Episoden innerhalb von Zyklen. Letztlich läßt sich auch, wie sich zeigen wird, das Verhältnis von Zyklen und schließlich das der beiden Bücher, aus denen das lukanische Geschichtswerk insgesamt besteht, als sequentielle Struktur auffassen, d.h. als aufeinander sequentiell bezogener Komplex einer Handlung. Genauer gesagt: Meine Überzeugung ist, daß die umstrittene Frage der *thematischen Einheit des lukanischen Geschichtswerks* nur zu beantworten ist über die Bestimmung des sequentiellen Zusammenhangs der zwei *Handlungs*komplexe, die die beiden Bücher darstellen, in die sich das lukanische Geschichtswerk als ganzes gliedert.

I. Die literarische und theologische Konzeption des lukanischen Geschichtswerkes

1. Die Gewißheit der Worte. Gattung, Thema und Intention des lukanischen Geschichtswerkes nach Lk 1,1-4

Anders als die übrigen kanonischen Evangelien beginnt das lukanische Geschichtswerk mit einem Proömium. In Lk 1,1-4 wird noch nicht erzählt, sondern wird etwas besprochen, wie an der grammatischen Struktur des Textes unschwer abzulesen ist: Es spricht ein Autor (1. Pers. Sing.) mit einem Adressaten (2. Pers. Sing.) über Themen und Sachverhalte (3. Pers. Sing. und Plur.) von gemeinsamem Interesse (1. Pers. Plur.). Lk 1,1-4 ist ein Schlüssel zum lukanischen Geschichtswerk, den der Autor dem Leser seines Werkes in die Hand gibt. Denn von diesem Werk ist im Proömium die Rede, wie die folgende Aufschlüsselung des Textes nach syntaktischen und semantischen Kriterien zeigt:

Leser
　　Autoren
　　　　Werke
　　　　　　Themen
　　　　　　　　Quellen
　　　　　　　　　　Lektüreziel

　　1a Da es schon viele unternommen haben,
　　　　b einen Bericht zu erstellen
　　　　　　c über die unter uns in Erfüllung gegangenen Ereignisse,
　　　　　　　　2 wie uns die überliefert haben, welche von Anfang an Augenzeugen und Diener des Wortes gewesen sind,
　　3a habe auch ich mich entschlossen,
　　　　　　　　b der ich von vorn an allem sorgfältig nachgegangen bin,
　　　　c es dir im folgenden aufzuschreiben,
d verehrter Theophilus,
　　　　　　　　　　4a damit du erkennst die Gewißheit
　　　　　　b der Worte, über die du unterwiesen worden bist.

Das Proömium besteht aus einem einzigen Satzgefüge, einer für neutestamentliche Verhältnisse aufwendig gebauten Periode. Die Form dieses Proömiums hat M. Dibelius als Ausdruck künstlerischer Ambitionen des Verfassers verstanden. Lukas versuche hier, über die Grenzen des innerchristlichen Gebrauchs seines Buches hinaus auf dem allgemeinen literarischen Markt Fuß zu fassen, wobei ihm sein Sponsor Theophilus behilflich sein solle. Aber das Proömium zeigt überhaupt kein derartiges Interesse des Verfassers.

Der Hauptsatz (V 3a), in dem der anonyme *Autor* - wir nennen ihn weiterhin Lukas, ohne damit die altkirchliche Identifikation mit "Lukas, dem Arzt" (Kol 4,14) bzw. dem Lukas, der nach 2Tim 4,11 der letzte Begleiter des Paulus in der römischen Gefangenschaft gewesen sein soll, mitzuvollziehen - seinen Entschluß mitteilt, dieses *Werk* zu verfassen, läßt überhaupt keinen besonderen Anspruch des Verfassers erkennen. Er schreibt wie andere vor ihm ("auch ich"), und zwar nicht 'obwohl', sondern "weil" "viele" es vor ihm nicht 'versucht', sondern wirklich getan haben. Für sich und seine Arbeit versichert der Autor im angeschlossenen Relativsatz (V 3b) lediglich, seine Materialien vollständig und "sorgfältig" (ἀκριβῶς) recherchiert zu haben. Von seiner eigentlichen Kompetenz als Autor und dem Anspruch seines Werkes sagt er hier nichts, jedenfalls nicht unmittelbar. Er behauptet noch nicht einmal, sich hinsichtlich der Sorgfalt des Quellenstudiums von seinen Vorgängern zu unterscheiden. Denn auch ihnen bescheinigt er im Prinzip dasselbe, nämlich daß ihre literarische Produktion der Tradition, der er selbst verpflichtet ist, entspricht (vgl. V 2). Sein Werk charakterisiert er überhaupt nur indirekt dadurch, daß er die Werke der Vorgänger und ihren Inhalt benennt. Der Autor profiliert sich also nicht gegenüber denen, die vor ihm ein ähnliches Werk geschrieben haben, sondern definiert sich selbst und sein Werk, indem er sich in eine Reihe mit ähnlichen Autoren und Werken stellt. Da es bekanntlich nicht "viele", sondern nur wenige Autoren und Werke gibt, auf die Lukas sich hier beziehen kann - für das Evangelium auf Markus, die Logienquelle Q und das lukanische Sondergut, falls es sich dabei überhaupt um ein Werk in dem hier gemeinten Sinn handelt und nicht nur um schriftliche oder mündliche Einzelüberlieferungen - , muß man diese Selbstplazierung des Lukas in einer literarischen Landschaft als *Autorfiktion* einstufen. Mit einer solchen Fiktion stilisiert sich der anonyme Verfasser des lukanischen Werkes als Buchautor in einer literarischen und sachlichen Kontinuität mit anderen Buchautoren. Nicht der antike Büchermarkt interessiert ihn, sondern die Konsistenz und Qualität der Tradition, an deren Ende sich Lukas selbst einordnet als Autor und damit als Repräsentant einer christlichen Literatur. Aus heutiger Sicht wird man urteilen: Mit dieser literarischen Fiktion äußert erstmals ein christlicher Autor ein solches Interesse, das christliche Wissen unter dem Aspekt religiöser Kultur zu begreifen.

Ein Vergleich mit einem anderen prominenten Beispiel der Eröffnung eines antiken Geschichtswerkes, dem Proömium von De Bello Judaico (Bell I 1,1-3) des Josephus Flavius, zeigt, daß diese Selbsteinführung des Autors alles andere als selbstverständlich ist. Josephus macht einem Teil seiner literarischen Konkurrenten den Vorwurf, sie hätten, "ohne bei den Ereignissen dabeigewesen zu sein" (οὐ παρατυχόντες τοῖς πράγμασιν), ihre Materialien nicht richtig kompiliert. Entsprechend kritisiert er ihre Darstellungen des Jüdischen Krieges. Sie bestünden in "planlosen und widersprüchlichen Berichten" (εἰκαῖα καὶ ἀσύμφωνα διηγήματα). Die sachlichen Mängel ihrer Arbeit hätten sie "sophistisch", d.h. mit den formalen Tricks einer blendenden Rhetorik, vertuscht. Einem anderen Teil seiner Konkurrenz gesteht er zwar zu, sie hätten als Augenzeugen der Ereignisse geschrieben, wirft ihnen aber vor, daß sie einseitig antijüdisch über den Jüdischen Krieg berichtet hätten.

Die Augenzeugenschaft, die nach Josephus ein wesentliches Kriterium der Autor-Kompetenz eines Historikers ist, beansprucht Lukas weder für sich, noch spricht er sie den Autoren vor ihm ab, sondern er ordnet sie den ersten Garanten der Überlieferung zu (vgl. V 2), auf der sein eigenes Werk wie das seiner Vorgänger fußt. Damit ist vor allem klar, daß Lukas seine eigene auktoriale Kompetenz wie die seiner literarischen Vorgänger relativiert gegenüber der Kompetenz der "Diener des Wortes", auf deren Augenzeugnis das Wissen aller zurückgeht, die im Proömium als Autoren betrachtet werden. Gegenüber der traditionsbegründenden Rolle der "Diener des Wortes" ist die gesamte bisherige Arbeit aller hier gemeinten literarischen Autoren sekundär. Andererseits anerkennt Lukas eindeutig die Werke seiner Vorgänger als der Tradition gegenüber adäquate Darstellungen. Er bezeichnet sie mit dem Terminus "Bericht" (διήγησις), der wie der von Josephus gebrauchte Begriff διήγημα in Verbindung mit dem Begriff πράγματα als Gattungsbezeichnung für eine historische Monographie zu verstehen ist. Damit ist klar, wie Lukas die Arbeit seiner Vorgänger und *damit* zugleich - "auch ich" - seine eigene einschätzt. Er bestätigt ihnen und beansprucht für sich selbst nicht die Kompetenz eines "Dieners des Wortes", sondern nur die eines Fachprosaisten. Von einem Autor, der Fachprosa schreibt, erwartet man kein Charisma, sondern Solidität und eine gewisse Objektivität. Die Arbeit des Historikers ist, wie Josephus seinerseits bestätigt, insbesondere auf historische Genauigkeit (τὸ ἀκριβὲς τῆς ἱστορίας) aus, ein Ideal, dem ausdrücklich auch Lukas selbst verpflichtet ist (vgl. V 3: ἀκριβῶς). Der Gegenstand historischer Recherchen und historischer Darstellung ist allerdings nach Lukas dem Historiker, der einen Bericht über die hier gemeinten "unter uns in Erfüllung gegangenen Ereignisse" verfassen will, überhaupt nur vermittelt zugänglich als die Tradition der "Augenzeugen und Diener des Wortes". Wissen dieser Art beruht nicht auf dem Augenzeugnis von Historikern. Es wird sich zeigen, daß dieser für das auktoriale Selbstverständnis des Lukas charakteristische Vorstellungszusammenhang von besonderem Wissen, seiner Stiftung aufgrund eines Offenbarungsgeschehens und seiner Vermittlung aufgrund von Tradition, die aus dem Dienst des Wortes hervorgeht, auch für die Theologie des Lukas grundlegend ist und unmittelbar zu tun hat mit der thematischen Konzeption des lukanischen Geschichtswerks.

Daß Lukas sich selbst wie seine literarischen Vorgänger als Historiker einschätzt, hat aber nicht nur mit dem Gefälle von Offenbarung und tradiertem Wissen zu tun, sondern auch mit der historischen Distanz, die Lukas und sein Leserpublikum vom "Anfang" der Ereignisse, von denen die Rede sein wird, trennen. Die Abfassungszeit des lukanischen Werkes läßt sich nur schätzungsweise angeben: eher vor als nach 90 n.Chr., etwa 60 Jahre nach dem Auftreten des Täufers Johannes, etwa 30 Jahre nach dem für das Zeitverständnis des Lukas einschneidenden "Weggang" (Apg 20,29) des Paulus aus seinem nach lukanischer Anschauung letzten Missionsgebiet, der Asia Minor, knapp 20 Jahre nach dem Jüdischen Krieg und seinen verheerenden Folgen für Juden und Christen. Die Zeit, die durch Tradition und historische Schriftstellerei überbrückt wird, ist auch deshalb auf historische Erinnerung angewiesen, weil sie durch schmerzhafte Einschnitte, Umbrüche und Katastrophen gekennzeichnet ist, insbesondere durch die Zerstörung Jerusalems und des Tempels und durch die Entzweiung von Juden und Christen. Was Lukas und sein Publikum von den Anfängen (vgl. V 2) trennt, ist nicht die sich dehnende Zeit, und das damit zusammenhängende Problem ist nicht, wie seit H.S. Reimarus oft wiederholt worden ist, das Ausbleiben der Parusie. Das Problem, mit welchem sich das lukanische Werk auseinandersetzt, ist vielmehr der garstige Graben der historischen Diskontinuität der von Lukas erinnerten Geschichte, der die Frage nach der christlichen Identität überhaupt zu einem Problem werden läßt, das eine historische Antwort erfordert. Was Lukas mit seinem Geschichtswerk unternimmt, ist die historische Darstellung der Ursprungsgeschichte des nachpaulinischen Heidenchristentums als Geschichte des Kommens des Wortes der Verkündigung der Zeugen Jesu - der "Diener des Wortes" - zu allen Menschen, angefangen von Jerusalem bis an die Enden der von Rom regierten Welt (vgl. Lk 24, 47; Apg 1,8). Sie ist der Versuch, gegen die längst eingetretene und irreversible Diskontinuität dieser Geschichte deren urprünglichen Sinn und sinngebenden Ursprung in Erinnerung zu rufen. Die Historiographie ist für Lukas das Instrument des Gedenkens und der Vergegenwärtigung des Ursprungs, ohne den die Kirche seiner Gegenwart weder sich selbst verstehen noch sich anderen verständlich machen kann. Dieser Intention entspricht es, wenn Lukas die Handlung seines Geschichtswerks (vgl. Lk 1,5 ff) dort beginnen läßt, wo zur Zeit der Abfassung seiner Monographie die Zeugnisse der Diskontinuität, gescheiterter Geschichte und verwüsteter religiöser Kultur am sichtbarsten sind: im Tempel von Jerusalem, dem inzwischen durch Krieg zerstörten Ort des immerwährenden Kultes, der Ausdruck der Hoffnung des Zwölfstämmevolkes und auch der Hoffnung der ersten Christen war und als solcher in der Erinnerung bleibt (vgl. Apg 26,6 f).

Diese Intention des lukanischen Werkes wird als die Pointe des Proömiums im Finalsatz Lk 1,4 formuliert. Dieser schließt sich an die Anrede des Theophilus an und nennt das Ziel, das Theophilus durch die Lektüre des Werkes erreichen kann und soll. Theophilus wird hier, wie man sieht, nicht als Sponsor des Werkes, sondern als dessen Leser angesprochen. Ganz gleich, ob es einen Theophilus als reale historische Person in der Umgebung des realen Autors gegeben hat oder ob es sich um eine von Lukas erfundene Figur handelt, ob ein realer Theophilus das lukanische Werk finanziert und ediert hat oder dergleichen - das Proömium behandelt ihn als Leser. Da kein Autor wissen kann, wer sein Buch in Wirklichkeit liest - an uns heutige Leser hat Lukas sicher nicht gedacht - , ist die Figur des Theophilus als Fiktion zu beurteilen. Theophilus ist als Figur im Text des Proömiums der *fiktive Leser* des lukanischen Geschichtswerkes. Über diese Leser-Fiktion entwirft der Autor für den in Wirklichkeit gemeinten, den sogenannten *impliziten Leser*, das Idealziel der Lektüre seines Werkes.

Das Ziel der Lektüre ist nach Lk 1,4 die Erkenntnis der "Gewißheit" (ἀσφάλεια) der Worte, in denen der lukanische Leser unterwiesen worden ist. Was mit "Gewißheit" bezeichnet wird, ist am besten aus dem lukanischen Sprachgebrauch herzuleiten. "Sicheres" Erkennen hat tatsächlich mit theologischer Einsicht zu tun. Dies ergibt sich aus Apg 2,36: "Mit aller Sicherheit erkenne also das ganze Haus Israel: Zum Kyrios und Christus hat Gott eben diesen gemacht, den ihr gekreuzigt habt." Im Schluß der Pfingstrede des Petrus (Apg 2,36) bezeichnet "sicheres" Erkennen demnach die Möglichkeit des Verstehens der Geschichte Jesu nach Ostern aufgrund des Zeugnisses der apostolischen Verkündigung. Das Ziel der Lektüre des lukanischen Werkes entspricht insofern dem besonderen Wissen der Zeugen Jesu nach Ostern.

"Gewißheit" ist aber kein ursprünglich theologischer Begriff, sondern ein Fachausdruck aus der forensischen Sphäre. Der Oberst, der in Apg 21,34b Paulus im Jerusalemer Tempel verhaftet, versteht zuerst nicht, wie es zum Tumult der Massen um Paulus gekommen ist. "In der Menge schrien die einen dies, die anderen das. Da er nun wegen des Tumults nicht Sicheres ermitteln (γνῶναι τὸ ἀσφαλὲς) konnte, befahl er, ihn in die Kaserne abzuführen." In den folgenden Kapiteln wird der Prozeß gegen Paulus dargestellt. In dessen Verlauf wird Paulus von demselben Oberst dem Hohen Rat überstellt zur Klärung der gegen ihn erhobenen Vorwürfe, strittiger Tatsachenbehauptungen, die von der Gegenpartei des Paulus vor Gericht als Fakten geltend gemacht werden (βουλόμενος γνῶναι τὸ ἀσφαλές τὸ τί κατηγορεῖται ὑπὸ τῶν Ἰουδαίων; 22,30). Wieder geht es um Ermittlungen zur forensischen Aufklärung eines Tatbestands. Diesmal heißt es ausdrücklich, daß es sich im technischen Sinn um ein Verbrechen handeln soll, weswegen gegen Paulus Anklage erhoben wird, und zwar von offizieller jüdischer Seite. Im Laufe der Darstellung des Prozesses gegen Paulus stellt sich dessen Unschuld in den Augen seiner römischen Richter immer klarer heraus. Am Schluß der Jerusalemer Verhandlungen kommt es zu einer letzten großen Prozeß-Szene, in der Paulus vor dem römischen Statthalter Festus und vor dem jüdischen König Agrippa reden kann. Dies verdankt er Festus, der den Fall Paulus an das Kaiserliche Gericht in Rom abgeben soll, der aber nicht weiß, was er über die Sache berichten soll. "Etwas Sicheres (ἀσφαλές τι) kann ich meinem Herrn über ihn nicht schreiben", sagt er dem jüdischen König, und deshalb wolle er ihn schließlich ihm vorführen, "damit ich nach erfolgter Vernehmung (ἀνάκρισις) etwas habe, das ich schreiben kann (σχῶ τί γράψω). Denn es scheint mir sinnlos, einen Gefangenen zu überstellen und keinen Anklagegrund benennen zu können" (Apg 25,26f). Aus diesen werkimmanenten Verwendungszusammenhängen ergibt sich ein deutlicher Bezug des Wortes ἀσφάλεια/ἀσφαλής in Verbindung mit γνῶναι zur forensischen Sprache. Γνῶναι τὸ ἀσφαλές ist das Ziel einer gerichtlichen Ermittlung. In Apg 2,36 wird, wie zu zeigen sein wird, die forensische Konnotation im Zusammenhang der ersten Petrusrede ebenfalls vorausgesetzt.

Das Ziel des lukanischen Geschichtswerkes wird im Proömium Lk 1,1-4 in dieser Terminologie formuliert. Dies besagt, daß der Autor beabsichtigt, seinen Leser Theophilus durch die Lektüre des folgenden historischen Berichts in den Informationsstand zu bringen, der es ihm erlaubt, über die christliche Sache ein fundiertes *Urteil* zu fällen. Lukas ist, wie er hier deutlich macht, nicht ein unparteiischer Berichterstatter, sondern einer, der in der Sache, von der alle Welt weiß, daß sie zwischen Juden und Christen umstritten ist (vgl. zuletzt Apg 28,22b), den *Anwalt* der christlichen Seite spielen wird. Theophilus als 'Richter', Lukas als 'Anwalt' - dies sind selbstverständlich Metaphern. Aber diese pragmatischen Rollenzuweisungen erlauben eine weitere Präzisierung der Gattung des lukanischen Geschichtswerkes: Es ist ein *apologetischer* Geschichtsbericht. Der Begriff διήγησις/narratio kann gerade im Sinne der antiken Schulrhetorik auch den Teil eines Plädoyers vor Gericht meinen, der der Darlegung des vor Gericht zu beurteilenden strittigen Sachverhalts oder Tatbestands dient. Die narratio als Teil eines Plädoyers vor Gericht bewirkt im Fall des Gelingens der Überzeugungsstrategie der redenden Partei, daß die urteilende Instanz die res incerta als eine res certa im Sinne des Plädoyers ansieht. Insofern kann man das Proömium Lk 1,1-4 in dem Sinn lesen, daß hier die Geschichte Jesu von Nazaret und der von ihm ins Leben gerufenen Bewegung als eine strittige Materie dargestellt wird, über die der Leser des lukanischen Geschichtswerkes am Ende der Lektüre sicher urteilen kann - im Sinne des Autors, der plädierenden Partei.

Dieser Gattungsbestimmung unter pragmatischem Aspekt fehlt noch zur Präzisierung eine nähere semantische Bestimmung. Wir gehen deshalb nochmals auf die Ebene der Textsemantik zurück.

Im Proömium Lk 1,1-4 wird auch das *Thema* des lukanischen Geschichtswerks formuliert, und zwar zweifach: V 1c indirekt als Aussage über den Gegenstand der Werke der Vorgänger ("über die unter uns in Erfüllung gegangenen Ereignisse"), V 4b ebenfalls indirekt, aber immerhin mit direktem Bezug auf die Lektüre des eigenen Werkes ("... der Worte, über die du unterwiesen worden bist").

Man könnte der Ansicht sein, diese Aussagen lägen auf ganz verschiedenen Ebenen, im zweiten Fall sei lediglich von textexternen Bedingungen der Lektüre des lukanischen Geschichtswerks die Rede, nämlich von den Vorkenntnissen, die Lukas bei seinem Leser voraussetzt. Dann hätte das lukanische Geschichtswerk an sich inhaltlich nicht unbedingt mit dieser lediglich vorausgesetzten kirchlichen Wortverkündigung und Wortunterweisung zu tun. Tatsächlich ist aber das Ergehen des Wortes (Gottes, der Verkündigung u.ä.) ein zentrales und vielgestaltiges Erzähl-Motiv des lukanischen Geschichtswerks. Die "Ereignisse" und die "Worte" stehen - nicht nur im Proömium des Lukasevangeliums - in einem *Handlungszusammenhang* (vgl. schon Lk 1,19 f. 21-23). Die "Ereignisse" sind nicht zufällig an das Zeugnis der "Diener des Wortes" gebunden. Die "Ereignisse" sind Wort-Ereignisse, an denen die Zeugen auch selbst (als "Diener") handelnd beteiligt sind. Insofern ist der Zusammenhang zwischen den "Ereignissen" und dem "Dienst am Wort" (vgl. Apg 6,4) konstitutiv für das lukanische Verständnis der von ihm dargestellten Geschichte. Insofern gehören auch die beiden indirekten Umschreibungen des Themas seines Werkes Lk 1,1c und 1,4b sachlich eng zusammen. Darauf verweist die auffälligste Stichwortverbindung innerhalb des Proömiums überhaupt, die zwischen diesen beiden Formulierungen besteht: "Diener des Wortes" - "Gewißheit der Worte".

2. Erinnerung und Erkenntnis. Zu den offenbarungstheologischen Leitmotiven des lukanischen Geschichtswerkes nach Lk 23,50-24,53

Von welcher Bedeutung dieser Zusammenhang ist, zeigt mit besonderer Prägnanz der abschließende Erzählzyklus des Lukasevangeliums, an dessen Ende Jesus sein Vermächtnis an seine Jünger formuliert. Es beginnt mit den Worten: "Dies sind meine Worte" (Lk 24,44). Der Osterzyklus kann am besten Aufschluß geben über das thematische Gesamtkonzept des lukanischen Doppelwerks und soll deshalb schon an dieser Stelle unter diesem Aspekt analysiert werden.

2.1 Die Struktur der Handlung

Die erzählerische Struktur des Osterzyklus Lk 23,50-24,53 wird in der folgenden Übersicht nach Episoden, Szenen und Sequenzen gegliedert dargestellt, wobei die erzählte Handlung im wesentlichen durch die Hauptsatzprädikate in nuce repräsentiert wird. Die flektierte griechische Form der Hauptsatzprädikate ist (in runden Klammern) hinzugefügt. Der direkte Zusammenhang von Handlungselementen als Einzelsequenzen wird durch das Klammerzeichen < angezeigt. In der 7. und 9. Szene werden die Einzelsequenzen zum Teil zu übergeordneten Sequenzen zusammengefaßt; dort steht die entsprechende Paraphrase, da sie sich auf mehrere Prädikate bezieht und insofern bereits eine komplexe Struktur *interpretiert*, [in eckigen Klammern]. Um Interpretationen handelt es sich selbstverständlich auch bei allen Überschriften.

Exposition des Zyklus (23,50-56)

1. Szene (23,50-53): Bestattung des Leibes Jesu
Programmatische Einführung einer neuen Figur (V 50 f)
(den Leib) verlangen (ᾐτήσατο)
Sequenz (V 52 f): <
Subsequenz: einhüllen (ἐνετύλιξεν)
beisetzen (ἔθηκεν)
Programmatische Zeitangabe (V 54)

2. Szene (23,55-56): Vorkehrungen der Frauen
(das Grab und die Beisetzung) sehen (ἐθεάσαντο)

Sequenz: <
Subsequenz: (Salben) bereiten (ἡτοίμασαν)
<
ruhen (ἡσύχασαν)

1. Episode (24,1-11): Auffindung des leeren Grabes

3. Szene (24,1-3): Vergebliche Suche der Frauen nach dem Leib Jesu
verbindendes Element: (zum Grab) kommen (ἦλθον)
(den Stein) finden (εὗρον)
Sequenz: <
(den Leib) nicht finden (οὐχ εὗρον)

4. Szene (24,4-8): Erinnerung an die Worte Jesu
verbindendes Element: auftreten (ἐπέστησαν)
sprechen (εἶπαν):
"Erinnert euch!"
Sequenz: <
sich erinnern (ἐμνήσθησαν)

5. Szene (24,9-11): Vergeblicher Verständigungsversuch der Frauen mit den Männern
(dies alles) verkünden (ἀπήγγειλαν)
Sequenz: <
(diese Worte) für Geschwätz halten
ἐφάνησαν... ὡσεὶ λῆρος)

1. Zwischenszene

6. Szene (24,12): Petrus am Grab
verbindendes Element: laufen (ἔδραμεν)
sehen (βλέπει)
Sequenz: <
(staunend) fortgehen (ἀπῆλθεν)

2. Episode (24,13-32): Offenbarung vor den Emmaus-Jüngern

Exposition (24,13-16): Herstellung der Gesprächssituation auf dem Weg reisen (ἦσαν πορευόμενοι) (a)

Sequenz 1 <

miteinander reden (ὡμίλουν) (b)

mitreisen (συνεπορεύετο) (a´)

Sequenz 2 <

Schließung der Augen (nicht erkennen)
(ἐκρατοῦντο τοῦ μὴ ἐπιγνῶναι) (b´)

Teil I: Erinnerung und Schrifterschließung

7. Szene (24,17-27): Das Weggespräch

[den Gang der Reise unterbrechen (V 17)]

fragen (εἶπεν)

Subsequenz 1: <

stehen bleiben
(ἐστάθησαν)

Sequenz 1 <

[das Gespräch in Gang setzen (V 18.19a)]

fragen (εἶπεν)

Subsequenz 2: <

gegenfragen (εἶπεν)

die Erinnerung an Jesus aussprechen
(εἶπαν) (V 19b)

Bericht (VV 19c-24)

Sequenz 2: <

[die Erinnerung mit der Schrift verbinden]
(VV 25-27)

korrigieren (εἶπεν)
(tadeln und belehren)

Subsequenz: <

die Schrift erschließen (διερμήνευσεν)

Teil II: Erkenntnis

8. Szene (24,28-29): Die Probe

gemeinsam sich dem Ziel nähern
(ἤγγισαν)

Sequenz 1 <
Trennungsabsicht simulieren (προσεποιήσατο)

nötigen (παρεβιάσαντο)
"Bleib!"
Sequenz 2 <
zum Bleiben eintreten (εἰσῆλθεν)

9. Szene (24,30-32): Die Gabe
[Die Gabe des Brotes ...]
segnen (εὐλόγησεν)
Subsequenz 1: <
geben (ἐπεδίδου)
Sequenz 1 <
[... wird zur Gabe des Wissens:]
Öffnung der Augen (διηνοίχθησαν)
Subsequenz 2: <
Erkennen des Stifters des Wissens (ἐπέγνωσαν)

verschwinden (ἄφαντος ἐγένετο) (Trennung)
Sequenz 2 <
reden (εἶπαν) (Festhalten der Verbindung durch Erinnerung des Weggesprächs)

2. Zwischenszene

10.Szene (24,33-35): Wissensaustausch
verbindendes Element: zurückkehren (ὑπέστρεψαν)
(Wissende) finden (εὗρον),
(die ihr Wissen in wörtlicher Rede mitteilen)
Sequenz: <
Wissen mitteilen (ἐξηγοῦντο)

3. Episode (24,36-49): Erscheinung vor allen Jüngern in Jerusalem

11.Szene (24,36-49): Die Christophanie

Exposition (24,36 f):
verbindendes Element: auftreten (ἔστη)

(den Friedensgruß) sprechen (λέγει)
Sequenz: <
mißverstehen (ἐδόκουν)

Teil I (24,38- 43): Identifikation des Leibes Jesu

reden (εἶπεν) (Tadel, Aufforderung zum Sehen)
(Halb-)Sequenz 1 <
und (Hände und Füße) zeigen (ἔδειξεν)

expositionelles Element: (nach Eßbarem) fragen (εἶπεν)
geben (ἐπέδωκαν)
Sequenz 2 <
(nehmend) ostentativ essen (ἔφαγεν)

Teil II (24,44-49): Identifikation des durch Jesus gestifteten Wissens

Rede Jesu: Teil 1 (εἶπεν): Erinnerung der Worte Jesu (V 44 f)
Teil 2 (εἶπεν): Erklärung der Schriften; Einsetzung der Jünger als Träger dieses Wissens (VV 46-49)

Schluß des Zyklus und des ersten Buches an Theophilus

12. Szene (24,50-53): Entrückung Jesu

hinausführen (ἐξήγαγεν) (a)
Sequenz 1 <
segnen (εὐλόγησεν) (b)

sich trennen (διέστη) (c)
Sequenz 2 <
entrückt werden (ἀνεφέρετο) (c´)

zurückkehren ὑπέστρεψαν (a´)

Sequenz 3 <

segnen (ἦσαν εὐλογοῦντες) (b´)

2.2 Die szenischen Mittel

Lk 24,1 ist kein erzählerischer Anfang. Die Frauen werden nicht erneut eingeführt (renominalisiert). Mit dem Gang zum Grab setzen sie eine zuvor schon begonnene Handlungsreihe fort. Ausdrücklich sagt dies der anaphorische Relativsatz ("... die Salben, die sie bereitet hatten", nämlich nach 23,56 a). Die Sabbatruhe (23,56 b) gehört damit ebenfalls zu den Elementen der Exposition der Ostererzählungen.
Der erzählerische Anfang der lukanischen Ostergeschichten ist der Auftritt des Ratsherrn (βουλευτής) Josef (23,50). An der programmatischen Charakterisierung dieser Figur wird deutlich, daß hier eine Gegenhandlung eingeleitet wird. Josef hat dem Plan (βουλή) der andern Ratsherren nicht zugestimmt und sich ihrem "Handeln" verweigert. Dies bezieht sich auf die vorangehende Passion Jesu. Das Motiv für das abweichende Verhalten des Josef wird vom Erzähler ausdrücklich genannt: Sein Denken und Handeln sind durch die Hoffnung auf Gottes Herrschaft bestimmt, entsprechen dem Plan Gottes. Auffällig ist, daß gegenüber der Einführung einer neuen Figur eigentlich vorrangige szenische Gliederungssignale, die Zeitangaben von V 54, nachgetragen werden. Diese werden dem ersten Gang der Frauen zum Grab vorangestellt. Rüsttag und Salbenbereitung, Anbruch des Sabbat und Sabbatruhe der Frauen entsprechen einander. Die Termine des jüdischen Festkalenders und der Einsatz der Osterereignisse werden damit in programmatischer Weise miteinander in Beziehung gesetzt.
Die Osterereignisse spielen nach Lukas, abgesehen von der Exposition (23,50-56), an einem einzigen Tag. Die Zeitangabe "am ersten Wochentag" (24,1) wird fortlaufend erzählerisch aktualisiert (vgl. 24,13.29.33, implizit 36; V 24,50 kommt ohne Zeitangabe aus) und sogar innerhalb der erzählten Welt von den Figuren der Erzählung besprochen (vgl. 24,7.21). Der Schauplatz ist durch Jerusalem definiert. Soweit es um Bewegungen der Figuren im Raum geht, führen alle Wege von Jerusalem fort und wieder zurück (vgl. 24,13.33.50.52). Auch dies wird innerhalb der erzählten Welt in der Figurenrede zum Thema (vgl. 24,18.47.49). Auf die Einheit von Zeit, Ort und Handlung legt der Erzähler mehr Gewicht als auf die historisch-geographische Wahrscheinlichkeit. Das historische Emmaus liegt nicht in der Nähe von Jerusalem. Wenn die Emmausjünger abends noch nach Jerusalem zurückkehren, hätte die Himmelfahrt (Lk

24,50ff) sich eigentlich bei Stockfinsternis ereignet. Dies bekommt man als Leser aber nicht gezeigt.
Die Binnengliederung ergibt sich in erster Linie aus den Ortsangaben. Die Exposition und die Szenen 3 bis 6 sind dem Schauplatz Grab in der Weise zugeordnet, daß die einzelnen Handlungen durch Gänge zum Grab und die Rückkehr vom Grab verbunden werden. Die Szenen 7 bis 11 und der Schluß werden durch Gänge von Jerusalem weg und zurück nach Jerusalem strukturiert. Der Unterschied liegt darin, daß in der ersten Episode ein Ziel (das Grab), in der zweiten und dritten eine Ausgangsbasis (Jerusalem) die Bewegungen der Figuren im Raum definiert.
Das Verhältnis der zweiten und dritten Episode ist ebenfalls durch szenische Mittel, nämlich den Schauplatzwechsel Emmaus - Jerusalem, definiert. Die nähere Zuordnung dieser Episoden ergibt sich aus der expliziten Synchronisation der Szenen 10 und 11. Der Auferstandene tritt auf, während die Emmausjünger mit den in Jerusalem gebliebenen Jüngern ihr Wissen austauschen.

2.3 Disäquilibrium und Äquilibrium

Auf diesen Eckwerten beruht der strukturelle Stellenwert der Einzelsequenzen im Gesamtgefüge der erzählten Handlung. Die erzählerische Struktur ist die Grundlage der Interpretation des Textes, auch der theologischen. Die für unser Thema entscheidende Feststellung ist, daß die lukanischen Ostererzählungen insgesamt eine offenbarungstheologische Konzeption enthalten. Dies ergibt sich bereits, wenn man das anfängliche Disäquilibrium mit dem am Schluß des Zyklus erreichten Äquilibrium gegenüberstellt: Der *Leib* des getöteten Jesus wird in der Exposition (1. Szene) verborgen ("eingehüllt" in ein Leintuch und in eine steinerne Höhle "gelegt"). Frauen merken sich die Stelle und treffen Vorkehrungen, den verschwundenen Leib zu suchen (2. Szene). Was sie am Anfang der 1. Episode (3. Szene) "finden", ist aber nicht der gesuchte *Leib* Jesu, sondern der weggewälzte Stein. Dieser Befund stürzt die Frauen in Ratlosigkeit (ἀπορεῖσθαι), aus der sie sich selber nicht lösen können, weil ihnen das zum Finden der gesuchten Person erforderliche *Wissen* fehlt. Das Disäquilibrium wird damit auf der Ebene von Wissen und Nichtwissen etabliert. Dem entspricht das Äquilibrium, auf das sich die Erzählung hinbewegt. In der dritten Episode (11. Szene) wird der *Leib* des Auferweckten Jesus identifiziert und das zum Verstehen erforderliche *Wissen* gestiftet und als Wort Jesu an die künftigen Zeugen und Diener des Wortes übereignet. Zwischen diesem Disäquilibrium (unüberwindbarer Verlust Jesu, Mangel an Wissen) und dem entsprechenden Äquilibrium verläuft die Handlung mit ihren charakteristischen Stufen, die alle mit der Wiederherstellung des Verhältnisses der Jünger zu Jesus durch die Gewinnung eines neuen Wissens, das Jesus stiftet, zu tun haben.

2.4 Die Exposition (Lk 23,50-56)

Die Exposition des Zyklus bringt das Motiv des Wissens über die programmatischen Attribute der Figur des kleinen Helden Josef von Arimathäa ins Spiel. Mit seiner Hoffnung (προσεδέχετο) auf die Gottesherrschaft besitzt er die Qualifikation, die ihn tauglich macht, vor Pilatus hinzutreten und die Herausgabe des *Leibes*, nach dem im folgenden gesucht wird, zu "begehren" (ἠτήσατο). Das Begehren des Josef steht im Gegensatz zu dem "Begehren" (αἴτημα), dem Pilatus nachgibt (23,24), wenn er Jesus zur Kreuzigung übergibt (23,25). Dieses "Begehren" ist, wie später analysiert wird, Ausdruck des Nichtwissens des Volkes und seiner Führung (vgl. Apg 13,27 f mit den Stichwörtern "ihn [Jesus] nicht erkennen" - "keine Schuld finden" - seinen Tod "begehren" = ἠτήσαντο). Die Wende, die Josef von Arimathäa mit seinem Hoffnungswissen herbeiführt, eröffnet demnach als Gegenhandlung zur Passion Jesu einen Handlungszusammenhang, der aus der tödlichen Macht der allgemeinen "Unwissenheit" (ἄγνοια; vgl. Apg 3,17; 17,30) herausführt.

2.5 Die 1. Episode: Auffindung des leeren Grabes (Lk 24,1-11)

Die 1. Episode beginnt mit der wegen mangelnden Wissens vergeblichen Suche der Frauen nach dem Leib Jesu (3. Szene). Dieses Disäquilibrium wird in den drei Episoden des lukanischen Osterzyklus in drei Schritten aufgehoben. Der erste Schritt wird in der unmittelbar folgenden 4. Szene getan. Das Einsetzen der Haupthandlung ist in V 4 erzählerisch effektvoll herausgearbeitet als Gegensatz zwischen der Aporie des Nichtwissens der Frauen und dem mit einem "Und siehe" eingeleiteten Auftreten der "zwei Männer in blitzendem Kleid". Diese kommen nicht mit einer Botschaft vom Thron Gottes (wie der Engel in den Kindheitsgeschichten), sondern mit der Aufforderung an die Frauen, die Suche am falschen Ort aufzugeben und sich statt dessen an das zu *erinnern*, was Jesus *gesagt* hat.
Auch in der hier von Lukas bearbeiteten Markus-Version der Auffindung des leeren Grabes (Mk 16,1-8) wird die Suche der Frauen durch eine Engelbotschaft vom falschen Ort zum richtigen umorientiert. ("Ihr sucht Jesus ... Er ist nicht hier... Geht vielmehr hin ...", Mk 16,6 f). Ein wesentlicher Unterschied der lukanischen Version gegenüber der markinischen

besteht darin, daß die lukanischen Engel die Suche nach dem verschwundenen Jesus nicht auf Galiläa als den Ort der von Jesus vorhergesagten *Ostererscheinungen* umorientieren, sondern auf Galiläa als den Ort, wo Jesus damals *Worte* über das Geschick des Menschensohnes voraus*gesagt* hat, von der Auslieferung in die Hand sündiger Menschen bis zur Auferstehung am dritten Tag. Galiläa ist in der Sicht des Lukas wegen der dort lokalisierten Leidensvorhersagen (vgl. Lk 9,22.44) von Interesse. Es kommt jetzt darauf an, sich dieser zu erinnern. Daß dieser Zusammenhang für Lukas von grundlegender Bedeutung ist, erkennt man daran, daß die zweite Leidensvorhersage ausdrücklich verbunden wird mit dem Auftrag, sich "diese Worte" "in eure Ohren" zu legen. Die Jünger verstehen zwar nicht "dieses Wort" (V 45), weil die Zeit vor Ostern nicht die Zeit des Verstehens des Menschensohnschicksals Jesu ist. Es geht darum, daß das vor dem Tod Jesu von Jesus über diesen Tod Gesagte nach dem Tod Jesu als "Worte" Jesu, als das damals schon von Jesus Gewußte und Gesagte, erinnert wird. Die Erinnerung der Worte des um seinen Weg als Menschensohn wissenden Jesus ist der bei Lukas erste notwendige Schritt, der aus der allgemeinen "Unwissenheit" über die wahre Bedeutung des gekreuzigten Jesus herausführt.

Die 4. Szene endet damit, daß die Frauen sich, der Aufforderung der Engel entsprechend, "seiner Worte erinnern". Die Knappheit der Apodosis der Sequenz, die für die Durchsichtigkeit der sequentiellen Struktur verantwortliche glatte Stichwortverbindung "erinnert euch" - "sie erinnerten sich" und der summarisierende Ausdruck "seiner Worte" sind allesamt Indizien dafür, daß diese Sequenz eine gelungene Kommunikation darstellt. Mehr ist hier nicht zu gewinnen. Dennoch ist klar, daß damit nur einer von mehreren Schritten gelungen ist, die zur vollen Erkenntnis führen.

Erzählerisch wird dies in der 5. Szene deutlich, wenn "dies alles" zwar von den Frauen bei ihrer Rückkehr vom Grab "verkündet" wird, die Apostel (!) "diese Worte" aber für Weibergeschwätz halten. Das durch die Erinnerung der Leidensvorhersagen erweiterte Gedächtnis des Todes Jesu erweist sich noch nicht als kommunikabel. Erst wenn das Wissen ausgetauscht werden kann, ist es auch wirkliches Wissen mit Bedeutung für Menschen und ihre Beziehungen.

Daß bei der Gestaltung dieser Szene theologisch grundsätzliche Vorstellungen des Lukas eine Rolle spielen und nicht frauenfeindliche Klischees seiner Figuren (Apostel), wird darin sichtbar, daß der Frauen-Katalog V 10 außer den drei namentlich genannten Aktricen "auch die übrigen Frauen" (nämlich die schon Lk 23,49 als Gruppe erwähnten) in den scheiternden Verständigungsversuch einbezieht. Lukas spricht von den Frauen wie von einer Bevölkerungsgruppe einer Polis. Der Vorgang erhält damit generelle Relevanz. Dieselben Männer und Frauen, welche in der Apostelgeschichte als ideale Gemeinschaft erscheinen werden (vgl. Apg 1,14), sieht der Leser hier noch in dem desolaten Zustand der Unfähigkeit zur Kommunikation, der aus "Unwissenheit" resultiert.

2.6 Die 1. Zwischenszene (Lk 24,12)

In der kurzen 6. Szene (V 12) wird ein zweiter Gang zum leeren Grab von einer Einzelfigur, Petrus, unternommen. Die drei Handlungsschritte (laufen - sehen - staunend davongehen) variieren lediglich die entsprechenden Handlungselemente der Auffindung des leeren Grabes durch die Frauen. Daß Petrus die zurückgebliebenen Leinenbinden, also etwas anderes vorfindet als die Frauen, bedeutet zwar in den Augen des Lesers einen Fortgang der Erzählung mit ihren verschiedenen konkreten Hinweisen auf die Auferweckung Jesu, aber keinen Erkenntnisfortschritt des Petrus gegenüber dem, was die Frauen über die Angelophanie erreicht haben. Das hier verwendete Verb "staunen" bezeichnet die Reaktion auf Unerklärliches und schließt bei Lukas ein Verstehen meistens gerade nicht ein. Daß dies hier so gilt, ergibt sich aus der entsprechenden Verwendung des Verbs "staunen" parallel zu "nicht glauben" in der 3. Episode des Osterzyklus (vgl. Lk 24,41). Das Staunen, mit dem Petrus vom Grab zurückkehrt, bedeutet keinen Wissensvorsprung, sondern entspricht dem Wissensstand, der durch die Frauen erreicht worden ist.
Petrus wiederholt also nur die Suchbewegung der Frauen. Durch diesen Kunstgriff bezieht der Autor Petrus als die erste Hauptfigur des zweiten Buches des Gesamtwerkes in das Geschehen der Stiftung des urchristlichen Wissens ein, ohne daß der Eindruck entsteht, der Weg aus der Unwissenheit zum österlichen Wissen sei an die persönlichen Qualitäten oder die spätere Sprecherrolle des Petrus gebunden, an sein Charisma oder sein Amt. Es ist umgekehrt so, daß die apostolische Sprecherrolle des nachösterlichen Petrus mit der Vermittlung des Erkenntnisprozesses zu tun hat, den im lukanischen Osterzyklus alle Jünger Jesu (vgl. 24,33), Frauen und Männer (vgl. 24,9-10) durchlaufen. Der Erkenntnisprozeß, den der lukanische Osterzyklus darstellt, ist nicht an bestimmte einzelne Akteure in den einzelnen Episoden und Szenen gebunden. Die Frauen am Grab, Petrus, die Emmaus-Jünger und die übrigen Jüngerfiguren spielen alle dieselbe makrotextuelle Rolle. Daß sie sich dabei wie bei einem Stafettenlauf ablösen, wird den Leser nicht daran hindern zu durchschauen, daß sie am Ende alle am Ziel ankommen.

2.7 Die 2. Episode: Offenbarung vor den Emmaus-Jüngern (Lk 24,13-32)

In der 2. Episode (24,13-32) übernehmen zwei Jünger für alle übrigen die Rolle der Lernenden. Nach dem Eröffnungssignal - auch hier setzt der Autor ein "Und siehe", nicht einfach "Und es geschah"; denn jeder Schritt ist jetzt offenbarungshaltig - läßt sie der Autor sich aus der Gesamtgruppe ("zwei von ihnen") lösen, bevor die für die *Exposition* einer Episode konstitutiven Zeit- und Ortsangaben gesetzt werden. Der Gang nach Emmaus wird mit der typisch lukanischen Sequenz "reisen" - "reden" eröffnet. Gesprochen wird "über alle diese Widerfahrnisse", ein Ausdruck, der hinsichtlich des Verstehensniveaus dieser Gesprächsphase strikt neutral ist, der aber anaphorisch-summarisch verdeutlicht, daß die hier Redenden den bis dahin erreichten Wissensstand repräsentieren. Wieder sehr effektvoll führt die 2. Sequenz das entsprechende *Disäquilibrium* ein: Ein Dritter *"reist mit"* - *unerkannt* von den beiden anderen. Dieser Exposition entspricht die Aufhebung des Disäquilibriums in der 9. Szene (24,30-32): Der Erkannte *trennt sich* von den Erkennenden - diese *erinnern sich der Erkenntnis*, die der jetzt Erkannte ihnen erschlossen hat. Erzählerisch wird dieses makrosequentielle Verhältnis vor allem durch das Motiv des "Haltens" der Augen τοῦ μὴ ἐπιγνῶναι αὐτόν (V 16) und des "Öffnens" der Augen mit dem anschließenden καὶ ἐπέγνωσαν αὐτόν (V 31) konkretisiert.

Zwischen diesen Polen verläuft die Handlung der Emmaus-Episode in zwei Handlungszügen. Das *Weggespräch* (7. Szene) ist in diesem Zusammenhang besonders aufschlußreich, weil es die expliziten theologischen Aussagen enthält, die für das lukanische Verständnis von Offenbarung und Wissen charakteristisch sind.

Die 1. Sequenz steckt voller ironischer Elemente. Der unbekannte Dritte mischt sich mit einer Frage in das Gespräch ein, deren Formulierung die redenden Jünger als Aristoteles-Schüler karikiert, als 'Peripatetiker' ("Was sind das für Worte, die ihr einander zuwerft περιπατοῦντες?"). Diese Frage bringt die peripatetischen Disputanten sogleich zum Stehen. Den entsprechenden Stand seiner Erkenntnis dokumentiert einer der beiden, Kleopas, alsbald mit der ahnungslosen Frage an den unerkannten Dritten, ob er denn der einzige in Jerusalem sei, der nicht wisse (καὶ οὐκ ἔγνως), was sich "in diesen Tagen" ereignet habe. Das ironische Spiel geht weiter damit, daß Jesus seinerseits auf diese Äußerung des Unwissens eingeht und sich selbst unwissend stellt. Die Frage: "Was denn?" erweist sich aber sogleich als pädagogisch sinnvoll, geradezu als Beispiel sokratischer Mäeutik. Sie nämlich bringt die beiden dazu - jetzt reden beide gleichzeitig - , alles mitzuteilen, was sie "über Jesus, den Nazarener" wissen. Die Formulierung τὰ περὶ Ἰησοῦ τοῦ Ναζαρηνοῦ macht deutlich, daß es hier um alles geht, was das Gedächtnis der beiden Jesus-Jünger über dieses Thema überhaupt enthält. Die Frage Jesu öffnet also den Speicher ihres kommunikablen Wissens über Jesus, in der Terminologie J. Assmanns formuliert: das *kommunikative Gedächtnis*. Damit beginnt die theologisch schwergewichtige 2. Sequenz. Sie besteht darin, daß die beiden Jünger ihr Wissen über Jesus mitteilen und Jesus dieses Wissen mit dem in der Schrift enthaltenen Wissen über ihn verbindet. So werden, wieder in der Terminologie Assmanns formuliert, *kommunikatives* und *kulturelles Gedächtnis* zu einem identitätsstiftenden neuen Wissen integriert.

Das kommunikativ erinnerte Wissen "über Jesus" stellt sich in zwei Aussagereihen dar. Die erste (VV 19b-21a) erinnert an das machtvolle prophetische Wirken Jesu und stellt es dem von der jüdischen Obrigkeit herbeigeführten Kreuzestod gegenüber. An diesem Gegensatz droht die Hoffnung der Jünger zu scheitern, daß Jesus der Prophet sei, der Israel erlösen werde. Sie sprechen bereits von ihrer Hoffnung, als habe sie nur in der Vergangenheit gedauert, im Imperfekt.

Mit einem deutlichen anaphorischen Einschnitt ("Aber zu alldem vergeht nun auch schon der dritte Tag, seit dies geschah", V 21b) bringen die beiden Jünger in der zweiten Reihe von Aussagen die jüngsten Ereignisse, nämlich die seit dem Tod Jesu, in Erinnerung. Dabei treffen sie mit ihrer Formulierung - Ironie des Autors - genau den Wortlaut, den der Leser selbstverständlich als zum Kern des christlichen Wissens "über Jesus" gehörend erkennt. Jetzt sprechen die Jünger, ohne es zu wissen, die Sprache des christlichen Osterglaubens, ohne zu verstehen, worauf sie mit dem, was sie da sagen, anspielen. Der Leser bekommt sodann (VV 22-24) aus dem Mund der ahnungslosen Jünger rekapituliert, was der Autor eben noch erzählt hat, und zwar bis Vers 12 einschließlich. Der Gang des Petrus zum Grab wird dabei im Sinne des Fortschritts der Handlung abgewandelt: Nicht davon, was Petrus gesehen hat, ist die Rede, sondern davon, daß "einige von uns" zwar das Grab so "gefunden" hätten, wie es die Frauen "gesagt" hätten. Und dann kommt der Satz, in dem die Ironie gipfelt: "Ihn selbst aber sahen sie nicht." Das sagen diejenigen, die ihn selbst gerade sehen, ohne es zu wissen. Mit dieser Feststellung ist nicht nur V 12 rekapituliert, sondern auch sein Verhältnis zu der jetzt gerade laufenden Handlung ironisch auf den Punkt gebracht.

Das Prinzip der Ironie, durch das der Autor seinen Leser als den Alles-schon-Wissenden zum Beobachter der Noch-nicht-Wissenden macht, ist kein unverbindlicher Scherz. Literarische Ironie beruht auf einem Einverständnis zwischen Autor und Leser, sich einig zu sein im Durchschauen aller Verwirrspiele um Wissen und Nichtwissen, um Verstellung und ahnungsloses Aussprechen der Wahrheit im Dialog der Figuren in der erzählten Welt. Dieses Einverständnis ist die Grundlage, auf der in einer erzählerischen Rekonstruktion darüber nachgedacht werden kann, auf welchen Fundamenten das christliche Wissen eigentlich beruht: auf der messianischen Hoffnung des jüdischen Volkes, die hier in ihrer Krise erzählerisch vergegenwärtigt wird. Das Wissen, das Autor und Leser verbindet, ist nach dem Proömium des Buches die Erkenntnis der "Gewißheit der Worte" (vgl. Lk 1,4). Im letzten Zyklus des Buches wird erzählt, wie es zu dieser Gewißheit gekommen ist, nämlich durch die Bestätigung der angefochtenen Hoffnung des jüdischen Volkes durch das Wort des Auferstandenen an die zweifelnden Jünger. Der Leser, der diesen Zusammenhang erkennt, begreift damit, daß die Gewißheit seines christlichen Wissens auf der Bewahrheitung der messianischen Hoffnung des jüdischen Volkes basiert.

Die Entgegnung Jesu auf den Bericht der beiden Jünger ist ebenfalls zweiteilig. In wörtlicher Rede wird die Gegenrede Jesu begonnen, als Lehr-Summarium führt sie der Autor auf der 1. Textebene zu Ende. Der wörtlich gefaßte Teil korrigiert die Position der Jünger durch Tadel (V 25b) und Belehrung (V 26) und akzentuiert dabei den für den Handlungsverlauf wesentlichen Kontrast zwischen der Unwissenheit ("Ihr Unverständigen und Trägen") und dem, was hier zu wissen erforderlich ist. An erster Stelle steht dabei die Quelle dieses Wissens ("... an alles, was die Propheten geredet haben"), an zweiter das, was aus dieser Quelle an Wissen zu gewinnen ist, nämlich was über das Geschick des Christus längst gewußt wird und insofern sich ereignen "mußte". Ausschließlich diesen Aspekt verfolgt der summarische Teil der Entgegnung Jesu (V 27). Die Jünger erhalten eine hermeneutische Lektion, die den Fundus des Wissens der Schrift ("angefangen von Mose und allen Propheten") mit dem hier behandelten Thema ("das über Jesus") zusammenführt. Das Thema Jesus wird also jetzt erneut besprochen. Nachdem die Jünger alles gesagt haben, was das kommunikative Gedächtnis darüber enthält, wird jetzt von Jesus eröffnet, was die Schrift, das kulturelle Gedächtnis der jüdischen Religion, darüber an schon Gewußtem bereithält.

Die Notwendigkeit ("mußte"/ἔδει) des Todes und der Verherrlichung des Christus wird dabei konsequent auf der Ebene von Erkennen und Wissen reflektiert. Der Sinn dieser Reflexion besteht aber nicht darin, daß die Jünger beziehungsweise der Leser des lukanischen Werkes einige Schriftbeweise kennenlernen, die geeignet sind, den sonst sinnlosen Tod Jesu plausibel zu machen. Dies ist eine moderne Unterstellung, mit der der Zugang zur lukanischen Hermeneutik verbaut wird. Es geht in dieser Episode darum, daß die beiden Wissensbestände, die in dieser Sequenz von den unwissenden Schülern und dem alles wissenden Lehrer Jesus in ihren Dialog eingebracht werden, zu einem einzigen Wissen verbunden werden: die Erinnerung an die eigenen Erfahrungen mit "Jesus von Nazaret" und das kanonische Wissen der eigenen religiösen Kultur. Diese Integration zu vollziehen, ist Jesus vorbehalten. Er ist der Stifter des umfassenden neuen Wissens. Dieses Wissen begründet nach der Krise der "Unwissenheit" angesichts des Todes Jesu die kulturelle Identität derer neu, die gehofft haben, daß Jesus es sei, der Israel erlösen werde (vgl. V 21). Dabei sind sich die unwissenden Jünger und der alles wissende Autor darin einig, daß dies die Hoffnung des ganzen jüdischen Volkes ist (vgl. 24,19c), die Hoffnung des jüdischen Volkes auf Gottes Herrschaft (vgl. 23,51), die in dem durch Jesus gestifteten Wissen neu bewahrheitet wird. Die tadelnde Belehrung der beiden Emmaus-Jünger durch den lukanischen Jesus ist keine Kritik an ihrer Hoffnung, sondern an ihrem mangelnden Vertrauen in das durch Mose und alle Propheten Gesagte, das diese Hoffnung beinhaltet.

Dem überwiegend heidenchristlichen Publikum, mit dem in dieser Erzählung als Leserschaft gerechnet wird, wird damit vor Augen gestellt, daß es eine christliche Identität für nichtjüdische Gläubige ohne dieses Wissen und ohne die damit neu begründete jüdische Identität der Jünger Jesu nicht gibt. Der offenbarungsgeschichtliche Zusammenhang zwischen Israels Hoffnung und Gottes Geheimnissen, dem Plan seines rettenden Handelns an seinem Gesalbten, ist, wie der Autor in dieser Episode sichtbar macht, ursprünglich überhaupt nur zu verstehen durch die originären Träger dieser Hoffnung. Die christliche Identität der heidenchristlichen Leser des lukanischen Werkes beruht auf der Partizipation an der erneuerten jüdischen Identität der Judenchristen. Dies wird Thema des zweiten Buches des lukanischen Geschichtswerkes sein.

Der II. Teil der Emmaus-Episode (24,28-32) beruht stärker als das Weggespräch auf der vorlukanischen Kleopas-Tradition. Daher kann hier die Kommentierung knapp ausfallen. Im lukanischen Erzählzusammenhang bietet die Kleopas-Tradition die Möglichkeit, die grundlegende Bedeutung des Weggesprächs durch die Mahl-Symbolik um einen weiteren Aspekt zu vertiefen: den der bleibenden Beziehung des wissenden Jüngers zum entrückten Jesus.

Die 8. Szene (24,28-29) stellt den Höhepunkt der Emmaus-Episode dar. Dies gilt sogar noch für die um das Weggespräch erweiterte lukanische Fassung. Nach dem Gespräch, das die lukanische Hermeneutik als Programm bereits vollständig enthüllt, gilt erzählerisch für die Jünger immer noch das anfängliche Inkognito Jesu. Jetzt "nähert" man sich dem Ziel der Reise, welches als das Erkennen auch im erzählerischen Sinn erwartet wird. Daß der unerkannte Jesus sich jetzt sogar verstellt, indem er seine Absicht zur Weiterreise simuliert, ist ein Beispiel für lukanische Suspense-Technik. Sie steht im Dienst der Didaktik des lukanischen Jesus. Das

Motiv der Verstellung - entsprechend der sokratischen Ironie als Sprechhaltung Jesu im I. Teil - , stilistisch durch ein auffälliges Aufgebot an 'leichtem Schmuck' (Alliterationen und Assonanzen) betont, macht die Situation zu einer Probe für die Jünger. Sie bestehen diese Probe, indem sie - wieder ohne noch zu wissen, welche Bedeutung ihre Worte für den wissenden Leser haben - mit nachdrücklicher Höflichkeit den Fremden bitten, bei ihnen zu bleiben. Diese Bitte wird erfüllt, wie die Stichwortverbindung innerhalb der 2. Sequenz dieser Szene anzeigt: "Bleibe bei uns" - eintreten "um zu bleiben". Damit setzt die fallende Handlung ein, angezeigt durch καὶ ἐγένετο.

Die 9. Szene (24,30-32) ist - und war auch schon vorlukanisch - die seit der Exposition erwartete Erkenntnisszene. Das Erkennen Jesu am Brechen des Brotes begründet ein wissendes Verhältnis der Jünger zu ihm, das nicht auf leibhaftige Gegenwart angewiesen ist - das Charisma, das diese Tradition dem Kleopas und seinem Begleiter/Mitarbeiter zuordnet. Diese wissende Beziehung wird von Lukas ausdrücklich in den Zusammenhang mit dem auf dem Weg erschlossenen Wissen "über Jesus" und über alles, was "Mose und alle Propheten" über ihn gesagt haben, gestellt (vgl. V 32). "Ihn erkennen" (V 31) steht parallel zur Erschließung der "Schriften" (V 32). Damit ist die hier gemeinte erkennende Beziehung im Unterschied zur vorlukanischen Auffassung nicht als Charisma bestimmt, sondern als das für die christliche Identität grundlegende Wissen.

2.8 Die 2. Zwischenszene (Lk 24,33-35)

Die folgende 10. Szene führt die Emmaus-Jünger zurück in die Gruppe, aus der sie sich am Anfang der Episode gelöst haben. Die Situation, die sie in Jerusalem "finden", entspricht der im Laufe der Emmaus-Episode gewonnenen Erkenntnis und steht im Gegensatz zur letzten Szene der 1. Episode, dem scheiternden Verständigungsversuch der Frauen mit den Aposteln nach ihrer Rückkehr vom Grab. Jetzt wissen beide Seiten um das Osterereignis und teilen es sich gegenseitig mit. Die in Jerusalem Versammelten benutzen dafür eine Formulierung, die mit ihren zentralen Stichwörtern ("er wurde auferweckt"/ἠγέρθη, "er erschien"/ὤφθη) dem kirchlichen Glaubensbekenntnis (vgl. 1 Kor 15,3-5) nahesteht. Die Emmaus-Jünger akzentuieren mit ihrem Bericht den Aspekt, auf den es Lukas beim Osterereignis ankommt: den des Wissens und des Erkennens. Sie berichten vom Geschehen der Stiftung des neuen Wissens (τὰ ἐν τῇ ὁδῷ) und vom Ereignis des Erkennens (ὡς ἐγνώσθη) der Person des Auferweckten. Diese beiden Aspekte werden in der anschließenden 3. Episode wieder aufgenommen.

Die hier nicht als selbständige Szene gestaltete, sondern von den in Jerusalem versammelten Jüngern den aus Emmaus zurückkehrenden mitgeteilte Erscheinung des Auferweckten vor "Simon" stellt diese Szene auch der 1. Zwischenszene 24,12 gegenüber. Wieder geht es dabei um die Einbeziehung der Figur des Petrus in den im lukanischen Osterzyklus dargestellten Erkenntnisprozeß. Dieser Prozeß begründet das identitätsstiftende Wissen der Glaubenden, dem Petrus als Sprecher im zweiten Buch des Doppelwerks Ausdruck geben wird. Insofern sind die beiden Zwischenszenen besonders aufschlußreich auch für die lukanische Ekklesiologie.

2.9 Die 3. Episode: Erscheinung vor allen Jüngern in Jerusalem (Lk 24,36-49)

Erzählerisch gehört die 3. Episode zur fallenden Handlung innerhalb des Osterzyklus. Was kann sich jetzt noch ereignen, nachdem die Auferwekkung Jesu den Jüngern als Ereignis bekannt und in ihrer Bedeutung von den Jüngern verstanden ist?
Die *Exposition* (Lk 24,36 f) baut innerhalb des Osterzyklus zum letzten Mal ein *Disäquilibrium* auf. Der Erzähler knüpft an die vorangehende Zwischenszene anaphorisch an ("Während sie *dies* redeten") und nimmt so das Thema der Verständigung wieder auf, um alsbald das Motiv des Unverständnisses dagegenzusetzen. Dabei wird mit scharfen Kontrasten gearbeitet: Der Auferweckte *selbst* (αὐτός) tritt in die Mitte derjenigen, die gerade im Gespräch ihr Wissen über die Auferweckung Jesu austauschen, und wird von denen, die ihn jetzt sehen, für einen *"Geist"* gehalten (ἐδόκουν πνεῦμα θεωρεῖν). Der Auferweckte entbietet den *Friedensgruß*, und die Jünger *erschrecken*.
Die Haupthandlung besteht in ihrem ersten Teil (VV 38-43) ausschließlich in der Behebung dieses Disäquilibriums. Die Mißverständnisse werden vom Lehrer Jesus systematisch ausgeräumt. Zuerst wird der Tadel eingesetzt. Getadelt werden die Fehlleistungen in der Reihenfolge, in der sie in der Exposition aufgetaucht sind (vgl. V 37), zuerst die Angst, dann die falschen Vorstellungen (vgl. V 38). Nach dem Tadel folgt die Korrektur der Vorstellungen (V 39 f). Die Jünger werden aufgefordert, durch das Sehen (ἴδετε) der Hände und der Füße festzustellen, daß Jesus *selbst* es ist (ὅτι ἐγώ εἰμι αὐτός), den sie sehen. Dabei wird stillschweigend vorausgesetzt, daß Hände und Füße Jesu durch die Kreuzigung gekennzeichnet sind und so der Auferweckte als der Gekreuzigte identifiziert werden kann. Dieses Motiv wird erst in der johanneischen Bearbeitung der Episode explizit ausgeführt (vgl. Joh 20,20.25.27). Auf diese positive Auf-

forderung zur Identifikation folgt die negative zum Ausschluß der falschen Vorstellung. Dabei wird nicht nur zum Sehen, sondern auch, und zwar an erster Stelle, zum Tasten aufgefordert. Diese Steigerung hinsichtlich der Wahrnehmungsformen ist motiviert durch das anschließende Argument: Ein Geist hat nicht Fleisch und Knochen. Und als sei mit solchen Worten noch nicht alles geklärt, *zeigt* der Lehrer Jesus seinen Schülern dabei die Hände und Füße, von denen er spricht (V 40). Eine Reaktion der Jünger wird jetzt zwar erwähnt, aber lediglich in der Form eines genitivus absolutus. Es kommt also nicht zu einem förmlichen Abschluß der ersten Lektion (VV 38-40) als Sequenz, sondern der Erzähler notiert in der Eröffnung der folgenden Sequenz (VV 41-43) lediglich das Motiv dafür, daß die Belehrung über die Identität des Erscheinenden mit dem gekreuzigten Jesus noch einen Schritt weitergeht. "Vor Freude" können die Jünger immer noch "nicht glauben", was sie sehen. Der Leser erhält dabei keine Auskunft darüber, ob denn "Freude" und "nicht glauben" überhaupt miteinander kompatibel sind. Eine psychologisch präzise Analyse der Schritte vom Nichtwissen zur Erkenntnis, vom Unglauben zum Glauben liefert der Erzähler hier nicht. Eindeutig ist für den Leser jeweils nur, *was* hier geglaubt und verstanden werden muß. Die abschließende Demonstration (VV 41-43) ist der Beweis für die Lebendigkeit des Gekreuzigten, der auferweckt wurde. Essen ist in Heilungs- und Totenerweckungserzählungen das übliche Motiv für die Demonstration des Wunders. Es wird hier in einer auffallend prosaisch-konkreten Variante eingesetzt. Gebratener Fisch ist gerade vorhanden. Die Jünger sind jetzt sogar sequentiell an der Handlung beteiligt, wenn sie Jesus davon ein Stück geben. Auch hier verzichtet der Erzähler darauf, eine Aussage über den Lernerfolg der Jünger zu machen.

Der Erzähler räumt seinem Leser also auch in dieser Episode den Standpunkt dessen ein, der schon weiß, was die Figuren der erzählten Welt noch nicht wissen. In Wirklichkeit weiß der Leser aber auch nur zu gut, daß nicht er der Überlegene ist, sondern daß er mit dem, was er weiß, auf das Wissen derer angewiesen ist, die hier als diejenigen erscheinen, die noch nicht wissen, was es zu wissen gilt. Der Erzähler stattet die späteren "Augenzeugen und Diener des Wortes" (vgl. Lk 1,2) in dieser Szene, an deren Ende sie in ihre autoritative Rolle eingewiesen werden, zunächst mit einer psychologisch ganz unwahrscheinlichen Begriffsstutzigkeit aus. Sie ist die literarische Kontrastfolie, die den Hintergrund bildet für eine ungewöhnlich drastische Abhandlung des Themas Auferweckung, bei der Hände und Füße, Fleisch und Knochen und schließlich sogar gebratener Fisch als Lehrmittel zum Einsatz kommen.

Die Konkretheit, mit der der lukanische Jesus den Unterschied zwischen einem Geist und einem leibhaftigen Menschen erklärt und seine eigene

Lebendigkeit demonstriert, ist nicht der Ausdruck erzählerischer Naivität des Lukas. Diese Erzähltechnik ist aber wohl auch nicht von einem bestimmten dogmatischen Klärungsbedarf diktiert, etwa von dem Interesse an der Abwehr der christologischen Häresie des Doketismus, der man mit einer solchen Darstellung und mit solchen Argumenten wohl kaum beikommen könnte. Die Mittel, die hier zum Einsatz kommen, entsprechen der 'paradoxen Sprechhaltung' (παράδοξον σχῆμα) beziehungsweise der Ironie, mit der der Autor eine Auffassung vorträgt in dem Wissen darum, daß sie das allgemeine Wahrheitsempfinden schockiert (genus admirabile). Dies geschieht hier mit Blick auf die mehrheitlich hellenistische Leserschaft des lukanischen Werkes. Im Hintergrund steht dabei das Problem, daß der Glaube an die Auferweckung in einem kulturellen Milieu auf Zweifel stoßen muß, in dem der Tod eines Menschen als das einzig Gewisse betrachtet wird, das über die Zukunft des Menschen zu wissen ist. Der Tod erscheint gerade in philosophischer Perspektive als der Augenblick der Wahrheit eines philosophisch seriösen Lebensentwurfs. Der Glaube an die Auferweckung der Gerechten, der nicht einmal innerjüdisch unumstritten ist (vgl. Apg 23,8), ist deshalb, wie Lukas später expliziert, erst recht nicht in seiner christlichen Form als Glaube an die schon Ereignis gewordene Auferweckung Jesu vermittelbar mit der Einstellung zum Tod in der hellenistischen Philosophie (vgl. Apg 17,32). In der Emmaus-Episode wird dieser für die Verständigung über die Auferweckung Jesu neuralgische Punkt bereits angedeutet in der Ironie, mit der dort Jesus und durch ihn der Erzähler die an ihrer Hoffnung zweifelnden Jünger als Philosophenschüler (Peripatetiker) karikiert. Dieselbe Ironie ist ein Charakteristikum der Athen-Episode (vgl. bes. Apg 17,18.22 f), in deren Verlauf der Versuch, die Epikuräer und Stoiker für das Evangelium zu gewinnen, an der Nichtverständichkeit des Inhalts von "Auferstehung" scheitert (V 32).

In der Areopagrede wird die Zeit vor der Verkündigung des Evangeliums als "Zeit der Unwissenheit" bezeichnet, deren Sinn es gewesen sei, die Menschen auf die philosophische Suche nach Gott zu schicken, "ob sie ihn wohl ertasten und finden könnten" (ἄρα γε ψηλαφήσειαν αὐτὸν καὶ εὕροιεν, V 27). Diese Suche wird trotz differenzierter Sicht der Reichweite philosophischen Erkennens vom lukanischen Paulus vor den Philosophen Athens letztlich als gescheitert beurteilt, und zwar weil diese Suche obsolet geworden sei angesichts der Auferweckung Jesu, in der gerade, wie Paulus erklärt, jenes andere Wissen angeboten sei, das jetzt von jedermann Umdenken verlange (V 31b). In der abschließenden 3. Episode des Osterzyklus erzählt Lukas mit derselben Ironie, wie die durch die Erscheinung des Auferweckten erschreckten Jünger Jesu bei ihrer Suche nach Gott und seiner rettenden Weisheit, die in der Auferweckung

offenbar geworden ist, erst aufgrund massiver didaktischer Nachhilfe durch den auferweckten Jesus und durch ganz buchstäbliches und nicht nur metaphorisches Tasten (ψηλαφήσατέ με, V 39) ans Ziel der Erkenntnis des Glaubens gebracht werden müssen. Dabei läßt sich das Mißverständnis der Jünger, der vor ihnen stehende Jesus sei ein Geist, in der Situation der Ostererscheinung im Unterschied zur Redesituation auf dem Areopag in Athen auf sehr einfache Weise aufheben, so einfach, daß dem Leser durch die ironische Brechung deutlich wird, daß sein Wissen um die Auferweckung Jesu in Wirklichkeit eine unverfügbare Gabe ist, gegebenes Wissen, Offenbarungswissen. Die Ironie ist die besondere Sprechhaltung, mit der sich Autor und Leser einvernehmlich darüber verständigen, wie wenig selbstverständlich das Wissen ist, das sie untereinander verbindet und zugleich trennt von dem, was außerhalb der christlichen Glaubenswelt als plausibel gilt. Nur in der erzählten Welt des Osterzyklus erscheint dieses Wissen als das Handfeste und Augenfällige.
Es geht in der 3. Episode des lukanischen Osterzyklus also weder um einen historischen Faktizitätsbeweis noch um das Nachzeichnen eines psychologisch wahrscheinlichen Erkenntnisweges, den die Jünger 'damals', mehr als fünfzig Jahre, bevor der lukanische Leser dies liest, gegangen sind. Erst die Parallelität der beiden Teile dieser Episode zeigt, auf was es beim lukanischen Verständnis des Osterereignisses ankommt. Der Identifikation des lebendigen Leibes Jesu korrespondiert die Identifikation der Worte, auf denen die Identität des christlichen Lesers des lukanischen Geschichtswerkes beruht. Es geht im lukanischen Osterzyklus, speziell in der abschließenden Episode, um die Bedeutung der Gewißheit, daß Jesus lebt, für den Leser des Werkes. Diese Bedeutung besteht darin, daß niemand als der von Gott zum Leben erweckte gekreuzigte Jesus selbst es ist, der die Gewißheit der Worte gewährleistet, auf denen die christliche Identität des Lesers dieses Buches beruht. Die Intention des Lukas, die Gewißheit der Worte zu erweisen (vgl. Lk 1,4), wird hier zu dem Ende gebracht, das der lukanischen Auffassung von Gewißheit entspricht und dem, was Lukas seinem Leser im Proömium Lk 1,1-4 in Aussicht gestellt hat.
Das in der Exposition geschaffene Disäquilibrium gilt mit V 43 als aufgehoben. Ohne eine Reaktion der Jünger setzt Jesus an zu einer letzten Rede, die sein Vermächtnis an die Jünger enthält. Sie nimmt Bezug auf die ersten beiden Episoden des Osterzyklus. Im ersten Teil (V 44) erinnert Jesus an seine Worte, ähnlich wie die Frauen am Grab durch die Engel an seine Worte (τῶν ῥημάτων αὐτοῦ, V 8) erinnert werden. Dies geschieht hier in einer auffällig anachronistischen Weise. Die Erinnerung an die bereits gesprochenen Worte gilt als bereits gesagt ("die ich zu euch redete, als ich noch bei euch war"), obwohl Jesus sie eben erst ausspricht.

Jesus erscheint damit als derjenige, der als der Auferweckte selbst die Erinnerung der Jesusworte in definitiver Sprache schafft und begründet: "Dies sind meine Worte (οἱ λόγοι μου)." Das Ende des Lukasevangeliums zeigt damit Jesus letztlich als den *Stifter der Erinnerung* der Worte Jesu.

Der Inhalt der Worte Jesu wird im Unterschied zur 1. Episode, aber in Entsprechung zur 2. Episode des Zyklus jetzt unmittelbar als Aussage über die Notwendigkeit der Erfüllung der Schriften deklariert. Dann hebt die Rede mit V 45 neu an, um eine identifikatorische Aussage über den Inhalt der Schriften anzuschließen. Der Wechsel zurück von der Figurenrede auf die Textebene 1 hat dabei eindeutig den Sinn, den *Zusammenhang* zwischen der voraufgehenden und der folgenden Erklärung zu unterstreichen. Danach ist die Notwendigkeit von Leiden und Verherrlichung des Gesalbten Gottes - also das, was nach der 1. Episode Inhalt der Worte Jesu ist - der Inhalt der Worte der Schriften. Die beiden sprachlichen Medien, die hier gegenübergestellt werden, "meine Worte" und "die Schriften", sind danach also Texte desselben Wissens. Was in den ersten beiden Episoden des Osterzyklus noch als zweierlei Erkenntnis nebeneinander steht, nämlich daß Jesus sein messianisches Geschick gewußt und es vorhergesagt hat und daß Jesus die Schriften in diesem Sinn verstanden hat, wird jetzt als ein und dasselbe Wissen identifiziert und als identisches Wissen deklariert. Damit sind für identisch erklärt das Hoffnungswissen des jüdischen Volkes aufgrund der Schriften und das Wissen um die Bewahrheitung dieser Hoffnung durch Gottes rettendes Handeln an seinem Gesalbten. Dies festzustellen, ist nach lukanischer Darstellung Sache Jesu selbst. Gottes Offenbarung in den Schriften und Gottes Offenbarung in Jesus von Nazaret werden durch die hier dargestellte *Stiftung der Worte Jesu* durch Jesus selbst zu dem Wissen, auf das als normative Erinnerung sich in Zukunft die *kulturelle Identität* der Jünger Jesu gründet. Dieses Wissen bezeichnet die Areopag-Rede als "Glaube" (πίστις, Apg 17,31; vgl. 20,21; 24,24, 26,18).

Davon handelt das zweite Buch des lukanischen Werkes. Die letzte Episode des ersten Buches schließt mit der Übergabe des von Jesus gestifteten Wissens an die Jünger als Träger dieses Wissens, nicht nur als jetzt Wissende, sondern als die Vermittler dieses Wissens in der universalen Völkermission, beginnend von Jerusalem aus. Die Jünger agieren in dieser Episode, wenn überhaupt, lediglich als die Adressaten der Belehrung und der Deklarationen Jesu und verbleiben auch in dieser Rolle. Am Ende der letzten Rede Jesu werden sie in eine zukünftige Rolle, die eine Sprecherrolle ist, eingewiesen. Sie werden die "Zeugen" Jesu in dem universalen Prozeß der Verkündigung dieses Wissens sein. Dafür werden sie mit "Kraft aus der Höhe überkleidet" werden - ihre Investitur als Diener des

Wortes. Damit hat der Erzähler den Punkt erreicht, der im Proömium von vornherein als Ziel ins Auge gefaßt war. "Die unter uns in Erfüllung gegangenen Ereignisse" und "die Worte", auf die sich die christliche Identität des Lesers gründet, bilden einen geschichtlichen Handlungszusammenhang, in dem Jesus die zentrale Rolle spielt als der Stifter des Wissens, das im Wort der Zeugen Jesu die Menschen erreicht, von Jerusalem angefangen bis an die Enden der Erde. Dies darzustellen, ist das thematische Programm der beiden Bücher des lukanischen Geschichtswerkes.

2.10 Der Schluß des Zyklus und des ersten Buches (Lk 24,50 ff)

Den Schluß des Zyklus und des Ersten Buches bilden sechs Sätze, die sich paarweise anordnen lassen, obgleich dabei von Sequenzen im strengen Sinn nicht die Rede sein kann. Dramatische Spannungen bestimmen nicht mehr das Geschehen. Dies ist ein harmonischer Schluß. Das zentrale Ereignis, die *Trennung* Jesu von den Jüngern (V 51 mit καὶ ἐγένετο eingeleitet) durch die Aufnahme in den Himmel, könnte durchaus ein Disäquilibrium auslösen. Daß dies nicht der Fall ist, liegt am Einfluß des Stichworts "segnen" (εὐλογεῖν), das in diesem kurzen Text dreimal gesetzt wird, an dieser Stelle und in den flankierenden Satzpaaren. Der Weg aus der Stadt Jerusalem hinaus führt an den Ort, wo Jesus seine Jünger "segnet". Der Weg der Jünger führt zurück in den Tempel, wo sie Gott im ständigen Lobpreis "segnen". Das so gerahmte Ereignis der Aufnahme Jesu in den Himmel ist also, obwohl eine Art Trennung, vor allem ein Ereignis, das eine *segensvolle Verbindung* zwischen Himmel und Tempel begründet. Als Nebenzug der Handlung, durch das participium coniunctum "vor ihm niederfallend" (προςκυνήσαντες), deutet der Erzähler an, worin diese Verbindung besteht, daß nämlich die Aufnahme des scheidenden Jesus in den Himmel seine Inthronisation als messianischer Herrscher zur Rechten Gottes ist, dem die Jünger mit ihrer Proskynese huldigen. Mit dem Motiv der Inthronisation und der Andeutung einer segensvollen Herrschaft des Inthronisierten ist ein thematisch passender Schluß gefunden.
Der aufmerksame Leser weiß allerdings, daß trotz des Fehlens von Defizit-Motiven der Weg der Jünger zurück nach Jerusalem in den Tempel zugleich einen neuen Erzählanfang vorbereitet. Sie betreten nach der Himmelfahrt Jesu die Stadt Jerusalem von Betanien aus, von wo Jesus selbst vor seiner Passion am Ende der mit Lk 9,51 begonnenen Reise Jerusalem und den Tempel als den Ort seiner Lehre während der Jerusalemer Tage erreicht hat (vgl. Lk 19,29). Von demselben Ort am Ölberg,

Betanien, her werden am Anfang des Zweiten Buches die Jünger nach Jerusalem zurückkehren (vgl. Apg 1,12) und ihre historische Sendung beginnen.

3. Das Kommen der Weisheit zu den Völkern. Die erzählerische Konzeption des lukanischen Geschichtswerks

3.1 Das lukanische Geschichtswerk als Ätiologie des christlichen Wissens

Die Analyse des Proömiums und des Osterzyklus, mit dem das "erste Buch" (vgl. Apg 1,1) des lukanischen Geschichtswerks schließt, haben dessen Thema bereits erkennen lassen. Die "unter uns in Erfüllung gegangenen Ereignisse" (Lk 1,1), die dargestellt werden, sind die Geschichte der Genese des christlichen Glaubens. Der Osterzyklus enthält dazu nicht nur die fundamentalen *theologischen Aussagen* über Schrifterfüllung und Offenbarung, über Israels Hoffnung und ihre Bewahrheitung durch das Handeln Gottes an seinem Christus, sondern dieser Schlüsseltext *erzählt* diese Genese als *Handlung*. Der auferweckte Jesus stiftet das Wissen, das die christliche Identität des Lesers begründet. Dieses Handeln Jesu am Anfang der Geschichte des christlichen Wissens ist ganz und gar ein kommunikatives Geschehen, auch wenn es in der erzählten Geschichte um nonverbale Vorgänge geht, z.B. um das Gehen nach Emmaus oder nach Betanien, z.B. auch um das Essen von Brot oder Fisch. Alle Elemente der erzählten Handlung sind konstitutiv für das christliche Wissen. Die Jüngerinnen und Jünger sind in dieses Geschehen einbezogen. Vom Wissen zu erzählen ist nur möglich als Erzählen von *Kommunikation*. Die Handlung des Osterzyklus besteht nicht zufällig im wesentlichen aus dialogischen Vorgängen. Diese entwickeln sich von der Aufforderung an Nichtwissende, sich bestimmter Worte Jesu zu erinnern, bis zur Übergabe bestimmter Worte Jesu an wissende Zeugen mit dem Auftrag zur öffentlichen Verkündigung des Wissens aufgrund dieser Worte. Alles Erzählte ist daher immer auch an die in das Geschehen einbezogenen Zweitfiguren gebunden. Ihr Erinnern und Erkennen ist das erzählerisch und theologisch notwendige Korrelat zu dem Geschehen der Stiftung des christlichen Wissens durch das Wort des von den Toten auferweckten Jesus. Von diesem Ansatz her läßt sich das erzählerische Gesamtkonzept des zweibändigen lukanischen Geschichtswerks erfassen.
Die historische Monographie des Lukas ist nicht, wie man jetzt schon sieht, eine Darstellung heilsgeschichtlicher Epochen. Das Lukasevangelium schildert nicht die Zeit Jesu und die Apostelgeschichte nicht die Zeit der Kirche, schon gar nicht als Epochen, die die Zeit Israels ablösen. Es

trifft zwar zu, daß das historische Denken des Lukas "Zeiten und Fristen" kennt; gemeint sind damit aber nicht heilsgeschichtliche Epochen, sondern die festbestimmten Termine des Handelns Gottes zur endzeitlichen Wiederherstellung der Gottesherrschaft für Israel, die Gott in seiner Weisheit festgesetzt hat, um die zu wissen aber nicht zum Wissen der Jünger Jesu gehört (vgl. Apg 1,7). Diese Zukunft ist in der Sicht des Lukas jedenfalls auch Zeit Israels. Das Heil Gottes, das alle Völker schauen, ist auch und zuerst "Herrlichkeit für dein Volk Israel" (vgl. Lk 2,29-30). Was Lukas in der Perspektive dieser eschatologischen Zukunft erzählt, handelt von der ersten bis zur letzten Seite von Israels Hoffnung und ihrer Erfüllung im Dialog Gottes mit seinem Volk.

Aber auch unter der Bedingung, daß man den durchgehenden Bezug der Darstellung des lukanischen Gesamtwerks auf das jüdische Volk und seine aktuelle Geschichte nicht vernachlässigt, kann dessen Zweiteiligkeit nicht im Schema Jesus - Kirche aufgefaßt werden, weil das Thema Kirche nur einen Teilaspekt der in der sogenannten Apostelgeschichte dargestellten Handlung erfaßt. Dies wird in anderem Zusammenhang zu erörtern sein.

Die historische Monographie des Lukas stellt vielmehr nach unseren bisherigen Ergebnissen die *Genese des Wissens*, das die kulturelle Identität des christlichen Lesers begründet, *als Geschichte* dar. Dies gilt nicht nur für das "erste Buch" des Werkes, sondern gerade auch im Blick auf das Gesamtwerk. Die Haupthandlung setzt ein mit dem Ergehen des Wortes Gottes an den Täufer Johannes in der judäischen Wüste (Lk 3,1 f) und endet in Rom mit dem Ausblick auf das Hören der Heidenvölker auf die Verkündigung (Apg 28,28). Die summarische Darstellung der ungehinderten Verkündigungstätigkeit des gefangenen Paulus in Rom, mit der das zweite Buch schließt (V 30 f), öffnet den Blick auf die Gegenwart des Lesers. Der über das im lukanischen Werk dargestellte Geschehen hinaus weitergehende Prozeß der Verkündigung, durch den der Leser, den Lukas im Proömium Lk 1,1-4 anspricht, historisch erreicht und einbezogen worden ist in die Ereignisse, "die unter uns in Erfüllung gegangen sind", muß nicht erzählt werden. Dieser Teil der Geschichte ist dem Leser erinnerlich.

3.2 Die makrosequentielle Struktur des zweiteiligen Gesamtwerks

Als ganzes ist also das lukanische Geschichtswerk zu verstehen als die Ätiologie des identitätsbegründenden Wissens des christlichen Lesers. Dieser Geschehenszusammenhang wird, soweit das lukanische Werk ihn in seinen *zwei Teilen* darstellt, in *zwei Handlungszügen* erzählt, die

erzählmorphologisch als *eine Sequenz* aufzufassen sind. Erzählt wird die Begründung einer neuen kulturellen Identität durch die Stiftung des fundierenden Wissens durch Jesus und die Veränderung der kulturellen Landkarte der römisch beherrschten Welt (vgl. Lk 2,1) durch die Verkündigung dieses Wissens durch die Zeugen Jesu. Das als Wort Jesu gestiftete Wissen wirkt sich im Wort seiner Zeugen aus.
Der lukanische Jesus ist als Stifter von Wissen in erster Linie als Lehrer charakterisiert. Seine Herrschaft als Messias, die am Anfang durch den Engel Gabriel angekündigt wird (vgl. Lk 1,32 f), findet im Lukasevangelium noch gar nicht statt. Mit seiner Inthronisation zur Rechten Gottes beginnt sie, eröffnet wird sie mit der Ausgießung des Geistes als die Zeit des Wirkens seiner Zeugen. Die Herrschaft des erhöhten Jesus und das Wort der Zeugen stehen in enger Beziehung zueinander. Das von Jesus gestiftete Wissen stellt das Potential dar, das in den Reden der Apostel machtvoll zur Wirkung kommt.
Dieser sequentielle Handlungszusammenhang wird vor allem an der Nahtstelle der beiden Bücher des lukanischen Werkes sichtbar. Das deutlichste Indiz für den makrosequentiellen Wechsel vom ersten zum zweiten Buch ist die programmatische Veränderung der Figurenkonstellation in der Apostelgeschichte gegenüber der im Lukasevangelium. Die Protagonisten in den beiden Teilen des lukanischen Geschichtswerks sind verschiedene Figuren, die aber analoge Rollen spielen, nämlich die von Trägern besonderen Wissens. Im Lukasevangelium ist dieser Wissensträger Jesus, der in seiner Taufe durch Johannes im Jordan vom Himmel her den Geist empfängt (vgl. Lk 3,21 f), d.h. das Charisma des messianischen Retters und Befreiers (vgl. Lk 4,18 f). In der Apostelgeschichte sind dies die Zeugen Jesu, die durch die Ausgießung des Geistes vom Himmel her die Kraft erhalten, durch ihr Wort die Welt zu verändern von Jerusalem bis an die Enden der Erde (vgl. Lk 24,46-49; Apg 1,8). Dieser Rollentausch ist besonders spektakulär, weil die redenden Apostel der Apostelgeschichte gegenüber den ratlosen, unwissenden und zweifelnden Aposteln, Jüngerinnen und Jüngern des Osterzyklus buchstäblich wie ausgewechselt wirken. Auf diesen Zusammenhang und zugleich auf die Spannung, die in diesem Wechsel liegt, macht der Erzähler aufmerksam in der letzten Rede Jesu, des Protagonisten des ersten Buches, am Anfang des zweiten Buches, in der Jesus die Ankündigung der Geisttaufe, die die Jünger mit der Kraft zum Zeugnis ausstattet, mit dem Rückverweis auf die Wassertaufe des Johannes verknüpft (vgl. Apg 1,7).
Weitere Indizien für den makrosequentiellen Handlungsumschwung an der Nahtstelle der beiden Bücher des lukanischen Geschichtswerks ergeben sich aus den auffälligen Dubletten, mit denen der Erzähler hier arbeitet. Das Proömium Apg 1,1 f rekapituliert zunächst den Inhalt des "ersten

Buches" als Wirken und Lehre Jesu bis zur Himmelfahrt. Mit Apg 1,3 beginnt die Handlung des zweiten Buches, und zwar mit einer erneuten Darstellung der nachösterlichen Unterweisung der Apostel durch den auferweckten Jesus vor dessen Himmelfahrt, mit der Wiederholung der Aufforderung an die Apostel, in Jerusalem zu bleiben bis zur verheißenen Ausgießung des Geistes, mit einer zweiten Erzählung von der Aufnahme Jesu in den Himmel und der Rückkehr aller Jüngerinnen und Jünger von Betanien bzw. vom Ölberg nach Jerusalem. Diese Dubletten kann man nicht mit der Ungeschicklichkeit des Autors erklären, der - nach längerer Unterbrechung seiner Arbeit nach Abschluß des ersten Buches - den Erzählfaden mühsam wieder hervorholt, um ihn dann weiterzuspinnen. Dem Leser des zweiteiligen Werkes steht es jedenfalls frei, die beiden Bücher ohne Unterbrechung fortlaufend als ein Werk zu lesen. Daß der Erzähler hier vielmehr bewußt mit Dubletten arbeitet, ergibt sich schon daraus, daß das Motiv der Aufnahme in den Himmel sogar innerhalb des Anfangs des zweiten Buches zweimal vorkommt, zuerst rekapitulierend (V 2), dann erneut erzählend (V 9). Die Funktion dieser offensichtlichen Dubletten ist es, auf den inhaltlichen Aspektwechsel gerade aufmerksam zu machen, den der Erzähler beim Übergang vom ersten zum zweiten Teil seines Werkes vollzieht.
Das Generalthema des Osterzyklus ist Jesus und was über ihn gewußt wird (τὰ περὶ Ἰησοῦ, Lk 24,19), dargestellt unter dem Aspekt von Erinnerung und Erkenntnis. Das Generalthema, unter dem derselbe Stoff am Anfang des zweiten Buches wieder aufgenommen wird, ist die Gottesherrschaft (τὰ περὶ τῆς βασιλείας τοῦ θεοῦ, Apg 1,3). Hier geht es nicht um das Erinnern und das Verstehen der bereits im Evangelium erzählten Geschichte Jesu, sondern um die Erwartung bezüglich des Fortgangs der Handlung im zweiten Buch. Sie wird von den Jüngern formuliert mit der Frage: "Herr, stellst du in dieser Zeit die Königsherrschaft (τὴν βασιλείαν) für Israel wieder her?" Diese Frage bleibt innerhalb der erzählten Szene offen. Aber das Motiv der Herrschaft ist damit ausdrücklich als der thematische Aspekt benannt, unter dem die folgenden Ereignisse vom Leser zu sehen sind. Das Wissen, das als Wort Jesu gestiftet ist, wird im Wort der Zeugen seine Macht erweisen, und zwar als die Kraft zur Wiederherstellung der Schöpfung durch das geistgewirkte Wort, das seit dem Pfingstereignis als Zeugnis ergeht von Jerusalem bis an die Enden der Erde. Auf diesen Aspekt der Geschichte, die es im zweiten Buch zu erzählen gilt, weist der Erzähler erstmals mit dem Wort hin, mit dem die letzte Rede Jesu im ersten Buch schließt: "... bis ihr aus der Höhe überkleidet werdet mit Macht" (Lk 24,49). Am Ende des Gesamtwerks erscheinen die beiden Generalthemen des lukanischen Doppelwerks nebeneinander (vgl. Apg 28,23.31) als die beiden Haupt-

artikel der Verkündigung und der Lehre des Apostels Paulus, der Autorität, der die nachpaulinischen Gemeinden bzw. der implizite Leser des Werkes ihr Wissen verdanken.

3.3 Das Thema des lukanischen Geschichtswerks im Kontext der urchristlichen und der frühjüdischen Weisheit

Die Ätiologie ist keine Gattung, sondern eine argumentative Form. Ein Sachverhalt wird aus seiner Genese erklärt. Die jahwistische Schöpfungserzählung z.B., als Ätiologie verstanden, erklärt die gegenwärtige Situation des Menschen in seiner Lebenswelt durch die Gegenüberstellung von paradiesischem Ursprung und dessen Minderung aufgrund des Sündenfalls. Damit wird in einem spannungsvollen Kontrast der Rahmen abgesteckt, innerhalb dessen sich menschliche Glückserwartungen bewegen können. Im speziellen Fall einer Wissensätiologie geht es darum, durch die Erzählung der Genese des Wissens die Qualität und Bedeutung des so gewordenen Wissens zu explizieren. Das klassische neutestamentliche Beispiel einer Wissensätiologie ist der Prolog des Johannesevangeliums. Seine Aussagen über den Logos und sein Kommen in die Welt führen zu einer Aussage darüber, woher das reflektierende Wir sein Wissen hat: "Aus seiner Fülle haben wir alle empfangen ..." (V 16). Die christologischen Aussagen werden am Schluß unter wissensätiologischem Aspekt zusammengefaßt (vgl. V 17 f). Damit wird die Qualität des Wissens der Wir-Gruppe christologisch formuliert: Dieses Wissen ist die authentische Auslegung Gottes durch den göttlichen Logos selbst, der im Anfang bei Gott war (vgl. die Identifikationsaussagen V 18 gegenüber V 2).
Wissensätiologische Begründungen kommen im NT in den unterschiedlichsten Formen vor. Ein Beispiel dafür ist die Erörterung von Fragen bezüglich der christlichen Auferstehungshoffnung in 1 Kor 15. Über die eigene Auferstehung der Christen, ihr Daß (VV 12-34) und ihr Wie (VV 35-58), kann eine Verständigung nur gelingen auf der Grundlage des besonderen gemeinsamen Wissens von Autor und Adressaten. Die Argumentation wird daher eingeleitet mit einer Ätiologie des Glaubens (VV 1-11 mit dem ätiologischen Schluß: "... und so seid ihr zu eurem Glauben gekommen", nämlich durch die Verkündigung von Tod und Auferwekkung Jesu). Programmatische Bedeutung erlangen wissensätiologische Begründungen nicht zuletzt in der deuteropaulinischen Briefliteratur, besonders wo der Status der Glaubenden prinzipiell und grundlegend definiert wird über eine Aussage über die Herkunft des Glaubens als Offenbarungswissen (vgl. Kol 1,23.26; Eph 3,5; 1 Tim 3,16; 2 Tim 1,9 f u.ö.). Es ist kein Zufall, daß solche Ätiologien vor allem in Präskripten

und Proömien von Briefen begegnen, in den obligaten Teilen eines Briefes also, in denen die briefliche Aufnahme der kommunikativen Beziehung auf der Basis des "gemeinsamen Glaubens" (Tit 1,4) zwischen Absender und Empfänger ausdrücklich thematisiert wird (vgl. Kol 1,5-8; Eph 1,3-14; Tit 1,2 f). Ein für unseren Zusammenhang besonders interessantes Motiv solcher Ätiologien ist die Vorstellung von der Verkündigung des Evangeliums als einem universalen kosmischen Prozeß, an dessen Ende sich jeweils der Adressat des Briefes befindet als der in diesem Prozeß vom Wort der Verkündigung Erreichte (vgl. bes. Kol 1,6.23). Hier findet man den inhaltlichen Anknüpfungspunkt für das Thema des lukanischen Geschichtswerks, zumindest für dessen zweiten Teil, und für die erzählerische Strategie einer leserbezogenen Darstellung dieses Themas.

Vom offenbarungstheologischen Briefmotiv zur inhaltlichen Konzeption einer historischen Monographie über die Genese des christlichen Wissens, dargestellt als dessen Stiftung und weltverändernde Bezeugung, ist es allerdings kein geringer Schritt. Auf welchen traditionsgeschichtlichen Voraussetzungen das lukanische Geschichtswerk mit seiner Grundidee einer zweiteiligen Sequenz von wissensbegründenden Ereignissen beruht, läßt sich meines Erachtens am besten auf dem Hintergrund der Tradition der frühjüdischen Weisheit einigermaßen verständlich machen. Trotz gebotener Kürze muß ich hier weiter ausholen.

Die Frage, woher wir wissen, was wir wissen, ist eine der vielfältigen Formen weisheitlichen Denkens. Nach weisheitlichem Denken ist das weisheitliche Wissen selbst die Voraussetzung für ein sinnerfülltes Leben. (Das Essen vom Baum der Erkenntnis - vgl. unser erstes Beispiel einer Ätiologie - ist eine sehr ambivalente Vorstellung, die ebenfalls in diesen Zusammenhang gehört.) Deshalb ist die Reflexion über Weisheit ein Grundthema der Weisheit. "Anfang der Weisheit ist: Erwirb dir Weisheit ..." (Spr 4,7). Für unseren Zusammenhang sind besonders solche Formen dieser weisheitlichen Meta-Reflexion von Interesse, die die Weisheit selbst als Person auftreten und reden lassen. Die Weisheit selbst ist verborgen. Man muß sie suchen. Die umgekehrte Vorstellung, daß sie selbst unter den Menschen erscheint, nach ihnen sucht und und sie belehrt - an sich eine Utopie - , ist ein attraktives Thema der Spekulation. Wenn die in der Welt nicht auffindbare verborgene Weisheit (vgl. Ijob 28) selbst in der Welt erschiene und die Menschen darüber belehrte, was die Welt im Innersten zusammenhält, käme ja die weisheitliche Suche nach dem Sinn menschlichen Daseins endlich an ihr Ziel.

Ein besonders instruktives Beispiel für eine solche Reflexion ist Sir 24, ein Text, der für unseren Zusammenhang äußerst aufschlußreich ist. Denn der Text kann nach Struktur und Thema einiges zum Verständnis des

Themenprogramms des zweiteiligen lukanischen Geschichtswerks beitragen.
Der Text ist zweiteilig. Dies wird vor allem deutlich durch die wissensätiologisch-identifizierende These in V 23: "Dies alles" - das in den VV 3-22 über die Weisheit Gesagte - sei zu verstehen als Aussage über die von Mose gegebene Tora. Sie sei das "Buch des Bundes des höchsten Gottes" zu seinem Volk und zugleich der kulturelle "Erbbesitz" der Versammlungen Jakobs. Dieser zentralen Identifikationsaussage geht die von der personifizierten Weisheit selbst vorgetragene Ätiologie des Tora-Wissens voraus. Sie hat, obwohl in lyrischer Form gestaltet, eine Geschichte zum Inhalt. Die personifizierte Weisheit spricht hier über sich selbst nicht nur als Lehrerin und Garantin glücklichen Lebens, sondern sie erzählt von ihrem Ursprung als Schöpfungswort aus Gottes Mund (V 3 f) und ihrem ursprünglichen Wohnsitz in den Höhen auf dem Wolkenthron (V 4), von ihrem kosmischen Walten und ihrer Herrschaft zum Wohl aller Völker (V 5 f). "Nach alldem" verläßt die Weisheit ihren kosmischen Herrschaftkreis, um sich auf die *Suche* nach einem Aufenthaltsort unter den Menschen zu machen (V 7), und *findet* ihn auf Geheiß des Schöpfers in Israel (V 8). Nach dieser *Erzählsequenz*, in der die Weisheit an den von ihr selbst gesuchten Ort in der Schöpfung gelangt, wird - nicht mehr erzählend, sondern gedankenlyrisch - das Wirken der Weisheit auf dem Zion besungen (VV 9-12.13-17) und zum Genuß der weisheitlichen Früchte eingeladen.
Der erste Teil des Gedichts erzählt also, als Handlung gelesen, die Stiftung des kulturellen Wissens Israels durch das Kommen der Weisheit zum Zion. Der zweite Teil des Gedichts, der mit V 23 beginnt, setzt ein mit dem lyrischen Preis der Tora als unerschöpflicher Bildungsquelle (VV 25-29) und schildert dann die Tätigkeit des Toraweisen (VV 30-34). Dieser Teil ist das Gegenstück zu der Geschichte vom Kommen der Weisheit zum Zion: Der Sprecher, der in demselben Ich-Stil redet wie zuvor die Weisheit, entdeckt beim Bewässern seines Gartens - eine Allegorie der Toragelehrsamkeit - die Verbindung zwischen dem Flußarm, aus dem er schöpft, und dem großen Meer, das nach V 6 der Ort des kosmischen Waltens der Weisheit ist. Der Tora-Weise, der die Inkarnation der Weisheit, die Tora, besitzt und studiert, partizipiert als Lehrer am kosmischen Wirken der Weisheit.
Was uns besonders interessiert, ist das Verhältnis der beiden Teile des Gedichts zueinander. Sie bilden eine Sequenz, die mit der Gesamtkomposition des lukanischen Gesamtwerks besonders in zwei Punkten vergleichbar ist. Erzählt wird jeweils die Stiftung eines Wissens und das Umgehen mit diesem Wissen. Dabei wechseln die Erstfiguren, sie spielen aber analoge Rollen: die von Wissensträgern. Im übrigen ist klar, daß

man das lukanische Geschichtswerk nicht als Ätiologie des *Tora*wissens verstehen kann.
Die toraweisheitliche Ätiologie des mosaischen Gesetzes wird Sir 24 als glücklich endende Erfolgsgeschichte erzählt, die geeignet ist, den Leser am Beginn des 2. Jahrhunderts v.Chr. zu motivieren, sich als in der Tora-Weisheit gebildeter Jude selbstbewußt der Herausforderung durch die hellenistische Bildungsoffensive zu stellen. Wer die Tora hat, besitzt den Bauplan der Schöpfung und damit die beste Philosophie. Dieser optimistischen Variante steht eine tragische Version derselben Geschichte gegenüber. Sie wird in 1 Hen 42,1-3 knapp erzählt:

1 Die Weisheit fand keinen Platz, wo sie wohnen konnte,
da hatte sie eine Wohnung in den Himmeln.
2 Die Weisheit ging aus, um unter den Menschenkindern zu wohnen;
und sie fand keine Wohnung.
Die Weisheit kehrte an ihren Ort zurück
und nahm ihren Sitz unter den Engeln.
3 Und die Ungerechtigkeit kam hervor aus ihren Kammern:
die sie nicht suchte, fand sie
und wohnte unter ihnen wie der Regen in der Wüste und wie der Tau auf dem durstigen Land.

(Übersetzung: S. Uhlig, Das Äthiopische Henochbuch [JSHRZ V 6], S. 584)

In dieser Variante, die die Erzählmotive von Sir 24 konsequent ins Tragische wendet, hat die Weisheit von vornherein keinen Ort. Ihre Wohnung im Himmel ist nur ein Ersatz für ihre prinzipielle Ortlosigkeit. Die Suche nach dem rechten Platz, dem bei den Menschen, mißlingt. So kehrt sie frustriert an ihren Ort - nicht bei Gott, sondern bei den Engeln - zurück. Diesem Handlungsteil steht sequentiell das Kommen der Ungerechtigkeit mit ihrem triumphalen Erfolg als Lehrerin der Menschen gegenüber. Strukturell handelt es sich aber auch hier um die Sequenz: (vergeblicher) Versuch einer Stiftung von Wissen - Auswirkung (der Abweisung der Weisheit) in den kulturellen Zuständen. Dabei handelt es sich nicht primär um eine Ätiologie der Ungerechtigkeit, sondern durchaus um die Ätiologie eines Wissens. Das *Scheitern* der Mission der Weisheit wird ja tragisch erzählt von den *Anhängern* der Weisheit. Sie verstehen sich als Minderheit aufgrund ihres besonderen Wissens, das sie der von der Allgemeinheit abgewiesenen Weisheit verdanken. In dieser Variante der Erzählung von der Suche der Weisheit nach ihrem Ort bei den Menschen ist der alternative Wissensbegriff der Apokalyptik formuliert.

Die Geschichte vom Erscheinen der Weisheit unter den Menschen, vor allem die apokalyptisch-weisheitliche Variante der Erzählung, ist für unseren Zusammenhang von großem Interesse. Hier findet man nicht nur den Ansatz zum Verständnis des gesamten Handlungszusammenhangs des lukanischen Doppelwerks, sondern auch wesentliche Bausteine für dessen thematische Durchführung im einzelnen, besonders für die Darstellung der Geschichte Jesu von Nazaret. Jesus wird im lukanischen Werk zwar nicht als 'die Weisheit bezeichnet bzw. mit der unter den Menschen erscheinenden Weisheit Gottes in Person identifiziert. Dennoch ist sein Weg, wie er im Lukasevangelium dargestellt wird, auf dem Hintergrund der frühjüdischen Weisheitsreflexion in vielen Elementen verständlich zu machen. Der lukanische Jesus ist aufgrund seiner Passion und der Erhöhung zur Rechten Gottes - diese Stationen seines Weges entsprechen der gewaltsamen Abweisung der Weisheit und ihrer Rückkehr in die himmlische Welt - für die lukanische Soteriologie vor allem der Prototyp der Errettung aller Gerechten aus dem Tod, der "Anführer des Lebens" (Apg 3,15; vgl. 5,31). Das von ihm gestiftete besondere, rettende Wissen ist deshalb vor allem das Wissen um Gottes rettendes Handeln an ihm, Jesus, selbst als dem Christus. Seine Errettung aus dem Tod gemäß den Schriften ist die erste und eigentliche Lektion, die es nach Ostern zu lernen gilt. Die Errettung ist exemplarisch für die Errettung des jüdischen Volkes, das dieser Lehrer auf seiner Reise nach Jerusalem, seinem Kommen zum Zion, um sich sammeln will. In seiner Lehre und in seinem eigenen Weg, den er als Messias nach dem Plan Gottes geht, wird die Weisheit erkannt, mit der Gott sein Volk retten wird.

Der irdische Jesus des Lukasevangeliums ist vor allem ein Weisheitslehrer. Seine weisheitliche Mission ist es, dem Volk Gottes im jüdischen Mutterland die Weisheit zu vermitteln, die dem Wissen um Gottes rettendes Handeln in der nahen Zukunft entspricht. Bei Jesus lernt man eine bestimmte Art klugen Handelns. Es besteht im Kern darin, in der verkehrten Welt, die Gott retten will, die Barmherzigkeit, mit der Gott sich der Schöpfung zuwendet, zur Richtschnur des eigenen Handelns zu machen. Diese 'Nachahmung Gottes' wird in der ersten Rede Jesu vor dem Volk (Lk 6,20-49) als Programm entworfen. Es wird in den Reden Jesu auf seiner Reise nach Jerusalem (Lk 9,51-19,48) entfaltet.

Als zur Rechten Gottes erhöhter Herr und Christus (vgl. Apg 2,36) hat Jesus den messianischen Thronsitz eingenommen, der ihm bei der Verkündigung seiner Geburt durch den Engel Gabriel zugesagt worden ist (vgl. Lk 1,32 f). Inthronisation und Herrschaft des erhöhten Jesus werden am Anfang der Apostelgeschichte aber ganz offensichtlich nicht als Beginn des Regiments des Messias über das "Haus Jakob" im traditionellen Sinn der nationalen Messiaserwartung, als Wiederherstellung der

Gottesherrschaft für Israel (vgl. Apg 1,6) dargestellt, sondern als Anfang der Erneuerung der Schöpfung, die mit der Ausgießung des Geistes durch den Erhöhten beginnt und mit dem Hören der Völker bis an die Enden der Erde gelangt. Auf dem Hintergrund der frühjüdischen Weisheitstradition interpretiert, ist dieses eschatologische Regiment des erhöhten Christus die Wiederherstellung der Herrschaft, die die schöpferische Weisheit Gottes ursprünglich über alle Völker und Nationen ausgeübt hat (vgl. Sir 24,6 b). Die Erhöhung des von Gott geretteten Jesus ist also als der endzeitliche Neubeginn des Regiments der Weisheit Gottes verstanden, mit der Gott sich zur Rettung aller Menschen seiner Schöpfung wieder zuwendet. Dies geschieht von Jerusalem aus.

Die Apostelgeschichte stellt dies nicht als bruchlos glücklich endende Erfolgsgeschichte dar. Der Weg Jesu nach Jerusalem endet mit der gewaltsamen Abweisung der rettenden Weisheit Gottes in der Passion Jesu. Die Geschichte der Verkündigung der Zeugen Jesu beginnt auch nach Ostern mit dem abermals vergeblichen Versuch, den Tempel zum Ort der Offenbarung der Weisheit Gottes zu machen (vgl. Apg 3-9). Nach dem Scheitern dieses Versuchs ist zu erzählen, wie die Weisheit Gottes *dennoch* zu den Völkern kommt, obwohl der Tempel sich dem Anspruch Jesu und seiner Zeugen verschließt. Hier wird der Einfluß der apokalyptischen Lesart der frühjüdischen Reflexion über das Kommen der Weisheit in die Welt wiederum dominant gegenüber dem optimistischen toraweisheitlichen Entwurf. Die nachösterliche Mission geht zwar notwendigerweise von Jerusalem aus. Die Anfänge der Kirche wurzeln in der religiösen Kultur des Judentums. Aber von Anfang an ist die Geschichte des Ergehens des Wortes Gottes an sein wartendes Volk auch die Geschichte der Vereitelung der Vermittlung dieses Wortes (vgl. Lk 1,21 f), und sie bleibt bis zum Ende eine Geschichte der Verweigerung des Hörens (vgl. Apg 28,24). Entscheidend ist aber, daß dies alles nicht den Rahmen dessen sprengt, was auf der Grundlage einer apokalyptisch-weisheitlichen Orientierung und einer entsprechenden Schrifthermeneutik aus frühjüdischen Voraussetzungen über den Fortgang der Geschichte Gottes mit seinem Volk gedacht werden kann. Auch das Nichthören des Volkes ist schriftgemäß (vgl. das Zitat Jes 6,9 f am Ende der Rom-Episode Apg 28,26 f). Die Völker werden *dennoch* hören.

Die Himmelfahrt Jesu und der machtvolle Beginn der Wiederherstellung der Schöpfung durch das Wort der geisterfüllten Zeugen leiten in der Apostelgeschichte also keine Epoche des Triumphs der Wahrheit ein. In der Abschiedsrede Jesu beim letzten Mahl werden die Jünger auf Zeiten vorbereitet, in denen es geraten ist, sich auf Mangel und Feindschaft einzustellen und seinen Mantel gegen ein Schwert einzutauschen (vgl. Lk 22,35-38). Entsprechend sind die Zukunftserwartungen in der Abschiedsrede des Paulus Apg 22,29-31 von dunklen Voraussagen bestimmt. In beiden Texten steht im Hintergrund das Motiv des Verschwindens der abgewiesenen Weisheit und der dadurch bedingten bösen Verhältnisse (vgl. 1 Hen 94,3-5; 4 Esra 5,9 f). Andererseits wird man im Sinne des Lukas auch nicht sagen können, die Wahrheit habe sich in der gesamten Zeit bis zu ihrem endgültigen Erscheinen am eschatologischen Ende der Geschichte ohnmächtig "auf den Wegen der Gottlosigkeit unter der Herrschaft des Frevels dahingeschleppt" (1QS IV,19 f). Das Wissen des Lesers des lukanischen Geschichtswerks wird, wie er in einer symbolischen Katastrophen-Episode gegen Ende der Apostelgeschichte durch einen idealen Träger höheren Wissens, Paulus, vor Augen geführt bekommt, bei der Rettung aller Menschen am Ende seine orientierende und rettende Kraft erweisen (vgl. Apg 27). Die Zielvorstellung dabei ist nicht die Christianisierung des römischen Imperiums. Wohl aber kann die kognitive Minderheit, die sich in der Lektüre des lukanischen Geschichtswerks der Gewißheit ihres Wissens versichert, dieses ihr Wissen - um Gottes Plan zur Rettung aller Menschen aufgrund des Glaubens, der das Schicksal Jesu als prototypisch für diese Rettung erkannt hat - zum Wohl aller schon jetzt einbringen, indem sie nach dem Maßstab der Barmherzigkeit Gottes über die Grenzen ihrer Gruppe hinaus im Sinne der Weisheit Jesu klug und verantwortungsvoll handelt.

Sir 24 und 1 Hen 42,1-3 sind hier als exemplarische Texte herangezogen worden, um in modellhafter Vereinfachung und in heuristischer Absicht das Potential aufzuzeigen, das die frühjüdische Weisheit mit ihren Hauptströmungen, der Toraweisheit und der apokalyptischen Weisheit, bereits zu bieten hatte, um den konzeptionellen Ansatz des lukanischen Geschichtswerks mit seinem Thema und seiner zweiteiligen Handlungssequenz zu ermöglichen. Selbstverständlich ist es nicht meine Absicht, zwischen diesen Texten und dem lukanischen Werk eine unmittelbare rezeptionsgeschichtliche Verbindung zu konstruieren. Die grundlegende Bedeutung der apokalyptischen Weisheit für die urchristlichen Theologien, die hier nicht dargestellt werden kann - die oben herangezogenen neutestamentlichen Wissensätiologien sind Beispiele dafür - , muß meines Erachtens auch für die lukanische Theologie veranschlagt werden. Man kann nach der hier vorgetragenen Einschätzung Lukas nicht, weil er ein Historiker ist, als hellenistischen Autor einordnen. Das lukanische Geschichtsverständnis und die lukanische Fundamentaltheologie können, soweit sie jetzt schon sichtbar geworden sind, nicht ohne den lebendigen Bezug zum Kontext der judenchristlichen und der frühjüdischen Weisheit verständlich gemacht werden. Im weiteren muß es darum gehen, diese Einschätzung des lukanischen Geschichtswerkes - nicht nur der lukanischen Theologie - in der synchronen Lektüre zu verifizieren.

II. Die Protagonisten des Anfangs: Johannes der Täufer und Jesus von Nazaret

Das Geschichtswerk des Lukas beginnt mit zwei Kindheitsgeschichten. Die Gestalten des Täufers Johannes und Jesu von Nazaret werden so in einer für das Gesamtwerk einzigartigen Weise hervorgehoben. Die ersten vier Kapitel des lukanischen Doppelwerks sind der Darstellung der Rollen dieser beiden Protagonisten und ihres Verhältnisses zueinander gewidmet. Das deutlichste Indiz für den kompositorischen Zusammenhang der ersten vier Kapitel ist der Synchronismus Lk 3,1-2a, dem die beiden großen Gliederungssignale Lk 1,5a und 2,1 f in den Kindheitsgeschichten entsprechen. Durch den Synchronismus 3,1-2a schafft Lukas zunächst eine enge Verbindung zwischen den Kindheitsgeschichten und der Darstellung des öffentlichen Auftretens des Täufers, das in Lk 1,80 angekündigt wird. Daß damit aber auch die Einführung des (erwachsenen) Jesus untrennbar verbunden ist (vgl. Apg 13,24), ergibt sich aus der Verklammerung des Anfangs des Wirkens Jesu mit der Täufergeschichte am Ende des 3. Kapitels (vgl. besonders Lk 3,23).

1. Die Kindheitsgeschichten (Lk 1,5-2,52)

1.1 Der Täufer-Zyklus

Nachdem festgestellt ist, daß die Kindheitsgeschichten nicht vom übrigen lukanischen Geschichtswerk getrennt werden können, darf man sie zunächst für sich untersuchen. Dabei spielt die Frage nach dem Verhältnis der beiden Kindheitsgeschichten zueinander eine besondere Rolle. Diese Frage wird meistens traditionsgeschichtlich beantwortet. Da die Täufer-Episoden Lk 1,5-25.57-66 nicht auf die Jesus-Episoden verweisen, rechnet man mit der selbständigen Existenz einer Kindheitsgeschichte des Täufers (aus Täuferkreisen oder "christlichen" Tradentenkreisen), denen erst nachträglich (durch Lukas oder seine Quelle) die ebenfalls ursprünglich selbständige Kindheitsgeschichte Jesu im Sinne überbietender Parallelität zugeordnet worden sei. Der Vorteil einer solchen Hypothese ist, daß sie erklären kann, warum die beiden Kindheitsgeschichten am Anfang des lukanischen Werkes nicht parallel gebaut, sondern nur partiell, dies aber eindeutig, aufeinander bezogen sind. Der Nachteil ist, daß diese Hypothese die Interpretation des Textes von vornherein viel zu sehr festlegt. Wieso darf man aus der Parallelisierung von Erzählstoffen auf ein Interesse an der Überbietung der Erstfigur des einen durch die des anderen schließen so, als gäbe es keine andere Art, Gestalten oder Geschichten miteinander in Beziehung zu setzen? Fragwürdig wird eine solche Hypothese vollends dann, wenn man aus der Tatsache, daß die Kindheitsgeschichten des Täufers und Jesu nicht vollständig parallelisiert sind, den Schluß ziehen will, Lukas habe eine sklavische Nachahmung der Täufererzählung vermeiden wollen, oder umgekehrt, Lukas sei die Parallelisierung seiner Stoffe nicht ganz gelungen. Vor allem diese letzte Annahme wäre grundsätzlich unzulässig. Man würde ja den tatsächlich gegebenen Text als die nicht gelungene Version eines Textes auffassen, den es in Wirklichkeit gar nicht gibt. Wir gehen dagegen grundsätzlich davon aus, daß der gegebene lukanische Text so, wie er vorliegt, dem Leser des Textes vom Autor als verständlich und sinnvoll zur Lektüre angeboten ist. Erst wenn dieser Text vom Exegeten als Leser verstanden worden ist, sind Hypothesen über mögliche Quellen und ihre Merkmale zulässig und sinnvoll. Was hier versucht wird, ist die Lösung der ersten Aufgabe. Sie beruht auf der methodisch kontrollierten Beschreibung des gegebenen Textes. Diachrone Erklärungen werden bei der Interpretation, wie sie jetzt folgt, nicht aus Bequemlichkeit oder fahrlässigerweise ausgespart, sondern aus der Überzeugung, daß es ein Fehler ist, die Interpretation eines Textes von Hypothesen über seine Vorgeschichte abhängig zu machen.

Die Tabelle auf Seite 59 f stellt die lukanischen Kindheitsgeschichten des Täufers und Jesu nach Episoden und Szenen gegliedert gegenüber. Es wird deutlich, daß die Verknüpfung der beiden Erzählfäden vor allem durch das Vorziehen der Ankündigung der Geburt Jesu 1,26-38 und die erzähltechnisch dadurch ermöglichte Begegnungs-Episode 1,39-56 bewerkstelligt wird. Eine Parallelisierung der beiden Zyklen tritt dadurch aber nicht ein. Die Geburt des Täufers Lk 1,57 f und die Geburt Jesu 2,1-7 sind weder inhaltlich aufeinander abgestimmt noch ihrem erzählerischen Stellenwert nach miteinander vergleichbar. Dasselbe gilt entsprechend für die Namengebung (vgl. 1,59-79 gegenüber 2,21) und die weiteren Episoden der Kindheitsgeschichte Jesu. Es ist also vor allem zu erklären, in welchem Sinn Lukas die Anfänge der beiden Kindheitsgeschichten miteinander verknüpft beziehungsweise warum er sein Doppelwerk eröffnet mit der Einführung zweier Protagonisten, deren Biographien ihrerseits am Anfang miteinander verknüpft sind. Die eigentliche Frage ist also, warum Lukas sein Werk überhaupt mit zwei Protagonisten beginnt.

1,5-7 Exposition des Johannes-Zyklus 8-23 1. Episode: Ankündigung der Geburt des Täufers Johannes Exposition (8-10) 1. Szene: Angelophanie im Tempel (11-20) 2. Szene: Verständigungsversuch des Zacharias mit dem draußen wartenden Volk (21 f) Schluß (23) 24 f 1. Zwischenszene: Schwangerschaft in Verborgenheit	 26-38 2. Episode/Szene: Ankündigung der Geburt Jesu (Angelophanie im Haus)

39-56 3. Episode/Szene: Maria besucht Elisabet Exposition (39) Begegnung der Mütter und ihrer ungeborenen Kinder (40-45) Lobgesang der Maria (46-55) Schluß (56)

57 f	2. Zwischenszene Geburt des Täufcrs Johannes	2,1-7	Exposition des (restlichen) Jesus-Zyklus: Geburt Jesu
		8-20	1. Episode: Verkündigung der Geburt Jesu Exposition (8) 1. Szene: Verkündigung durch Engel (9-14) 2. Szene: Suche durch die Hirten (15-19) Schluß (20)
59-79	4. Episode/Szene: Namengebung (59-66) Lobgesang des Zacharias (67-79)	21	Zwischenszene: Namengebung
		22-39	2. Episode: Prophetische Identifikation Jesu im Tempel Exposition (22-24) 1. Szene: Simeon begrüßt den Messias (25-35) 2. Szene: Hanna verkündet die Erlösung Jerusalems (36-38) Schluß (39 f)
		41-51	3. Episode: Der Zwölfjährige lehrt im Tempel
80	Schluß des Täufer-Zyklus	52	Schluß des Jesus-Zyklus

1.1.1 Exposition des Täufer-Zyklus und 1. Episode: Ankündigung der Geburt des Johannes (Lk 1,1-25)

5 **Es war** in den Tagen des Herodes, des Königs von Judäa, ein Priester namens Zacharias aus der Tagesdienstabteilung Abia, und er hatte eine Frau aus den Töchtern Aarons, und ihr Name war Elisabet. 6 Sie **waren** beide gerecht vor Gott, wandelnd in allen Geboten und Satzungen des Herrn tadellos.	Exposition des Zyklus
7 Aber sie **hatten kein** Kind, weil Elisabet unfruchtbar war und weil beide vorgerückt waren in ihren Tagen.	Disäqulibrium
	1. Episode: <ins>Verheißung der Geburt des Täufers</ins>
8 **Es geschah** aber, als er den priesterlichen Dienst verrichtete in der Ordnung seiner Tagesdienstabteilung vor Gott, 9 (da) **fiel** nach der priesterlichen Gepflogenheit **das Los** auf ihn, das Rauchopfer zu vollziehen und dabei hineinzugehen in das Haus des Herrn. 10 Und die ganze Menge des Volkes **war betend** draußen zur Stunde des Rauchopfers.	Exposition
11 **Es erschien** ihm aber ein Engel des Herrn stehend zur Rechten des Rauchopferaltars.	1. Szene 1. Sequenz: Eine Vision
12 Und Zacharias **erschrak**, als er (ihn) sah, und Schrecken **befiel** ihn.	erschreckt den Visionär.

2. Sequenz:
Eine Offenbarung...

[Rede des Engels]

13 Es **sprach** aber zu ihm der Engel:
"Fürchte dich nicht, Zacharias,
denn erhört wurde dein Gebet,
und deine Frau Elisabet wird dir
einen Sohn gebären,
und du wirst seinen Namen Johan-
nes rufen.
14 Und du wirst Freude und Jubel
haben,
und viele werden sich über seine
Geburt freuen;
15 denn er wird groß sein vor dem
Herrn,
und Wein und Rauschtrank wird er
nicht trinken,
und mit heiligem Geist wird er er-
füllt werden schon im Leib seiner
Mutter,
16 und viele der Söhne Israels wird
er hinwenden zum Herrn, ihrem
Gott.
17 Und er wird vor seinem Ange-
sicht hergehen im Geist und in der
Kraft des Elias,
hinzuwenden die Herzen der Väter
zu den Kindern und die Ungehor-
samen zur Einsicht der Gerechten,
herzurichten dem Herrn ein zugerü-
stetes Volk."

18 Und es **sprach** Zacharias zu dem Engel:
Woran werde ich dies erkennen?
Ich bin nämlich alt,
und meine Frau vorgerückt in ihren
Tagen,

...findet keinen
Glauben.

Dialogsequenz:
Frage -

19 Und der Engel **sagte** ihm antwortend:
Ich bin Gabriel, der vor Gottes An-
gesicht steht,

Antwort, durch die
weiteres Reden un-
terbunden wird

und wurde gesandt, zu dir zu reden
und dir dieses zu verkünden.
20 Und siehe,
du wirst schweigen und nicht reden
können bis zu dem Tag, an dem
dies geschieht,
dafür daß du meinen Worten nicht
geglaubt hast, die sich erfüllen werden in ihrer Zeit.

2. Szene
1. Sequenz
Erwartung
wird stimuliert.

21 Und das Volk **erwartete** den Zacharias,
und sie **staunten** über sein langes Verweilen im Tempel.

2. Sequenz:
Stummheit
wird als Zeichen
verstanden.

22 Als er aber herauskam, **konnte** er **nicht**
zu ihnen **reden**.
Und sie **erkannten,** daß er eine Erscheinung gesehen hatte im Tempel.

3. Sequenz:
Trotz Zeichensprache wird die Offenbarung nicht vermittelt.

Und er **winkte** ihnen zu
und **blieb stumm**.

Schluß der Episode

23 Und **es geschah,** als sich erfüllten die
Tage seines Dienstes, **ging** er **fort** in sein
Haus.

Zwischenszene:
Elisabet empfängt

24 Nach diesen Tagen aber **empfing** Elisabet, seine Frau,
und sie **verbarg** sich fünf Monate mit den
Worten:

und spricht im Verborgenen.

25 "So hat an mir getan der Herr in
den Tagen, als er darauf sah, fortzunehmen meine Schande bei den
Menschen."

1.1.1.1 Die erste Exposition (Lk 1,5-7)

Der Einsatz der Erzählung nach dem Proömium ist von schulmäßiger Klarheit. Der Text beginnt mit dem semantisch neutralen Eröffnungssignal "Es war/geschah" (ἐγένετο), das lediglich besagt, daß jetzt eine Handlung einsetzt. Damit wechselt der Autor von der besprochenen Welt zur erzählten Welt, vom Proömium zum darin angekündigten Geschichtsbericht.

Es folgt eine doppelte Exposition, erkennbar gegliedert durch die Wiederholung desselben Eröffnungssignals am Anfang von V 8. Die erste Exposition (1,5-7) eröffnet die Gesamterzählung, die zweite (1,8-10) die erste Episode, bestehend aus den zwei Szenen, die durch die Ortsangaben in V 9 ("hineingehen" in den Tempel) und V 10 ("draußen" beten) installiert werden. Die Reichweite der zweiten Exposition ist durch V 23 eindeutig definiert, ist damit auf den nächsten Kontext begrenzt. Die Reichweite der ersten Exposition ist schon deshalb größer, weil sie der zweiten vor- und damit übergeordnet ist. Ihre Funktion kann man vor allem an V 6 ablesen. Der Autor formuliert hier in zwei Sätzen ein erzählerisches Disäquilibrium. Die Eltern des Täufers Johannes werden bei ihrer Einführung mit gegensätzlichen Attributen ausgestattet, die in ihrer Kombination eine Provokation darstellen. Zacharias und Elisabet sind einerseits ideale Gerechte vor Gott, untadelig in ihrer Gesetzesobservanz. Andererseits sind sie kinderlos und angesichts ihres Alters ohne Aussicht darauf, daß ihnen als Familie eine Zukunft gegeben ist. Als Leser erwartet man jetzt, daß die weitergehende Erzählung das entsprechende Äquilibrium anzielt. Die kinderlosen Alten werden auf wunderbare Weise doch noch zu ihrem Kind kommen.

Bekanntlich wird die Geduld des Lesers des lukanischen Werkes bis zur Aufhebung des Disäquilibriums der Kinderlosigkeit des Zacharias und seiner Frau Elisabet nicht sonderlich strapaziert. Lk 1,57 f wird das Kind geboren und wird ganz traditionell (vgl. Rut 4,13-17) von den Nachbarn der Eltern begrüßt. Betrachtet man Lk 1,57 f als den zu Lk 1,5-7 passenden Schluß, dann sieht man die Kindheitsgeschichte des Täufers als eine relativ geschlossene Geschichte für sich. Damit verbindet sich bei vielen Interpreten dieses Textes die Annahme, daß die Kindheitsgeschichte des Täufers eine ursprünglich selbständige Tradition gewesen sei, die Lukas in sein Werk eingebaut habe. Solche Hypothesen haben einiges für sich. Wir werden sie hier aber dennoch nicht zur Voraussetzung unserer Analyse machen. Denn mit der Erklärung, die Exposition Lk 1,5-7 sei vorlukanisch und beziehe sich lediglich auf die Geburtsgeschichte des Täufers, würde man der Tatsache nicht gerecht, daß sie den uns vorliegenden lukanischen Gesamttext einleitet. Selbst wenn es zuträfe, daß Lukas die erste Exposition seines Werkes einer Quelle entnommen hätte, würde dies nicht erklären, warum der Autor des lukanischen Gesamtwerks diese Exposition akzeptiert hätte. Was besagt das Disäquilibrium der Kinderlosigkeit im Gesamtzusammenhang des lukanischen Geschichtswerks? Diese Frage stellt sich ganz unabhängig davon, ob man das Motiv der Kinderlosigkeit am Anfang der Kindheitsgeschichte des Täufers für lukanisch oder für vorlukanisch hält. So oder so muß es als Element des von Lukas gebotenen Textes seinem erzählerischen Stellenwert entsprechend gelesen werden. Denn würde man sie ausschließlich in ihrer Funktion als Exposition des Täufer-Zyklus für plausibel halten, würde dies ja bedeuten, daß Lukas sich ausgerechnet am Anfang seines Doppelwerkes auf eine Perspektive eingelassen hätte, die nur den ersten Zyklus in den Blick genommen hätte, ohne der Perspektive seines Gesamtwerks zu entsprechen.

Ganz gleich also, ob die erste Exposition mit ihrem Disäquilibrium Kinderlosigkeit von Lukas selbst geschaffen oder 'nur' übernommen ist, sie enthält tatsächlich das erste und als solches für das gesamte lukanische Werk grundlegende Disäquilibrium. Dies besagt als erste Weichenstellung der Erzählung, daß das lukanische Werk als ganzes sich auseinandersetzen wird mit der Frage nach der vereitelten Zukunft der Gerechten des jüdischen Volkes. Im Zusammenhang der von ihm insgesamt dargestellten Geschichte bekommt die Diskrepanz zwischen torafrommer Gerechtigkeit und Kinderlosigkeit erst ihre Tiefe. Lukas wird nicht dabei stehenbleiben, daß Zacharias und Elisabet doch noch ihr Kind bekommen, damit der Name der Familie in Israel nicht erlischt. Lukas wird vielmehr vom Täufer Johannes erzählen als dem ersten Protagonisten der Geschichte, die von der Erfüllung der Hoffnung Israels als der offenen Zukunft der Gerechten und Frommen handelt. Auf diesen größeren Kontext weisen verschiedene Elemente der ersten Exposition hin, die über den Rahmen einer traditionellen, an der Zukunft nur einer Familie orientierten Sinnerwartung hinausweisen.

Die Erzählung beginnt, bevor die ersten Akteure eingeführt werden, mit Orts- und Zeitangaben: "... in den Tagen des Herodes, des Königs von Judäa". Herodes ist dabei, anders als in Mt 1-2, kein Akteur der Handlung, sondern lediglich eine bekannte historische Gestalt, die es dem Autor erlaubt, seine Monographie mit geschichtlichen Daten zu synchronisieren. Ein Gliederungssignal dieses Gewichts eröffnet nicht nur eine einzelne Szene, sondern Episoden und Zyklen von Episoden. Das gilt in diesem Fall in besonderem Maße. Es geht in V 5, dem absoluten Beginn des lukanischen Geschichtsberichts, überhaupt um die erstmalige und damit grundlegende Setzung von Elementen der erzählten Welt durch den Autor des lukanischen Geschichtswerks.

Die erzählte Welt wird zuerst in ihrer historischen Dimension konstituiert als Zeit-Raum der im folgenden erzählten Handlung. Fixpunkt der Koordinaten ist der Name Herodes' des Großen. Seine Regierungszeit (40-4 v. Chr.) ist der Parameter der erzählten Zeit, das Territorium seiner Herrschaft, Judäa, der Parameter des erzählten Raums der Handlung.
Dieser Herodes wird, wie gesagt, in der von Lukas erzählten Handlung nicht als Akteur auftreten. Seine textsemantische Bedeutung besteht darin, über die Imagination der ersten szenischen Elemente der einsetzenden Handlung eben diese Handlung als ganze in den Zusammenhang der jüdischen Geschichte zu stellen. Daß Lukas in den herodianischen Herrschern keine zwangsjudaisierten Idumäer sieht, sondern jüdische Herrscher und authentische Kenner der jüdischen Verhältnisse, ergibt sich aus deren Rolle im Lauf der gesamten weiteren Handlung von Lk 3,19 bis Apg 26,28.32. Die Bezeichnung für den Herrschaftsbereich des Herodes ("Judäa") ist nicht auf den engeren Radius der späteren römischen Provinz Judäa (vgl. Lk 3,1) begrenzt, sondern meint "ganz Judäa" einschließlich Galiläas (vgl. Lk 23,5), das ganze palästinische Mutterland des jüdischen Volkes.
Das lukanische Gesamtwerk ist demnach dadurch, daß der Beginn der Handlung mit der Regierungszeit des Herodes synchronisiert wird, in Weiterführung der Definition der Gattung des lukanischen Geschichtswerks im Proömium (historische Monographie, διήγησις) näher bestimmt als eine Monographie über ein Spezialthema der *jüdischen* Geschichte. Daß dieses Kapitel der jüdischen Geschichte unter den Vorzeichen der römischen Weltherrschaft steht und auf diesem Hintergrund gesehen werden muß, ist ein wesentlicher, aber dem grundlegenden ersten gegenüber sekundärer Aspekt, der deshalb konsequenterweise erst in der zweiten übergeordneten Exposition dieser Art (Lk 2,1 ff) entwickelt wird. Durch die ersten szenischen Elemente, vor allem durch das szenische Mittel der Zeit, hat der Autor also den deiktischen Rahmen seines Werkes gesetzt und für das Gesamtwerk als maßgeblich bestimmt, daß die mit Lk 1,5 einsetzende Handlung ein Kapitel jüdischer Geschichte darstellt. Dies bedeutet auch, daß Zacharias und Elisabet mit ihrer Kinderlosigkeit nicht als privater Einzelfall neben anderen denkbaren ähnlichen Einzelfällen erscheinen, sondern daß ihr Schicksal als für die Gerechten und Frommen der jüdischen Geschichte repräsentativ gilt. Das Motiv der Kinderlosigkeit wird so zu einem generellen Verweis auf die fundamentale Frage nach der Zukunft der jüdischen Geschichte nach dem katastrophalen Ausgang des Jüdischen Krieges, auf den Lukas als Autor aus einem Abstand von etwa 20 Jahren zurückblickt. Lukas steckt mit seiner ersten Exposition einen umfassenden Rahmen für sein Gesamtwerk, das als ganzes von der ersten bis zur letzten Episode, von Lk 1,10 bis Apg 28,28, vom Handeln

Gottes am jüdischen Volk erzählt in dessen durch Brüche und Katastrophen gezeichneten Geschichte. Auf diesen durchgehenden Bezug zur jüdischen Geschichte werden wir immer wieder hinzuweisen haben gegen eine andere Sicht, die im lukanischen Geschichtswerk ein Nacheinander von Epochen dargestellt sieht, das auf die Ablösung Israels durch die Kirche hinausläuft.

Aus den bisherigen Überlegungen ergibt sich, daß Zacharias und Elisabet als repräsentative Gestalten der jüdischen Geschichte zu verstehen sind. Auf die Repräsentativität ihrer Rollen als kinderlose Alte weisen besonders die kulturspezifischen Attribute hin, mit denen der Autor diese Figuren ausstattet. Zacharias wird als Priester "aus der Tagesdienstabteilung des Abia" bezeichnet, Elisabet als Frau "aus den Töchtern Aarons". Dabei kommt es offenbar nicht auf die genaue Genealogie an, sondern auf die Zuordnung der Eltern des Täufers Johannes zum Tempel. Andererseits ist dafür gesorgt, daß sie nicht mit dem sadduzäischen Establishment zu identifizieren sind.

Abia ist eine Priesterklasse, die nach 1Chr 24,10 seit der Davidszeit existiert haben und als die achte Dienstgruppe bestimmt worden sein soll, und zwar durch Losentscheid, also ohne Rücksicht darauf, aus welcher Priesterfamilie ihre Angehörigen stammen. Alle Priesterklassen gelten hier als Aaroniten, im Unterschied zu den Leviten. Die Bezeichnung "Tagesdienstabteilung" und das Prädikat "erloste" (ἔλαχε V 9, oben etwas freier übersetzt) spielen ebenso wie der Name Aaron als nomen gentile der Elisabet darauf an, daß es hier um den Kult im Tempel und seine Ordnung geht, nicht um bestimmte politische Konstellationen am Tempel. Die Erwähnung von Tagesdienstgruppen und aaronitischen Familiennamen hat in Neh 12 auch zu tun mit dem Nachweis der Kontinuität in der Amtssukzession der aaronitischen Priester als Bindeglied zwischen dem salomonischen Tempel und dem nachexilischen Zweiten Tempel, der der Schauplatz der ersten Szene der lukanischen Geschichtsdarstellung ist. Abija wird Neh 12,4 als Priesterfamilie der Exilsgeneration genannt, ihr damaliges Oberhaupt heißt nach 12,17 Sichri.

Auf diesem Hintergrund erscheinen Zacharias und seine Frau als Exponenten des jüdischen Volkes unter dem Aspekt seiner geschichtlichen Identität als Volk Gottes. Diese Identität verknüpft Lukas primär mit dem Tempel, allenfalls sekundär mit der Königs-Geschichte. Herodes der Große, dessen Name anfangs fällt, ist kein Davidide. Der Stammbaum Jesu (Lk 3,23-38) wird bei Lukas nicht (anders Mt 1,6-11) über die Herrscher der Davidsdynastie zurückverfolgt. Der Geschichtsaufriß Apg 13,17-25 stellt (vgl. V 23) zwischen David und Jesus eine typologische, keine dynastische Beziehung her. Wie Lukas mit dem traditionellen Theologumenon der Davidssohnschaft Jesu umgeht, wird im Zusammenhang mit der Geburtsgeschichte Jesu zu untersuchen sein. Daß die von Lukas dargestellte Geschichte im Tempel beginnt mit einem Priester als erstem Akteur, ist jedenfalls alles andere als nebensächlich. Es entspricht lukanischen Anschauungen von der jüdischen Identität im gesamten Doppelwerk. Wir werden noch häufig auf diese für die lukanische Konzeption charakteristische Vorstellung treffen, daß die Identität des jüdischen Volkes als Volk Gottes bis zuletzt über den Tempel definiert wird. Im letzten Teil der Apostelgeschichte beschwört Paulus - für Lukas der letzte maßgebliche Zeuge in dieser Sache - in seiner letzten Apologie diese Idealvorstellung zum letzten Mal: Das in immerwährender Liturgie "Tag und Nacht" betende Zwölf-Stämme-Volk ist der Träger der Hoffnung Israels (vgl. Apg 26,7a).

1.1.1.2 Die zweite Exposition (Lk 1,8-10)

Sehr aufschlußreich ist zunächst, wie die Exposition der 1. Szene (1,8-10) mit der Exposition der Gesamthandlung (1,5-7) verbunden ist. Die zweite Exposition wird aus der ersten buchstäblich herausgespielt:

Lk 1,5-7	Lk 1,8
Ein Priester ἱερεύς τις (V 5)	tritt in Funktion ἐν τῷ ἱερατεύειν αὐτόν (V 8);
denn die Dienstklasse, der er angehört, ἐξ ἐφημερίας Ἀβιά (V 5)	ist an der Reihe ἐν τῇ τάξει τῆς ἐφημερίας αὐτον (V 8)
So kommt der vor Gott Gerechte δίκαιοι ... ἐναντίον τοῦ θεοῦ (V 6)	vor Gott ἔναντι τοῦ θεοῦ (V 8)

Die zweite Exposition eröffnet die beiden folgenden Szenen, die durch die Stichwortbeziehung "das Rauchopfer zu vollziehen" (V 9) - "zur Stunde des Rauchopfers" (V 10) sowohl über die Zeitangabe synchronisiert als auch über die szenischen Ortsangaben parallelisiert werden. Lukas arbeitet hier mit einem geteilten Bühnenbild. Beide Szenen spielen im Bereich des Tempels, die eine "drinnen", die andere "draußen". Eine entscheidende Frage ist, wie die erzählte Handlung beginnt, beziehungsweise wer sie eröffnet. Klar ist zunächst, daß das Volk draußen als Akteur gilt, nicht als Menge von Statisten. Dies wird entschieden dadurch, daß der Volksmenge syntaktisch ein Hauptsatzprädikat zugeordnet wird und damit eine Funktion beim Beginn der Handlung. Weniger klar ist, ob Zacharias ebenso von vornherein als Akteur der Handlung eingeführt wird. Das Hauptsatzprädikat "er erloste" (ἔλαχε) bezieht sich zwar grammatisch auf Zacharias, besagt aber sinngemäß nicht, daß dieser das handelnde Subjekt bei der Losentscheidung über seinen liturgischen Einsatz ist, sondern daß das Los über ihn und seinen Diensteinsatz entschieden hat. Das Los-Motiv spielt auch am Beginn des zweiten Buches des lukanischen Geschichtswerkes eine gewichtige Rolle (vgl. Apg 1,23-26). Dort erfährt der Leser ausdrücklich, daß das Losen als Verfahren gilt, bei dem Gott entscheidet, indem er "zeigt", wen er "erwählt" hat zum "Dienst". In Lk 1,9 wird dieser Aspekt zwar nur verdeckt sichtbar. Der Losentscheid entspricht ja priesterlicher Gepflogenheit (ἔθος). Dennoch ist auch hier bereits angedeutet, was innerhalb der Szene sofort explizit gesagt wird, daß nämlich Gott es ist, dessen Handeln die Geschichte eröffnet, die Lukas zu erzählen hat. Das Motiv des Losentscheids erlaubt es Lukas also, indirekt Gottes Handeln im Zusammenhang der von ihm dargestellten Geschichte zu erzählen, ohne dabei Gott zu einem innerweltlichen Akteur unter anderen werden zu lassen. Dafür werden im Fortgang der Erzählung eine Reihe ganz unterschiedlicher Möglichkeiten geboten. Hier kommt es zunächst darauf an, daß das Motiv des Losentscheids zu diesen Formen des indirekten Redens von Gottes Handeln gehört, daß also Zacharias seine Rolle in der Handlung übernimmt als einer, über dessen Eintreten in die Handlung Gott entschieden hat. Dies entspricht zwar priesterlicher Gepflogenheit, ist aber dennoch zugleich ein Akt der Freiheit Gottes gegenüber der Welt mit ihren Ordnungen. Wir werden weiterhin darauf zu achten haben, wie sich in der weiteren Erzählung Erwartetes und Unerwartetes verbinden oder durchkreuzen.

Das entscheidende Ergebnis der Analyse der Handlungselemente in der zweiten Exposition ist: Als Akteure stellt Lukas am Beginn Gott und sein Volk einander gegenüber. Dies geschieht vermittelt über den Kult. Zacharias wird dabei eine vermittelnde Rolle spielen, die Gott ihm zuweist. Diese Vermittlung zwischen Gott und seinem Volk vollzieht sich in zwei Richtungen. Zacharias repräsentiert das Volk vor Gott und wird umgekehrt, wenn er aus dem Inneren des Hauses Gottes zum betenden Volk nach draußen geht, als Überbringer einer Botschaft Gottes dort erwartet. Die Dramatik der ersten beiden Szenen ergibt sich aus dem Gelingen und dem Mißlingen dieser vermittelnden Aufgabe.

1.1.1.3 Die 1. Szene: Die Angelophanie im Tempel (Lk 1,11-20)

Die erste Szene wird durch das Auftreten des Engels vor Zacharias definiert. Hier verzichtet der Autor auf eine aufwendige eigene Szenen-Exposition und begnügt sich mit einem "participium coniunctum", um die szenische Einheit zu sichern. Dies ist das mindeste. In der Hauptsache geht es in V 11 f bereits um eine erste Handlungssequenz.
Insgesamt besteht die erste Szene aus zwei Sequenzen:

Ein Engel erscheint.

S 1 <

Der Adressat der Erscheinung reagiert mit Schrekken.

Es fällt auf, daß die Reaktion gedoppelt wird (geminatio). Dabei liegt das Gewicht auf dem Schrecken, der den Menschen überfällt, mehr als auf der Reaktion des Visionärs.

Der Engel spricht (hält eine Rede).

S 2 <

Die Rede des Engels wird in einem Dialog besprochen im Schema

Frage (bezieht sich mit τοῦτο in V 18 auf die voraufgehende Rede)

<

Antwort (bezieht sich mit ταῦτα in V 19.20 ebenfalls auf die Rede).

Erscheinung und Offenbarungsrede bilden also jeweils den eröffnenden Schritt einer Sequenz, deren jeweils zweites Element die durch Erscheinung und Offenbarungsrede ausgelösten Reaktionen umfaßt. Die erste Sequenz ist nonverbal, die zweite ausschließlich verbal angelegt. Daß die zweite die erste Sequenz fortsetzt, ist eine Binsenweisheit. Der Engel beruhigt zunächst den beunruhigten Visionär: (vgl. die Stichwortverbindung V 12: "Schrecken" - V 13: "Erschrick nicht..."). Insofern wird die erste Sequenz durch die zweite überholt und die Handlung weitergetrieben. Es ist aber wohl erlaubt, darüber hinaus die Frage zu stellen, ob nicht die zweite (die verbale) die erste (nonverbale) expliziert. Denn es besteht nicht nur zwischen "erscheinen" und "reden" eines Offenbarungsmittlers (eines Boten Jahwes) ein Zusammenhang, sondern auch zwischen Erschütterung (V 12a) und irritierter Frage (V 18b) und zwischen Gottesschrecken, der jemand befällt (V 12b), und der Verhängung von Stummheit (V 20). Jedenfalls unterstützen sich die beiden Sequenzen gegenseitig aufgrund ihrer formalen und inhaltlichen Parallelität. Dies wird bestätigt durch die Eröffnung der Offenbarungsrede: Die Aufforderung des Engels an Zacharias, er solle nicht erschrecken, mit der die nonverbale 1. Sequenz aufgenommen wird, wird begründet damit, daß das Gebet (verbal) des Zacharias erhört sei (verbal-rezeptiv). Die gesamte weitere Rede expliziert dann, was Inhalt des Gebets und der Erhörung ist.

Wir halten hier ein wichtiges Ergebnis fest: Die 1. Szene mit ihren beiden Sequenzen erzählt, wie am Anfang der von Lukas erzählten Geschichte von Gott her die Verbindung zwischen Himmel und Erde hergestellt wird. Die Initiative liegt in Gottes freier Bestimmung ('Los'-Motiv). Aber die Beziehung selbst, die hier mit der erschütternden Erscheinung des transzendenten Sprechers Gottes eröffnet wird, setzt doch zugleich einen schon bestehenden Dialog voraus, in dem das Volk, das Zacharias repräsentiert, in seiner langen Geschichte als Jahwes Kultgemeinde schon lange zuvor seine Hoffnung im Gebet vor Gott ausgesprochen hat. Alles, was Lukas in seinem Doppelwerk erzählt, ist zuerst angestoßen durch Gott, der auf das Gebet seines Volkes antwortet. Damit ist bereits die Grundlage für das gesamte Doppelwerk in thematischer Hinsicht geschaffen: Erzählt wird der letzte, *der eschatologische Teil des Dialogs Gottes mit seinem Volk Israel.*

Bevor wir die Engelrede analysieren, befassen wir uns zuerst mit der Ereigniskette, die sie auslöst. Denn wir können uns mit der Beschreibung der dramatischen Qualität der ersten Sequenzen wichtige Ansatzpunkte für das Verständnis der dramatischen Qualität des lukanischen Geschichtswerks insgesamt schaffen: Wie bereits gesagt, bezieht sich der Dialog 1,18-20 zwischen dem fragenden Zacharias und dem antwortenden Engel auf die zuvor gehaltene Rede des Engels. Die Rede des Engels beginnt mit der beruhigenden Aussage, daß Gott auf sein Volk "gehört hat" (εἰσηκούσθη = pass. div.). Dieser Feststellung über die gelungene Verständigung zwischen Gott und seinem Volk steht am Schluß V 20 die Verfügung gegenüber, daß der Offenbarungsempfänger Zacharias nicht verbal wird kommunizieren können - gemeint ist: auf der horizontalen Ebene, der zwischenmenschlichen, auf der er eine für das Volk repräsentative Rolle spielt -, weil er den Worten des Engels nicht mit der entsprechenden Aufnahmebereitschaft zugehört hat. Insgesamt handelt es sich bei der 1. Sequenz der 1. Szene also um eine tragisch verlaufende Handlung. Die kleine Tragödie beginnt mit der Frage des Zacharias V 18. Der Leser kann dem Gang der Handlung nur weiter folgen, wenn er die

anschließende Bewertung akzeptiert und in dieser Frage den Ausdruck mangelnden Glaubens sieht in Bezug auf die Botschaft des Engels (vgl. V 20). Der gesamte Text des kurzen Frage-Antwort-Dialogs ist als Konfrontation zweier Sprecher und Sprechhaltungen akzentuiert: Zacharias fragt, woran er "dieses" (das vom Engel gerade Gesagte) erkennen könne. Er begründet seine Forderung in einer Selbstpräsentation (ἐγὼ γάρ εἰμι), die seine Schwäche betont.
Der Engel antwortet mit einer Selbstpräsentation (ἐγώ εἰμι), die seine Machtstellung betont, und insistiert darauf, daß Zacharias nichts anderes zu sagen habe als "dieses" (das schon Gesagte).
Nach dieser machtvollen Aufdeckung des Mißverhältnisses zwischen der frohen Botschaft Gottes und ihrer zögerlichen Aufnahme durch ihren menschlichen Adressaten verhängt der Repräsentant Gottes in diesem Dialog eine Sanktion, die dem inadäquaten Verhalten des Zacharias entspricht. Weil Zacharias nicht hören kann, wird er nicht reden können. Diese Ohnmacht wird dauern, bis "dieses" (das in der Rede Gesagte) geschieht. Der abschließende Relativsatz wird auf diese Weise mit negativen Konnotationen belastet: Gott wird seine Erfüllung auch ohne den Glauben des Zacharias eintreten lassen, und zwar als Erfüllung einer nicht geglaubten Botschaft. Die Stummheit des Zacharias vor dem Volk wird Ausdruck seiner Taubheit vor dem Offenbarungswort sein.
Ist dies schon sehr drastisch in *semantischer* Hinsicht (doppelt frustrierte Kommunikation!), so erst recht in *pragmatischer*: Zacharias fragt nach einem Anhaltspunkt dafür, daß er "erkennen" kann, was ihm offenbart wird. Wenn er als Begründung für seinen Zweifel auf sein Alter hinweist, ist dies in den Augen des Lesers stichhaltig. Denn das hatte der Erzähler selbst seiner Figur als Rollenmerkmal zugewiesen. Wenn eine Figur sich auf ihre vom Erzähler entworfene Rolle beruft, kann der Leser dies nicht beanstanden. Ist also verwerflich, daß Zacharias "erkennen" will? Keineswegs. Denn Offenbarung ist Wissen, geschenkte Erkenntnis. Ist also verwerflich, daß er für die Annahme höheren Wissens ein Kriterium der Glaubwürdigkeit will? Diese Fragen muß sich der lukanische Leser stellen. Denn erst kurz zuvor hat der Autor Lukas seinem Leser als Ziel der Lektüre verheißen "... damit du erkennst bezüglich der Worte, in denen du unterwiesen worden bist, daß sie gewiß sind" (Lk 1,4). Nichts anderes will Zacharias. Was der Leser seinem Autor aufs Wort glauben darf, nämlich daß er sich an diesem ordentlich recherchierten und καθεξῆς ausgearbeiteten historischen Fachbuch ein sicheres Urteil verschaffen kann über die "unter uns in Erfüllung gegangenen Ereignisse", das soll nun innerhalb der erzählten Geschichte für die erste Szene in dieser Ereigniskette gerade nicht gelten? Wenn dies so wäre, dann wäre die Lektüre des von Lukas geschriebenen Berichts doch etwas ganz

anderes als das Kommunizieren der Figuren der erzählten Geschichte untereinander und das Scheitern dieser Kommunikation. Dann wäre das, was Lukas erzählt, in gar keiner Weise ein Teil der Ereignisse, die sich unter uns ereignet haben, und die Lektüre dieses Buches hätte überhaupt nichts zu tun mit der gewissen Erkenntnis bezüglich der Worte, in denen der christliche Leser unterwiesen ist. Kurz: Der Vorwurf des Engels an Zacharias 1,19 f ist gerade für den Leser ein harter Schlag, der seine Einstellung zur erzählten Geschichte in gewissem Sinn frustriert.

Nachdem die dramatische Qualität des Handlungsverlaufs der 1. Szene, ihr tragischer Charakter, festgestellt ist, läßt sich auch die Offenbarungsrede des Engels unter dem Aspekt ihres Stellenwerts im Handlungsgefüge interpretieren. Die Offenbarungs*rede* des Engels soll hier vor allem als Element der erzählten *Handlung* gelesen werden und nicht von der Handlung isoliert als die vermeintlich eigentliche Botschaft der Episode, zu der sich die story verhält wie die Verpackung zum Inhalt des Pakets. Die anschließende Konfrontation der Dialogpartner zeigt ja nur zu deutlich, wie sehr es auf den Handlungszusammenhang ankommt: Der Engel bezeichnet seine Rede nachträglich als Euangelion (vgl. V 19: εὐαγγελίσασθαί), als Verkündigung heilvoller Ereignisse, in denen sich die Worte seiner Botschaft "erfüllen". Zacharias dagegen betrachtet die Rede ("dies", V 18) als Mitteilung von etwas, das er nicht (sicher) weiß. Die Dialogpartner vertreten damit über die Qualität der Worte, die der Engel in seiner Rede überbracht hat, Auffassungen, die sich nicht miteinander vereinbaren lassen. Ist das, was der Engel über die Zukunft sagt, eine bloße Prognose, die einer Bestätigung bedarf? Oder ist die Rede des Engels die Überbringung des wirkenden Wortes Gottes, das die Zukunft schafft? Die Antwort deutet sich in der wunderbaren Strafe für den mangelnden Glauben des Zacharias an: Sogar sein Schweigen-Müssen und Nicht-reden-Können sind wortgewirkt. Es ist also im nachfolgenden Handlungszusammenhang bereits deutlich, daß die Ankündigung der Geburt des Täufers in der Rede des Engels keine bloße Information über die Zukunft ist, sondern die Eröffnung der Zukunft über die hier geredet wird, im Wort der Offenbarung. Die Rede des Engels steht insofern im Kontrast zu der nachfolgenden Dialog-Sequenz, die auf ein einstweiliges Scheitern der Verständigung zwischen Gott und seinem Volk hinauszulaufen droht. Die eigentliche Verheißung der Rede dagegen besagt, daß das dem Zacharias verheißene Kind genau diese Verständigung herbeiführen wird.

Auf diese Pointe zielt die *Disposition* der Rede des Engels. Sie besteht aus zwei Teilen, erkennbar an den begründenden Partikeln in V 13 (διότι) und V 15 (γὰρ). Der erste Abschnitt handelt von der Erhörung des Gebets, der zweite von der Sendung des verheißenen Kindes. Beide Aussagen werden jeweils durch vier mit καὶ parataktisch aneinandergereihte Hauptsätze expliziert, von denen der letzte in eine finale Infinitiv-Konstruktion mündet.

Die Rede setzt in der erzählten Gegenwart an. Die Beruhigung des Visionärs ("Fürchte dich nicht") stellt nach der Furcht-Reaktion (V 12) die Redesituation her. Die beiden Begründungsreihen öffnen diese Redesituation in eine doppelte Zukunft. Die erste Reihe bezieht sich auf die Kinderlosigkeit der bejahrten Eheleute und sagt ihnen eine familiale Zukunft zu. Die Freude des Vaters über das Kind werden "viele" teilen (V 14), nicht nur Nachbarn und Bekannte. Damit ist die Überleitung zur zweiten Begründungsreihe geschaffen, die die heilsgeschichtliche Rolle des Täufers in ihrer allgemeinen Bedeutung umschreibt. Für "viele" (vgl. V 16) wird sie darin bestehen, daß der Täufer sie zu Gott hinführt. In Lk 3 wird dies dargestellt werden.

Der erste Teil der Rede des Engels (V 13 f) gibt sich traditionell-familial. Dennoch ist dafür gesorgt, daß das dem Zacharias und der Elisabet verheißene Kind nicht nur private Hoffnungen erfüllt. Spätestens wenn der Engel von der Erfüllung "deines Gebets" spricht, ist textsemantisch eindeutig expliziert, daß zwischen Zacharias und dem betenden Volk draußen eine repräsentative Beziehung besteht. Insofern entspricht die Zweigliedrigkeit der Rede des Engels der Zweiteiligkeit des Bühnenbildes.

Der zweite Teil (VV 15-17) kündigt die "große", d.h. im Sinne apokalyptischer Zeitvorstellungen endzeitliche Rolle an, die dem Täufer Johannes bestimmt ist (V 15a). Von den folgenden Explikationen beziehen sich die ersten zwei (V 15bc) auf das Charisma des Johannes, die abschließenden zwei (V 16 f) auf seine Sendung in Bezug auf das Volk. Das Charisma des Johannes wird durch den Gegensatz "keinen Wein trinken" - "vom heiligen Geist erfüllt werden" umschrieben. Klar ist, daß damit keine priesterliche Funktion in der Priesterklasse des Abia, also keine traditionelle, durch priesterliche Herkunft definierte Rolle anvisiert ist. Das negative Element "keinen Wein trinken" entspricht dem asketischen Image, das die urchristliche Tradition dem Täufer gibt und das den Täufer von Jesus unterscheidet wie ein Markenzeichen (vgl. Lk 7,33 f // Mt 11,18 f). Das positive Element "vom heiligen Geist erfüllt werden" wird dem negativen gegenübergestellt. Das Charisma der Geisterfüllung wird so als eine Art Rausch stilisiert. Der Zusatz "vom Leib seiner Mutter" qualifiziert das Charisma als ausschließlich von Gott gegeben und den Charismatiker vollkommen bestimmend. Die Rolle des Täufers Johannes wird damit in einer Weise beschrieben, die keine Überbietung zuläßt. Ein Mehr-als-voll-des-Geistes gibt es nicht. Am Beginn der nachösterlichen Phase der Geschichte der Offenbarung Gottes wird Lukas das Charisma der ersten Urchristen ähnlich beschreiben (vgl. Apg 2,15 im Zusammenhang). Euphorisch maximalisierend ist aber auch die Ankündigung der Sendung des Täufers (V 16 f). Der Täufer soll und wird das Volk (λαὸν) für die Ankunft Gottes zurüsten, indem er es ihm "zuwendet" (ἐπισπιστρέψει V 16, ἐπιστρέψαι V 17). Diese Terminologie hat hier nichts zu tun mit einer Konversion von einer zu einer anderen religiösen Gemeinschaft, sondern bezeichnet die eschatologisch definitive Hinwendung des Volkes zu Gott (V 16) und die entsprechende Versöhnung der entzweiten Generationen des Volkes untereinander in Weisheit und Gerechtigkeit (ἐν φρονήσει δικαίων V 17). In diesem Sinne bekehrt ist das jüdische Volk gerüstet, Gott zu begegnen in seiner Offenbarung. Entscheidend für diese Interpretation ist, daß man V 16 nicht gegen V 17 ausspielt, indem man den Ausdruck "viele (πολλοὺς) der Söhne Israels" in einem irgendwie einschränkenden Sinn auffaßt. In Verbindung mit V 14 ("viele werden sich ... freuen") und V 17 ("ein zugerüstetes Volk") ist textsemantisch klar, daß hier πολλοί nicht weniger bezeichnet als alle, sondern positiv einem einschränkenden "wenige" gegenüberstehen müßte (vgl. Lk 13,23 f), wenn der Text irgendeine Einschränkung machen sollte, was er tatsächlich nicht tut. Die für den Täufer hier entworfene Rolle ist also in jeder Hinsicht, unter der man diese Rolle überhaupt betrachten kann, ideal.

Die Rolle des Täufers ist eine eschatologische und insofern analogielos und einzigartig. Erst wenn dies festgestellt ist, kann später geklärt werden, wie sich seine Rolle zu derjenigen Jesu verhält. Die Rede des Engels an Zacharias enthält dazu keinerlei Hinweis. Es ist nicht im Sinne des Textes, seinem Autor zu unterstellen, etwas anderes lieber gesagt haben zu wollen als das, was jetzt als Text dasteht. Lukas interessiert sich nicht dafür, den Täufer primär Jesus zuzuordnen. Der lukanische Täufer ist nach dieser Ankündigung die charismatische Gestalt, die die eschatologische Wende im Verhältnis Gottes zu seinem Volk herbeiführt, in dem er das Kommen Gottes kommunikativ vermittelt und das Volk Gott zuwendet. Im Lobgesang des Vaters Zacharias wird diese Wende im Verhältnis Gottes zu seinem Volk als "Gedenken" bezeichnet, mit dem Gott sich der Verheißungen des Bundes mit den Vätern des jüdischen Volkes erinnert (vgl. 1,72). Dieser nachträglich explizierte Zusammenhang wird in der Rede des Engels an Zacharias darin sichtbar, daß sich diese Rede gerade in ihrem zweiten Teil wiederholt auf die Schrift bezieht.

Die Formulierung in 1,15b "Und Wein und Rauschtrank (οἶνον καὶ σίκερα) wird er nicht trinken" kann als Anspielung auf das Gelübde der Hanna in der Kindheitsgeschichte des Samuel (1 Sam 1,11 G: οἶνον καὶ μέθυσμα) verstanden werden oder auf die Vorschriften, die die Mutter des Simson in einer Angelophanie für die Zeit ihrer Schwangerschaft erhält (vgl. Ri 13,4 f). Der Wortlaut οἶνον καὶ σίκερα entspricht Ri

13,4 G, aber auch Num 6,3 G, einer der Vorschriften für das Nasiräat. Ein Bezug auf Lev 10,9 G kommt aus sachlichen Gründen nicht in Betracht: Der Gedanke, daß Weingenuß während der Dienstzeit der Priester verboten ist, würde hier gerade stören, wo es darum geht, die *singuläre* charismatische Rolle des Sohnes des soeben diensttuenden Priesters Zacharias zu profilieren. Aber auch die anderen Bezugsstellen entsprechen Lk 1,15a nicht wirklich. Hier geht es vor allem nicht um Gelübde oder Diätvorschriften, die einzuhalten sind, sondern um die Ankündigung, daß der Täufer in einer Weise leben wird, die ihn als Gottesmann im Sinne biblischer Vorbilder erscheinen lassen wird. Anspielungen dieser Art werden dem Leser des Textes nicht ausdrücklich signalisiert. Der Autor kann auch nicht damit rechnen, daß das Publikum sie bestimmten Textstellen zuordnen kann, wenn es sie auch als Anspielungen erkennt. Es kommt darauf an, den biblischen Ton zu treffen (Septuaginta-Mimesis), den der Leser, mit dem hier gerechnet wird, selbstverständlich wahrnimmt. Dieser biblische Stil in der ersten Rede im lukanischen Geschichtswerk ist ein erster Hinweis darauf, daß die von Lukas erzählte Geschichte die Bibel als Kontext voraussetzt.

Ausdrücklich gesagt wird dies mit dem letzten Satz der Rede des Engels Lk 1,17. Der Name Elija ist ein für den Leser unübersehbarer Hinweis darauf, daß hier ein intertextuelles Verhältnis angezeigt wird. Die Formulierung spielt auf Mal 3,23 f an, den (sekundären) Schluß des Buches Maleachi, mit dem auch das Zwölfprophetenbuch schließt. Dort wird die Wiederkunft des nach 2 Kön 2,1-18 in die himmlische Welt entrückten Elija angekündigt, der vor dem Kommen des furchtbaren Tages des Gerichts Gottes seine alte prophetische Aufgabe, "das Herz der Väter wieder den Söhnen zuzuwenden" (vgl. Sir 48,10), eschatologisch wieder aufnehmen wird, um den Untergang des Volkes abzuwenden. Dem Leser sind diese Anspielungen deshalb durchsichtig, weil die Bezugnahme auf Mal 3 zur Interpretation der Rolle des Täufers Johannes vom Markusevangelium her geläufig ist (vgl. Mk 1,2; 9,12 f). Die Rede des Engels steuert auf diesen Punkt zu und stellt damit ein komplexes intertextuelles Geflecht her, das dem Leser zeigt, wie die hier beginnende Geschichte zusammenhängt mit dem, was er als einer, der "in den Worten unterwiesen" ist (vgl. Lk 1,4), schon weiß.

Die Elija/Elischa-Typologie wird Lukas im folgenden gegenüber Markus stark ausbauen, und zwar vor allem in christologischer Perspektive (vgl. z.B. Lk 4,25-27 und in Verbindung damit Lk 7,1-10.11-17; 9,51.54.61 f u.ö., vor allem aber die Himmelfahrten Lk 24,50-53; Apg 1,9-11 und das Entrückungs-Motiv Lk 9,31; Apg 3,21). Dabei wird immer wieder besonders auf Mal 3 angespielt: Zum Stichwort "Auftreten" (εἴσοδος) in Apg 13,24 vgl. Mal 3,2; zur doppelten Verwendung von "hinwenden" (ἐπιστρέφειν) Lk 1,16.17 vgl. Mal 3,7b; zu "hüpfen" (σκιρτᾶν) Lk 1,41.44 vgl. Mal 3,20; zum Stichwort "Aufgang" (ἀνατολή) in Lk 1,78 vgl. ebenfalls Mal 3,20; und zum Stichwort "Wiederherstellung" (ἀποκατάστασις) Apg 3,21 vgl. Mal 3,23. Die für die lukanische Szenerie (vgl. Lk 1,10.11) sinntragenden Stichwörter "Rauchopferaltar" und "Rauchopfer" finden sich übrigens Mal 1,10.11.

Daß die Elija-Typologie zuerst für den Täufer eingesetzt wird und dann für Jesus, ist nicht dem Einfluß einer vorlukanischen Quelle zu verdanken. Wenn dies so wäre, hätte Lukas seine eigene Auffassung in dieser Sache völlig vernebelt, indem er ausgerechnet am Anfang seines Werkes dazu eine fremde Konzeption zum Zuge hätte kommen lassen, die seiner eigenen widerspräche. Tatsächlich übernimmt er auch an einer anderen für seine Täufer-Konzeption bedeutsamen Stelle (Lk 7,27) erneut die Elija-Typologie durch explizite Zitation von Mal 3,1 in Bezug auf den Täufer Johannes. Die Elija-Typologie dient also bei Lukas nicht zur *Definition* einer bestimmten prophetischen Sendung im eschatologischen Offenbarungsgeschehen. Der Sinn der Elija/Elischa-Typologien ist es vor allem nicht, den Täufer oder Jesus - dies könnte auch nicht für beide gelten - als Elija redivivus im Sinne von Mal 3,23 zu *identifizieren*. Der Täufer und Jesus sind beide Träger des Geistes und der Kraft Gottes, die nach der seit dem 2. Jh. v. Chr. sich stark entwickelnden Elija-Tradition der Prophet Elija ideal repräsentiert, was ihn zu einer mit Mose gleichrangigen Symbolgestalt werden läßt. Als gleichrangige Symbolgestalten der himmlischen Welt treten Mose und Elija neben Jesus bei der Verklärung auf dem Berg auf. Eine Identifikation Jesu als Elija redivivus wird eigentlich schon dadurch ausgeschlossen.

Die von Mal 3,23 her angelegte Elija-Typologie in Lk 1,17 dient also nicht zur Definition der Rolle des Täufers, sondern qualifiziert ihn als eine der beiden Schlüsselgestalten am Beginn des eschatologischen Offenbarungsprozesses. Die Schrift liefert dabei keine beweisartigen Herleitungen für die Bestimmung der Rangordnung im Verhältnis zu anderen charismatischen Autoritätsansprüchen. Das Verhältnis Täufer - Jesus definiert Lukas selbst erzählerisch in den folgenden Episoden. Es geht bei der intertextuellen Bezugnahme auf die Schrift um einen viel grundlegenderen Sachverhalt: Das Ereignis, daß Gott jetzt des Bundes mit den Vätern "gedenkt", die Gebete des Volkes erhört und die Geburt dessen verkündigen läßt, der sein Volk ihm wieder zuwenden wird, stellt Lukas so dar, daß sich mit dem Gedenken Gottes zugleich auch die Speicher des kulturellen Gedächtnisses, des Hoffnungswissens des jüdischen Volkes öffnen, und zwar in der Botschaft des Engels. Mit der Verkündigung der Geburt des Täufers wird auch die Schrift als Kontext aufgerufen. Was hier verkündet wird, ist das lange vergeblich Erwartete und Erhoffte.

Deshalb müssen auf der familialen Motiv-Ebene Zacharias und Elisabet alt und kinderlos sein, damit ihr Kind in dieser eschatologischen Hinsicht repräsentativ ist für Gottes lange vergeblich erwartete Antwort auf die Gebete der Gerechten am Ende der Geschichte, die Gott mit der Verheißung an die Väter begonnen hat. Was hier verkündet wird, ist das Langerwartete, das seit den Anfängen der Geschichte des Volkes Zugesagte. Es ist als Hoffnungswissen jetzt in Erinnerung zu rufen, wenn Gott sich seines Volkes erinnert. Die Schriftbezüge in Lk 1,15-17 sind also nicht im Schema Vorhersage - Eintreffen des Vorhergesagten zu verstehen, sondern in dem viel umfassenderen Sinn, den Lukas in Lk 4,16-21 und vor allem in seinem Osterzyklus explizieren wird: Die Geschichte, die Lukas als Autor zu erzählen hat, steht in einem intertextuellen Verhältnis zu Mose und den Propheten. Lukas erzählt die Geschichte der Stiftung des Wissens, das die Offenbarung Gottes in Jesus und das Wissen der Schrift zu *einem* kulturellen Gedächtnis zusammenführt.
Mit dem Kommen des Engels Lk 1,11 öffnet sich der erzählte Raum (Tempel) in der Vertikalen. Mit der Rede des Engels öffnet sich die erzählte Zeit ("Tage des Herodes") und gewinnt die Dimension, die dem geschichtlichen Erinnerungsvermögen und der Hoffnung des jüdischen Volkes entspricht. Mit der ersten Szene also, die Lukas überhaupt erzählt, konstituiert er die erzählte Welt als umfassenden Zeit-Raum der Erinnerung, und zwar nach den Maßstäben der religiösen Kultur des Judentums seiner Zeit.
Das Verhältnis der Rede des Engels zum anschließenden, sich darauf beziehenden Dialog mit Zacharias wird jetzt in seiner dramatischen Qualität deutlich: Die Offenbarungsrede ist die Eröffnung des eschatologisch neuen Offenbarungshandelns Gottes an seinem Volk. Mit dieser Offenbarung antwortet Gott auf die Hoffnung Israels. Aber der erste Verständigungsversuch darüber scheitert am priesterlichen Repräsentanten des hoffenden Volkes. Verheißen wird aber nicht nur die Erfüllung der Zukunftserwartung im Sinne der weiterlaufenden Geschichte des Volkes durch die Generationen, sondern explizit und ausdrücklich die Erfüllung der Hoffnung darauf, daß sich das Volk der Offenbarung Gottes in verstehendem Gehorsam zuwenden wird. Verheißen wird gerade das, was sofort im ersten Dialog fehlschlägt. Hier wird das dramatische Prinzip der gesamten von Lukas erzählten Geschichte in nuce sichtbar. Hier wird auch das Grundproblem sichtbar, mit dem sich das gesamte lukanische Geschichtswerk auseinandersetzt: Wird Gott die eschatologische Offenbarung seines Heils an den Ohren eines ungläubigen Volkes scheitern lassen? Wird er sein Heil anders als an seinem wartenden Volk realisieren? Wenn dies so wäre, wäre dann das eschatologische Heil Gottes überhaupt noch die Offenbarung, mit der Gott auf die Hoffnung *Israels* redend

antwortet, die Erhörung der Gebete seines Volkes? Ist die Erfüllung der in Israels Gebeten erwarteten Zukunft an anderen Empfängern überhaupt die Erfüllung von irgendjemands *Hoffnung*?

1.1.1.4 Die 2. Szene: Verständigungsversuch mit dem Volk (Lk 1,21 f)

Die 2. Szene ist durch 1,10 mit der 1. Szene (1,11-20) nicht nur irgendwie verknüpft, sondern synchronisiert. Dies gilt nicht nur formal, sondern auch inhaltlich. Das Gebet des Zacharias, das nach der Botschaft des Engels von Gott erhört worden ist (1,13), und das Gebet, das das Volk draußen verrichtet (1,10) sind parallelisiert, ebenso die Freude über die verheißene Geburt des Täufers (1,14ab). Die Botschaft des Engels läuft gerade in ihrer Schlußpointe auf eine Verheißung für das Volk hinaus. Der Leser kann die enge semantische Beziehung zwischen dem künftigen Auftrag des Täufers ("herzurichten dem Herrn ein zugerüstetes Volk" V 17) und der gegenwärtigen Situation ("die ganze Menge des Volkes betete..." V 10) nicht übersehen. Erzählerisch (nicht historisch-psychologisch) ist also ganz plausibel, daß die 2. Szene mit dem Motiv der "Erwartung" des Volkes einsetzt. Das Volk wird ungeduldig, als wüßte es schon, daß es jetzt etwas Bedeutendes zu erwarten hat. Richtig ist, daß dem Leser dies signalisiert wird. Die erzählökonomische Plausibilität der Verknüpfung der einzelnen Szenen herzustellen, ist eine Leistung, die der Text dem Leser abverlangt. An diesem für die neutestamentliche Evangelienliteratur charakteristischen Phänomen hat sich die historisierend-psychologisierende Leben-Jesu-Forschung des 19. Jahrhunderts vergeblich die Zähne ausgebissen.

Die 2. Szene besteht aus sechs kurzen Sätzen, die sich als drei Mikro-Sequenzen darstellen lassen (in Klammern die Satzprädikate):

Die *Erwartung* (ἦν προσδοκῶν) der Botschaft
S 1 (V 21) <
wird durch Ausbleiben des Überbringers *irritiert* (ἐθαύμαζον).

Trotz *unterbundener* (οὐκ ἐδύνατο) Rede des Boten
S 2 (V 22a) <
kommt es zu einer *Erkenntnis* (ἐπέγνωσαν) des Adressaten.

Trotz des *Einsatzes nonverbaler Zeichen* (ἦν διανεύων)

S 3 (V 22b) <

bleibt (διέμενεν) der Übermittler der Botschaft *stumm* (κωφός).

Der Kontrast zur 1. Szene ist offenkundig. Da nicht geredet wird, kommt es zu einer raschen Sequenzenfolge. Dabei ist das erzählerische Thema, daß *nicht* geredet werden *kann*. Die kleine Tragödie entwickelt dabei eine gewaltige Spannung. Die 1. Sequenz formuliert ein Disäquilibrium, das in der 3. Sequenz nicht aufgehoben, sondern vertieft wird. Der erwartete Bote kommt zwar, aber die Botschaft wird nicht überbracht. Die 2. Sequenz zeigt, was dabei frustriert wird. Das Volk *erkennt*, sogar unter dem vom Engel verhängten Umstand, daß Zacharias nicht reden kann, die Qualität der 1. Szene. Mit der Formulierung "daß er eine Erscheinung gesehen hatte im Tempel" verwendet Lukas die Terminologie apokalyptischer Offenbarungstheologie. Damit charakterisiert er das Volk als uneingeschränkt kompetent für den eschatologischen Dialog zwischen Himmel und Erde, der soeben begonnen hat. Umso mehr erscheint es als Unglück, daß das Volk von diesem Dialog ausgeschlossen ist, weil die Vermittlung der Botschaft des Himmels an ihrem ersten menschlichen Vermittler scheitert.

Der Leser weiß es aus dem Schluß des Dialogs zwischen Engel und Priester (V 20), daß die Strafe des Nicht-reden-Könnens befristet ist. Die Befristung wird dort nicht durch einen formalen Zeit-Begriff definiert, sondern mit dem verkündeten Ereignis in Zusammenhang gebracht. Wenn das Wort der Botschaft Ereignis geworden ist, wird der erste Adressat der Botschaft wieder reden können. Lukas hat mit diesem Verwirrspiel um das Thema Kommunikation und Erkenntnis in den beiden ersten Szenen seinem Leser ein erstes Beispiel für die Realisierung des Programms seines Gesamtwerkes vorgeführt. Im Proömium haben sich Autor und Leser darüber verständigt, daß der Leser durch die Lektüre dieser historischen Monographie zur Erkenntnis der Gewißheit der Worte, in denen er unterwiesen worden ist, gelangen soll. Dieses Programm hängt, wie sich hier und immer wieder im Laufe der Lektüre herausstellt, direkt mit der von Lukas dargestellten Geschichte zusammen. Zacharias empfängt Worte, deren Gewißheit er nicht akzeptiert. Während er fragt, woran er die Gewißheit der Worte erkennen soll (V 18), erkennt das Volk, daß ein Offenbarungsereignis stattgefunden hat, und zwar paradoxerweise daran, daß der priesterliche Vermittler zwischen Gott und seinem Volk kein Wort sagt. Dem Leser wird auf diese Weise klar, daß sein eigenes Bedürfnis nach sicherem Wissen um sein eigenes Verhältnis zu Gott nicht befriedigt werden kann ohne die Auseinandersetzung mit dem geschichtlichen Prozeß, dessen Anfang der Autor ihm hier vor Augen stellt. Gewißheit der Worte im Sinne von Lk 1,4 wird es nur geben in der genauen Erinnerung der Geschichte der Worte. Einstweilen weiß der Leser jetzt: Das Erwarten des Handelns Gottes und das Ereignis des Handelns Gottes bestätigen sich nicht ohne das zwischen beiden vermittelnde Wort der Verkündigung. Diese Vermittlung ist aber die Achillesferse der Offenbarungsgeschichte. Gott erhört das Gebet des Volkes und antwortet mit Engelsbotschaften. In der Vertikalen ist der Himmel über Jerusalem offen für Botschaften in beide Richtungen. Aber sobald in der Horizontalen kommunikativ gehandelt werden soll, erweist sich die Störbarkeit der Verständigung mit Gott. Das eigentliche Disäquilibrium des lukanischen Geschichtswerkes ist damit formuliert. Das Bedürfnis des Lesers, die Gewißheit der Worte erkennen zu können, hängt damit zusammen, daß die Geschichte der Vermittlung der Worte einen problematischen Verlauf genommen hat.

1.1.1.5 Die 1. Zwischenszene (Lk 1,24 f)

Die Zwischenszene Lk 1,24 f wird durch ein neues Eröffnungssignal in V 23 ("Und es geschah ...") von den beiden vorangehenden Szenen deutlich abgehoben. Andererseits wird auch der Zusammenhang mit ihnen betont. Denn das Eröffnungssignal bezieht sich auf die Heimkehr des Zacharias, "nachdem sich die Tage seines Dienstes erfüllt hatten". "Nach diesen Tagen" empfängt Elisabet. Die Zeitangaben trennen (μετά) und verbinden gleichzeitig zwischen "diesen" Tagen und den kommenden fünf Monaten. Die Rückkehr des Zacharias hat nicht den erzähllogischen Sinn, die Schwangerschaft der Elisabet wahrscheinlich zu machen. (Was war bisher überhaupt wahrscheinlich?) Nach dem Disput des Zacharias mit dem Engel ist klar, daß die folgende Szene *trotz* des mangelnden Vertrauens des Zacharias auf Worte vom Himmel stattfindet. Erzähllogisch empfängt Elisabet, weil der Engel es verkündet hat, nicht weil Zacharias nach Hause zurückkommt. Vers 23 eröffnet zwar eine neue Episode, stellt aber für sich lediglich ein verbindendes Element (Raumvermittlung) dar. Die Zeugung des Kindes durch den Vater wird - im Unterschied zur Kindheitsgeschichte des Samuel (1Sam 1,19) - nicht erzählt.
Die Elisabet-Szene als solche (1,24 f) besteht aus einer einzigen Sequenz:

empfangen (συνέλαβεν)

<

sich verbergen (περιέκρυβεν).

Erzähllogisch wird damit ein zuvor aufgebautes Spannungsverhältnis variiert. Eine Gabe bleibt verborgen. Jetzt geht es nicht um eine Botschaft, die nicht weitergesagt wird, sondern um das Eintreffen des Vorher-Verkündigten, das dennoch einstweilen verborgen bleibt. Dennoch wird in der Elisabet-Szene auch geredet, aber nur in der Form des Monologs. V 25 ist kein Dialog mit Gott, sondern eine Feststellung ("so") über ein Ereignis, das eingetreten ist (Perfekt): daß Gott gehandelt hat. Aber da in dieser Geschichte nichts verborgen wird außer dazu, daß es an die Öffentlichkeit kommt, nimmt Elisabet auch dies schon vorweg und jubelt über die Wiederherstellung ihres gesellschaftlichen Ansehens. Die Zeit, in der Elisabet schwanger wird, bezeichnet sie als "die Tage, als er [der Herr] darauf sah, fortzunehmen meine Schande bei den Menschen".
Die Zwischenszene schafft damit eine Brücke zu den folgenden Episoden. Ihre eigene Struktur entspricht aber noch dem Zacharias-Prinzip: Was geschehen ist, wird vorerst nicht publik. Allerdings gilt dies in der Zwischenszene nur auf der robusteren Ebene der familialen Motive. Kein mangelndes Vertrauen gegenüber Worten wird dem weiteren Gang der Ereignisse im Weg sein. Im Gegenteil: Der Monolog der Elisabet offenbart dem Leser ihr volles Wissen um die Bedeutung des Geschehenen. Gott handelt nicht ohne die Menschen.

1.1.2 Die 2. Episode: Ankündigung der Geburt Jesu (Lk 1,26-38)

	2. Episode: Verheißung der Geburt Jesu
26 Im sechsten Monat aber **wurde** der Engel Gabriel **gesandt** von Gott in eine Stadt Galiläas, deren Name Nazareth war, 27 zu einer Jungfrau, die einem Mann verlobt war, dessen Name Joseph war, aus dem Hause David, und der Name der Jungfrau war Maria.	Exposition
28 Und eintretend zu ihr **sprach** er: "Sei gegrüßt, Begnadete, der Herr ist mit dir."	1. Szene 1. Sequenz: Der Gruß des Engels

29 Die aber **erschrak** bei dem Wort
und sie **überlegte,** was für ein Gruß dies sei.

löst Erschrecken und Nachdenken aus.

2. Sequenz:
Die Botschaft...

[Rede des Engels]

30 Und es **sprach** der Engel zu ihr:
"Fürchte dich nicht, Maria,
denn gefunden hast du Gnade bei Gott.
31 Und siehe,
du wirst empfangen im Leib
und wirst gebären einen Sohn
und wirst seinen Namen Jesus rufen.
32 Dieser wird groß sein
und wird Sohn des Höchsten genannt werden.
Und geben wird ihm Gott, der Herr,
den Thron seines Vaters David.
33 Und er wird König sein über das Haus Jakob in Ewigkeit,
und seiner Königsherrschaft wird kein Ende sein."

wird aufgenommen:

Subsequenz:
Frage -
Antwort

34 Es **sprach** aber Maria zu dem Engel:
"Wie wird dies sein,
da ich keinen Mann erkenne?"

35 Und antwortend **sprach** der Engel zu ihr:
"Heiliger Geist wird auf dich kommen,
und die Kraft des Höchsten wird dich überschatten.
Deshalb wird auch das Gezeugte heilig genannt werden, Sohn Gottes.
36 Und siehe,
auch deine Verwandte, Elisabet, hat einen Sohn empfangen in ihrem hohen Alter,
und dies ist schon der sechste Monat für sie, die als unfruchtbar galt.

37 Denn kein Wort von Gott ist ohne
Kraft."

	3. Sequenz
38 Es **sprach** aber Maria:	Die Antwort
"Siehe,	
die Magd des Herrn.	
Mir geschehe nach deinem Wort."	
Und **fort ging** von ihr der Engel.	...wird überbracht.
	[Schluß der 1. Szene]

Die Komposition der lukanischen Kindheitsgeschichten parallelisiert die Ankündigungen der Geburt der Kinder und legt es dem Leser nahe, sie im Vergleich zu lesen. Dieser Aspekt wird im folgenden fortlaufend berücksichtigt.
Die Exposition der 2. Episode knüpft mit der Zeitangabe "Im sechsten Monat" unmittelbar an den Schluß der Zwischenszene (V 25) an. Die Zeit wird an der Dauer der Schwangerschaft der Elisabet gemessen. Die Erzählung wird fortgesetzt. Die Sendung des Engels, die hier unverhüllt als Handeln Gottes benannt wird (passivum divinum + ἀπὸ τοῦ θεοῦ), erscheint damit als eine zweite, mit der ersten koordinierte Initiative Gottes. Daß der Engel hier einen Eigennamen trägt, hängt damit zusammen, daß er in der Exposition als Figur eingeführt und dort behandelt wird wie alle übrigen Figuren auch, die ja alle einen Namen bekommen. Am Anfang der 1. Sequenz wird in beiden Versionen kein Name für den Engel genannt. Daraus läßt sich also kein gravierender Unterschied gegenüber der 1. Episode herauslesen. Die menschlichen Akteure werden in beiden Expositionen mit theologisch relevanten Attributen ausgestattet. Den priesterlichen Motiven in der 1. Episode entsprechen in der 2. Episode die messianologischen. Ausschließlich deswegen wird hier schon der Name Josef genannt samt seiner Zugehörigkeit zum "Haus David". Für Maria selbst wird keine Angabe über ihre (aaronitische) Herkunft gemacht, da dies nur ablenken würde vom Thema der 2. Episode. Josef wird hier wie in der Kindheitsgeschichte des Matthäus (vgl. Mt 1,16) zuerst eingeführt, um den Bezug zur David-Dynastie herzustellen. Das Wort "verlobt", das sich nicht ohne semantische Veränderungen ins Deutsche übersetzen läßt, bezeichnet diesen Zusammenhang in rechtlicher Hinsicht. Für die nachfolgende Erzählung wird damit nicht festgelegt, in welchem Verhältnis die "Verlobten" im übrigen stehen. (Lukas wird dieses Verhältnis in den verschiedenen Erzählzusammenhängen verschieden bestimmen.)

Ein wesentlicher Unterschied zwischen den beiden Expositionen ist das *Fehlen eines Disäquilibriums* in der 2. Episode. Zu Lk 1,7 gibt es keine Parallele in der Exposition der 2. Episode. Erzählerisch fehlt Maria kein Kind wie Zacharias und Elisabet. Ohne ein solches Fehlelement bekommt die gesamte nachfolgende Episode eine andere dramatische Qualität. Die Verkündigung der Geburt Jesu ist nicht als die langersehnte Antwort Gottes auf das Gebet der Gerechten in der zermürbenden Dauer einer trostlosen Gegenwart konzipiert, sondern als das *unverhoffte* Eingreifen Gottes, das einen allein von Gott initiierten Neuanfang setzt. Die menschliche Partnerin dabei ist jung und unbelastet von frustrierter Erwartung.
Erzählökonomisch gravierend ist ferner die Differenz in den *Figurenkonstellationen*. In der Verkündigung der Geburt Jesu ist die Botschaft gleich am Ziel. Niemand wartet "draußen" auf die Nachricht. Josef ist - im Unterschied zur matthäischen Kindheitsgeschichte - noch kein Akteur und muß nichts von der Botschaft erfahren. Auf der horizontalen Ebene gibt es also vorerst keinen kommunikativen Handlungsbedarf. Insofern kann es in der 2. Episode von vornherein nicht zu der kleinen Tragödie der scheiternden Vermittlung der Botschaft kommen wie in der 1. Episode. Wie die folgende Episode, die Begegnung der Mütter, zeigt, ist das leitende Thema weiterhin die Verständigung über Gottes Handeln. Insofern werden mit dem kurzen Verständigungsweg in der Verheißung der Geburt Jesu direkt an die Mutter Jesu ideale Voraussetzungen geschaffen für eine Episodenfolge, die auf einer maximalen Fallhöhe ansetzt, um auf einen tragischen Schluß zuzulaufen: Lk 2,50. Die Kindheitsgeschichte des Täufers verläuft in der Tendenz genau entgegengesetzt: von einer kleinen Tragödie zum großen Gotteslob im Schlußgesang des Zacharias. Die gegensätzlich konzipierten Verlaufstendenzen der beiden Kindheitsgeschichten machen verständlich, warum es in der Verkündigungsszene Gabriel - Maria so problemlos zugeht. Schon das Auftreten des Engels in der 1. Sequenz wird als verbale Kommunikation aufgefaßt und als wörtliche Rede Gabriels ausgeführt. So muß Maria nicht nur erschrecken wie Zacharias, sondern hat sogleich etwas, worüber sie nachdenken kann. Sie erschrickt auch nicht über das, was sie sieht, sondern erschrickt "bei dem Wort". Dieses Wort, der Gruß, wird am Beginn der Offenbarungsrede des Engels förmlich interpretiert: "Sei gegrüßt, Begnadete (κεχαριτωμένη) der Herr ist mit dir" *bedeutet* "Du hast Gnade (χάριν) gefunden bei Gott". Semantisch ist dies kaum mehr als eine Paraphrase, aber erzähllogisch besagt dies in einer Erzählung, die von Gottes Offenbarung als kraftvoll wirkendem Wort handelt, daß bei der Überbringung des Wortes alles zur Verständigung Erforderliche gesagt wird. Inhaltlich entspricht dem, daß das Verhältnis Gott - Maria unmittelbarer und exklusiver aufgefaßt ist als das des repräsentativen Bittstellers und Vermittlers Zacharias.

Maria wird *begrüßt*. Sie ist die Gemeinte und niemand sonst, jedenfalls in dieser Szene.

Die gute Botschaft des Engels ist im Prinzip wie in der Zacharias-Szene zweiteilig und bezieht sich ebenfalls auf eine nahe (V 31) und eine weniger nahe (V 32 f) Zukunft. Die Trias Empfängnis - Geburt - Namengebung entspricht einem Schema, dem Lukas hier einfach folgt (vgl. 1,24.57.59 im Täufer-Zyklus). Demgegenüber ist die Version der Botschaft an Zacharias origineller (vgl. 1,13 f: Geburt - Namengebung - Freude des Vaters - Freude "vieler"). Offenbar hängt dies mit der repräsentativen Rolle des Zacharias zusammen. Der zweite Abschnitt der Botschaft an Maria mit den theologisch entscheidenden Aussagen über die Rolle Jesu im Heilsplan Gottes ist weitgehend analog gebaut zur entsprechenden Passage der Verheißung an Zacharias. Auf die Einordnung in den großen Zusammenhang des endzeitlichen Handelns Gottes folgen vier Konkretisierungen, von denen sich das erste Paar auf das Charisma und das zweite auf die Funktion Jesu beziehen. Diese Parallelität hat aber auch ihre Grenzen. Das Charisma Jesu wird als Sohnschaft ("Sohn des Höchsten") im Verhältnis zu Gott benannt. Da alle drei folgenden Aussagen messianologisch sind, ist dieser Titel nicht anders, also messianologisch zu verstehen. Als "Sohn des Höchsten" erhält Jesus den Thron seines dynastischen "Vaters" David. Er wird also der König sein, in dessen Herrschaft die messianischen Hoffnungen erfüllt sein werden. Diese Herrschaft wird "ewig" sein und "kein Ende" haben. Sie ist also die Ausübung der eschatologischen Königsherrschaft Gottes. Das Volk ist dabei ganz im Sinne der traditionellen Messias-Erwartung das "Haus Jakob", das Zwölf-Stämme-Volk der Endzeit.

Ein Vergleich mit den entsprechenden Aussagen über den Täufer Johannes ist inhaltlich kaum möglich. Dies liegt vor allem daran, daß die Aussagen über den Täufer auch in ihren theologisch anspruchvollsten Elementen sofort in Erfüllung gehen (zu 1,15 vgl. 1,41) oder im Wirken des Täufers zur Erfüllung kommen (zu 1,16 f vgl. Lk 3). Die Aussagen über Jesus liegen auf einer ganz anderen Ebene. Seine "ewige Herrschaft" über das "Haus Jakob" wird Lukas nie erzählen. Mit Jesu Auferweckung erfüllt sich zwar die Verheißung der Schrift (vgl. Lk 24,26f.44f). Mit seiner Erhöhung zur Rechten Gottes wird zwar "mit Sicherheit" (ἀσφαλῶς) erkannt, daß der Messias Jesus seine Herrschaft angetreten hat (Apg 2,36). Aber die "Wiederherstellung aller Dinge", die die Propheten verheißen haben (Apg 3,21; vgl. Mal 3,23 ad vocem ἀποκαταστῆναι - ἀποκατάστασις), ist dies noch nicht. Sie wird auch am Ende des lukanischen Geschichtswerks immer noch *erhofft* (vgl. Apg 26,6 f). Nur Gott weiß um "Zeiten und Fristen" der "Wiederherstellung" (vgl. ἀποκαθιστάνεις) der Herrschaft für Israel (Apg 1,6 f). Lukas wird erzählen, wie das *Wissen* um die Gewißheit dieser *Zukunft* zustande kommt. Die Herrschaft, die Jesus in der Kindheitsgeschichte verheißen wird, wird im weiteren Verlauf der Darstellung im lukanischen Sinne schon bald neu interpretiert werden (vgl. zu Lk 2). Die volle Erfüllung dessen, was Gabriel Lk 1,32 f verheißt, bleibt aber im ganzen lukanischen Werk die mit neuer Gewißheit erhoffte Zukunft. In diesem Sinn ist Lukas ein Vertreter einer konsequenten Eschatologie.

Das Schema der Überbietung des Täufers Johannes durch Jesus von Nazaret ist demnach nicht die geeignete Form, um die beiden Verheißungs-Szenen in den lukanischen Kindheitsgeschichten theologisch sachgerecht miteinander in Beziehung zu setzen. Der Täufer und Jesus haben zwei verschiedene Aufgaben, die je in ihrer Weise ideal entworfen werden. Die Aufgabe, das Volk Gott zuzuführen, und die ewige Herrschaft über das Haus Jakob sind ebensowenig gegeneinander auszuspielen wie das Erfülltsein des Täufers vom Mutterleib an mit heiligem Geist gegen das Sitzen des Gesalbten Gottes auf Davids Thron beziehungsweise zur Rechten Gottes in Ewigkeit. Beides hat mit der eschatologischen Erfüllung der Hoffnung Israels zu tun. Der Täufer markiert den Anfang, Jesus als endgültig inthronisierter Messias die Ewigkeit der Herrschaft. Das Thema des Lukas ist die Geschichte des Wissens um diese Erfüllung. Unter diesem Aspekt gelesen, setzen die beiden Verheißungs-Szenen unterschiedliche Schwerpunkte. In der Verheißung der Geburt des Täufers geht es um die *schwierige Vermittlung* zwischen Israels Hoffnung und Gottes Handeln. In der Verheißung der Geburt Jesu akzentuiert Lukas den Aspekt der *unverhofften Realisierung* der geheimen Pläne Gottes. Israels Hoffnung und Gottes Geheimnisse sind die beiden Wissensbereiche, die durch Offenbarung und Verkündigung zusammenkommen und wirksam werden müssen. Diesem apokalyptisch-weisheitlichen Konzept des Lukas entsprechen die beiden Anfänge, mit denen er sein Gesamtwerk eröffnet. In dieser Perspektive dürfen Zacharias und Maria ebensowenig überbietend einander gegenübergestellt werden wie die verheißenen Kinder. Maria spielt eine andere Rolle als Zacharias. Dies wird im Verlauf des auf die Verheißung der Geburt Jesu folgenden Dialogs ganz unübersehbar deutlich. Maria repräsentiert und vermittelt nicht, sie *ist* selbst die Personifizierung der idealen Antwortbereitschaft Israels auf Gottes freies Handeln. Insofern ist sie das Ideal des hörenden Israel, die "Magd" (δούλη) Gottes. Die Unterschiede im einzelnen können jetzt knapp besprochen werden:

Wie Zacharias stellt auch Maria eine erstaunte Frage (V 34). Das Wort "erkennen" ist hier jedoch eine Metapher, anders als in der Frage des Zacharias (V 18), woran er "dies erkennen" soll, was verheißen ist. Maria fragt nach dem "Wie" der Verwirklichung der Verheißung in einer Weise, die ganz der folgenden Antwort des Engels entspricht. Marias Frage, wie "dies" möglich sein soll - vorausgesetzt ist, daß es in der familialen Ebene möglich ist, daß Maria schwanger wird (vgl. V 37) -, beantwortet der Engel mit dem Hinweis auf Gottes Kraft. Die Frage gilt hier also nicht als Indiz für mangelndes Vertrauen der Adressatin in das Wort des Engels. Die Entscheidung darüber trifft dabei der Erzähler. Erzähltechnisch wäre es durchaus auch hier möglich gewesen, daß Gabriel erklärt hätte, mehr als das Gesagte habe er nicht zu sagen. Im Unterschied zum Dialog mit Zacharias geht aber der Engel im Gespräch mit Maria auf deren Frage inhaltlich ein und erklärt das "Wie" als Gottes Möglichkeit. Dabei ist das Thema die Zeugung Jesu (vgl. τὸ γεννώμενον). Die Aussage (Rhema) zu diesem Thema ist, daß Jesus entsprechend seiner Zeugung durch das Kommen des "heiligen" Geistes "heilig" genannt wird und entsprechend der "Kraft des Höchsten" "Sohn Gottes". Die Bezeichnung "Sohn Gottes", die in der Verheißungsrede den Ausgangspunkt bildet (V 32b), wird in der Antwort des Engels auf die Frage der Maria begründet ("deshalb") und der Sache nach expliziert. Der Dialog Mariens mit dem Engel führt also über die traditionell messianologischen Aussagen der Verheißungsrede erstmals hinaus. Wie Lukas die messianische Gottessohnherrschaft Jesu im Kontext der Kindheitsgeschichte Jesu letztlich definiert, zeigt als letzte Aussage dazu Lk 2,49 abschließend. Lk 1,35 ist als erster Schritt in der narrativen Entfaltung der lukanischen Christologie aufzufassen und im Zusammenhang der weiteren Erzählung zu interpretieren.

Das "Zeichen", an dem man erkennt, daß Gott durch sein wirkendes Wort neu zu handeln beginnt, erhält Maria, ohne es verlangt zu haben. Der Hinweis auf Elisabets Schwangerschaft gilt dabei vor allem dem Leser. (Woher weiß Maria denn überhaupt davon, wenn doch Elisabet sich verbirgt?) Die Irritation darüber, daß Zacharias verwehrt ist, was Lukas seinem Leser zusichert, nämlich die Gewißheit der Worte zu erkennen, wird hier und vor allem in der folgenden Episode aufgefangen.

Die letzte Sequenz in dieser zweiten Verkündigungs-Szene hat keine Parallele in der Zacharias-Episode. Die Adressatin gibt ihre Zustimmung, und der Bote Gottes geht. Die Formulierung der Zustimmung ist lukanisches Programm. Das Wort (τὸ ῥῆμα) soll Ereignis werden. Die nächste Episode erzählt, wie das Ereignis zum kommunizierten Wissen wird. Die Formulierung des letzten Satzes der Episode entspricht der des ersten Satzes: Der Engel kommt "von Gott" (ἀπὸ τοῦ θεοῦ), jetzt kommt er "von ihr" (ἀπ' αὐτῆς). Der Kontakt zwischen Himmel und Erde ist jetzt diplomatisch perfekt. In der nächsten Episode wird erzählt, wie diplomatische Beziehungen in der Horizontalen in ebenso idealer Weise funktionieren im Gegensatz zur diplomatischen Mission des Zacharias, die ja an der Sprachlosigkeit des Überbringers der Botschaft scheitert.

1.1.3 Die 3. Episode: Maria besucht Elisabet (Lk 1,39-56)

Mit der Begegnung der Mütter verknüpft Lukas die beiden im übrigen getrennt erzählten Kindheitsgeschichten des Täufers Johannes und Jesu. Ein biographischer Anlaß oder Zweck wird dazu nicht konstruiert. Maria verläßt am Ende das Haus der Elisabet, ohne ihr bei der unmittelbar bevorstehenden Geburt zu helfen. Ist also die Reise der Maria nur ein erzählerischer Vorwand zur Ermöglichung der ungewöhnlichen Komposition? Oder wird die Begegnung der Frauen und ihrer Kinder nur erzählt, um einen Anlaß für das schöne Magnifikat zu schaffen? Oder wird die Begegnung der Mütter zur Stunde der Wahrheit über den Vorrang Jesu über den Täufer (vgl. V 43)? Es ist tatsächlich eine Stunde der Wahrheit, die Lukas mit der Begegnung der Mütter inszeniert, aber in einem anderen Sinn.

	3. Episode: Maria besucht Elisabet
39 Und sich aufmachend, **reiste** Maria in diesen Tage in das Gebirge mit Eile in eine Stadt Judas.	verbindendes Element
	[übergeordnete Sequenz: Der in das Haus überbrachte Gruß ...] 1. Sequenz:
40 Und sie **trat in** das Haus des Zacharias und **begrüßte** Elisabet.	ein Haus *betreten* die Bewohnerin *begrüßen*
	[... wird beantwortet.]
41 Und **es geschah,** als Elisabet den Gruß der Maria hörte, (da) **hüpfte** das Kind in ihrem Leib.	2. Sequenz: *hüpfen*

Und es **wurde erfüllt** mit heiligem Geist Elisabet, 42 und sie **erhob ihre Stimme** mit großem Rufen und **sprach**:	*rufen* Subsequenz: mit Geist erfüllt werden [im Geist] reden (geminiert: die Stimme erheben - sprechen)
	[Rede der Elisabet:
Gepriesen bist du unter den Frauen, und gepriesen ist die Frucht deines Leibes. 43 Und woher geschieht mir dies, daß die Mutter meines Herrn zu mir kommt?	Erwiderung des Grußes
44 Denn siehe, als die Stimme deines Grußes in meine Ohren hinein geschah, da tanzte in Jubel das Kind in meinem Leib.	Deutung des Geschehens
45 Und selig, die geglaubt hat, daß sich vollenden wird, was ihr gesagt worden ist vom Herrn."	Makarismus der Glaubenden]
	Schluß der Episode
46 Und es **sprach** Maria: "Es preist meine Seele die Größe des Herrn, 47 und es jubelt mein Geist über Gott, meinen Retter.	[Hymnus der Maria:
48 Denn er hat herabgeblickt auf die Niedrigkeit seiner Magd. Denn siehe, von nun an werden mich glücklich preisen alle Generationen. 49 Denn Großes hat an mir getan der Mächtige. Und heilig ist sein Name.	Gottes Handeln an seiner erniedrigten Magd...
50 Und sein Erbarmen (erweist er) von Generation zu Generation denen, die ihn fürchten.	...ist exemplarisch für die Rettung

51 Machtvoll gehandelt hat er mit seinem Arm,
er vertrieb die in der Gesinnung ihres Herzens Überheblichen,
52 er stürzte Machthaber von Thronen
und erhöhte Niedrige,
53 Arme erfüllte er mit Gütern
und Reiche ließ er leer ausgehen,
54 er nahm sich Israels, seines Knechtes, an,
um seines Erbarmens zu gedenken,
55 wie er geredet hat zu unseren Vätern,
dem Abraham und seinem Samen in Ewigkeit.

des erniedrigten Knechtes Israel.]

56 Maria aber **blieb** bei ihr etwa drei Monate,
und sie **kehrte** in ihr Haus **zurück.**

verbindende Elemente

Die *Rahmenverse* 1,39.56 haben die Funktion, den Zusammenhang vor allem mit den vorangehenden Episoden zu sichern. Die Zeitangaben werden an der Schwangerschaft der Elisabet abgelesen. "In diesen Tagen" nimmt anaphorisch die Zeitangabe "im sechsten Monat" (1,26) wieder auf. Nach drei Monaten reist Maria wieder ab. Mit der Geburt des Täufers hat sie nichts zu tun. Die Ortsangaben ergeben zusammen mit den Satzprädikaten in den Rahmenversen das Konzept einer Reise der Maria von Haus zu Haus. Die Trias Gebirge - Stadt - Haus bringt Zacharias wieder in Erinnerung, dessen Rolle aber hier ruht. Die Frage, wo er denn steckt, während sich solche Dinge in seinem Haus ereignen, stellt sich nicht. Es geht um das Wiederaufrufen der noch nicht abgebauten Spannungselemente aus der 1. Episode, die weiterhin die Aufmerksamkeit des Lesers beanspruchen.
Daß die folgende Episode erzählökonomisch von der zuvor aufgebauten Spannung zehrt, erkennt man auch daran, daß die 3. Episode keine Exposition im eigentlichen Sinn (d.h. mit einem Disäquilibrium wie Mangel, Trennung, Gefahr o.ä.) aufweist. Der Leser muß sich selber einen Reim darauf machen, wozu hier eine Reise dient. In den vorangehenden Episoden wurde gelungene Kommunikation immer nur in der Vertikalen zu-

gelassen, zuletzt beim Abgang des Engels Gabriel. Andererseits ist die Notwendigkeit einer Verständigung in der horizontalen Ebene in der 1. Episode von vornherein klar angelegt. Damit ist aber das Motiv für den Aufbruch der Maria zu ihrer Reise eigentlich kein Rätsel für den Leser, auch wenn in Nazaret niemand "draußen" vor dem Haus auf die Botschaft wartet. Wie die Reise eröffnet wird, ist zudem aussagekräftig genug. Das Prädikat "reiste" ist flankiert von Elementen, die die Eile des Aufbruchs und der Bewegung betonen. Die Raumvermittlung geschieht federleicht. Der Leser wird sofort sehen, welche bewegenden Kräfte im Spiel sind.
Die 1. Sequenz (ein Haus betreten - grüßen) ist keine Exposition. Dies ergibt sich aus der Verbindung dieser Sequenz mit der folgenden Sequenz durch den *Temporalsatz* (V 41a), der die beiden Sequenzen synchronisiert. Der Sprechakt "grüßen" und der Hör-/Verstehensakt "den Gruß hören" sind natürlich gleichzeitig, werden hier aber durch "als Elisabet hörte ..." ausdrücklich als gleichzeitig bezeichnet. Die Erzählzeit müßte angehalten werden, um zwei gleichzeitige Vorgänge nacheinander zu erzählen. Dies geschieht auch durch den synchronisierenden Temporalsatz, aber in einer verfremdend auffälligen Weise. Die Zeit für das Erzählen der gleichzeitigen Akte wird gedehnt. Der Erzähler nimmt sich die Zeit, mit dem Eröffnungssignal "Und es geschah" das eigentliche Ereignis dieser Episode förmlich anzusagen - *jetzt* wird es stattfinden - , um dann zuvor noch - nach der Wortfolge im griechischen Originaltext, die in der deutschen Übersetzung nicht gut einzuhalten ist: "als hörte den Gruß der Maria Elisabet" - zu sagen, daß dieses Ereignis zeitgleich ("als") mit einem rezeptiven Vorgang ("hörte") stattfindet, zu dem ein Sprechakt gehört, der bereits erzählt ist ("begrüßte"/ἠσπάσατο V 40b), der jetzt aber als mit dem Hören korrespodierender Vorgang mit dem Stichwort "Gruß" (ἀσπασμός) ausdrücklich renominalisiert wird, um dann zuerst die Sprecherin und schließlich die Hörerin des Grußes zu renominalisieren, bevor der Leser endlich erfährt, was für ein Ereignis es denn ist, das durch den Sprechakt und das Hören des Gesprochenen ausgelöst wird. Auf diese Weise werden die beiden Einzelsequenzen der Episode zu einer Sequenz höheren Grades zusammengeschlossen: Der Gruß einer Ankommenden löst ein denkwürdiges Ereignis aus.
Die 1. Sequenz: ein Haus betreten - den Gruß sprechen kennt man als "in den Worten unterwiesener" Leser aus der Jesustradition aus den urchristlichen Anweisungen für Wandercharismatiker (vgl. Lk 10,5 f//Mt10,12 f). Wo sich ein Haus dem Friedensgruß öffnet, da bleibt der Friede, und die Gottesherrschaft hat einen Stützpunkt in der betreffenden Stadt. Der Sinn der Reise der Maria wird damit angedeutet. Zum ersten Mal kommt hier eine himmlische Botschaft als menschliches Wort bei Menschen an. Zum ersten Mal verwendet Lukas hier das Schema Reisen und Reden, das die

Handlungssequenzen in weiten Teilen seines Werkes ausmacht, besonders im sogenannten Reisebericht (Lk 9,51-19,48) und in der Schilderung der paulinischen Mission (Apg 13,1-21,14). Das Schema Reisen und Reden ist die einfachste Form der Realisierung des Generalthemas des lukanischen Geschichtswerkes: Gottes eschatologische Offenbarung darzustellen als die Geschichte ihrer Vermittlung.

Das Hauptgewicht liegt auf der *2. Sequenz*. Ungewöhnliche erzählerische Mittel kommen hier zum Einsatz. Das erste Handlungselement der Sequenz besteht in dem vorher so umständlich angezeigten eigentlichen Ereignis der Episode: "(da) hüpfte das Kind in ihrem Leib", das zweite in einer wörtlichen Rede der Mutter, in welchem sie dieses Ereignis kundtut. Daß der Zusammenhang so zu lesen ist, signalisiert der Autor durch auffällige Stichwortverbindungen. In der Rede der Elisabet wiederholt eine handelnde Figur auf der 2. Textebene fast wörtlich die Darstellung des Ereignisses durch den Erzähler auf der 1. Textebene:

Textebene 1 (V 41)	Textebene 2 (V 44)
Und *es geschah*	Denn siehe,
als Elisabet den *Gruß hörte*	als die Stimme deines *Grußes* in
	meine *Ohren* hinein *geschah,*
hüpfte *das Kind*	*hüpfte* in Jubel *das Kind*
in ihrem *Leibe.*	*in* meinem *Leibe.*

Eine Figur, die wie der Autor redet, partizipiert an dessen auktorialer Allwissenheit. Dies ist hier aber nur die erzähltechnische Seite, die der Darstellung eines theologischen Sachverhalts dient: Elisabet wird vom Geist erfüllt und bekommt damit die Kompetenz zu charismatischer Rede in kongenialer Entsprechung zu dem Ereignis, das hier verkündet wird.

Damit endlich zu dem Ereignis selbst: In der Rede an Zacharias hatte der Autor durch einen Engel ankündigen lassen, das Kind, von dem hier die Rede ist, werde "schon vom Leib seiner Mutter an mit heiligem Geist erfüllt" werden. Jetzt hüpft das Kind, und die Mutter wird vom heiligen Geist erfüllt. Da aber der Autor die Verheißungen seiner Figuren auch selber literarisch erfüllen muß, muß der Leser zwischen dem Hüpfen des Kindes im Leib seiner Mutter und der Geisterfüllung der Mutter einen Zusammenhang erkennen. Daß das Verb "hüpfen" (σκιρτᾶν) eine besondere Bedeutung hat, ergibt sich aus der Beobachtung, daß Lukas es im 4. Makarismus der Feldrede (Lk 6,23) von sich aus setzt anstatt des üblicheren "jubeln" (ἀγαλλιᾶσθαι; vgl. Mt 5,12). Das "Hüpfen" ist Lk 6,23 Ausdruck der eschatologischen Freude, mit der die verfolgten und geschmähten Jünger Jesu ihr Leiden aushalten nach dem Vorbild aller gewaltsam abgewiesenen Propheten vor ihnen. Daraus ergibt sich die Bedeutung des Verbs auch in Lk 1,41.44, zumindest für jemand, der eine Konkordanz benutzt. Nach Lk 3,18-20 wird ja der Täufer das Schicksal der verfolgten Propheten teilen. Das paßt. Aber der implizite Leser hat keine Konkordanz, auch hat er die Kapitel 3 und 6 noch vor sich. Woher kann er hier schon wissen, daß das "Hüpfen" eine so denkwürdige Bewegung sein kann? Er könnte es, wenn er den intertextuellen Hinweis auf Maleachi 3 in der Rede des Engels an Zacharias (Lk 1,17) bemerkt hätte und weiterhin damit rechnete, daß der Erzähler bei allen Aussagen über den Täufer Johannes diesen Hintergrundtext mitlaufen läßt. Mal 3,20 verheißt den Gerechten, daß der Tag des Gerichts für sie ein Triumph sein wird, daß sie "hüpfen" werden wie die Lämmer, während die Frevler wie Stoppeln von den Flammen verzehrt werden. Später würden auch die Bezüge zur Gerichtspredigt des Täufers Johannes (vgl. Lk 3,7-9) sichtbar. Aber der implizite Leser des lukanischen Geschichtswerks hat selber kein Exemplar der Septuaginta und damit auch nicht die Möglichkeit zu kontrollieren, aus welchen Hintergrundtexten Lukas seine Wörter nimmt. Daß das Kind im Schoß der Elisabet die Freude über die Befreiung der Gerechten durch Gott zum Ausdruck bringt, ausgelöst dadurch, daß die Mutter des Messias seiner Mutter mit ihrem Gruß begegnet, kann der Leser nur deshalb verstehen, weil die Rede der Elisabet genau diese Interpretation gibt: Das Kind hüpft "in Jubel" (ἐν ἀγαλλιάσει). Damit fällt das zur Bezeichnung eschatologischer Freude übliche Stichwort. Das denkwürdige Ereignis besteht also darin, daß der ungeborene Täufer Johannes, geisterfüllt vom Mutterschoß an, das Kommen des Messias als die Befreiung der Gerechten erkennt. Er nimmt damit weniger seine ihm selbst zugedachte prophetische Rolle ein, sondern nimmt vorweg, wozu er das Volk mit seiner Botschaft bringen soll. Er übernimmt hier also keine Vorläufer-Rolle, sondern eine ideal-repräsentative, wenn er die begeisterte Freude der Gerechten, die nach ihrer Befreiung wie die Lämmer hüpfen, zum Ausdruck bringt. Diese Antwort des Volkes auf das Kommen Jesu wäre die erwünschte.

Damit wird die Bedeutung der charismatischen Rede der Elisabet verständlich. Elisabet äußert sich nicht deshalb, weil man ja schließlich nicht sehen kann, was das Kind in ihrem Leibe tut, sondern sie interpretiert kongenial mit dem heiligen Geist und dem Erzähler das denkwürdige Ereignis der Episode: Die Rede ist zweiteilig, gegliedert durch das Signal "denn siehe". Aber seherisch sind beide Teile. Der erste bezieht sich auf das Kommen der Maria, der zweite auf die Reaktion des ungeborenen Johannes. Elisabet interpretiert also, was der Erzähler als Sequenz erzählt hat. Sie preist die angekommene Maria als die Königin-Mutter, mit der der Messias kommt, um die Gerechten seines Volkes zu befreien. Dies weiß sie und kann es seherisch (ἰδοὺ γάρ) "mit großem Schrei" verkün-

den, weil sie die Bewegung ihres Kindes als dessen Sprache versteht. Das Kind reagiert auf das Kommen des Befreiers. Den Abschluß der Rede bildet der für die lukanische Auffassung von Befreiung kennzeichnende Makarismus, in der Maria als diejenige seliggepriesen wird, die an die eschatologische Realisierung der *Worte* geglaubt hat, die ihr von Gott, dem Herrn der Geschichte, *gesagt* worden sind.
Mit dem *Magnifikat* schließt die Episode. Es ist keine sequentiell unmittelbar eingebundene Antwort auf die Rede der Elisabet, sondern ein Hymnus und ein relativ selbständiges Element schon deshalb, weil Kindheitsgeschichten Prosaerzählungen sind und die Rollen in Kindheitsgeschichten generell Sprechrollen sind. (Die Engelbotschaften Lk 1,13-17.30-33.35-37 sind als rhythmisierte Prosa aufzufassen.) Diese Technik der Einbeziehung lyrischer Texte in einen Geschichtsbericht übernimmt Lukas aus den Samuelbüchern, in deren rahmende Teile Hymnen eingearbeitet sind: der Lobgesang der Hanna (1 Sam 2,1-10) und der Psalm Davids (2 Sam 22,2-51//Ps 18) und die "letzten Worte Davids" (2 Sam 23,2-7). Die intertextuelle Beziehung zu Hannas Lobgesang in der Kindheitsgeschichte des Samuel liegt auf der Hand. Diese Hymnen reflektieren auf einer eigenen Ebene die erzählte Handlung. Der Raum der erzählten Welt öffnet sich zu einer Sicht, die Gottes Anteil an den erzählten Ereignissen so zum Ausdruck bringt, wie dies eben nur lyrisch möglich ist. Im Magnifikat wird wie in Hannas Lobgesang Gottes Handeln an Menschen (mit transitiven Verben) wie ein unmittelbares (kriegerisches) Eingreifen besungen.
Die im Layout der Übersetzung des Magnifikat vorgenommene Segmentierung und die in der Strukturskizze oben vorgeschlagene zweiteilige Gliederung beruhen auf folgenden Beobachtungen:
Im ersten Teil (VV 46b-50) tritt das lyrische Ich explizit in Erscheinung als Instanz der Äußerung des Textes ("meine Seele", "mein Geist") mit Aussagen über sich ("mich" werden alle glücklich preisen, weil Gott an "mir" Großes getan hat). Gott ist der Gepriesene, und zwar grammatisch in der 3. Person. Aussagen über Gottes Handeln kommen nur in den beiden Begründungssätzen vor, die für diesen Teil ebenfalls kennzeichnend sind, sind also den Selbstaussagen des lyrischen Ich untergeordnet. *Weil* Gott auf seine erniedrigte Magd herabgeschaut hat (vgl. das ὅτι V 48) und *weil* er Großes an "mir" getan hat (vgl. das ὅτι V 49), können in diesem Hymnus überhaupt die Aussagen über Gott und sein Handeln gemacht werden, die er enthält. Diese Aussagen beziehen sich in diesem ersten Teil auf die *exemplarische Bedeutung* der Rettung des lyrischen Ich für alle künftigen Generationen. Die Verse 47.48a loben Gott wegen der Rettung des lyrischen Ich. Mit "Denn siehe" wird übergeleitet zu einer charismatisch-seherischen Verallgemeinerung. Alle werden die exem-

plarisch Gerettete glücklich preisen, weil sie darin (vgl. den zweiten Begründungssatz V 49a) das Modell der Rettung all derer erkennen werden, die Gott fürchten von Geschlecht zu Geschlecht.
Im zweiten Teil des Hymnus (VV 51-55) tritt das lyrische Ich nicht in Erscheinung. Alle Aussagen dieses Teils beziehen sich auf Gottes Handeln an Israel, seinem Knecht (statt an "mir", seiner "Magd"). Dabei wird in der Sprache der asidäischen Tradition mit kräftigen Antithesen Gottes Macht gepriesen, die der Hybris der Mächtigen ein Ende setzt und die erniedrigten Armen ins Recht setzt. Der Hymnus beruht demnach auf dem Prinzip, von der neuen Erfahrung der Personen in der erzählten Handlung eine Brücke zu schaffen zur messianischen Hoffnung der Frommen in der Geschichte Israels. Der Schlußvers reflektiert diesen Zusammenhang in der für Lukas kennzeichnenden Auffassung vom Handeln Gottes in der Geschichte: Gott gedenkt seiner erbarmungsvollen Zuwendung an Israel und handelt jetzt gemäß seinem Wort, das er zu den Vätern gesprochen hat, indem er sich mit dem Wort der eschatologischen Botschaft offenbart, die Marias Gesang beantwortet.
Diese Analyse ergibt, daß das Magnifikat - unbeschadet der relativen Eigenbedeutung lyrischer Partien in einem Erzähltext - generell den Handlungskreis der drei Episoden mit der hymnischen Antwort auf die Engelsbotschaften abschließt. In einigen Punkten geht das Magnifikat aber auch unmittelbar auf den Kontext der 3. Episode ein. Die Rede der Elisabet mündet in einen Lobpreis der Maria, weil sie "geglaubt hat, daß sich vollenden wird, was ihr gesagt worden ist (τοῖς λελαλημένοις αὐτῇ) vom Herrn". Der Hymnus endet mit der Aussage, daß Gott damit gehandelt hat, "wie er gesprochen hat (καθὼς ἐλάλησεν) zu unseren Vätern". Gottes Wort damals und heute in der Korrespondenz von Verheißung und Erfüllung ist damit als die Grundlage allen sicheren Wissens über die Geschichte Israels und das Schicksal seiner Gerechten erwiesen. Darauf bezieht sich der Glaube der Maria (vgl. V 45) sowie aller, "die ihn fürchten" (V 50). Der Glaube der Maria wird durch den Makarismus in der Rede der Elisabet (V 45) als das bedeutsame Wissen deklariert, das bis ans Ende (zur τελείωσις) verläßlich ist. Diesen Makarismus werden "von nun an" die Gott Fürchtenden in allen Generationen aussprechen, weil der Glaube an das jetzt ergehende Wort Gottes in Zukunft das sein wird, was in der Tradition Gottesfurcht genannt worden ist.
Die Begegnung der Mütter ist eine Episode ohne jeden Schatten menschlichen Versagens und ohne eine Spur des drohenden Scheiterns der eschatologisch begonnenen Geschichte der Erhöhung des Gottesvolkes. Gott spricht; hier ist die Antwort darauf. Der Leser sieht in diesem endlich geschlossenen Kreis des Gesprächs zwischen Himmel und Erde zugleich, wie die Personen in dieser Episode untereinander mit erstaunlicher Si-

cherheit auf vielen Ebenen störungsfrei kommunizieren und ihre Verständigung einbeziehen in das lange Gespräch Gottes mit seinem Volk. Alle wissen und verstehen alles, was sich ereignet und ereignet hat, was gesagt wird und was gesagt worden ist. Daß Maria schwanger ist, muß gar nicht erzählt werden. Elisabet begrüßt selbstverständlich das Kind der Maria, von dessen Existenz vorher gar nicht die Rede ist, nicht nur dessen Mutter. In der Rede der Elisabet ist kein Mißverständnis enthalten, das Maria korrigieren müßte. Der Makarismus, mit dem Elisabet den Glauben der Maria preist (V 45), wird von dieser selbstverständlich akzeptiert und im Hymnus weiter expliziert (V 48b). Der Leser, der meinen könnte, hier mehr zu wissen als die handelnden Figuren - Elisabet hat die vorhergehende Episode nicht erzählt bekommen - , muß erfahren, daß die Figuren mehr wissen als er selbst, nämlich mehr als der Erzähler erzählt hat. Die Figuren erklären ihm auf vielen Ebenen, was der Erzähler ohne Erklärung als das denkwürdige Ereignis dieser Episode darstellt. Erzählpragmatisch besagt dies, daß der Leser hier mit dem für ihn selbst unerreichbaren Ideal glaubenden Verstehens konfrontiert wird. Dies ist aber kein erbaulicher Appell. Es geht um den Entwurf einer theologischen Maximalvorstellung. Lukas wird im folgenden keine derart euphorische Episode mehr erzählen. Er entwirft hier sein utopisches Modell einer bruchlos gelungenen Verständigung Gottes mit seinem Volk über die Verwirklichung der Pläne Gottes zu seiner Rettung. Hier kommen Israels Hoffnung und Gottes Geheimnisse in restloser Korrespondenz zur vollkommenen kommunikativen Verwirklichung (τελείωσις). Im weiteren wird erzählt, daß die Geschichte der Offenbarung Gottes in Wirklichkeit anders verläuft. Die nächste Episode wird dies in feiner Dosierung erweisen.

1.1.4 Die 2. Zwischenszene und die 4. Episode: Geburt des Johannes und Namengebung (Lk 1,39-80)

Mit der Begegnung der Mütter Maria und Elisabet hat Lukas seine Optimalvorstellung davon, was ein restloses Gelingen zwischenmenschlicher Verständigung über Gottes Offenbarung wäre, literarisch verwirklicht. Nach der Begegnung der Mütter beginnt innerhalb des Zusammenhangs der Kindheitsgeschichte des Täufers Johannes, die jetzt zuerst für sich zu Ende erzählt wird, die fallende Handlung. Die kompositorische Anordnung der folgenden Zwischenszene (1,57 f) mit der 4. Episode (1,59-80) entspricht spiegelsymmetrisch der 1. Episode (1,8-23) mit der dort folgenden Zwischenszene (1,24 f).

57 Für Elisabet aber **erfüllte** sich die Zeit, daß sie gebar,

und sie **brachte** einen Sohn **hervor**.

58 Und es **hörten** ihre Nachbarn und ihre Verwandten, daß der Herr groß gemacht habe sein Erbarmen mit ihr,

und sie **freuten** sich mit ihr.

59 Und **es geschah** am achten Tag,
(da) **kamen** sie, das Kind zu beschneiden.

Und sie **wollten** es **rufen** nach dem Namen seines Vaters Zacharias.

60 Und entgegnend **sagte** seine Mutter:
"Nicht doch,
sondern er soll Johannes gerufen werden."

61 Und sie **sagten** zu ihr:
"Niemand ist in deiner Verwandtschaft, der mit diesem Namen gerufen wird."

62 Sie **winkten** aber seinem Vater zu, wie er wolle, daß er gerufen werde.

63 Und nachdem er ein Täfelchen erbeten hatte, **schrieb** er die Worte:
"Johannes ist sein Name."

Und es **staunten** alle.

64 Da **wurden** aber alsbald sein Mund geöffnet und seine Zunge,
und er **redete** Gott preisend.

65 Und **es kam** Schrecken auf alle, die in ihrer Nachbarschaft wohnten.

Und im ganzen Bergland Judäas **wurden** alle diese Dinge **durchgesprochen**.

66 Und es **legten** sie alle, die sie hörten, in ihre Herzen mit den Worten:
"Was wird dann wohl aus diesem Kind werden?
Denn Gottes Hand war mit ihm."

67 Und Zacharias, sein Vater, **wurde erfüllt** von heiligem Geist
und **redete prophetisch** mit den Worten:

68 "Gepriesen sei der Herr, der Gott Israels,
denn er hat herabgesehen und Erlösung bewirkt seinem Volk,

69 und erweckt ein Horn der Rettung für uns im Hause Davids, seines Knechtes,
70 wie er geredet hat durch den Mund der heiligen Propheten von Urzeit her,
71 Rettung vor unseren Feinden und aus der Hand aller, die uns hassen,
72 Erbarmen zu üben an unseren Vätern
und zu gedenken seines heiligen Bundes,
73 des Eides, den er geschworen hat zu Abraham, unserem Vater,
uns zu gewähren,
74 furchtlos, gerettet aus Feindeshand, ihm zu dienen
75 in Heiligkeit und Gerechtigkeit
vor seinem Angesicht alle unsere Tage.

76 Und du, Kind,
Prophet des Höchsten wirst du gerufen werden,
voraufgehen wirst du nämlich vor dem Angesicht des Herrn, zu bereiten seine Wege,
77 um seinem Volk Erkenntnis des Heils zu gewähren
in der Vergebung ihrer Sünden
78 durch die Rührung des Erbarmens unseres Gottes,
mit der herabsieht auf uns der Aufgang aus der Höhe,
79 zu erscheinen denen, die im Dunkel und Schatten des Todes sitzen,
unsere Füße zu lenken auf den Weg des Friedens."

80 Das Kind aber **wuchs** heran und **erstarkte** im Geist
und **war** in der Wüste bis zum Tag seiner Präsentation vor Israel.

Die sequenziellen Strukturen der Erzählung werden in der folgenden Skizze deutlich. Die kursiv gedruckten Wörter entsprechen den Prädikaten der Hauptsätze.

Zwischenszene mit der Sequenz:

V 57 Die Geburt des Täufers

Subsequenz: *Erfüllung* der Zeit - *Geburt*

<

V 58 löst Freude aus.

Subsequenz: *hören* - *sich mitfreuen*

4. Episode: Die Namengebung

Exposition:

V 59a Szenische Eröffnung
V 59b Disäquilibrium:
Das Kind soll einen falschen Namen erhalten.
Subsequenz: *kommen* - *einen Namen zu geben versuchen*

1. Sequenz:
V 60 Da der *Einspruch* der Mutter
<
V 61 *Widerspruch* auslöst,

2. Sequenz:
V 62 wird der Vater *gefragt*
<
V 63ab und *antwortet* schriftlich.

V 63c zum Staunen aller (Schluß der Dialog-Sequenzen)

3. Sequenz:
V 64 Zacharias redet
Subsequenz: *geöffnet werden* - *reden*
<
V 65a zum *Erschrecken* aller.

Schluß der 4. Episode mit der Sequenz:
V 65b Das Ereignis wird *weitergesagt*
<
V 66 und *bleibt im Gedächtnis*
als etwas, das erstaunte Fragen aufwirft.

Schluß des Zyklus:
V 67 Zacharias trägt den Schluß-Hymnus vor
Subsequenz: vom Geist *erfüllt werden* - *prophetisch reden*

VV 68-79 Hymnus
1. Dank an Gott für die Errettung seiner Kultgemeinde (VV 68-75)
2. Aussagen über die künftige Rolle des Johannes (VV 76-79)

V 80 Biographische Rahmennotiz (*aufwachsen - stark werden - sich aufhalten*)

Die 2. Zwischenszene versteht man nicht adäquat, wenn man sie nur als Überleitung von der Begegnungs-Episode 1,39-56 zur folgenden Episode mit der turbulenten Suche nach dem richtigen Namen für das ungeborene Kind interpretiert. Die Zwischenszene ist als relativ selbständige Einheit konzipiert, die der 1. Zwischenszene (1,24) korrespondiert: Was in der 1. Zwischenszene verborgen wird, kommt in der 2. Zwischenszene ans Licht der familialen und nachbarschaftlichen Öffentlichkeit. Denn nichts wird (vom Autor) verborgen außer dazu, daß es an die Öffentlichkeit kommt (vgl. Lk 8,17). Die Nachbarn und Verwandten kommen nicht nur, um konventionell an der Freude der Mutter teilzuhaben. Worauf es ankommt, ist das Wissen um die Bedeutung dieser Geburt, das durch ein spezifisch lukanisches Hören zustande gekommen ist. Das, was die Angehörigen der Familie der Elisabet gehört haben, entspricht dem, was Elisabet als Schwangere im Verborgenen gesprochen hat. Diese Korrespondenz von Reden und Hören ist - aus der Sicht des Lesers - ebenso denkwürdig wie die Geburt als solche. Was in der Begegnung der Mütter ideal begonnen hat, scheint sich in der nachbarschaftlichen Kommunikation bruchlos fortzusetzen. Die folgende Episode - wieder mit Zacharias als Hauptfigur - zeigt aber, daß es so einfach nicht zugeht, wenn es um die Vermittlung einer Botschaft über Gottes Handeln an die menschlichen Adressaten geht, denen die Botschaft gilt.
Die Funktion der Zwischenszenen ist damit deutlich. Das in den natürlichen Vorgängen der Empfängnis und Geburt nicht ohne weiteres erkennbare besondere Handeln Gottes wird dem Leser im Schema verbergen - offenbar werden in seiner apokalyptischen Qualität angedeutet. Expliziert wird die theologische Dimension durch die direkte und die indirekte wörtliche Rede, durch die die erzählten Familien-Ereignisse zu Ereignissen der Offenbarung Gottes an Menschen werden. Als solche erst sind sie von Bedeutung für den Leser. Nur in der Art von solchen Wort-Ereignissen läßt sich überhaupt von Gottes Handeln erzählen.
In der 2. Zwischenszene läßt Lukas die Nachbarn und Verwandten so handeln, als hätten sie den Monolog der Elisabet in der 1. Zwischenszene

gehört. An solchen Stellen wird deutlich, daß auf die Wahrscheinlichkeit der Erzählung auf der Ebene der Motivation der Figuren wenig Wert gelegt wird. Es kommt primär darauf an, daß der Leser die Zusammenhänge der Handlung mitvollzieht.

In der 4. Episode ist von vornherein klar, daß die Absicht der Verwandtschaft, dem Neugeborenen den Namen seines Vaters zu geben, im Widerspruch steht zur Ankündigung des Engels Lk 1,13, nach welcher Zacharias seinen Sohn Johannes nennen wird. Daß die Verwandtschaft dem Kind der Elisabet einen Namen aus der Familientradition geben will, erkennt der Leser als das Disäquilibrium der Exposition dieser Episode. Der vorgeschlagene Name ist der "falsche" ausschließlich deshalb, weil der "rechte" Name schon gegeben worden ist. Semantisch wäre der Vater-Name Zacharias (Sacharja = Gott gedenkt) nicht weniger geeignet, die geschichtliche Rolle des Täufers Johannes anzuzeigen (vgl. Lk 1,72), als der ihm vom Engel gegebene Name Johannes (Jochanan = Gott ist gnädig). Die Verhaltensweise der Verwandtschaft ist allein deshalb verfehlt, weil sie nicht der himmlischen Regie folgt, die der Leser seit Lk 1,8 am Werk sieht. Das Prinzip des Handelns der Verwandten erweist sich in den Augen des wissenden Lesers als Unwissenheit. Damit ist das charakteristische Disäquilibrium der lukanischen Theologie konstruiert. In der folgenden Episode geht es demnach um die Frage, ob es gelingt, dieses Defizit durch kommunikatives Handeln aufzuheben. Dabei ist die erzählökonomische Korrespondenz zur 1. Episode zu beachten. Dort scheitert die Vermittlung der Botschaft des Engels über Gottes Offenbarung an der Sprachlosigkeit des Zacharias. Jetzt wird Zacharias reden. Der kurze Satz, den er zu sagen hat, bekommt sein Gewicht aufgrund der Korrespondenz der beiden Episoden. Der Leser weiß, was Zacharias nicht gesagt hat. Daß er jetzt redet, bedeutet entsprechend, daß die vom Engel im Tempel überbrachte Botschaft nach Eintritt der angesagten Geburt als Wortgeschehen dennoch an ihr Ziel kommt.

In drei Sequenzen wird dieses Ziel erreicht. Die 1. Sequenz ist bestimmt durch die Konfrontation der Gesprächspartner. Beide Dialog-Beiträge beginnen mit einer Negation. Elisabet erhebt Einspruch gegen die Initiative der Verwandtschaft, und zwar in der Form einer correctio (nicht, sondern...). Aber sie setzt sich mit ihrer Korrektur nicht durch. Obgleich sie den richtigen Namen des Kindes kennt und auch mitteilt, widerspricht die Sippschaft und findet sich nicht damit ab, daß das Kind seinen Namen nicht nach der Familientradition erhalten soll. Die erste Sequenz bleibt damit ergebnislos. Ihre erzählpragmatische Funktion ist es, dem Leser mit dem dramatisch zugespitzten Dissens unter den handelnden Figuren die Spannung zwischen Tradition und Offenbarung, zwischen Familiensinn und Sensibilität für Gottes (verborgenes) Handeln vor Augen zu führen.

Die 2. Sequenz bringt Zacharias ins Spiel. Sie verläuft nach dem Schema Frage - Antwort, das hier sehr originell abgewandelt wird, und zwar in komischer Korrespondenz zu Lk 1,22. Wie Zacharias sich durch Winken mit dem wartenden Volk zu verständigen versucht, so verständigen sich jetzt die Verwandten mit Zacharias durch Winken, als könnten sie nicht reden oder als könnte Zacharias nicht hören, wenn sie mit ihm reden. Aber diese Verschiebung des Motivs der Stummheit vom Sprecher auf das Publikum veranschaulicht nur, welche poetische Freiheit Lukas sich gönnt, um sein theologisches Kardinalproblem erzählerisch zu konkretisieren: Die Stummheit des Zacharias hat zu tun mit der Notwendigkeit und Unmöglichkeit einer Verständigung über das Geheimnis des Handelns Gottes *an seinem Volk* in der Geschichte, die mit dem Täufer Johannes beginnt.

Im Zusammenhang der bisher vom Leser vollzogenen Lektüre hat die Wiederaufnahme des Motivs des Winkens als Ersatz für Sprechen vor allem die Funktion, die Korrespondenz dieser Sequenz zur Szene auf der Tempelschwelle herzustellen. Dort ist das Winken Indiz dafür, daß Zacharias daran gehindert ist, seine Botenrolle gegenüber dem Volk wahrzunehmen. Jetzt kommt dieses Defizit erzählerisch wieder zum Vorschein, um aufgehoben zu werden. Der erste Schritt dazu ist, daß Zacharias antwortet, und zwar seiner Stummheit entsprechend schriftlich, angewiesen auf das Wachstäfelchen wie auf eine Prothese. Er findet so in die ihm aufgegebene Funktion der Vermittlung der Botschaft Gottes zurück, indem er den Namen schreibt, den der Engel gesagt hat. Die zweite Sequenz bringt also den entscheidenden Durchbruch. Dies unterstreicht der Erzähler durch einen ersten förmlichen Schluß (V 63c).

Die 3. Sequenz hebt das Disäquilibrium der Offenbarungs-Szene im Innern des Tempels auf. Mit dem passivum divinum "wurde geöffnet" zeigt der Erzähler den Eingriff der himmlischen Regie, der Zacharias wieder zu reden erlaubt. Auf diesen wunderbaren Vorgang reagieren "alle" mit demselben heiligen Schrecken, mit dem Zacharias am Anfang der 1. Episode auf die Erscheinung des Engels reagiert (1,12). Damit schließt die Reihe der Motivkorrespondenzen zwischen der 1. und der 4. Episode. Die Handlung ist am Ziel, wenn die Botschaft Gottes über die vermittelnden Instanzen (Engel und Priester) zu ihrem eigentlichen Adressaten durchgekommen ist.

Daß dies auch geschieht, wird in einem typisch lukanischen Schluß ausgeführt, mit dem die 4. Episode endet: Das Ereignis wird zur Botschaft (V 65b). Die Botschaft wird durch Hören zu einem Wissen um das Ereignis (V 66). Als Ort der Verwahrung des besonderen Wissens gilt dabei das Herz als Sitz des Gedächtnisses (vgl. auch Lk 2,19). Die erstaunte Frage nach der Zukunft des Kindes (V 66) ist Ausdruck des Wissens, nicht der Ratlosigkeit. Sie wird im Hymnus des Zacharias beantwortet.

Der Hymnus wird effektvoll an das Ende des Zyklus der Kindheitsgeschichte des Täufers gestellt. Die Stichwortverbindung zwischen V 64b ("Gott preisend") und dem Anfang des Hymnus ("Gepriesen sei... der Gott Israels") zeigt noch, daß dieser Hymnus eigentlich innerhalb der 4. Episode gesprochen wird, bevor "alle diese Dinge" im ganzen judäischen Bergland weitererzählt werden. Wieder zeigt Lukas kein Interesse an einer historisch wahrscheinlichen Inszenierung. Es kommt darauf an, daß der Leser alles in der für ihn gedachten Reihenfolge erfährt. Die Geschichte, die ihm hier vom Autor Lukas erzählt wird, beruht auf den durch Gottes Offenbarung ausgelösten Prozessen des Redens und Hörens, die das Thema des lukanischen Geschichtswerks sind. Jetzt liest der Leser als letzter, was sich als Wortgeschehen ereignet hat, und wird so wieder eingeholt von den Ereignissen, "die unter uns in Erfüllung gegangen sind" (1,1). Andererseits ist es für das Gesamtwerk des Lukas charakteristisch, daß die beiden großen hymnischen Antworten auf Gottes Handeln mit dem *Anfang* der Geschichte verknüpft werden, die Lukas erzählt. Daß Gott mit dem Wirken des Täufers Johannes sich seinem Volk gnädig zuwendet, ist keine unumstrittene Auslegung der Ereignisse der jüngsten jüdischen Geschichte. Die große *Zustimmung* wird deshalb an den Anfang gesetzt, weil damit sichtbar wird, worüber es in der gesamten Ereigniskette vom Auftreten des Johannes bis zur letzten Rede des Paulus in Rom zum *Streit* kommt.

1.1.5 Der Hymnus des Zacharias (Lk 1,68-79)

Die Einleitung (V 67) deklariert den folgenden Text als geisterfüllte Rede eines Charismatikers, der "prophetisch" spricht. Der Eindruck, daß es sich um lyrische Sprache handelt, kommt hauptsächlich durch das Stilmittel des Parallelismus zustande. Ein eindeutiges rhythmisches Schema liegt nicht vor. Die parallelisierende Sprache läßt dem Leser viel assoziativen Spielraum, zumal die syntaktischen Verknüpfungen zwischen Sätzen, Teilsätzen und Satzteilen besonders in diesem Hymnus, mehr als im Magnifikat, sehr locker sind. Die folgende Segmentierung nach syntaktischen Kriterien kann das gedankliche Konzept verdeutlichen:

68a "Gepriesen sei der Herr, der Gott Israels,
b denn er hat herabgesehen
c und Erlösung bewirkt seinem Volk,
69 und erweckt ein Horn der Rettung für uns im Hause Davids, seines Knechtes,
70 wie er geredet hat durch den Mund der heiligen Propheten von Urzeit her,

71 Rettung vor unseren Feinden und
aus der Hand aller, die uns hassen,
72a zu üben (ποιῆσαι)
Erbarmen an unseren Vätern
b und zu gedenken seines heiligen Bundes,
73a den Eid, den er geschworen hat zu Abraham, unserem Vater,
b uns zu gewähren,

74 furchtlos, gerettet aus Feindeshand
ihm zu dienen
75 in Heiligkeit und Gerechtigkeit vor
seinem Angesicht alle unsere Tage.

76a Und du, Kind,
b Prophet des Höchsten wirst du gerufen werden,
c voraufgehen wirst du nämlich vor dem Angesicht des Herrn,
d zu bereiten seine Wege,
77 seinem Volk Erkenntnis des Heils zu gewähren in der Vergebung ihrer Sünden
78a durch die Rührung des Erbarmens unseres Gottes,
b mit der herabsieht auf uns der Aufgang aus der Höhe,
79a zu erscheinen denen, die im Dunkel und Schatten des Todes sitzen,
b unsere Füße zu lenken auf den
Weg des Friedens."

Der Lobgesang des Zacharias ist zweiteilig wie das Magnifikat und im inhaltlichen Konzept auch insofern mit dem Magnifikat vergleichbar, als Gotteslob und Seligpreisung/Begrüßung des durch Gott ausgezeichneten Menschen (Maria, Johannes) einander zugeordnet werden. Die Idee der Überbietung des Täufers durch Jesus als Messias spielt dabei offenbar keine Rolle, weil das Magnifikat nicht den Messias bringt. Der Stellenwert und das thematische Konzept des Lobgesangs des Zacharias werden über den Vergleich mit dem Magnifikat nur partiell erfaßt. Entscheidend ist, in welchem Verhältnis der Schlußhymnus zur erzählten Handlung der Kindheitsgeschichte des Täufers Johannes steht. Der 1. Teil des Hymnus (1,68-75) preist Gott als den Retter seiner Kultgemeinde Israel. Damit nimmt der Hymnus die Motive der 1. Episode, vor allem der szenischen Elemente (Priester und Volk im Bereich des Tempels) wieder auf. Jetzt spielt Zacharias die ideale Rolle, die zu übernehmen er zunächst gehindert worden ist. Er spricht als Vermittler zwischen Gott und seinem Volk. Der 2. Teil des Hymnus (1,76-79) nimmt vor allem Motive aus der Rede des Engels 1,13-17 wieder auf und spielt dabei erneut auf Mal 3 als Hintergrundtext an (s.u.). Erzählerisch besagt dies, daß Zacharias am Ende des Zyklus der Kindheitsgeschichte die Botschaft überbringt, die ihm am Anfang des Zyklus verkündet worden ist.

Der erste Teil (1,68-75) preist Jahwe als den, der sich jetzt wieder als der Gott Israels erwiesen hat, dadurch daß oder weil er "herabgeschaut" hat auf sein Volk. Das Verb "herabschauen" (ἐπισκέπτομαι) wird hier in seiner ursprünglichen Bedeutung im Sinne des Herabblickens der Kultgottheit vom himmlischen Heiligtum auf dessen irdisches Abbild verwendet. Mit der erneuten Zuwendung Gottes zur Tempelgemeinde endet die Krisenzeit der Abwendung der Gottheit, die hier als Zeit der Bedrohung durch Feindeshand erscheint (vgl. VV 71.74). Den besten Kommentar zu diesem traditionellen Vorstellungszusammenhang liefert das Buch Judit (auch bezüglich der Schluß-Motive). Die erneute Zuwendung (ἐπεσκέψατο) Gottes wird als rettendes Handeln Gottes (ἐποίησεν λύτρωσιν, V 68c; ἤγειρεν κέρας σωτηίας, V 69) in traditioneller Sprache konkretisiert, nämlich als *transitives* "Tun", als Eingreifen Gottes in das erzählte Geschehen. Mit dem Modalsatz "wie er gesprochen hat..." (V 70) wird diese traditionelle Auffassung vom Handeln Gottes in der Geschichte Israels in der für Lukas charakteristischen Weise in ein *sprachliches* Handeln transformiert. Dies geschieht in zwei Varianten. Die erste (VV 70-72) sieht Gott am Werk im Wort, das er durch die Propheten spricht. Das "Tun" (ποιῆσαι V 72) erscheint syntaktisch dabei als *ausgesagter* Inhalt indirekter Rede (ἐλάλησεν...ποιῆσαι). Die zweite Variante (VV 73-75) betrachtet Gott unmittelbar als Sprecher. Gott selbst hat dem Abraham eidlich zugesagt, war er "uns" jetzt "gibt". Wieder erscheint das transitive "Geben" als Inhalt einer Rede, also als Objekt einer Zusage. Der 1. Teil des Hymnus verrät also gerade in seiner syntaktischen Struktur die Hand des Theologen Lukas.

Mit der Transformation traditioneller Formen der erzählenden Darstellung des Handelns Gottes in Kategorien der Offenbarungsgeschichte (d.h. in Kategorien apokalyptisch-weisheitlicher Geschichtstheologie) kommen weitere Elemente der lukanischen Theologie ins Spiel, auf die jetzt nur noch hingewiesen werden muß. Lukanisch ist vor allem die Vorstellung, daß das endzeitliche Handeln Gottes der Botschaft der Propheten entspricht "von Urbeginn" (Korrespondenz von Urzeit und Endzeit, durch prophetisches Wort vermittelt). Lukanisch ist sodann die Vorstellung, daß Gottes Handeln in der Geschichte Israels verläßlich ist aufgrund der Treue, mit der Gott seines "heiligen Bundes" mit Israels Vätern "gedenkt" (μνησθῆναι). Gottes Gedächtnis ist die eigentliche Grundlage geschichtlicher Kontinuität über alle Brüche und Katastrophen der Geschichte

Israels hinweg. Menschliches Begreifen geschichtlicher Zusammenhänge, wie Lukas es in seinem Geschichtswerk unternimmt, ist nach lukanischem Verständnis überhaupt nur möglich als nachträgliches Wiedererkennen des Geschehenen, als das von Gott ursprünglich Zugesagte, als "unter uns in Erfüllung gegangene Ereignisse" (1,1). Der 1. Teil des Hymnus schließt ab mit dem idealen Entwurf einer von Gott "gegebenen" Situation, die es Israel ermöglicht, als gerettetes Gottesvolk für alle Zukunft in einer ungetrübten Gottesbeziehung zu leben, und zwar als Kultgemeinde (τοῦ δοῦναι ἡμῖν..λατρεύειν αὐτῷ). Auf diesem Hintergrund entwirft der 2. Teil des Hymnus die Rolle des Täufers Johannes. Die ideale Zukunft, die 1,74 f als jetzt schon eröffnet besungen wird, führt Gott herbei durch die Gabe der Erkenntnis (τοῦ δοῦναι γνῶσιν σωτηρίας, V 77), die der Täufer vermittelt, und zwar als "Prophet" im eminenten, im apokalyptischen Sinn. Was alle Propheten von Urbeginn gesagt haben, wird seit den Tages des Johannes zum offenbaren Ereignis (vgl. Lk 16,16).
Innerhalb des Handlungskontextes von Lk 1 sind für die Interpretation von Lk 1,76-79 vor allem zwei semantische Linien zu beachten. Die erste betrifft das Verhältnis zu den Kult-Motiven im 1. Teil des Hymnus, die zweite das Verhältnis zur 1. Episode, vor allem zur Rede des Engels (1,13-17). Die "Erkenntnis des Heils", die der Täufer dem Volk Gottes (τῷ λαῷ αὐτοῦ, V 77 wie V 68c!) vermittelt, ist die in der Taufe des Johannes erfahrene "Vergebung ihrer Sünden". Damit wird die Krisenzeit der Abwendung Gottes mit der Sünde Israels in Verbindung gebracht. Das gestörte Gottesverhältnis Israels ist das große Disäquilibrium, aus dem die Sendung des Täufers das Volk auf dem typisch lukanischen Weg befreit: auf dem Weg der Erkenntnis, die in der Vergebung der Sünde besteht. Die Johannestaufe *ist* die Zuwendung Gottes, in der Gott seinem Volk Erlösung bewirkt. Die Gabe der Kultfähigkeit Israels (VV 73b-75) und die durch die Johannestaufe gegebene Erkenntnis der Sündenvergebung stehen in engstem Zusammenhang. Später wird Lukas diesen Zusammenhang auch erzählerisch realisieren (vgl. Lk 3,21 f). Die Begrüßung des Johannes durch Zacharias ist also durch dieselbe kulttheologische Perspektive geprägt wie der 1. Teil des Hymnus. Daß der Hymnus nicht im Jerusalemer Tempel lokalisiert wird - wie auch die Johannestaufe -, ist dabei selbstverständlich nicht unwichtig.
Die zweite semantische Linie führt auf das Korrespondenzverhältnis zwischen der Verheißung der Geburt des Täufers durch den Engel und dem 2. Teil des Hymnus. Diese Relation hat besonderes Gewicht, weil es dabei um makrotextuelle und intertextuelle Verweiszusammenhänge geht: Die Begründung des Titels "Prophet des Höchsten" (VV 76c-79) wird eingefaßt durch die inclusio "zu bereiten seine *Wege*... unsere Füße zu lenken auf den *Weg* des Friedens". Das Weg-Motiv an dieser Stelle nimmt 1,17 wieder auf. Dort ist das Vorhergehen des Täufers beim Kom-

men Gottes ausdrücklich mit der Elija-Typologie (unter Bezug auf Mal 3,22) verbunden. Diese typologische Bezugnahme auf Mal 3 wird weitergeführt mit dem Motiv des Sonnenaufgangs in Lk 1,78b (ἀνατολὴ ἐξ ὕψους...); vgl. Mal 3,20: καὶ ἀνατελεῖ ὑμῖν...), nachdem bereits Lk 1,41.44 eben auf Mal 3,20 angespielt worden ist. Der Täufer Johannes wird also in der Kindheitsgeschichte von Anfang bis Ende mit Motiven der Elija-Erwartung interpretiert. Wer meint, dies einer vorlukanischen Quelle zuschreiben zu müssen, verbaut sich den Zugang nicht nur zum lukanischen Täufer-Bild, sondern überhaupt zum Verständnis des ersten und damit für das gesamte lukanische Doppelwerk die erzählerischen Weichen stellenden Zyklus.

Der Täufer ist nach lukanischem Verständnis Wegbereiter Gottes im Sinne der epochalen Wende von der Zeit der Verheißung und der Hoffnung Israels zur Zeit des Erscheinens Gottes zur Rettung seines Volkes. Daß dabei Elija für Lukas eine so bedeutende Rolle spielt, wird auf dem Hintergrund von Mal 3 und Sir 48,1-11 verständlich. Elija wird aufgrund seiner Entrückung in die himmlische Welt eine Rolle in der Zukunft Israels zugeordnet: "Du bist bezeichnet für künftige Bedrohungen, um den Zorn zu beschwichtigen, ehe er entbrennt, um das Herz der Väter den Söhnen wiederzuzuwenden und wiederherzustellen die Stämme Jakobs" (Sir 48,10; vgl. Mal 3,23).

Für das lukanische Täuferbild ist nicht die Identifikation des Täufers als Elija von Interesse, sondern dessen eschatologische Sendung als Vorbote des Gerichts Gottes mit der Aufgabe der "Wiederherstellung" Israels. Später muß geklärt werden, warum Lukas diese Aufgabe nicht oder nicht ausschließlich dem irdischen Jesus zuordnet.

Der Täufer ist jedenfalls nach Lukas nicht in erster Linie der Vorläufer Jesu. Seine erste und für seine Rolle ausschlaggebende Funktion ist es, das Volk Israel für die Begegnung mit Gott zuzurüsten. Das besagt erzählerisch vor allem, daß die Sendung des Täufers nach Lukas den Sinn hat, das wartende Volk in die Rolle einzuweisen, die es als der eigentliche Adressat der Offenbarung Gottes in den Ereignissen spielen soll, die mit der Sendung des Täufers ihren Anfang nehmen. Am Anfang - so Lukas - rüstete Gott sich sein Volk neu zu, um ihm in Gerechtigkeit zu begegnen. Am Anfang - so Lukas - ließ Gott sein Volk durch die Vergebung der Sünden in der Taufe des Johannes auf den Weg bringen, auf dem es seinem Gott begegnen sollte. Durch die Sendung des Täufers wird das jüdische Volk als Partner Gottes in der von Lukas im folgenden zu erzählenden Geschichte rehabilitiert.

1.2 Der Jesus-Zyklus (Lk 2)

Mit 1,80 schließt der Erzähler den Zyklus der Kindheitsgeschichte des Täufers förmlich ab und weist auf die Weiterführung mit dem Auftreten des Johannes "vor Israel" voraus. Mit 2,1 wird die bereits begonnene Kindheitsgeschichte Jesu nicht einfach fortgesetzt, sondern mit einer großen Exposition neu begonnen. Damit wird die erzählerische Einheit der drei Episoden, die auf die Exposition folgen, stark betont. Trotz der Verzahnung der beiden Kindheitsgeschichten am Anfang durch die Parallelisierung der Verheißungs-Szenen und vor allem durch die Begegnung der Mütter Maria und Elisabet werden die beiden Zyklen ohne Spannungen und Widersprüche konsequent durchgeführt, und zwar ohne durchgehende Parallelisierungen nach jeweils eigenen kompositorischen und thematischen Konzeptionen, die gerade in ihrer unverwechselbaren Eigenart als Elemente des lukanischen Gesamtwerks zu lesen sind. Es ist hier nicht der Ort, um daraus Konsequenzen für die diachrone Beurteilung der lukanischen Kindheitsgeschichten zu ziehen. Die Sicherheit, mit der Lukas die Balance zwischen Verknüpfung und je eigener Konzeption seiner ersten Erzähl-Zyklen hält, spricht doch eher gegen Erklärungen, die Lk 1-2 überwiegend durch vorlukanisches Quellenmaterial geprägt sehen. Die folgenden Analysen setzen aber keinerlei Hypothesen diachroner Art - weder positiv noch negativ - voraus. Der gegebene Text Lk 2 besteht aus einer Exposition mit drei Episoden, deren letzte in einer synchronen Lektüre nicht als sekundärer Nachtrag zu beurteilen ist.

2,1 **Es geschah** aber in jenen Tagen, (da) **ging** eine Anordnung vom Kaiser Augustus aus,	Exposition des Zyklus 1. Sequenz:
daß die ganze bewohnte Welt aufgezeichnet werde.	Eine kaiserliche Anordnung...
2 - Diese erste Aufzeichnung geschah, als Cyrenius Syrien regierte. -	[*1. Erzählerkommentar*]
3 Und es **reisten** alle, sich aufzeichnen zu lassen.	...wird weltweit befolgt.
4 Es **ging** aber auch Josef hinauf von Galiläa aus der Stadt Nazareth nach Judäa in die Stadt Davids, die Bethlehem heißt	Verbindendes Element:
- denn er war aus dem Hause und dem Geschlecht Davids - ,	[*2. Erzählerkommentar*]
5 um sich aufzeichnen zu lassen mit Maria, seiner Angetrauten, die schwanger war.	

	2. Sequenz:
6 Es **geschah** aber, als sie dort waren, **erfüllten** sich die Tage, daß sie gebären sollte. 7 Und sie **gebar** ihren Sohn, den erstgeborenen.	[Zur rechten Zeit geboren...,] Subsequenz: sich erfüllen - gebären [...kommt der neugeborene Retter dennoch an den falschen Ort.]
Und sie **wickelte** ihn und **legte** ihn in einen Futtertrog.	Subsequenz: wickeln - legen)
- Denn es war für sie kein Platz in der Herberge. -	[*3. Erzählerkommentar*] Disäquilibrium
	1. Episode: Eine himmlische Botschaft sucht und findet Aufnahme bei Menschen
8 Und Hirten **waren** in derselben Gegend, die draußen lagerten und Wachen wachten des Nachts über ihre Herde.	Einführung neuer Figuren
	1. Szene:
9 Und ein Engel des Herrn **trat** zu ihnen, und der Machtglanz des Herrn umstrahlte sie. Und sie **erschraken** mit großem Erschrekken.	1. Sequenz: Auf die Engelerscheinung hinzutreten - umstrahlen) reagieren die Hirten mit Schrecken.
	2. Sequenz:
10 Und es **sagte** ihnen der Engel: "Erschreckt nicht! denn siehe, ich verkündige euch eine große Freude, die dem ganzen Volk zuteil werden wird:	Die Botschaft an die Menschen ... [Rede des Engels: Exordium

11 Geboren ist euch heute ein Retter,
welcher ist Christus, der Herr,
in der Stadt Davids.

Euangelion

Identifikationshilfe]

12 Und dies ist das Zeichen für euch:
Ihr werdet ein Kind finden, gewikkelt und in einem Futtertrog liegend."

... findet eine Antwort bei den Engeln.

13 Und plötzlich **war** bei dem Engel eine Menge himmlischer Heerscharen, die Gott lobten und sagten:
14 "Ehre Gott in den Höhen
und auf der Erde Friede unter den Menschen des Wohlgefallens."

2. Szene:
Die Aufnahme der Botschaft
1. Sequenz:
Die Adressaten der Botschaft entschließen sich zur Suche nach dem Verkündigten.

15 Und **es geschah**, als die Engel von ihnen weggingen in den Himmel,
(da) **sagten** die Hirten zueinander:
"Laßt uns nach Betlehem gehen
und dieses geschehene Ereignis sehen, das der Herr uns kundgetan hat."

16 Und sie **gingen** eilend.
Und sie **fanden** Maria und Josef und das Kind, liegend in dem Futtertrog.

Sie suchen
und finden.

2. Sequenz:
Der Vorgang wird als Botschaft weitervermittelt

17 Als sie es sahen, **gaben** sie **Kunde** von der Sache, die ihnen gesagt worden war über dieses Kind.

18 Und alle, die es hörtem, **staunten** über das, was gesagt wurde von den Hirten zu ihnen.

und bestaunt.

19 Maria aber **bewahrte** alle diese Dinge, sie bewegend in ihrem Herzen. 20 Und die Hirten **kehrten zurück**, Gott rühmend und lobend wegen allem, das sie gehört und gesehen hatten, wie es ihnen gesagt worden war.	Schluß der Episode: Das Wissen wird bewahrt; die Empfänger der Botschaft danken Gott.

1.2.1 Die Exposition (Lk 2,1-7)

Dem Gewicht nach ist die Exposition 2,1-7 der "großen Exposition" 1,5-10 vergleichbar, auch hinsichtlich der Abstufung einer weitergreifenden und einer auf die nächstfolgende Episode hinführenden Partie (1,5-7 entspricht 2,1-3; 1,8-10 entspricht 2,4-7).

Jesus ist vom Engel Gabriel als Anwärter auf den Thron Davids angekündigt worden (vgl. 1,32 f). In diesem Zusammenhang muß die römische Weltmacht als Faktor ins Spiel gebracht werden. Die jüdische Geschichte, in der der Messias erscheint, ereignet sich nicht in einem toten "Winkel" (vgl. Apg 26,26), sondern im Kontext der durch Rom dominierten Verhältnisse in Palästina. Was von real etablierten Mächten zu halten ist, sagt am unverblümtesten der Teufel in der Versuchungsgeschichte (vgl. Lk 4,6). Lukas 'selbst' enthält sich grober Kritik am römischen Staat. Die Exposition 2,1-7 arbeitet mit den feineren Mitteln der Ironie bzw. der komischen Paradoxie: Der Kaiser in Rom ist dabei, die Pax Romana zu etablieren. Dazu wird die ganze bewohnte Welt in Steuerlisten erfaßt. Mit einer Randbemerkung (V 2) betont der Erzähler - historisch nicht ganz exakt in der Datierung - , daß dies ein Novum ist. Das Goldene Zeitalter bricht an. Ein jüdischer Messias ist dabei nicht vorgesehen. Daß die römische Zentralgewalt funktioniert, erweist sich in einer allgemeinen Reisewelle (1. Sequenz), in die auch Josef, der rechtmäßige Vater Jesu, hineingerät (V 4; keine Sequenz). Wieder schaltet sich der allwissende Erzähler mit einer auktorialen Bemerkung ein: Daß Josef im Zuge der römisch verordneten Registrierung der steuerpflichtigen Reichsbevölkerung nach Betlehem kommt, ist in einem besonderen Sinn in Ordnung. Der Davidide kommt in die Stadt Davids, also an den rechten Ort, wo messianische Geschichte anhebt, historisch und eschatologisch. So hat es also sein Gutes, daß der Kaiser mit seinen Besteuerungsplänen die Welt zum Reisen bringt und so jedermann an seinen angestammten Ort gelangt. Die himmlische Regie mit ihren Plänen kann daran anknüpfen. Dies ist das Thema der 2. Sequenz: Als sie "dort" waren, ist die Zeit erfüllt, zu der nach den Plänen Gottes der Christus geboren werden soll. Und er

wird geboren. Auffallend ist, daß die Sequenz erzählerisch nicht zur Ruhe kommt mit der Entsprechung von rechter Zeit und glücklichem Ereignis, sondern daß sie direkt auf das für eine Exposition wesentliche Element hinausläuft: das Disäquilibrium. Der zur rechten Zeit am rechten Ort geborene Messias findet in der Stadt Davids nicht den ihm vom Engel Gabriel zugesagten Thron seines Vaters David. Weil Betlehem nicht für die Inthronisation dieses Messias eingerichtet ist, sich als Ort erweist, an dem es "keinen Platz" für die Familie des Davidssohnes gibt, wird Jesus in Tücher gewickelt und an einen Ort gelegt, wo man ihn als Messias nicht erkennt: in einen steinernen Futtertrog. Daß auch Könige als Windelkinder zur Welt kommen, entspricht weisheitlicher Erfahrung (vgl. Weish 7,4). Aber das Liegen im Futtertrog ist beispiellos. Es entspricht dem Schicksal des heimatlosen Menschensohnes (vgl. Lk 9,58). Weil die von Menschen bewohnte Welt, wie sie ist - römisch verwaltet, mit durchaus nicht nur negativen Konsequenzen für die Weltbevölkerung - , nicht auf die messianische Herrschaft eingestellt ist, kommt der Christus Gottes inkognito. Im folgenden geht es darum, ob er dennoch gefunden und erkannt wird.
Daß der Jesus der lukanischen Geburtsgeschichte von vornherein als eine Figur erscheint, die gesucht werden muß, entspricht dem Erzählduktus des lukanischen Oster-Zyklus. Auch der vom Kreuz herabgenommene getötete Jesus wird in Tücher gewickelt und in einer Höhle verborgen, um gesucht und schließlich auch gefunden zu werden. Diese Beziehung zwischen den großen Schlüsselepisoden des Lukasevangeliums beruht auf dem tiefenstrukturell wirksamen Einfluß von Motiven der sogenannten reflektiven Weisheit, genauer ihrer apokalyptischen Variante. Die Weisheit Gottes wird bei ihrer Suche nach einem Ort in der Welt abgewiesen und wird entrückt; die darum Wissenden tragen den Schatz ihres Wissens als kognitive Minderheit. Dieser Vorstellungszusammenhang wird auch in Lk 2 in der Exposition aufgerufen. Die folgenden Episoden handeln von der messianischen Karriere Jesus als der in Verborgenheit erscheinenden und nach ihrem Ort in der Welt suchenden Weisheit Gottes.

1.2.2 Die 1. Episode: Eine himmlische Botschaft sucht und findet Aufnahme bei Menschen (Lk 2,8-20)

1.2.2.1 Exposition und 1. Szene: Die Botschaft von der Geburt des Retters (Lk 2,8-14)

Mit der Ortsangabe in V 8 sichert der Erzähler die Einheit der Handlung. Die Hirten befinden sich "in derselben Gegend", gerade in der richtigen Distanz, um sich auf die Suche nach dem Kind zu machen. Die Hirten repräsentieren, wie sich aus der Eröffnung der Rede des Engels (2,10) ergibt, "das ganze Volk". Das Hirten-Motiv ist nicht allegorisch aufzufassen. Das nächtliche Wachen bei den Herden kennzeichnet sie als einfache Leute. Ein gewisses Pathos kommt durch die figura etymologica "Wachen wachen" zustande. Die Nacht bringt den Glanz der folgenden Angelophanie voll zur Geltung. Das Auftreten des Engels und das Erstrahlen des göttlichen Machtglanzes werden parallelisiert. Dafür verzichtet Lukas hier auf den terminus technicus ὤφθη (vgl. 1,11). Die Reaktion der Hirten wird durch die zweite figura etymologica ("mit großem Erschrecken erschrecken") besonders betont. Von diesen stilistischen Besonderheiten abgesehen, entspricht die 1. Sequenz den Regeln der Gattung.

Unverkennbar ist die Handschrift des Lukas in der Struktur der Engelrede (VV 10-12). Nach der gattungsüblichen Beschwichtigung der vom heiligen Schrecken erfaßten Adressaten (Herstellung der Redesituation) wird die Botschaft mit "siehe" (ἰδοὺ) und dem für Lukas charakteristischen metakommunikativen Satz "Ich verkünde euch ..." eröffnet. Durch das performative Verb "verkündigen" ist die Rede förmlich als "Evangelium" im Sinne der hellenistischen Herrscherideologie definiert: Das Ereignis, das verkündigt wird, ist die Geburt des "Retters", dessen Herrschaft für "das ganze Volk" eine Ära des Glücks unter einer guten Regierung sein wird. Dies wird "heute" verkündet und gefeiert, so wie man nach dem im Osten des Mittelmeerraumes verbreiteten Kaiserkult den Geburtstag des Augustus feiert. Der "Retter" ist aber nicht der göttliche Augustus, sondern der Kyrios - dieser Titel wird hier erstmals im lukanischen Kontext christologisch verwendet - ist der Messias in der Davidsstadt. Dies wird als "Evangelium" verkündet.

Die Botschaft ist durch das einführende ὅτι, als wortwörtlich überbrachter Text, als Rede in der Rede (3. Textebene) ausgewiesen. Davon abgesetzt ist der Schluß. Mit dem kataphorischen Demonstrativpronomen "dieses" stellt der himmlische Bote neben das "Evangelium" den Hinweis, durch welches "Zeichen" die gute Nachricht bestätigt werden wird. Die Hirten werden den neugeborenen Messias finden, aber nicht auf dem Thron Davids, sondern in seinem Inkognito, gewickelt liegend am falschen Ort, wo ihn niemand als Messias erkennen kann, es sei denn, er hätte als besonderes Wissen vom Himmel empfangen, woran man den verborgenen Messias erkennt. Durch das Wort des Engels, der V 12b die entsprechenden Stichwörter der Exposition ("wickeln", "Futtertrog") aufnimmt, wird die durch die Not diktierte Niedrigkeit des Messias zum "Zeichen" des Erkennens. Was der Erzähler in der Exposition als Disäquilibrium gesetzt hat, wird durch die Rede des Engels zu einem mitgeteilten Wissen. Die Botschaft erklärt das Element des Mangels zu etwas Bezeichnendem, das den Messias auffindbar macht. Da die politischen Verhältnisse im römischen Reich keinen Ort bieten, an dem der Messias im Glanz der

wiederhergestellten Davidsherrschaft erscheinen kann (vgl. die Exposition), kann er nur aufgrund der himmlischen Bestätigung seiner Niedrigkeit erkannt werden. Die Botschaft als solche aber kommt über den Boten im göttlichen Machtglanz. Das Wort der Botschaft ist - wie der kaiserliche Befehl (V 1) - eine Kraft, die die Menschen in Bewegung bringt. Die vom Engel ausgelöste Bewegung führt aber nicht in Büros, in denen die Steuerlisten der göttlichen Weltregierung aufgestellt werden. Das "Zeichen", das der Engel gibt, lädt ein zur Suche nach der im Kind armer Leute auf der Erde erscheinenden Weisheit Gottes.
Die Sequenz schließt nicht unmittelbar mit der Reaktion der Adressaten der himmlischen Botschaft. Die Antwort kommt zuerst von den "himmlischen Heerscharen". Dies ist aber erzählerisch unbedenklich, denn "plötzlich" läßt der Erzähler den Raum der erzählten Welt sich öffnen, so daß die irdische Handlungsebene sich ausnimmt als ein Bereich, der jetzt von der Höhe Gottes her neu beherrscht werden wird. Der Himmel gilt hier als Sphäre der schon aufgerichteten Herrschaft Gottes. Diese Herrschaft wird jetzt mit ihrem Frieden auch auf der Erde Raum finden bei den Menschen, denen Gott sich mit seinem "Wohlgefallen" zuwendet. Der Ausdruck "Menschen des Wohlgefallens" setzt ein Erwählungsdenken apokalyptischer Minderheiten voraus. Wie Lukas diese Erwählung durch Gott versteht, erzählt er in der folgenden Szene.

1.2.2.2 Die 2. Szene: Die Aufnahme der Botschaft (Lk 2,15-20)

Die 2. Szene bildet zusammen mit der 1. Szene eine in der Strukturskizze nicht mehr darstellbare übergeordnete Sequenz: Eine Suche wird veranlaßt (V 12) - und mit positivem Ergebnis ausgeführt (V 16). Die elementare Sequenz suchen - finden, die der erzählten Handlung der 1. Episode insgesamt zugrunde liegt, bietet eine ideale Möglichkeit, die lukanischen Vorstellungen über die Auffindbarkeit Gottes in der geschichtlichen Realität zu erfassen.
Die 1. Sequenz (2,15 f) besteht aus der Selbstaufforderung der Hirten zur Suche (V 15) und dem Auffinden des Gesuchten (V 16). Der Erzähler verdeutlicht dieses sequentielle Verhältnis durch Stichwortverbindung ("laßt uns gehen" - "sie gingen") und Motiventsprechung ("laßt uns sehen" - "sie fanden"). Der Vers 2,16 ist also nicht als eigene Szene aufzufassen. "Maria, Josef und das Kind, liegend im Futtertrog", sind das Gefundene, das die Hirten nach V 17 auch wirklich "sehen". Daß die Hirten sich selbst zur Suche auffordern, also nicht mit massiver himmlischer Nachhilfe erst in Bewegung gesetzt werden, macht sie zu idealen Figuren und ihre Suche zu einem Paradigma für den Leser.

Mit der Wiederaufnahme der Stichwörter "das Kind, liegend in dem Futtertrog" in V 16 ist für den Leser klar, daß nichts weiter zu finden sein wird. Wozu dann aber eine weitere Sequenz und nicht jetzt schon das abschließende Gotteslob? Die 2. Sequenz (2,17 f) enthält erst die lukanische Pointe. Die Hirten tun kund, ἐγνώρισαν, V 17), was ihnen Gott kundgetan hat ἐγνώρισεν, V 15). Darauf reagieren "alle, die es hörten" (V 18) mit beifälligem Staunen. Nicht das Kind wird bestaunt, sondern das Überbringen des Wissens, das zum Auffinden des Kindes nötig ist.
Die damit verbundenen Vorstellungen entwickeln sich über die Stichwörter "hören" und "sehen", die der Autor in seiner rekapitulierenden Schlußphrase ("alles, was sie gehört und gesehen hatten") selber als die wesentlichen Erfahrungen bezeichnet, die der Grund für das Gotteslob der Hirten sind. Was gesehen wird, ist von dem, was gehört wird, nicht zu trennen. In der Selbstaufforderung der Hirten (V 15b) geht es um das Ziel, zu "sehen", was der Kyrios "kundgetan" hat. Das Sehen bezieht sich auf den Inhalt der Botschaft des Engels. Der Zusammenhang wird deutlich auch in dem unübersetzbaren Ausdruck τὸ ῥῆμα τὸ γεγονὸς ("die Sache/das Wort, die/das sich ereignet hat"). Die Dinge, die erfahren werden (τὸ ῥῆμα τὸ ῥήματα) werden einmal bezeichnet als das, "was sich ereignet hat" (V 15b), einmal als das, "was gesagt worden ist", sei es durch Engel (vgl. V 17), sei es durch Menschen (V 18). Das, was gesehen wird, ist das Gesagte, das sich ereignet, wie es gesagt worden ist. Als solches wird es gehört und gesehen. Das klingt für moderne Ohren zunächst verwirrend, zeigt aber, mit welcher Sorgfalt Lukas die Sprache in der Balance hält, wenn es darum geht, angemessen von der wirksamen Präsenz Gottes in der Geschichte seines Volkes zu reden.
Bezeichnend ist, daß es zwei Schlüsse gibt, die beide mit der Korrelation von Ereignis und Sprache bzw. Wissen zu tun haben. Die Hirten loben Gott und werden damit genau wie zuvor die Chöre der himmlischen Heerscharen aus der Szene entlassen (vgl. αἰνοῦντες τὸν θεὸν VV 13.20). Mit dieser Parallelität wird dem Leser signalisiert, daß die Erzählung am Ende genau das erreicht, wovon die Engel gesungen haben: daß die im Himmel schon bestehende Gottesherrschaft jetzt ("heute") auch auf der Erde erfahren worden ist durch das Finden der Weisheit Gottes in dem unauffindbaren Messias im Futtertrog gemäß dem Wort, durch das er als der Christus erkennbar wird. Auf dieses Wissen kommt es an. Das besagt der Vers 19, der sich als Schluß ebenso wie V 20 auf "alle" Dinge bezieht, die erzählt worden sind. Das, was zu hören und zu sehen war, wofür die Hirten Gottes Lob singen, ist dasselbe, was Maria als Wissen in ihrem Herzen bewegt. Was von den Ereignissen bleibt, ist das bewahrte Wissen um Gottes Offenbarung in der Geschichte. Der Sicherung dieses Wissens dient das lukanische Geschichtswerk (vgl. 1,4).

1.2.3 Zwischenszene und 2. Episode: Prophetische Identifikation Jesu im Tempel (Lk 2,21-40)

Wie Gottes Weisheit sich von Menschen finden läßt, ist auch das Thema der 2. Episode des Jesus-Zyklus. Während die Hirten-Episode das Gelingen der Suche so gut wie ganz von dem durch den Engel gegebenen "Zeichen" abhängig macht, werden in dieser Episode bestimmte Institutionen der religiösen Kultur des Judentums ins Spiel gebracht. Damit findet ein für die lukanische Theologie charakteristischer Aspektwechsel statt. Jetzt geht es nicht darum, wie Gott in die römisch dominierte Situation Palästinas eingreifen und der Plan Gottes zur Erlösung Israels geschichtliche Realität werden kann; sondern jetzt geht es um die Frage, welche tragende Bedeutung Lukas der jüdischen Religion beim Zustandekommen des offenbarungsgeschichtlichen Dialogs zwischen Gott und der Menschenwelt zumißt.

21 Und als sich erfüllten die acht Tage, ihn zu beschneiden, da **benannte** man ihn mit dem Namen Jesus,	Zwischenszene: Die Namengebung
der genannt worden war von dem Engel, bevor er empfangen worden war im Leib.	*[wird vom Erzähler kommentiert.]*
22 Und als sich erfüllten die Tage ihrer (Pl.) Reinigung nach dem Gesetz des Mose, **führten** sie ihn **hinauf** nach Jerusalem, ihn darzustellen dem Herrn, 23 wie geschrieben steht im Gesetz des Herrn: "Alles Männliche, das den Mutterschoß öffnet, soll als heilig für den Herrn gelten", 24 und ein Opfer zu geben nach dem, was im Gesetz des Herrn gesagt ist: "Ein Paar Turteltauben oder zwei junge Tauben."	1. Episode: Der Retter wird im Tempel idenfiziert. Exposition der Episode

	1. Szene: Exposition der Szene: Einführung einer neuen Figur
25 Und siehe, ein Mensch **war** in Jerusalem, dessen Name (war) Simeon. Und (es war) dieser Mensch gerecht und fromm, erwartend die Ermutigung Israels. Und heiliger Geist **war** auf ihm. 26 Und es **war** ihm vom heiligen Geist **eröffnet worden**, er werde den Tod nicht sehen, bevor er gesehen habe den Gesalbten des Herrn.	
27 Und er **kam** im Geist in das Heiligtum.	verbindendes Element
Und wie die Eltern das Kind Jesus hineinbrachten, um nach dem Brauch des Gesetzes an ihm zu tun, 28 da **nahm** er es in seine Arme und **pries** (εὐλόγησεν) Gott und sprach:	1. Sequenz: Der Inspirierte empfängt und identifiziert den Offenbarer
29 "Jetzt entläßt du deinen Knecht, Gebieter, nach deinem Wort in Frieden, 30 denn meine Augen haben geschaut dein Heil, 31 das du bereitet hast vor dem Angesicht aller Völker, 32 ein Licht zur Offenbarung für Völker und Herrlichkeit für dein Volk Israel."	im Gebet.
33 Und sein Vater und seine Mutter **wunderten sich** über das, was über ihn gesagt wurde.	Die Eltern staunen.
34 Und es **segnete** (εὐλόγησεν) sie Simeon und **sprach** zu Maria, seiner Mutter:	2. (Halb-)Sequenz: Im Segen über die Eltern (geminiert)

"Siehe, dieser ist gesetzt zu Fall und Auferstehung vieler in Israel und als umstrittenes Zeichen 35 - auch deine eigene Seele wird ein Schwert durchfahren - , auf daß offenbart werden aus vielen Herzen die Gedanken."	wird die künftige Sendung des Kindes vorausgesagt.
	[keine Reaktion]
	2. Szene: Hanna antwortet
36 Und es **war da** Hanna, eine Prophetin, eine Tochter Phanuels, aus dem Stamm Aser. Diese (war) vorgerückt in vielen Tagen, (hatte) mit ihrem Mann zusammengelebt sieben Jahre nach ihrer Jungfernschaft 37 und (war) Witwe von vierundachtzig Jahren. Sie wich nicht vom Heiligtum, wo sie mit Fasten und Gebet Gottesdienst tat Nacht und Tag.	Exposition der Hanna-Szene: Einführung der neuen Figur
38 Und zu eben dieser Stunde hinzutretend, **pries** sie Gott und **redete** über ihn zu allen, die die Erlösung Jerusalems erwarteten.	(Halb-)Sequenz: Hanna antwortet und vermittelt das prophetische Wissen als Botschaft.
39 Und als sie alles erfüllt hatten, was nach dem Gesetz des Herrn (ist), **kehrten** sie zurück nach Galiläa in ihre Stadt Nazareth.	Schluß der Episode
40 Das Kind aber **wuchs** und **erstarkte**, von Weisheit erfüllt, und Gnade Gottes **war** auf ihm.	Biographischer Rahmen

Das erzählerisch auffälligste Phänomen ist die Zerdehnung der 2. *Sequenz* über zwei *Szenen*. Besonders interessant sind aber auch die aufwendigen Expositionen mit symbolträchtigen szenischen Mitteln und programmatischen Attributen zur Kennzeichnung der Akteure.
Zu beachten ist zuerst, wie Lukas das Mittel der Zeit einsetzt. Die Zeit erscheint 2,21.22 wie schon zuvor 2,6 als ein geschichtsträchtiges Medium, das seine eigene Bedeutung hat als "sich erfüllende" Zeit aufgrund dessen, daß Gott bestimmt, was sich in ihr ereignet. Aber Gott mit seinem Plan bleibt im Hintergrund. Die sich erfüllende Zeit treibt die Ereignisse hervor, weil sie durch Gott geordnete Zeit ist. Acht Tage sind eine sich erfüllende Zeit, sofern sie auf den Augenblick der Beschneidung hinführen (V 21). Die "Tage der Reinigung" (V 22) werden erst gar nicht gezählt. So sehr ist selbstverständlich, daß die Zeit nicht durch einen neutralen Chronometer gemessen wird, sondern durch das Maß Gottes, das im *Gesetz* des Mose gegeben ist, damit sich das Leben daran ausrichten kann. Im Hintergrund stehen die Fristen, die Lev 12,2-8 für die Beschneidung und die Reinigung der Wöchnerin setzt. Bevor dieser Text zitiert wird - V 24b entspricht Lev 12,8 -, bestimmt er längst und von vornherein die Handlung, und zwar so direkt, daß von den eigentlichen Akteuren zunächst gar nichts zu sagen ist. *Wer* Jesus anläßlich seiner Beschneidung (V 21) den Namen gibt, wird gar nicht gesagt. *Wer* nach V 22 überhaupt nach Jerusalem reist, erfährt der Leser erst nachträglich in V 27b. Die Motive der menschlichen Akteure können ganz ausgespart werden, weil sie sich aus der erfüllten Zeit ergeben. Es sind die idealen Motive der Gesetzesfrömmigkeit. Das Gesetz regelt die Zeit. Die sich erfüllende Zeit bringt das Gesetz zur Wirkung, wo fromme Menschen danach handeln. Dieser Zeitaspekt entspricht der religiösen Kultur des Judentums. Ihm korrespondiert der topographische Code. Das Gesetz ist es, das den *Ort* Jerusalem ins Spiel bringt (V 22). Der Erstgeborene wird nach Jerusalem gebracht, um vor Gott gestellt zu werden als heilige Erstlingsgeburt, die Gott zusteht und deren Übereignung an Gott die Heiligkeit des Volkes Gottes zum Ausdruck bringt (vgl. Ex 13,2) und Gottes befreiendes Handeln an seinem Volk in Erinnerung ruft (vgl. Ex 13,11-16).
Derselbe topographische Code wird aber ab V 25 nach einem anderen Prinzip eingesetzt. Simeon gehört nach Jerusalem nicht "nach dem Gesetz des Mose", sondern als ein Gerechter, der die "Ermutigung Israels erwartet", als Repräsentant der eschatologischen Hoffnung Israels. Auch hier wird vom Erzähler mit einigem Aufwand ausgeführt, durch welche treibende Kraft die Figur Simeon bewegt wird: durch den heiligen Geist, speziell durch das vom heiligen Geist geschenkte besondere Wissen. Durch den Geist geleitet und begabt mit seinem Sonderwissen, kommt Simeon "in den Tempel", und zwar genau in dem Augenblick, in dem die Eltern das Kind Jesus eben in den Tempel hineintragen mit ihrem Motiv,

nämlich an ihm zu vollziehen, was die religiöse Kultur des Judentums nach dem Gesetz zu tun anordnet. Das Gesetz des Mose führt die Eltern Jesu zusammen mit dem Träger besonderen Wissens, der im Moment ihres Kommens, geführt vom Geist, im Tempel ihren Weg kreuzt, um den Messias zu erkennen. Was hier erzählt wird, erscheint so weniger als Interaktion von menschlichen Figuren denn als Spiel der himmlischen Regie mit ihren spezifischen Möglichkeiten, die Bewegungen von Figuren in Zeit und Raum zu koordinieren. Wichtig ist dabei, was für treibende Kräfte es sind, die hier in optimaler Abstimmung zusammenwirken: die Tora und der Geist Gottes. Wo fromme und gerechte Menschen sich von diesen Kräften leiten lassen, begegnen sie einander und erkennen in ihrer Begegnung die Hand Gottes.

Dieses Prinzip wird bereits in der Zwischenszene (V 21) deutlich. Es versteht sich von selbst, daß 2,21 nicht zum Vergleich und zur Gegenüberstellung mit der Namengebung des Täufers Johannes (1,57-80) geschaffen ist. Die Namengebung Jesu nimmt vielmehr in kürzester Form das Handlungsmuster der folgenden Episode vorweg. Der Hauptsatz, der die Namengebung als Akt bezeichnet, ohne die Akteure zu nennen, wird flankiert von einem Temporalsatz und einer auktorialen Rückblende in Form einer Apposition zum Stichwort "Name". Beide flankierenden Teile des Satzgefüges arbeiten mit dem Motiv der Zeit. Der Temporalsatz imaginiert die erzählte Zeit (acht Tage) als die nach dem Tora-Wissen geordnet verlaufende Frist zur Beschneidung. Zeit erscheint hier unter dem Aspekt religiöser Kultur. Die auktoriale Rückblende erinnert an einen schon früher erzählten Punkt der Handlung, an welchem der jetzt gegebene Name Jesus bereits gegeben worden ist, und zwar durch den Engel. Dies wird auffälligerweise mit dem Termin der Empfängnis in Verbindung gebracht, und zwar durch die Präposition "bevor" (πρό). Der Sinn ist klar, wenn man dasselbe Phänomen in V 26 heranzieht. Simeon weiß, daß er den Messias "sehen" wird, "bevor" (πρίν) er den Tod "sehen" wird. "Bevor" Jesus empfangen wird, weiß man schon seinen Namen. In beiden Fällen wird ein Grenzdatum der Lebenszeit einer Person gewählt, um zu verdeutlichen, daß das Wissen, das sich auf diese Person bezieht bzw. das dieser Person gegeben ist, mit den übergreifenden Zeiten und Fristen der ewigen Pläne Gottes zu tun hat. Bevor die Ereignisse eintreffen, sind sie schon mit Namen aus dem Mund des göttlichen Boten benannt, sind sie vom heiligen Geist den charismatischen Trägern der Hoffnung Israels schon mitgeteilt als das, was sie innerhalb der kurzen Zeit ihres Lebens "sehen" werden. Die Grenze der Lebenszeit wird erzählerisch transzendiert, um das Wissen um Gottes Geheimnisse als transzendiertes Wissen zu kennzeichnen. Entscheidend ist nun, wie diese beiden Arten von Wissen, das Wissen aufgrund der religiösen Kultur und das Wissen aufgrund von Offenbarung, in der erzählten Handlung zusammen-

wirken: An dem von Lev 12,3 festgesetzten Zeitpunkt der Beschneidung wird Jesus der vom Engel offenbarte Name gegeben. Die Namengebung Jesu wird so zum Ereignis der Übereinstimmung von Tora und eschatologischer Offenbarung.
Dieses Verhältnis wird in der folgenden Tempel-Episode im großen Stil entfaltet. In zwei Expositionen schickt der Erzähler Figuren auf den Weg, deren Bewegung jeweils von einer dieser beiden Arten theologischen Wissens geleitet ist. Die Eltern Jesu kommen in der Absicht, "nach dem Brauch des Gesetzes" (κατὰ τὸ εἰθισμένον τοῦ νόμου) zu handeln. Dabei erscheint die Tora als Kulturphänomen (εἰθισμένον). In der ersten Exposition (VV 22-24) hatte der Erzähler dieselbe Institution nicht nur als Element der mosaischen Kultur bezeichnet (V 22: κατὰ τὸν νόμον Μωϋσέως), sondern auch als geschriebenes/gesprochenes Wort Gottes (V 23: καθὼς γέγραπται ἐν νόμῳ κυρίου; V 24: κατὰ τὸ εἰρημένον ἐν τῷ κυρίου). "Im Gesetz" ist geschrieben, was Gott am Sinai gesprochen hat. Diese Ausdruckweise stellt deutlich heraus, daß die religiöse Kultur des Judentums auf der von Gott geoffenbarten Gabe der Tora beruht. Insofern ist die Frömmigkeit der Eltern Jesu geleitet von Gottes Offenbarung im Gesetz. Die Tora-Offenbarung führt sie in den Tempel als den Ort der Sühne und der Wiederherstellung der Reinheit Israels als des heiligen Gottesvolkes. In der zweiten Episode wird Simeon als der mit Offenbarungswissen über den Messias und sein Erscheinen in der Zeit ausgestattete charismatische Hoffnungsträger vom heiligen Geist Gottes an denselben Ort geführt, um Jesus als den Christus Gottes zu erkennen. Er repräsentiert das Wissen um Gottes Handeln in der eschatologisch qualifizierten Gegenwart. Beide Wissensträger kommen zur selben Zeit an denselben Ort. Tora-Offenbarung in der Ursprungsgeschichte Israels und eschatologische Offenbarung Gottes am nahen Ziel der Geschichte Israels führen auf denselben Punkt: zur Identifikation des Christus. Die Simeon-Szene entwirft also am Anfang des Weges Jesu ein erkenntnistheologisches Konvergenz-Modell, das der Erzähler Lukas am Ende des Weges Jesu (Lk 23) als die Wiederherstellung des kulturellen Gedächtnisses Israels und als die Begründung einer neuen Zeit des Wissens durch Jesus explizit erzählerisch und theologisch entwickelt.
Soviel zu den *Regie*-Einfällen des Lukas. In ihnen kommt zum Vorschein, wie Lukas sich die Regie Gottes in seinem endzeitlichen Offenbarungshandeln zur "Ermutigung" seines Volkes Israel idealiter vorstellt. Wie Lukas über die wirklichen Ereignisse, die er in seinem Doppelwerk darzustellen hat, denkt, ergibt sich aber erst aus der erzählten *Handlung*. Es trifft zwar zu, daß die Akteure in der Episode 2,21.22-40 zunächst nichts anderes darstellen als die sie bewegenden Kräfte. Dies ändert sich aber mit V 27b. Die auffälligen Renominalisierungen an dieser Stelle - eigentlich handelt es sich um verspätete Benennungen der schon in VV

21.22-24 agierenden Eltern Jesu - machen darauf aufmerksam, daß sich die vom Himmel inszenierte Begegnung der Eltern Jesu mit dem Charismatiker Simeon dramatisch entwickelt.
Die Handlung besteht aus zwei Sequenzen, von denen nur die erste, nicht aber die zweite durch eine Reaktion der Eltern Jesu auf die Rede des Charismatikers geschlossen wird. Dies hat mit der Qualität der beiden Reden des Simeon zu tun. Die erste handelt vom Frieden, die zweite vom Widerspruch. Mit der ersten antwortet Simeon in einem Segensgebet (εὐλόγησεν) auf die Offenbarung des Heils Gottes; mit der zweiten segnet (εὐλόγησεν) Simeon die Eltern. Die erste quittieren die Eltern Jesu mit (ambivalentem) "Staunen", die zweite überhaupt nicht. Eine Tragödie wird daraus nur deshalb nicht, weil der Erzähler Lukas in einer weiteren Szene mit der Figur der Charismatikerin Hanna eine kongeniale Geistträgerin (προφῆτις) aufbietet, die die fehlende Antwort auf Simeons prophetische Worte formuliert, und zwar für die Öffentlichkeit, wie es der Bedeutung des Augenblicks der Erkenntnis entspricht.
Die Handlung beginnt damit, daß Simeon das Kind in die Arme nimmt. Diese nonverbale Aktion wird durch die beiden Reden des Simeon unterlegt. Die Geste des Empfangens und die Reden interpretieren sich gegenseitig: Ein Gerechter "schaut" Gottes Heil, indem er das Kind Jesus als den Messias Gottes annimmt. Simeon wird so zu einer Idealgestalt. Er repräsentiert das ideale Israel, das, von der Hoffnung auf die endzeitliche Wiederherstellung Israels geleitet, im Augenblick der Erfüllung dieser Hoffnung erkennt, daß Gott jetzt "nach seinem Wort" Frieden schafft. Dazu muß er das Inkognito Gottes und seines Gesalbten durchschauen. Der als Davidssohn erwartete Messias, der das Recht der Armen, Erniedrigten und Hungernden durchsetzen soll (vgl. Lk 1,51-53), kommt zum Zion als der arme Messias, als der Erstgeborene von armen Eltern, die ihr Kind durch das Opfer auslösen wollen, das Lev 12,8 für die Armen vorschreibt (vgl. 2,24). Die Dramatik der Handlung liegt wesentlich in den Worten, die im Augenblick des Erkennens von Simeon gesprochen werden. Das Wort "entlassen", mit dem Simeons Segensgebet beginnt (νῦν ἀπολύεις), wird durch die letzten Worte der Exposition (V 26: "er werde den Tod nicht sehen, bevor...") zu einem Wort an der Schwelle von Tod und Leben. Simeon wird damit indirekt als "alter" Mensch charakterisiert wie später explizit die 84jährige Witwe Hanna (V 36 f), wie zuvor schon Zacharias und Elisabet in ihrer Kinderlosigkeit (vgl. 1,7). Alle diese Figuren werden dem Tempel zugeordnet als dem Ort, an dem Israels Hoffnung in immerwährendem Gottesdienst sich ausspricht (vgl. 2,37 gegenüber Apg 26,7). Im Augenblick des Erscheinens des Messias im Tempel findet diese lange gegen den Tod behauptete Hoffnung ihre Bestätigung. Simeon "empfängt" den Messias. So "entläßt" ihn Gott, der pater familias (δεσπότης) seines Volkes Israel, in Frieden. Simeon hat

das Heil "gesehen". Der Tod, den er dann "sehen" wird, ist schon von Gott entmachtet. Alles geschieht "nach deinem Wort" (vgl. 1,38). Simeons Todesgebet ist Ausdruck der über den Tod hinausreichenden Hoffnung, wie sie vom Autor Lukas letztlich, d.h. von Ostern her, verstanden wird. Simeon ist insofern kein Repräsentant einer bald schon christlich überholten Frömmigkeit, sondern Repräsentant der Hoffnung Israels in ihrer vollen Reichweite, die sie im Erkennen Jesu als "Heil Gottes" erreicht. Simeon ist also eine Idealgestalt, an der Lukas zeigt, was es eigentlich bedeuten würde, wenn der inkognito im Tempel erscheinende Christus mit den Augen der Hoffnung Israels gefunden würde.

Zu der Erkenntnis, die in der Begegnung des Charismatikers Simeon mit dem verborgenen Christus aufbricht, gehört nicht nur das Schauen über die Todesgrenze des bedrohten Lebens des einzelnen Gerechten, sondern auch das Erkennen des Lichtes der Offenbarung Gottes für die Völker zur Verherrlichung seines Volkes Israel (V 31 f). Auch hier erkennt der Leser im Gebet des Simeon die Hoffnung Israels in ihrer ganzen Reichweite. Simeon verkörpert Israels Ja zum "Heil Gottes" auch in der Frage, an der nach lukanischem Verständnis die bruchlose Realisierung der Hoffnung Israels in Wirklichkeit gerade scheitern wird: in der Frage der Rettung der Heidenvölker zusammen mit Israel (vgl. Apg 13,44-47). Die Formulierungen Lk 2,32; Apg 13,47 spielen auf Jes 49,6 an, auf eine Aussage über den Gottesknecht und seine universale Sendung: "Zu wenig ist, daß du mein Knecht nur seist, um die Stämme Jakobs wieder aufzurichten und zurückzuführen, was aus Israel noch übrigbleibt. Ich mache dich zum Licht der Völker, daß mein Heil bis an die Grenzen der Erde reiche." Dieser Vers steht in einem Kontext, der ganz beherrscht ist von Themen, mit denen sich auch Lukas in seinem Gesamtwerk auseinandersetzt: mit der Wiederherstellung Israels nach der Verbannung, mit dem Wiederaufbau der Trümmer Jerusalems und dem Herbeiströmen der Völker, aber auch mit der zaghaften Skepsis, die "Zion" gegenüber dem Heil Gottes an den Tag legt: "Jahwe hat mich verlassen, der Herr hat mich vergessen" (Jes 49,14). Die deuterojesaischen Trostworte an Jerusalem vor allem sind der Horizont, vor dem Simeons Gebet und Hannas verzögerte Antwort darauf in ihrer ganzen Tragweite sichtbar werden.

Innerhalb der 1. Sequenz (VV 27b-33) findet Simeons Segensgebet mit seinem umfassenden Wissen um die Bedeutung des Erscheinens Jesu im Tempel nur eine dürftige Antwort: das Staunen der Eltern. Es ist offenkundig, daß insbesondere Maria hier nicht dieselbe Rolle spielt wie in der Verkündigungs-Szene (1,26-38) und in der anschließenden Begegnung mit Elisabet (1,39-56). Sie tritt zusammen mit Josef auf in der Rolle der "Eltern" (γονεῖς, V 27b), in einer familialen, nicht-charismatischen Rolle, deren Eigenart erst in der folgenden Sequenz expliziert wird.

Die 2. Sequenz, die sich, wie gesagt, erst durch die anschließende Hanna-Szene schließt, beginnt mit demselben performativen Verb "segnete" / εὐλόγησεν, das auch das Segensgebet in der 1. Sequenz eingeleitet hat. Jetzt aber wird nicht thematisiert, was Gott "jetzt" tut, sondern was in der prophetisch geschauten (ἰδοὺ) Zukunft die Sendung Jesu sein wird. Die Worte sind dunkel wie Orakel. Sie setzen Vorbedeutungen, die erst durch die folgende 'historische' Arbeit des Lukas eingeholt werden.
Die erste Aussage ist im Blick auf Israel formuliert. Die "Vielen" sind nicht als Teilmenge im Unterschied zu "Wenigen" gesetzt, sondern sind die Gesamtheit, die hier gemeint ist. Von Jesus heißt es, er sei bestimmt, diese Gesamtheit zu Fall zu bringen und wieder aufstehen zu lassen. Es geht dabei nicht um zweierlei Geschick für Gegner und Anhänger Jesu, sondern um einen Vorgang, dem niemand ausweichen kann. Jesus wird als ein "Zeichen" Gottes Widerspruch auslösen. Daß dies notwendigerweise und ausnahmslos geschieht, wird in der zweiten Aussage (V 35) deutlich. Sie bezieht sich - wie formell die gesamte zweite Segens-Rede des Simeon, die speziell an Maria gerichtet ist, während der Segen den "Eltern" gilt - auf die Mutter des Christus. Sie repräsentiert auch hier wie in 1,26-38.39-56 das Volk Israel, aber gerade nicht im Sinne der idealen Bereitschaft, Gottes Handeln nach seinem Wort geschehen zu lassen - diese Rolle fällt hier Simeon zu - , sondern im gegenteiligen Sinn. Maria erscheint hier als das personifizierte Israel in der Krise, dessen Gedanken "offenbar" werden, wodurch aufgedeckt wird, daß sie Gottes "Zeichen"sprache widersprechen. Sehr auffällig ist die Stichwortverbindung zwischen dem Ausdruck "offenbar werden" / ἀποκάλυφθῶσιν (V 35) und "Offenbarung" / ἀποκάλυψις für Völker (V 32). Was die erste Eulogie des Simeon als "Licht" für die Völker darstellt, erscheint im Wort an Maria als Gericht für Israel, bewirkt durch Gottes "Zeichen", seinen Christus.
Dieser Gegensatz gibt dem Leser einige Fragen mit auf den Weg der weiteren Lektüre. Dazu einige Hinweise schon jetzt: Von vornherein ist klar, daß Simeons Orakel nicht die Verwerfung Israels und die Annahme der Heidenvölker an Israels Stelle ankündigt. Die Sendung Jesu führt zum Fall und zum Aufstehen "vieler". Dem Leser wird deutlich, daß am Anfang der Geschichte, die den Völkern das Licht der Gotteserkenntnis Israels gebracht hat, Israels eigene Krise steht. Die gesamte Geschichte Jesu und der Verkündigung im Namen Jesu, die von Lukas erzählt wird, erreicht den Leser überhaupt nur deshalb, weil Israel aus dieser Krise aufgestanden ist und Jerusalem von Gott in Herrlichkeit wiedererrichtet worden ist (vgl. Apg 15,16 f). Israels Fall und Auferstehung ist der spannungsvolle Prozeß der Öffnung des Wissens Israels um Gott für die Völker durch die Offenbarung Gottes in seinem Christus.

Die 2. Episode zeigt insgesamt, welche Bedeutung die religiöse Kultur Israels für Gottes endzeitliche Offenbarung für die Völker hat. Ohne die wesentlichen Institutionen der jüdischen Religion, Beschneidung, Tora und Tempel, wäre Gottes "Zeichen", seine Offenbarung in Jesus von Nazaret, nicht wahrgenommen worden. Der Messias, der arme Jesus, Gottes schwer durchschaubares Inkognito, wäre - so die lukanische Analyse in 2,21-40 - überhaupt nicht entdeckt worden ohne die Gesetzesfrömmigkeit seiner armen Eltern und ohne das besondere Wissen der Weisen Israels. Erst unter dieser Voraussetzung gilt andererseits: Die Begegnung Israels mit Jesus als dem Christus Gottes ist auch die Krise der jüdischen Religion und des kulturellen Gedächtnisses des jüdischen Volkes. Der Tempel, der in Lk 2,27-38 Schauplatz der charismatischen Identifikation Jesu als Christus durch den Charismatiker Simeon wird, der durch Hannas prophetische Worte zum Ort der Verkündigung des Erscheinens des Messias wird für "alle, die die Erlösung Jerusalems erwarten" (V 38), ist zur Zeit des Lukas schon etwa seit einer halben Generation zerstört. Die Bedeutung, die er in der christlichen Erinnerung behält, ist nicht die einer Opferstätte. Vom Opfer, das die armen Eltern Jesu nach Lev 12,8 zur Auslösung ihres Erstgeborenen darbringen (vgl. VV 22 ff.39), wird gerade nicht erzählt, wie es dargebracht wird. Die Absicht, es darzubringen, führt zu der Begegnung mit Simeon und Hanna, die einzig erzählerisch von Interesse ist. Simeon und Hanna gehören nicht zum Kultpersonal. Sie sind Repräsentanten einer Frömmigkeit, für die der Tempel eine besondere neue Bedeutung hat, die Lukas seinem Leser als die eigentliche und eschatologisch definitive vor Augen führt: Ort der Offenbarung Gottes und des Vernehmens dieser Offenbarung zu sein. Erzählt wird dies Lk 19,41-21,38. Diese Erinnerung gilt es zu bewahren.

1.2.4 Die 3. Episode: Der zwölfjährige Jesus im Tempel (Lk 2,41-52)

Die voraufgehenden Episoden erzählen, wie Gottes verborgene Weisheit in der Welt aufgefunden wird trotz der Besetzung des politischen Terrains durch die imperiale Macht Roms und trotz des Inkognitos des Gesalbten Gottes als Kind armer Eltern. Die römisch beherrschte Welt öffnet sich in der Vertikalen und muß Raum geben für eine Botschaft, deren Inhalt im Himmel schon gefeiert wird. Die religiöse Kultur des jüdischen Volkes öffnet ihre bisher unausgeschöpften Potentiale und gibt Raum zur Verkündigung einer universalen Offenbarung Gottes für die Völker. Die 3. Episode erzählt, wie der Gesalbte Gottes sein Inkognito ablegt und in seiner eigentlichen Rolle als der Lehrer der Lehrer Israels im Tempel erscheint. In diesem idealen Lehrer können aber die eigenen Eltern den Sohn, den sie suchen, nicht erkennen. Damit kommt die in der großen

Exposition Lk 2,1-7 aufgegebene Suche nach dem rechten Ort des Messias an ihr tragisches Ende.

	3. Episode: Der Sohn wird am rechten Ort nicht erkannt
41 Und es **reisten** seine Eltern jedes Jahr nach Jerusalem am Fest des Pascha.	Verbindendes Element
42 Und als er zwölf Jahre geworden war und nachdem sie nach dem Brauch des Festes hinaufgegangen waren 43 und die Tage verbracht hatten, **blieb** Jesus, das Kind, während sie zurückkehrten, in Jerusalem.	Exposition/ 1. Sequenz: Das Bleiben des Kindes am Zielort der Reise (Disäquilibrium 1)
Und seine Eltern **erkannten** es nicht.	wird nicht erkannt. (Disäquilibrium 2)
	2. Sequenz:
44 In der Meinung, er sei bei der Reisegesellschaft, **gingen** sie eine Tagesreise weit, und sie **suchten** ihn unter den Verwandten und den Bekannten.	Nach vergeblicher Suche am falschen Ort (Subsequenz gehen - suchen)
45 Und da sie ihn nicht fanden, kehrten sie nach Jerusalem zurück, ihn suchend.	kehren die Suchenden an den Ort des Verlierens zurück.
	3. Sequenz:
46 Und es geschah nach drei Tagen, da fanden sie ihn im Tempel, sitzend inmitten der Lehrer und ihnen zuhörend und sie befragend.	Der Gesuchte wird in veränderter Rolle gefunden,
47 Es **gerieten** aber alle **außer sich**, die ihn hörten über sein Verstehen und seine Antworten.	die allgemeines Erstaunen hervorruft.

48 Und als sie ihn sahen, **wurden** sie **bestürzt**.	4. Sequenz: Verbindendes Element
Und **es sprach** zu ihm seine Mutter: "Kind, warum hat du uns so behandelt? Siehe, dein Vater und ich haben dich mit Schmerzen gesucht."	Die Suchenden beklagen sich darüber, daß sie suchen mußten.
49 Und er **sprach** zu ihnen: "Warum denn habt ihr mich gesucht? Wußtet ihr nicht, daß ich in dem sein muß, was meines Vaters ist?"	Der Gesuchte antwortet mit einem Gegenvorwurf.
50 Und sie **verstanden nicht** das Wort, das er zu ihnen redete.	Schluß der Sequenz: Intensivierung des Disäquilibriums 2 Katastrophe
51 Und er **ging hinab** mit ihnen. Und er **kam** nach Nazareth, und er **ordnete** sich ihnen **unter**.	doppelter Schluß der Episode: Aufhebung des Disäquilibriums 1
Und seine Mutter **behielt** alle die Worte in ihrem Herzen.	Bewahrung der Erinnerung (relativiert die Katastrophe)
52 Und Jesus **machte Fortschritte** in der Weisheit und im Alter und in der Gunst bei Gott und den Menschen.	Biographischer Rahmen

Das verbindende Element (V 41) überbrückt nicht nur die Zeit von zwölf Jahren bis zur religiösen Mündigkeit Jesu, sondern qualifiziert diese unerzählte Zeit als eine durch die religiöse Kultur des Judentums bestimmte Lebensphase. Die jährlichen Reisen der Eltern Jesu nach Jerusalem charakterisieren die παιδεία Jesu, nachdem Lukas die γένεσις

Jesu in zwei Episoden erzählt hat und die ἀνατροφή in einer Rahmennotiz (V 40) vermerkt hat. Der hellenistische Leser kennt dieses biographische Schema (vgl. auch Apg 26,4 f). Mit V 41 wird also ein enger Zusammenhang zur 2. Episode unter dem kulturellen Aspekt hergestellt. Die Programmatik der aufwendigen Expositionen der 2. Episode wird ohne großen Aufwand wieder aufgenommen. Von den drei klassischen Wallfahrtsterminen Passah, Schawuot (Pfingsten) und Sukkot (Laubhüttenfest) wählt der Erzähler das Passahfest aus und schafft damit eine konnotative Beziehung zu dem für die christliche Jesus-Memoria des Lesers wesentlichen Zusammenhang von Tod und Auferweckung Jesu mit dem Passahfest. Das Motiv des Findens "nach drei Tagen" (V 46) wird so zu einem äußerst beziehungsreichen Höhepunkt der Episode.

Die Exposition (V 42 f) führt im Zeitraffer-Verfahren auf das Disäquilibrium zu. Ein Temporalsatz bestimmt das biographische Datum, zwei participia coniuncta stellen den Handlungszusammenhang mit einer Wallfahrt nach Jerusalem her, ein substantivierter Infinitiv führt auf den Zeitpunkt hin, an dem sich die Wege der handelnden Figuren trennen und das Disäquilibrium eintritt. Die Exposition ist also im Unterschied zu den breit angelegten deskriptiven Expositionen der 2. Episode ganz auf die *dramatische* Profilierung der Erzählung ausgerichtet. Das Entstehen des Disäquilibriums als solches wird - auch dies paßt ins Bild - in der dramatischen Form einer Sequenz formuliert. Dabei werden ein Verb der Bewegung und ein verbum sentiendi in typisch lukanischer Manier miteinander verknüpft: Das Kind Jesus macht die Rückreise seiner Eltern nicht mit. Die Eltern reisen, ohne davon zu wissen. Ihre Reise wird zum Ausdruck von Unwissen. Das Nichtwissen wird damit zum entscheidenden dramatischen Motiv. Das Disäquilibrium der Trennung von Familienangehörigen besteht, wie Lukas es erzählt, eigentlich in einer Distanz auf der Wissensebene. Das Nichtwissen der Eltern um die Trennung von ihrem Kind (Exposition, V 43) wird im Gang der Haupthandlung transformiert zum Nichtverstehen des Wortes, das der wiedergefundene Jesus an sie richtet (Schluß der 4. Sequenz, V 50).

Die erste Sequenz der Haupthandlung (= 2. Sequenz, V 44 f) eröffnet der Erzähler mit einem intensivierenden Element, das die dramatische Substanz der Exposition weitertreibt: Eine irrige Meinung bezüglich des Ortes Jesu verleitet zu einer ganzen Tagesreise in die falsche Richtung. Der Irrtum der Eltern wird so formuliert, daß der Zusammenhang von Nichtwissen und trennender Bewegung erneut expliziert wird: Die Eltern meinen, das Kind sei in der "Weggemeinschaft" (συνοδία). Die Sequenz als solche erzählt nicht die Entdeckung der Eltern, daß ihr Kind verschwunden ist. Dies wäre eine Art Erkenntniszuwachs. Erzählt wird vielmehr die Ergebnislosigkeit der Suche nach Jesus am falschen Ort: "Und sie *suchten*...; und da sie ... *nicht fanden,* kehrten sie zurück... *suchend.*"

Der falsche Ort, an dem vergeblich gesucht wird, ist hier kein steinerner Hohlraum (vgl. 2,7; 23,53), sondern das heimatliche 'Milieu' Jesu, die Sippschaft, die sich auf der Rückreise von Jerusalem befindet. Dafür fallen zwei Wörter, deren Verknüpfung bezeichnend ist: "Verwandte" (συγγενεῖς) und "Bekannte" (γνωστοί). Das erste formuliert den genealogischen, das zweite den gnoseologischen Aspekt verwandtschaftlicher Zugehörigkeit. Das zweite verwendet Lukas auch in der Darstellung der Kreuzigung Jesu (23,49) als Bezeichnung für die Anhänger Jesu in ihrem Unverständnis dem Tode Jesu gegenüber. Der Ausdruck "Bekannte" ist also an diesen beiden Stellen höchst ironisch. Die fromme Verwandtschaft auf der Rückkehr von der Wallfahrt ist nicht der Ort, wo man Jesus suchen sollte.

Die zweite Sequenz der Haupthandlung (V 46 f) führt zu einem ersten Höhepunkt, angezeigt durch das Eröffnungssignal "Und es geschah" mit der beziehungsreichen Zeitangabe "nach drei Tagen" (vgl. Lk 9,22; 13,32; 18,33; 24,7.21.46). Die Sequenz als solche ist, was die Figurenkonstellation angeht, disproportional. *Die Eltern* finden Jesus. *Alle* staunen über Jesus. Die (ambivalente) Reaktion wird also nicht den Eltern zugeordnet. Sie gehört eigentlich zu dem, was sie finden, hinzu: einen jugendlichen Lehrer im Gespräch mit Lehrern, über dessen wunderbares Wissen alle staunen, die dem Gespräch zuhören.

Erst die dritte Sequenz der Haupthandlung (= 4. Sequenz, VV 48-50) erzählt, wie die Eltern auf das reagieren, was sie sehen (ἰδόντες). Damit erscheint der Inhalt der Sequenz V 46 f als etwas Gefundenes und Gesehenes, d.h. als ein vorgefundenes 'Bild' (tableau): der Christus inmitten der Lehrer Israels. Damit steht die Christologie des Lukas dem Leser als Ikone vor Augen. An diesem Punkt kommt die erzählerische Transformation des Bedeutungsgehalts des Titels Messias zu ihrem für den Leser des lukanischen Werkes verbindlichen Ergebnis. Der vom Engel angekündigte endzeitliche Anwärter auf den Thron Davids (vgl. 1,32 f) wird zwar in der Stadt Davids zur rechten Zeit geboren, findet aber in der römisch verwalteten Heimat keinen adäquaten Ort (vgl. 2,1-7). Dennoch wird er von den Armen, die auf ihn hoffen (vgl. 1,51-53), gefunden (2,8-20). Dennoch wird er, der als Kind armer Eltern in den Tempel kommt, von den charismatisch Wissenden im Tempel erkannt als der Christus Gottes (2,22-38). Dabei wird schon deutlich, daß der lukanische Christus dem Tempel zugehört, daß aber zugleich damit der Tempel eine neue Bedeutung bekommt als der Ort der Offenbarung und des prophetischen Erkennens und Redens.

In der letzten Episode der lukanischen Kindheitsgeschichte wird der Tempel also endgültig zum Ort der Epiphanie, und zwar für den Messias Jesus in seiner nun adäquat ins Bild gesetzen Rolle als Lehrer der Lehrer Israels auf dem Zion, als Gottes Weisheit inmitten ihres Volkes. Dieses

Bild wird in der lukanischen Darstellung der Taufe Jesu inmitten des Volkes vollendet (vgl. Lk 3,21 f). Die zentrale Sequenz der Haupthandlung stellt in christologischer Hinsicht den Höhepunkt der Episode dar.
In dramatischer Hinsicht ist die abschließende Sequenz (= 4. Sequenz, VV 48-50) der Höhepunkt. Das Bild, das die Eltern im Jerusalemer Tempel vorfinden, löst bei ihnen Bestürzung aus (ἐξεπλάγησαν, V 48a). Die anschließende Dialog-Sequenz führt die Katastrophe herbei: Die Mutter Jesu äußert ihre Bestürzung in einer vorwurfsvollen Frage, die Jesus in einer vorwurfsvollen Gegenfrage zurückweist. Die Eltern reden Jesus an als ihr "Kind" (τέκνον). Jesus redet von "seinem Vater" als von einer dritten Person. Die Mutter wertet das Verhalten Jesu als gegen seine Eltern gerichtet ("uns behandelt"). Dies macht sie zum Vorwurf an das "Kind". Es hat die Eltern unter Todesangst leiden lassen. Ironisch verwendet der Erzähler das prophetische "Siehe", wenn die Muttter ihre Suchbewegung aus der falschen Perspektive der Eltern rekapituliert. In der Antwort Jesu wird diese Interpretation der bisher erzählten Handlung zurückgewiesen. Die Gegenfrage: "Warum habt ihr mich gesucht?" erklärt diese Suche für sinnlos. Dies entspricht der Darstellung der Suche der Eltern durch den Erzähler (VV 44 f). Während der Erzähler in der ersten Sequenz der Haupthandlung zeigt, wie die Eltern vergeblich am falschen Ort suchen, wird durch das Wort Jesu umgekehrt als Vorwurf ausgesprochen, daß sie nicht am richtigen Ort gesucht haben. Präzise richtet sich der Vorwurf Jesu darauf, daß die Eltern *nicht gewußt* haben, wo sie Jesus hätten finden können. Der Ort des Messias ist ihnen unbekannt. Jesus bezeichnet diesen Ort - den, wo die Handlung spielt! - in einer verhüllenden Periphrase so, daß die Eltern als Figuren der erzählten Welt endgültig ihrem Unwissen überantwortet werden (V 50), während der Leser diese Periphrase mühelos entschlüsselt.
Der Tempel ist der Bereich, dem Jesus als der "Sohn" Gottes seiner messianischen Sendung entsprechend zugeordnet ist im Sinne der Bestimmung (δεῖ) durch Gottes Plan. Der messianische Titel ("mein Sohn") fällt explizit erst Lk 3,21 f. In der Kindheitsgeschichte wird er der Bedeutung nach für den Leser erschlossen: Die messianische Sendung Jesu als "Sohn" Gottes ist es, Gottes Weisheit inmitten seines Volkes erscheinen zu lassen als Offenbarung für die Völker und zur Verwirklichung Israels. Daß die damit angekündigte Geschichte dieser Offenbarung Gottes zugleich die Geschichte der Krise des jüdischen Gottesverständnisses sein wird, wird nicht erst in der letzten Sequenz der Kindheitsgeschichte Jesu deutlich, wird aber hier als der dramatische Zentralaspekt des lukanischen Geschichtswerks von vornherein angelegt. Gottes Handeln durch die Offenbarung seiner Weisheit in Jesus von Nazaret führt durch das Fallen und Aufstehen "vieler in Israel" zur Rettung der Völker und zur Verherrlichung Israels (vgl. 2,34).

Daß Gottes letzte Offenbarung vor der Menschenwelt den Horizont des Verstehens auch der Frommen in Israel transzendiert und ihr Denken in die Krise führt, hat Lukas von allem Anfang an signalisiert. Der Vater des Täufers, der Priester Zacharias, und die Mutter Jesu sind die auch im positiven Sinn herausragenden Figuren, an denen dieser Aspekt der lukanischen Theologie dargestellt wird. An ihnen zuerst wird expliziert, was es bedeutet, "daß offenbart werden aus vielen Herzen die Gedanken" (vgl. 2,35). Das Nichtwissen, das besonders die letzte Episode der Kindheitsgeschichte Jesu zutage fördert, ist nicht vordergründig als mangelnde Informiertheit über Gottes bislang unbekannte Zukunftspläne zu verstehen, die man mit entsprechendem guten Willen und entsprechender Lernbereitschaft überwinden kann. Unwissenheit ist in der lukanischen Konzeption vielmehr eine Kategorie, um das Verhältnis des Menschen vor Gott im Sinne der Angewiesenheit auf Gottes Selbstmitteilung soteriologisch zu definieren. Das gesamte lukanische Werk ist von dieser apokalyptisch-weisheitlichen Anthropologie geprägt. Die Darstellung des Ablösungskonflikts zwischen Juden und Christen in der Apostelgeschichte ist ohne diese anthropologisch-soteriologische Voraussetzung nicht zu verstehen.

Der Schluß der Haupthandlung (V 50) scheint mit dem folgenden Schluß der Episode (V 51) und dem Schluß des Zyklus (V 52) unvereinbar zu sein. Hat die Katastrophe im Tempel keine Auswirkung auf den Familienfrieden? Besonders die Aussage über die Unterordnung Jesu muß den Leser provozieren, da sie die Zeit bis zum Auftreten Jesu ausdrücklich zu einer im jüdischen Milieu gelebten Phase der Biographie Jesu erklärt, in der Jesus in der Weisheit seines Volkes Fortschritte macht und die Früchte dieser Weisheit als Anerkennung bei Gott und den Menschen genießt. Diese scheinbare Naivität einer weisheitlichen Idealbiographie läßt sich nicht als Zugeständnis des Erzählers an die Gattung Kindheitsgeschichte relativieren. Lukas wird den Anfang des Wirkens Jesu genau diesem Schluß entsprechend als Auftritt in seinem religiös-kulturellen Milieu darstellen: Der exemplarisch erste Ort seiner Lehre (vgl. 4,15) ist die Synagoge der Stadt, "wo er aufgewachsen (τεθραμμένος) war", der Ort tora-weisheitlicher Kultur, den er "nach religiöser Sitte" (κατὰ τὸ εἰωθός) aufsucht (4,16). Die letzte Episode der lukanischen Kindheitsgeschichte Jesu wäre völlig mißverstanden, wenn man sie als Bruch Jesu mit der religiösen Kultur seines Volkes interpretierte. Gerade im Schluß der Episode wird diese kulturelle Voraussetzung des öffentlichen Lebens Jesu festgehalten.

Die kulturpositiven Schlußnotizen nehmen einen Satz über die Mutter Jesu in ihre Mitte, der aus 2,19 - dem Schluß der 1. Episode - bereits bekannt ist, der hier aber erst in seiner vollen Bedeutung erscheint: Dieselbe Figur, die in der erzählten Katastrophe exemplarisch für das menschliche Unverständnis der Offenbarung Gottes gegenüber agiert, steht auch exemplarisch für das, was über diese Katastrophe hinausführt: die *Erinnerung* als Ausgangspotential der *Erkenntnis*. Dies wird Lukas in seinem Osterzyklus programmatisch entfalten (vgl. oben S. 33).

1.2.5 Die erzählerische und theologische Konzeption von Lk 2

Mit der großen Exposition Lk 2,1-7 stellt der Erzähler Lukas den Figuren seiner Erzählung die Aufgabe, den Messias der Verheißung, der bei seiner Geburt an einem unerwarteten Ort verschwindet, zu suchen, zu finden und als die Gestalt zu erkennen, in der Gottes Weisheit in der Welt erscheint. Mit dieser erzählerischen Exposition verbinden sich grundlegende Vorstellungen darüber, wie Gott überhaupt in der Welt handelt, nämlich durch das Erscheinen des Christus als Lehrer der Lehrer Israels, und zwar im Tempel als dem Ort der Offenbarung der Weisheit Gottes. Die Kindheitsgeschichte Lk 2 ist zunächst als die 'Entdeckung' dieses apokalyptisch-weisheitlich verstandenen Messias Jesus konzipiert. Über die Suchbewegungen der Figuren der erzählten Welt führt Lukas seinen Leser vom traditionellen national-messianischen Davidssohn, der das Gottesvolk in der Endzeit regiert (vgl. Lk 1,32 f), hin zu der neuen Interpretation der Messianität Jesu, die Lukas durch seinen Geschichtsbericht begründen und entfalten wird.
Die drei Episoden der Suche nach dem 'verschwundenen' und zunächst immer nur inkognito auffindbaren Messias Jesus formulieren drei wesentliche Bedingungen, unter denen die Suche nach dem Ort des Christus Gottes stattfindet. Dies sind zugleich die Bedingungen des theologischen Redens von Gottes eschatologischem Handeln in der Welt. Die erste Bedingung ist die politische. Die Welt des lukanischen Geschichtswerks ist römisch beherrscht. Die Exposition und die 1. Episode setzen sich mit dieser Gegebenheit auseinander. Der Weg des Messias ist durch römische Anordnungen begleitet. Gott ist es, der unter diesen Bedingungen im Sinne seiner Pläne etwas von Rom nicht Angeordnetes ins Werk setzt. Den Messias zu finden, ist schwer, weil er nicht an einer antirömischen Front erscheint, sondern als Wickelkind im Futtertrog verschwindet. Diese Sprache Gottes ist ohne 'semiotische' Hilfe vom Himmel her nicht zu verstehen. Die römische Welt bietet der Erscheinung der Weisheit Gottes "keinen Platz" (2,7).
Die zweite Bedingung ist die kulturelle. Tempel und Gesetz schaffen einen kulturellen Raum, der bestimmt ist durch das Wissen um Gottes Offenbarung am Ursprung der Geschichte Israels und durch die Hoffnung auf die endzeitliche Wiederherstellung Jerusalems. Die 2. Episode zeigt,

daß Gottes Offenbarung in seinem Christus nur unter diesen positiven Voraussetzungen, die die religiöse Kultur des jüdischen Volkes bietet, überhaupt verständlich werden konnte. In der Konfrontation mit der Offenbarung Gottes wird eben diese Kultur mit ihrem einzigartigen Wissen um Gott zwar in ihre äußerste Krise gebracht. Aber nur unter den positiven Bedingungen jüdischen Wissens wird das "Fallen vieler" auch zum "Aufstehen vieler" (2,34) führen. Die Weisheit Gottes kann nur auf dem Zion zu den Menschen finden.

Die dritte Bedingung ist die anthropologische. Daß der Mensch der Wirklichkeit Gottes 'unwissend' gegenübersteht, ist eine ausnahmslos geltende Voraussetzung der lukanischen Soteriologie. Unwissenheit ist das apokalyptisch weisheitliche Synonym für Sünde. In der Darstellung der dramatischen Ablösungskonflikte zwischen der Urgemeinde und dem Tempel wird dieser Begriff eine besondere Bedeutung bekommen (vgl. Apg 3,17; 13,27), ebenso aber in der Auseinandersetzung mit der heidnischen Philosophie (vgl. Apg 17,23.30). Bevor Lukas den Begriff apologetisch einsetzt, füllt er ihn inhaltlich dadurch, daß er das Prinzip des Nichtwissens an den Gestalten erzählerisch realisiert, die dem Christus des christlichen Verständnisses von Messianität am nächsten stehen: an der Mutter Jesu und an Petrus als dem, der von den Jüngern als erster fällt und aufsteht.

Diese drei Bedingungen der Offenbarung Gottes in Jesus von Nazaret, die Lukas erzählerisch realisiert als Episoden der Suche nach dem Ort, wo der Messias gefunden wird, sind *geschichtlicher* Art. Die römische Weltmacht ist nach Lk 2,2 gerade im Begriff, ihre pax romana durch die Erstellung von Steuerlisten in Palästina zu etablieren. Die religiöse Kultur des jüdischen Volkes ist gegenüber dieser Ordnung die ältere, geschichtlich begründet durch die Offenbarung der Tora am Sinai. Das in vielen Krisen und Katastrophen der jüdischen Geschichte gereifte Hoffnungswissen der Frommen in Israel ist die positive geschichtliche Bedingung der Möglichkeit, daß Gott gegenüber der Menschenwelt, wie sie sich zur Zeit des Auftretens Jesu 'damals' und zur Zeit der Entstehung des lukanischen Werkes - nach dem Jüdischen Krieg! - für den Leser darstellt, überhaupt zu Wort kommen 'konnte'. Auch und gerade die anthropologische Voraussetzung der Offenbarungsgeschichte ist im Verständnis des Lukas selbst geschichtlich: Die "Unwissenheit" ist das Merkmal einer Ära ("Zeiten der Unwissenheit"), die durch das Erscheinen der Weisheit Gottes in der Welt universal beendet wird (vgl. Apg 17,30). Die Geschichte dieses Zu-Wort-Kommens der Weisheit Gottes ist daher nicht anders als eine "Geschichte" (διήγησις) darstellbar. Die Wahrheit muß *erzählt* werden, die den "Worten", in denen der Leser unterwiesen worden ist, ihre Gewißheit gibt. Sie muß erzählend *erinnert* werden, weil der einzig geeignete Ort für das Erscheinen der Weisheit Gottes in der römisch beherrschten Welt, der Tempel in Jerusalem, nur im Raum geschichtlicher Erinnerung seine Bedeutung behält für alle, "die die Erlösung Jerusalems erwarten" (Lk 2,38).

2. Das Wirken des Täufers Johannes und die Sendung Jesu

Besonders die Analyse der Kindheitsgeschichte Jesu Lk 2 in ihrer konzeptionellen Geschlossenheit als Reflexion über die wesentlichen Voraussetzungen der lukanischen Interpretation von Offenbarung und *Geschichte* hat bestätigt, daß das Verhältnis der beiden Kindheitsgeschichten Lk 1-2 zueinander nicht im Sinne der Überbietung des Täufers Johannes durch Jesus erfaßt werden kann. Die positive Antwort auf die Frage, warum das lukanische Geschichtswerk nicht mit einer, sondern mit zwei Kindheitsgeschichten eröffnet wird, ist damit aber noch nicht gefunden. Sie wird sich im folgenden Abschnitt ergeben. Lk 3 stellt das Wirken des Täufers Johannes dar von seiner Berufung (vgl. 3,1 f) bis zu seiner Einkerkerung (vgl. 3,20). Lk 4 stellt dem den 'Anfang' des Wirkens Jesu gegenüber. Daß dies eine programmatische Konzeption ist, wird in der Retrospektive in der ersten Rede des Paulus bestätigt (vgl. Apg 13,23 f). Zur Orientierung über die kompositionelle Disposition der Kapitel Lk 3-4 dient die folgende Tabelle.

I. Das Wirken des Täufers (Lk 3)

3,1-6	Exposition:	Die Berufung des Täufers

Zwei Reden und ihre Wirkungen

7-9	1. Rede: Kritik am falschen religiösen Selbstverständnis	15-18	2. Rede Kritik an der fehlgeleiteten Messiaserwartung
10-14	Reaktionen: drei exemplarische Bekehrungsdialoge	19 f	Reaktion: Gefangensetzung des Täufers durch den unbekehrbaren Tetrarchen Herodes

Zweifache Einführung Jesu als Erstfigur

21 f	Schluß:	Die Antwort des Himmels auf das Werk des Täufers

23-38	Der Stammbaum Jesu

II. Die Sendung Jesu (Lk 4)

1. Episode: Die dreifache Prüfung des Sohnes in der Wüste (4,1-15)

1.2 a	Rahmen
2 b-13	Die drei Proben Exposition (2 bc) 3 Dialog-Sequenzen (3 f. 5-8. 9-12) Schluß (13)
14 f	Rahmen

2. Episode: Nazaret (4,16-30): Eine zweiteilige Rede und ihre Wirkung

16-20	Exposition: Das Finden eines Textes		
21	1. Teil: Zusage der Erfüllung der messianischen Verheißung	23-27	2. Teil: Absage an das damit verbundene falsche religiöse Selbstverständnis
22	Reaktion: Zustimmung	28	Reaktion: Zorn
29 f	Schluß: Vereitelung eines Tötungsversuchs		

3. Episode: Kafarnaum (4,31-44): Zwei Beispiele rettenden Handelns Jesu

31 f Summarium: Lehre in Vollmacht	
33-37 Exorzismus in der Synagoge	38 f Therapie im Haus
40 f Summarium: Heilungen und Exorzismen	

42-44 Aufbruch aus Kafarnaum Jesus entzieht sich dem Versuch, ihn in der Stadt festzuhalten.

2.1 Das Wirken des Täufers Johannes nach Lk 3

Mit Lk 3 beginnt der synoptisch darstellbare Teil des Lukasevangeliums. Lk 3 kombiniert Markusstoff mit Stoff der Redenquelle Q und ergänzt letzteren durch sogenanntes Sondergut, nämlich die sogenannte Standespredigt Lk 3,10-14). In der synchronen Betrachtung des Textes gelten diese Stoffe unterschiedlicher Herkunft unterschiedslos als Bestandteile des lukanischen Geschichtsberichts über das Werk des Täufers Johannes. Das sogenannte Sondergut erhält keine *besondere* Aufmerksamkeit, so als müßte sich hier vor allem die Intention des Autors zeigen. Erst wenn der Stellenwert dieser Passage im dargestellten Handlungszusammenhang ersichtlich ist, kann auch darüber geurteilt werden, ob man dem Verfasser des Lukasevangeliums ein vorrangiges Interesse an sozialethischen Themen zuschreiben muß oder nicht. Dies ergibt sich vor allem aus der sequentiellen Struktur der erzählten Handlung.

Große Exposition in Form einer Sequenz (VV 1-6):

Das Wort Gottes ergeht (ἐγένετο) an Johannes,

<

und dieser kommt (ἦλθεν) als der Verkünder der Umkehrtaufe,

\- wie es dem Wort der Schrift entspricht. -

Hauptteil der Handlung:

1. Sequenz:

Die Umkehrbotschaft wird vorgetragen (ἔλεγεν) (VV 7-9)

<

und führt zu einem in drei exemplarischen Durchgängen dargestellten Dialog zwischen dem betroffenen Publikum und dem Redner über die ethischen Konsequenzen der Umkehr (3 Mikrosequenzen im Schema Frage-Antwort: VV 10 f; 12 f; 14).

2. Sequenz:

Der Täufer korrigiert in einer zweiten Rede (ἀπεκρίνατο) die Erwartung des Volkes mit der Ankündigung des Messias (VV 15-17).

- Summarium als Abschluß der Verkündigung (εὐηγγελίζετο) an das Volk (V 18) -

<

Der Tetrarch Herodes reagiert auf die Verkündigung des Täufers durch dessen Gefangensetzung (κατέκλεισεν) (V 19 f).

Schluß:

Dennoch hat sich mit der Johannestaufe (ἐν τῷ βαπτισθῆναι) der Himmel geöffnet (ἐγένετο ... ἀνεῳχθῆναι), kam (...καταβῆναι) der Geist auf Jesus und wurde Jesus als Sohn Gottes (wörtliche Rede) durch das Erschallen (... φωνὴν... γενέσθαι) der Himmelsstimme in die Haupthandlung der von Lukas erzählten Geschichte gesandt.

Die große Exposition 3,1-6 aktualisiert die entsprechenden Angaben der großen Expositionen der Kindheitsgeschichten über die zeitgeschichtlichen Hintergründe der dargestellten Ereignisse mit neuen römischen und jüdischen Herrschernamen. Damit wird der Zusammenhang zwischen Lk 3 und Lk 1-2 besonders deutlich. Daß Pontius Pilatus als Machthaber über Judäa unmittelbar neben Herodes (Antipas) erwähnt wird, nimmt bereits die Figurenkonstellation der lukanischen Passionsgeschichte mit in den Blick (vgl. bes. Lk 23,6-12). Eigens erwähnt werden auch die Hohenpriester Hannas und Kajaphas. Der Tempel, bislang idealer Schauplatz von Szenen voller Vorbedeutung, wird jetzt als der real existierende Tempel mit seiner etablierten obrigkeitlichen Macht in den Blick genommen, eine Vorstellung, die der Autor bis zum Ende seines Gesamtwerks immer wieder aufgreift (vgl. bes. Apg 4,5 f mit Hannas und Kajaphas als prominentesten Vertretern des Priesteradels). Die Exposition Lk 3,1-6 eröffnet also die gesamte nachfolgende Handlung des Doppelwerks. Als Brückenkopf, der die Verbindung der Haupthandlung des lukanischen Geschichtswerks (Lk 3 - Apg 28) mit der Vorgeschichte (Lk 1-2) herstellt, ist Lk 3,1-6 die Exposition mit der größten Reichweite im Doppelwerk des Lukas überhaupt. Von entsprechendem Gewicht ist auch, was innerhalb dieser Exposition, sequentiell strukturiert, als Handlung erzählt wird: Das Wort Gottes ergeht und setzt die Figur in Bewegung, die das Volk vor Gott stellt. Dies ist der Anfang des Geschehens, das am Ende der Apostelgeschichte als noch andauernd und auch in der Gegenwart des Lesers als noch nicht abgeschlossen gilt. Das Auftreten des Täufers ist die Zeitenwende im Sinne des lukanischen Geschichtsbildes. Die Verheißung der Schrift wird ab jetzt verwirklicht. Die Gottesherrschaft wird ab jetzt verkündigt. Dies wird später wiederholt expliziert (vgl. Lk 7,27 f; 16,16; Apg 13,23 im Zusammenhang).

Die Haupthandlung mit ihren zwei Sequenzen zeigt Johannes nicht als Täufer, sondern - der Exposition entsprechend - als Redner vor dem Volk. Die Taufe wird *verkündet* (vgl. 3,3.16). Von der Taufe als solcher ist erst im Rückblick die Rede (vgl. 3,21 f); aber auch dort ist die Haupthandlung ein Wortgeschehen, nämlich die Identifikation Jesu als Gottessohn durch die Himmelsstimme.

Die beiden Hauptsequenzen 3,7-17 stellen das gesamte öffentliche Wirken des Täufers dar. Um dies erzähltechnisch zu ermöglichen, vermeidet der Erzähler innerhalb der beiden Sequenzen jegliche Zeit- und Ortsangaben. Die 1. Sequenz wird mit "also" (οὖν) direkt an die Exposition angeschlossen. Die Rede des Täufers *ist* "also" das von Jesaja vorhergesagte Rufen der "Stimme des Rufenden in der Wüste". Die 2. Sequenz wird eröffnet mit zwei participia coniuncta über die Vorstellungen, die der Täufer mit seiner Verkündigung beim Volk heraufbeschworen hat. Die Erwartung des Volkes bildet hier den szenischen Hintergrund für die Haupthandlung. Nicht Zeit und Ort, sondern Verheißung und Erwartung, die Zeiträume also, die das Hoffnungswissen des jüdischen Volkes bereitstellt, bilden das Szenarium für das Werk des Täufers. Für dessen Biographie interessiert Lukas sich nicht. Dieser ungewöhnlichen Technik der Inszenierung der Handlung auf einer durch Wissensbedingungen szenisch ausgestatteten Bühne entspricht auch die Qualität der erzählten Handlung als solcher. Der Täufer verändert das Denken des Volkes, bewirkt das Umdenken (μετάνοια, vgl. V 3). Der Erzähler stellt damit das Werk des Johannes in der Akzentuierung dar, die mit der Ankündigung durch den Engel in der Kindheitsgeschichte vorgezeichnet worden ist als die "Hinwendung" des Volkes zu Gott (vgl. Lk 1,16 f: ἐπιστρέψει, ἐπιστρέψαι).

Die beiden Reden des Täufers 3,7-9 und 3,16 f sind demnach vor allem als zwei *sprachliche* Handlungen aufzufassen, die jeweils entsprechende Reaktionen provozieren. Es geht in der lukanischen Darstellung des Wirkens des Täufers Johannes primär nicht um den Vortrag eines zwei- oder dreiteiligen Themenprogramms (Eschatologie - Ethik - Christologie), das die Taufe interpretiert, die Johannes vollzieht, sondern um die Durchsetzung einer Veränderung von Bewußtsein in zwei Handlungszügen sprachlicher Art.

Die erste Rede besteht aus folgenden Handlungselementen:

1. Das Publikum wird unter dem Aspekt seiner Herkunft verunglimpft. Damit wird schon in der Anrede der Auffassung der Kampf angesagt, die Identität aufgrund der Abstammung sei angesichts der eschatologischen Krise von positiver Bedeutung.

2. Ironisch erkundigt sich der Redner in V 7b nach der falschen Lehrautorität, der das Publikum seine falschen Ansichten über das Gericht Gottes verdankt. Der Redner beansprucht damit die Kompetenz, das Publikum überhaupt erst in eine durch Wissen begründete Position Gott gegenüber zu bringen, die der gegenwärtigen Krise adäquat ist.

3. Die zentrale Botschaft der Rede ist die Aufforderung zum Umdenken. Diese wird zuerst positiv formuliert ("Früchte der Umkehr bringen"), dann vor allem negativ. Der Redner untersagt dem Publikum, seine jüdische Identität als genealogische Abrahamskindschaft zu verstehen. Das falsche Denken, dem der Kampf angesagt wird seit der Anrede, betrifft also das identitätsstiftende jüdische Selbstverständnis, sofern es sich als genealogisch begründet begreift. Das andere Wissen, das sich in dieser Rede erstmals öffentlich mitteilt, ist von ungleich höherer Bedeutung. Es wirft auf alles bisher Gewußte ein befremdliches neues Licht, in dem die Abstammung von Abraham zum Unwert zu werden droht: "Ausgeburt von Schlangen!"

4. Diese befremdliche Aufforderung zur Preisgabe des jüdischen Selbstverständnisses wird positiv begründet. Aber diese positive Begründung ist ihrerseits äußerst befremdlich: Gott kann die Abrahamskindschaft völlig neu begründen, so daß die leblosen Steine zu Konkurrenten der betroffenen Hörer werden. Es geht dabei nicht um die Absage an die mit Abraham begonnene Geschichte des jüdischen Volkes, sondern um ihre eschatologische Vollendung durch das jetzt beginnende Geschehen der Neubegründung der Abrahamskindschaft aufgrund eines neu gestifteten Wissens.

5. Die Rede endet mit dem Hinweis, daß das, was sie ausspricht, auch "schon" geschieht. Das Gericht ereignet sich jetzt im Ergehen des Wortes Gottes durch Johannes, der das "Früchtebringen" fordert, das zum Kriterium Gottes im Gericht wird.

Das Publikum reagiert auf diese Rede *adäquat* . Die Frage "Was also sollen wir tun?" ist Ausdruck der Umkehr. Die nachösterliche Verkündigungsgeschichte wird ähnlich beginnen (vgl. Apg 2,37). Da sich das durch Umkehr veränderte Denken nicht nur verbal äußern kann, richtet sich die Frage sogleich auch auf das der Umkehr entsprechende ethische Tun. Die Rede selbst setzt ja voraus, daß die ethische Praxis als die Ebene des von der neuen Klugheit geleiteten Tuns die vorrangige Äußerungsebene des neuen Wissens ist (vgl. V 8). Diesen Stellenwert wird die lukanische Ethik auch in anderen Zusammenhängen behalten. Bereits die erste Dialogsequenz (V 10 f) führt zu dieser für das lukanische Gesamtwerk wesentlichen Ausgangsthese: Der Täufer hat die "Scharen", die er anredet (vgl. V 7a), zur Umkehr gebracht (V 10a). Die folgenden zwei Dialogsequenzen heben die Gruppen der Zöllner und Soldaten aus den allgemeinen "Scharen" hervor. Der Grund ist nach dem, was über die Hierarchie der theologischen Themen und den Stellenwert der Ethik in der lukanischen Theologie auszumachen ist, nicht darin zu sehen, daß Zöllner und Soldaten ethisch besonders fragwürdige Berufe ausüben. Sie sind vielmehr repräsentativ für die politische Bedingungslage, die die Exposition mit dem Synchronismus römischer und jüdischer Daten und Namen anzeigt. Das Wort der Botschaft des Täufers richtet sich an die Adresse eines Volkes, dessen religiöse Kultur und dessen politische Verhältnisse in einem problematischen Zusammenhang stehen. Lukas betont, gerade die für die problematische Interdependenz von Religion und Politik im Palästina des 1. Jahrhunderts signifikanten Gruppen in der jüdischen Bevölkerung seien durch die Umkehrpredigt des Johannes erreicht und zur Umkehr bewegt worden (vgl. in der Retrospektive Lk 7,29).

Die 2. Sequenz (3,15-22) stellt der positiven Bilanz der 1. Sequenz eine sehr viel kritischere Sicht gegenüber: Das "Volk" (λαός) gibt seiner "Erwartung" (προσδοκᾶν) Ausdruck mit "Gedanken" (διαλογιζομένων) in den "Herzen", die der Wahrheit nicht entsprechen. Die zweite Rede des Täufers ist deshalb dem Ziel gewidmet, das in der Kindheitsgeschichte Jesu der greise Simeon mit der Sendung Jesu in Zusammenhang gebracht hat: "...damit offenbart werden aus vielen Herzen die Gedanken" (2,35b). Damit nimmt der Erzähler die Themen vom Anfang der Kindheitsgeschichte des Täufers Johannes wieder auf, wenn auch in gewissen Brechungen bezüglich der Figurenkonstellation. Das Thema der stockenden Vermittlung zwischen Gottes Offenbarung und der Erwartung des Volkes (vgl. bes. 1,21 f) wird fortgeschrieben. Jetzt ist es der Täufer, der *falsche* Erwartungen weckt und korrigieren muß, und zwar bezüglich der Person des Christus. Nach lukanischer Einschätzung ist das entscheidende Hindernis für das Gelingen des Offenbarungsdialogs Gottes mit seinem Volk

das Erkennen des Christus Gottes in der Person des Jesus von Nazaret. Auf dieses eigentliche Problem macht der Erzähler aufmerksam, indem er den Täufer Johannes zum Propheten macht, der falsche Erwartungen auf sich zieht und dadurch genötigt wird, von Jesus zu reden als dem kommenden Richter, den es zu erwarten gilt. Es geht Lukas dabei nicht darum, das Rangverhältnis zwischen Täufer und Jesus zu klären. Der lukanische Leser hat damit keinerlei Probleme. Es geht vielmehr darum, das Problem der Erkennbarkeit der Messianität Jesu erzählerisch zu formulieren in der Korrektur der entsprechenden Erwartung durch einen Redner, der diese Erwartung weckt. Die Korrektur der fehlgeleiteten messianischen Erwartung des Volkes wird in der zweiten Rede des Täufers in einer Art charismatischer Allwissenheit formuliert, die den Täufer als Wissensträger im apokalyptischen Sinn kennzeichnet: Die Taufe des Volkes mit dem heiligen Geist und Feuer ist kein Ereignis der Biographie Jesu, das der allgemeinen Erfahrung zugänglich ist. Das Gericht, das der Kommende vollstreckt, ist das auch in der Gegenwart des Lesers immer noch zu Erwartende (vgl. Apg 17,31). Um beides kann man erst nach Ostern "sicher" wissen (vgl. Apg 2,36). Die zweite Rede des Johannes antizipiert also wesentliche Aspekte der lukanischen Messianologie, ohne innerhalb der erzählten Handlung das Inkognito des Messias Jesus aufzuheben. Der Täufer lenkt die "Erwartung" des Volkes, erkennbar für den christlichen Leser, nicht aber für das Volk in der erzählten Geschichte, auf den Christus des christlichen Verständnisses der Sendung Jesu.
Der Erzähler vermeidet es, das *Volk* auf diese Korrektur seiner Erwartung reagieren zu lassen. Der Vers 18 schließt die Reden des Täufers an das Volk summarisch ab. Statt des Volkes reagiert der Landesherr des Täufers Johannes, Herodes Antipas, auf die Botschaft des Täufers und sorgt für das tragische Ende, das dem falschen Denken entspricht, das der Täufer aufdeckt. Herodes Antipas widersetzt sich der Kritik an seiner torawidrigen Ehe mit seiner Schwägerin Herodias und an seinen sonstigen Übeltaten. Da sich in der ethischen Praxis die Art zeigt, wie einer denkt, sieht der Leser die Einkerkerung des Täufers als die gewaltsame Reaktion des politischen Machthabers auf die Verkündigung des Täufers. Auf seine Weise hat auch Herodes die Botschaft des Täufers gehört und verstanden. Das bestätigt gerade das gewaltsame Geschick des Propheten Johannes. Die Macht beugt sich dem Wissen.
Die gegensätzlich zueinander verlaufenden Sequenzen der Haupthandlung finden im Schluß der Erzählung (V 21 f) in Form einer bilanzierenden Rückschau eine Bewertung unter einem neuen Aspekt, und zwar eine positive. Der Erzähler faßt das Werk des Johannes hier ausdrücklich als *Tauf*geschehen zusammen, auf das Gott *antwortet.* Die Johannestaufe stellt das Volk mit dem zum Messias bestimmten Jesus vor Gott. Über

dieser Konstellation öffnet sich auf den betenden Jesus hin der Himmel mit der Herabkunft des Geistes auf Jesus und mit der Identifikation Jesu als Sohn Gottes durch die Stimme. Dies alles wird nicht als Bestandteil der öffentlichen Kommunikation zwischen dem Täufer und dem Volk in der Haupthandlung dargestellt, sondern als ein für Jesus (und dem Leser) reservierter Aspekt des Wirkens des Täufers. Der Täufer hat das falsche Denken des Volkes über seine kulturelle Identität (Abrahamskindschaft) erschüttert. Der Täufer hat die falschen Erwartungen des Volkes bezüglich des Messias korrigiert. Damit hat der Täufer die *Redesituation* für Gottes Offenbarungsdialog mit seinem Volk hergestellt. Darauf geht der Himmel ein mit der Einsetzung Jesu als Messias in die nun beginnende Geschichte der Offenbarung Gottes.
Die Frage, welchen Sinn es hat, das lukanische Gesamtwerk mit der Kindheitsgeschichte des Täufers Johannes beziehungsweise überhaupt mit den Kindheitsgeschichten zweier Protagonisten zu beginnen, läßt sich damit schon jetzt vorläufig beantworten. Der Täufer bringt das Volk als Hörerschaft ins Spiel, der Himmel Jesus als den Sohn Gottes im Sinne der endzeitlichen Selbstmitteilung Gottes an sein Volk. Die Zweiheit der Anfänge und der Hauptgestalten des Anfangs der von Lukas dargestellten Ereignisse ist Niederschlag der kommunikativen Qualität der im lukanischen Werk dargestellten Ereignisse. Nach der positiven Bilanz über den Beitrag des Täufers Johannes zur Wiederherstellung Israels - den Weg des Herrn zu bereiten im Sinne der Bereitung einer kommunikationsgeeigneten Beziehung zwischen Gott und seinem Volk - wird die Handlung angehalten, um den Menschen Jesus auch über seinen Stammbaum in die universale Rolle einzuweisen, die ihm seit der Schöpfung Adams nach dem universalen Heilsplan Gottes zugedacht ist. Der Stammbaum folgt nicht der Reihe der Namen der Herrscher in der historischen Davids-Dynastie des Südreichs Juda (vgl. V 32); er geht über David und Abraham zurück auf den einen Menschen, aus dem Gott das ganze Menschengeschlecht hat werden lassen, damit es in den dazu bestimmten Zeiten die Erde bewohne, um Gott zu suchen (vgl. Apg 17,26 f). Jetzt beginnt die Geschichte, die diese Suche beendet. Die Geschichte des Jesus von Nazaret wird also als das Ende des großen Projekts der Suche der Menschen nach Gott begonnen.

2.2 Die Sendung Jesu nach Lk 4

Nach der Unterbrechung der laufenden Handlung durch eine Liste, den Stammbaum Jesu, schließt sich das folgende Kapitel ohne eine mit Lk 3,1-6 vergleichbare große Exposition an. Die Darstellung des Anfangs

des öffentlichen Wirkens Jesu wird dem Wirken des Täufers unmittelbar gegenübergestellt. Der Täufer hat mit seiner Umkehrtaufe das Volk mit dem Messias in seiner Mitte vor Gott gestellt. Jetzt wird Jesus seine Sendung, die ihm durch den Geist zugewiesen ist, übernehmen.
Daß Lukas diesen Anfang in originärer Weise gestaltet hat, ist allgemeiner Konsens der Forschung und muß hier nicht nochmals aufgewiesen werden. Ich beschränke mich im folgenden auf eine synchrone Darstellung der erzählerischen Gestaltung dieses Abschnitts und verzichte auch hier weitgehend auf synoptische Vergleichsmöglichkeiten. Lukas kombiniert in diesem Kapitel Stoff der Logienquelle (4,2-13) mit Markus-Stoff (bes. 4,31-44). In welchem Maß seine Komposition gegenüber der des Markusevangeliums in diesem Bereich selbständig ist, wird unten am Konzept des ersten lukanischen Galiläa-Zyklus aufgewiesen.

2.2.1 Die dreifache Prüfung des Sohnes in der Wüste (Lk 4,1-15)

Der Weg Jesu nach seiner Bestimmung zum Sohn Gottes und damit zur Erstfigur der folgenden Haupthandlung beginnt nach Lukas - er folgt darin der Logienquelle - mit einer dreifachen Probe, in der sich herausstellt, ob Jesus sich als 'Held' oder als 'falscher Held' erweist. Diese Episode ist besonders aufschlußreich für das lukanische Verständnis der Sendung Jesu. Sie ist in der Kindheitsgeschichte bereits definiert worden als die Rolle der erscheinenden Weisheit Gottes inmitten des Volkes, näherhin als die Rolle des Lehrers der Lehrer Israels.
Die erzählerische Struktur der Handlung zeigt die folgende Paraphrase nach Sequenzen:

Rahmen: (VV 1.2a):

Nach der Einsetzung in seine Rolle bricht der Held auf (ὑπέστρεψεν),

<

und wird von seinem Helfer an den Ort der Probe gebracht (ἤγετο) .

1. Episode: Die drei Proben (VV 2 b-13)

Exposition der Episode und der 1. Sequenz (V 2 b.c):

Nach 40-tägigem Fasten (οὐκ ἔφαγεν οὐδὲν)

<

tritt mit dem Disäquilibrium des Mangels (ἐπείνασεν) die Situation der Probe ein.

1. Sequenz (V 3 f):

Der Aufforderung (εἶπεν + Imp.) des Versuchers zur Behebung des Mangels

<

widerspricht (ἀπεκρίθη) der Thronanwärter
mit einem Wort der Schrift.

Exposition der 2. Sequenz (V 5):

Der Versucher zeigt (ἔδειξεν) einen möglichen Funktionsbereich des Helden.

2. Sequenz (VV 6-8):

Das bedingte Angebot (εἶπεν· δώσω ... ἐὰν) der Weltherrschaft

<

verschmäht (εἶπεν) der Thronanwärter
mit einem Wort der Schrift.

Exposition der 3. Sequenz (V 9 a.b):

Der Versucher führt (ἤγαγεν) den Thronanwärter in die Residenzstadt der ihm verheißenen Herrschaft
und stellt (ἔστησεν) ihn an den Ort seiner unbeschränkten Macht.

3. Sequenz (VV 9 c-12) :

Der vom Versucher
mit zwei Schriftworten begründeten
Aufforderung (εἶπεν + Imp.), seine Macht zu erproben,

<

widersetzt sich (εἶπεν) der Thronanwärter
mit einem Wort der Schrift.

Schluß der Episode (V 13):

Der Versucher verläßt (ἀπέστη) den Helden.

Rahmen (V 14 f):

Der Held begibt sich (ὑπέστρεψεν) an den Ort seines Auftrags.
Sein Ruf eilt (ἐξῆλθεν) ihm voraus.
Nach der Probe übernimmt der Held seine Rolle endgültig (ἐδίδασκεν).

Die Handlung ist bestimmt durch Bewegungen und Redeakte. Die erste und letzte Funktion bezieht sich auf den Aufbruch Jesu zur Aufnahme seiner Arbeit. Von Jesus wird hier - nach der Kindheitsgeschichte - überhaupt erstmals eine Handlung erzielt, und zwar eine intransitive. Die mit Lk 3,21 f in die Erzählung eingesetzte Hauptfigur wird jetzt erst einmal in Bewegung gesetzt. Während der Probe in der Wüste bewegt sie sich nicht selbst, sondern wird sie bewegt, zuerst vom Geist (V 2a), dann vom Teufel (V 5 ἀναγαγὼν, V 9a.b ἤγαγεν, ἔστησεν). Nach dem Bestehen aller Proben bleibt es dann dabei, daß Jesus sich selbst fortbewegt, um an verschiedenen Orten zu lehren. Das Schema Reisen und Reden ist ab hier das dominierende Handlungsmuster des lukanischen Jesus bis zur "Stunde der Finsternis" (Lk 22,53), in der Jesus festgenommen und zur Passion abgeführt wird (22,54). Mit V 14 f hat Jesus seine Rolle also übernommen, und zwar dauernd (Imperfekt). Das Thema der Probe bietet die Möglichkeit, die Rolle Jesu erneut zu analysieren und zu reflektieren. Erzählt wird, wie Jesus sich als 'Thronanwärter' qualifiziert. Die Proben machen sichtbar, worin die Qualifikation Jesu für die Wahrnehmung seiner Sendung besteht. Die Aufgabe des Teufels bei diesem Verfahren ist es, verlockende Möglichkeiten zu zeigen und anzubieten, wie die Rolle des künftigen Herrschers zu gestalten sei. Das Wenn-Dann-Schema in der 1. und 3. Sequenz besagt, daß die vom Teufel gewiesene Option der Rolle Jesu als Sohn Gottes angemessen sein soll. Demnach entspräche es der Sendung Jesu, daß er seine Macht zur Erhaltung des eigenen Lebens einsetzte (1. Sequenz), daß er schon jetzt die Weltherrschaft übernähme (2. Sequenz) und die Schlußgarantie der himmlischen Regie schon jetzt spektakulär zum Einsatz brächte (3. Sequenz). Der Leser weiß aus Lk 2, daß diese Option der Rolle Jesu nicht angemessen ist. Lukas spielt hier dieselben drei wesentlichen Bedingungen messianischen Handelns, die er in Lk 2 entwickelt hat, erneut durch: die anthropologische (1. Sequenz: wovon lebt der Mensch?), die politische (2. Sequenz: die Weltherrschaft wird nicht von Gott ausgeübt) und die religiös-kulturelle (3. Sequenz: Jerusalem und sein Tempel sind Ort der Epiphanie der Weisheit Gottes).
Die Aufgabe Jesu in der Probe ist es, gegen die Angebote des Versuchers die in Wahrheit seiner Rolle angemessene Option zu stellen. Dies geschieht in allen drei Sequenzen durch Zitate aus der Schrift. Daß der Teufel seinerseits in der dritten und letzten Probe die Schrift zitiert, zeigt, wie wichtig Lukas dieser Aspekt der Rolle Jesu ist. Die von Jesus angeführten Schriftworte stammen sämtlich aus dem Deuteronomium, und zwar aus dem näheren Kontext des "Höre, Israel" (Dtn 6,4 f): "Nicht vom Brot allein lebt der Mensch" (Dtn 8,3). "Den Herrn, deinen Gott, sollst du anbeten und ihm allein dienen" (Dtn 6,13). "Du sollst den Herrn, deinen Gott, nicht versuchen" (Dtn 6,16). Im Zusammenhang der hier herange-

zogenen Texte aus den Mose-Reden an der Grenze zum gelobten Land geht es darum, Israel als den von Gott in der Wüste erzogenen und durch Hunger geprüften Sohn Gottes (vgl. Dtn 8,1-6) vor dem Betreten des Landes daran zu erinnern, worauf sich seine Existenz gründet. Dieser - schon in der vorlukanischen Tradition konstitutive - Aspekt ist für die lukanische Christologie von grundlegender Bedeutung. Jesus übernimmt hier die ihm in Lk 2,46 f zugewiesene Rolle des idealen Lehrers Israels. Die Probe bezieht sich auf die Qualifikation Jesu für diese Aufgabe. Indem Jesus sich selbst entscheidet, als Sohn den Weg der Erziehung zu gehen, die Gott seinem befreiten Volk in der Wüste hat angedeihen lassen, qualifiziert er sich für die Rolle, die er 4,14 f übernimmt: die des Lehrers des Volkes. Seine Treue zu Jahwe allein ist die Voraussetzung dafür, daß Jahwe ihn zum idealen Beispiel machen kann für seine Treue, mit der er die Gerechten aus dem Tod befreit. Der indirekte Hinweis auf die Passion nach der Probe (V 13) deutet diesen Zusammenhang an. Die in der lukanischen Anordnung der drei Proben 'letzte' Versuchung des Sohnes steht wie die dann vom Erzähler gesetzte Zeit, zu der der Teufel seine Macht erneut an Jesus erproben wird, in enger Beziehung zur Passion Jesu an eben diesem Ort der 'letzten' Probe. Die Absage Jesu an den vom Versucher gewiesenen Weg der Offenbarung seiner Gottessohnschaft impliziert schon die Annahme des Todes, aus dem allein Gott Jesus rettet. Zur gegebenen Zeit im Prozeß der Lektüre des Buches wird der Leser verstehen, daß dies die entscheidende Lektion ist, deren Verstehen die "Zeiten der Unwissenheit" beendet und die Zeit der Erkenntnis und des Wissens um Gottes universalen Rettungsplan eröffnet (vgl. Apg 17,30 f). Zunächst geht es freilich nicht darum, sondern um die Befähigung Jesu für seine eigene Lehre, die mit Lk 4,15 summarisch eröffnet wird.
Aus der Sicht des Lesers ist die typologische Beziehung zwischen dem Probe-Motiv im Deuteronomium und in der Versuchung Jesu ein wichtiger Schlüssel zum Verstehen des Textes in seiner Bedeutung für ihn selbst. Der ideale Lehrer Jesus ist in Person die erste Lektion, die es hier zu lernen gilt. Mit den gegensätzlichen Optionen des Versuchers und Jesu steht der Leser selbst am Scheideweg. Die Erzählung, die jetzt beginnt, führt den Leser auf den Weg Jesu, und zwar ganz elementar dadurch, daß in der Geschichte Jesus die Probe besteht. Erzählpragmatisch ist Jesus jetzt die erste Identifikationsfigur, auf der nicht nur das "Wohlgefallen" Gottes liegt (vgl. 3,22), sondern auch das des Lesers. Inhaltlich wird dieser Vertrauensvorschuß eingelöst, wenn der Leser in der Feldrede mit ihren Makarismen und Weherufen erneut vor die Wahl der richtigen Option für ein Leben, das der Erziehung durch Gott entspricht (vgl. Lk 6,35), gestellt wird.

2.2.2 Der Anfang in Nazaret (Lk 4,16-30)

Nach der dreifachen Probe in der Wüste hat Jesus seine Rolle als 'Held' der Erzählung so übernommen, wie sie im Plan Gottes vorgesehen ist, nämlich als der gehorsame Sohn Gottes, also anders als der Gegenspieler diese Rolle gespielt sehen will. Dabei wird mit V 13 die Konsequenz dieser Entscheidung vorweggenommen mit einem Vorverweis auf die Passion. In der Nazaret-Episode werden diese Zusammenhänge weiter entwickelt. Wir beginnen auch hier mit der Paraphrase der erzählten Handlung nach ihren Sequenzen:

Exposition (VV 16-20):

Jesus setzt an zu einer Rede (3 Subsequenzen):

Der Held kommt (ἦλθεν) in seine Heimat (V 16a)

<

und begibt sich (εἰσῆλθεν) an den für die religiöse Kultur seiner Heimat spezifischen Versammlungsort (V 16b).

Er nimmt als Mitglied der Versammlung die Pose des Lektors ein (ἀνέστη ἀναγνῶναι, V 16c)

<

und empfängt (ἐπεδόθη) in Form einer Buchrolle eines der Dokumente des kulturellen Gedächtnisses seiner Kulturgemeinschaft (V 1a).

Im Schatz des kulturellen Gedächtnisses seiner Heimat findet (εὗρεν) der Held (V 17b) den Text (V 18 f),

<

der ihn an diesem Tag zu seiner ersten Rede (ἐκάθισεν, Einnahme der Rednerpose) als Lehrer veranlaßt (V 20a).

<

Die Rede wird vom Publikum mit Spannung erwartet (ἦσαν ἀτενίζοντες ,V 20b).

Hauptteil: Jesus als Lehrer in der Synagoge seiner Heimat (VV 21-28)

1. Sequenz (V 21f):

Der Lehrer stellt (in wörtlicher Rede: ἤρξατο ... λέγειν) einen Zusammenhang her zwischen dem Inhalt des kulturellen Gedächtnisses seines Volkes und dem gegenwärtigen Kommunikationsgeschehen (V 21).

<

Die Reaktion (V 22) ist gespalten:

Das Publikum spendet zwar Beifall (ἐμαρτύρουν) und staunt (ἐθαύμαζον) über das Gesagte;

<

es kann aber keinen Zusammenhang erkennen zwischen den geäußerten Worten und der familialen Herkunft des Redners (ἔλεγον mit anschließender Frage).

2. Sequenz (VV 23-28):

Der Lehrer interpretiert (in wörtlicher Rede: εἶπεν) diese Reaktion als seine Abweisung in seiner Heimat, indem er einen sprichwörtlichen Einwand des Publikums formuliert (V 23)

<

und diesen selbst (in wörtlicher Rede: εἶπεν) dadurch beantwortet, daß er einen Zusammenhang herstellt zwischen dem gegenwärtigen Kommunikationsgeschehen (V 24) und entsprechenden Vorgängen, die im kulturellen Gedächtnis seines Volkes erinnert werden (VV 25-27).

<

Darauf reagiert das Publikum mit Zorn (ἐπλήσθησαν ... θυμοῦ , V 28).

Schluß (V 29 f):

Der Held wird aus seiner Heimatstadt vertrieben (ἐξέβαλον , V 29a).

Dem Versuch, ihn zu töten (ἤγαγον mit nachfolgendem Finalsatz, V 29b),

<

entzieht er sich durch die Abreise (ἐπορεύετο , V 30).

Mit dem ersten Satz der Exposition wird an die Kindheitsgeschichte angeknüpft (vgl. 2,39 f. 51 f). Das Aufwachsen in Nazaret (οὗ ἦν τεθραμμένος 4,16) in der religiösen Kultur seines Volkes, vermittelt durch die elterliche Erziehung (vgl. 2,51a.52), erscheint als ein Motiv der erneuten Rückkehr Jesu nach Nazaret - jetzt in seiner charismatischen Rolle - und als bleibende Voraussetzung seines öffentlichen Wirkens.
In den drei Subsequenzen der Exposition stellt Lukas dar, was Jesus zum Redner im Sinne dieser Rolle macht. Die 1. Subsequenz wird durch zwei Verben der Bewegung strukturiert. Der in Nazaret erzogene Jesus kehrt zurück und betritt, der religiösen Tradition seiner Heimat folgend (κατὰ τὸ εἰωθὸς), die auch "seine" (αὐτῷ) Tradition ist, die für diese Tradition charakteristische Szenerie: die Synagoge am Sabbat. Die lukanische Auffassung, daß die religiöse Kultur des Judentums die notwendige Voraussetzung der endzeitlichen Gottesoffenbarung an die Menschenwelt ist, wird damit am Anfang des öffentlichen Weges Jesu erneut bekräftigt.
Die 2. Subsequenz ist durch zwei Gesten strukturiert. Jesus erhebt sich; man reicht ihm eine Buchrolle. Beide Gesten haben mit dem Thema Lesen zu tun. Durch die Übergabe der Buchrolle wird aus dem frommen Synagogenbesucher Jesus der Lektor des Gottesdienstes an diesem Tag.
Die 3. Subsequenz entspricht der 2. Subsequenz spiegelsymmetrisch. Sie stellt dar, wie Jesus mit der Buchrolle umgeht und sich dann niedersetzt und damit die Haltung des Lehrers einnimmt. Ihre formale Geschlossenheit als Sequenz wird unterstützt durch die inclusio "entrollend das Buch" (V 17b) - "aufrollend das Buch" (V 20a). Durch das Einnehmen der sitzenden Haltung des Lehrers nach dem Auffinden des Textes in der Buchrolle wird aus dem Lektor der Redner des Tages. Erst als Lehrer befindet sich Jesus in seiner ihm bestimmten messianischen Rolle. Sie wird hier - nach der Idealszene Lk 2,46 f - erstmals programmatisch konkretisiert. Konstitutiv ist dabei von vornherein der Bezug zum kulturellen Wissen der jüdischen Religion. Bezeichnend ist, daß Lukas nicht erzählt, daß Jesus den Text Jes 61,1 f vorliest, also in seinem Vortrag als Lektor einsetzt, sondern daß er ihn "findet" als Bestandteil des prophetischen Wissens, auf dem die Hoffnung des jüdischen Volkes beruht und das am Sabbat wieder und wieder gelesen wird. Dieses Hoffnungswissen ist der Gegenstand der ersten Rede Jesu.
Für den Leser des lukanischen Textes wird in dieser Subsequenz der von Jesus in der von Lukas erzählten Handlung gefundene Jesajatext auch wörtlich zitiert. Dieser von Jesus "gefundene" und für den Leser des Lukas zitierte Text macht ihm, dem Leser des Lukasevangeliums, die hier dargestellte Situation über das kulturell Gewöhnliche hinaus durchsichtig: Es spricht der Geistträger. Der Geist ist sein messianisches Charisma. Es qualifiziert ihn als den Boten der guten Nachricht vom großen endzeitlichen Jobeljahr, in welchem Gott den Armen zu ihrem Recht verhilft, den

Gefangenen zu ihrer Freiheit, den Blinden zu ihrem Augenlicht, den Gebrochenen zu ihrer Freilassung. Dem Leser ist damit gesagt, daß die hier angelegte Redesituation etwas Neues ist gegenüber dem, was jeden Sabbat an diesem Ort geschieht.
Auf die drei Subsequenzen, in deren Verlauf Jesus seine Rolle als Lehrer einnimmt, folgt die Reaktion des Publikums. Es ist das Element, welches die Exposition als Gesamtsequenz schließt (V 20b). Die Zuhörer schauen in gespannter Erwartung auf den Redner. Sie werden bezeichnet mit dem programmatischen Ausdruck "alle in der Synagoge". Das erwartungsvolle Schauen dieses exemplarischen Synagogenpublikums ist Ausdruck seiner Hoffnung, die auf dem in der Schrift enthaltenen Wissen beruht. Diese Erwartung wird in der ersten Rede Jesu ihre Antwort finden. Lukas hat damit eine für seine Theologie charakteristische Situation aufgebaut: Die Botschaft Jesu ist in die Hörsituation hineingesprochen, die durch den Kanon der jüdischen Heiligen Schrift, den Tanach, grundgelegt ist.
Die Anlage der Handlung im Hauptteil ist typisch für eine tragische Erzählstruktur. Auf eine kurze 1. Sequenz (sprechen - zustimmen; erfüllt werden - staunen) folgt eine längere, die mit einer Katastrophe schließt, welche im Kontrast zur 1. Sequenz formuliert ist (mit Zorn erfüllt werden). Die 1. Sequenz enthält die eigentliche Rede Jesu. Sie besteht aus nur einem einzigen Satz. Die 2. Sequenz bestreitet zwar Jesus allein mit seinen Redebeiträgen. Bei diesen handelt es sich aber weniger um eine Rede als um eine diatribenartige Diskussion ("Sicher werdet ihr mir sagen ...") mit dem Publikum über dessen Reaktion auf das Kommen Jesu.
Der eine Satz, der die ganze Rede Jesu ausmacht, formuliert das lukanische Verständnis der Sendung Jesu. Wenn der messianische Lehrer spricht ("heute"), erfüllt sich die Schrift im Hören des Wortes Jesu. Die Erfüllung der Hoffnung Israels wird dabei konsequent unter dem Aspekt der Kommunikation, und zwar als Hör-Verstehens-Akt aufgefaßt, so wie dies später auch in der Pfingsterzählung dargestellt wird. Die Reaktion des Synagogenpublikums ist zuerst beifällig zustimmend. Die breite Paraphrase der Rede Jesu auf der Metaebene aus der Perspektive des Publikums (staunen "über die Worte der Anmut, die aus seinem Munde hervorgingen", Lk 4,22b) zeigt dies sehr schön. Gerade darin gleicht diese Reaktion der ersten Reaktion des Publikums auch in der Pfingsterzählung. Aber ebenso wie dort folgt auf die erste eine problematische zweite Reaktion, in der sich das Publikum verständnislos äußert, und zwar bezüglich der wunderbaren Kompetenz des jeweiligen Redners (vgl. Apg 2,12 f). In der Nazaret-Erzählung geht es dabei um das Unverständnis der Hörer bezüglich des Spannungsverhältnisses zwischen familialer Erziehung und Charisma Jesu. Anders als in der markinischen Vorlage (Mk 6,1-6a), in der Markus die Unverträglichkeit beider herausstellt - wegen des "Unglaubens" "kann" Jesus nicht charismatisch wirken - , ist in der lukani-

schen Bearbeitung erzählerisch eindeutig entwickelt, daß es zwischen beiden Formen weisheitlicher Qualifikation einen notwendigen Zusammenhang gibt. Damit zeigt sich, daß die Nazaret-Erzählung in der lukanischen Komposition, wo sie vor die Kafarnaum-Stoffe gestellt ist, nicht zuletzt die Funktion hat, für die Lektüre der folgenden Markus-Stoffe, deren Herkunft der Leser kennt (vgl. V 23), die erkenntnisleitenden Vorzeichen der lukanischen Bearbeitung zu setzen.

Die 2. Sequenz (VV 23-28) analysiert die problematische zweite Reaktion des Publikums. Jesus ist dabei der Prophet, der die Gedanken der Menschen durchschaut und aufdeckt (vgl. Lk 2,35). Daher wird der unausgesprochene Einwand des Publikums von ihm formuliert. Er besteht aus einem Sprichwort und seiner Anwendung auf die Situation. Das Sprichwort besagt, daß ein kranker Arzt an seiner Heilkunst Zweifel entstehen läßt. Die Forderung, erst am eigenen Leib die eigene Profession mit Erfolg zu demonstrieren, gleicht der, die unter dem Kreuz Jesu zu hören sein wird: "Er soll sich selber retten, wenn er der Christus Gottes, der Erwählte ist" (Lk 23,35; vgl. V 37.39). Das Sprichwort vom Arzt spielt demnach bereits auf die Passion an. In der Anwendung auf die aktuelle Redesituation geht es allerdings vorerst nur darum, daß Jesus seiner Heimatstadt nicht die Wunder vorenthalten soll, die - wie der Leser weiß - nach Mk 1,21-34 in Kafarnaum geschehen sind. (Der Kunstgriff, auf den als bekannt vorausgesetzten Text in anachronistischer Weise anzuspielen, wird auch Joh 11,2 angewandt.)

Die Antwort Jesu beginnt ebenfalls mit einem bekannten Satz (vgl. Mk 6,4), den der Leser als Pendant zum Sprichwort vom kranken Arzt auffassen kann: "Kein Prophet ist willkommen in seiner Heimat." Der Bezug zur gegenwärtigen Redesituation ist damit bereits ausgesprochen. Jesus betrachtet die Reaktion des Publikums als seine Abweisung. Die in der Versuchungsgeschichte übernommene Lesart der Gottessohn-Rolle wird hier erstmals verwirklicht. Dies wird im zweiten Teil der Replik Jesu mit dem Maßstab der kanonischen Elija- und Elischa-Tradition gemessen. Elija und Elischa gelten als die Prototypen des gewaltsamen Geschicks, das Propheten in Israel erleiden. Doch wird nicht dieser Aspekt herausgestellt, sondern die entsprechende Konsequenz für das widerstrebende Publikum. Die großen Propheten gehen mit ihrer Sendung ins Ausland. Die Abweisenden haben das Nachsehen. Es geht also nur indirekt um das Schicksal der abgewiesenen Weisheit beziehungsweise ihrer prophetischen Gesandten und explizit um die Warnung an das Publikum, daß die Verheißung des gerade im Gottesdienst verlesenen Jesaja-Textes sich doch nicht an ihm, sondern an anderen Hörern erfüllen könnte. Jesus wird nicht gleich ins Ausland gehen, sondern 'nur' ins galiläische Kafarnaum. Aber wenn die Figurenkonstellation Witwe und Feldhauptmann (vgl. die Elija-Elischa-Beispiele) im öffentlichen Wirken Jesu wiederbegegnet (vgl. Lk

7,1-10.11-17), steht mit dem Hauptmann von Kafarnaum bereits der erste Heide vor Jesus.
Der Schluß der Episode hat höchsten Symbolwert gewonnen durch die Reflexion des Schicksals gewaltsam abgewiesener Propheten in Israel. Der Tötungsversuch draußen vor der Stadt ist eindeutiger Hinweis auf die Passion. Das Motiv des Berges ist hier eingesetzt als Hinweis auf die Zerstörung der Grundlage der eigenen kulturellen Identität. Indem sich Jesus hier dem Tötungsversuch entzieht, begibt er sich auf die 'Reise', die spätestens ab Lk 9,51 explizit mit dem Ort der Passion als Ziel verknüpft ist.

2.2.3 Der Anfang in Kafarnaum (Lk 4,31-44)

Kafarnaum ist in der lukanischen Komposition das erste Ziel der Reise Jesu nach dem endgültigen Verlassen seiner Heimatstadt Nazaret. Durch diese kompositionelle Anordnung bekommt der hier erstmals in einem größeren zusammenhängenden Block übernommene Markus-Stoff (Mk 1,21-39) einen neuen Stellenwert.
Im Zusammenhang des Markusevangeliums ist Kafarnaum überhaupt der erste exemplarische Ort des öffentlichen Wirkens Jesu. Hier ereignet sich, was das Eröffnungs-Summarium Mk 1,14 f ankündigt. Die Gottesherschaft bricht an. Die Dämonen erkennen Jesus und müssen sich seinem Befehl unterwerfen. Aber damit nicht genug. Die Menschen erkennen, daß es sich so verhält. Der erste markinische Chorschluß zeigt dies deutlich; denn die Leute wiederholen, was der Erzähler 'selbst' zuvor glossierend von der Lehre Jesu gesagt hat: sie sei Ausweis der göttlichen "Vollmacht" (ἐξουσία) Jesu (vgl. Mk 1,27 mit 1,22) und interpretieren ganz im Sinne des Erzählers den ersten Exorzismus Jesu als die Unterwerfung aller Dämonen. Wenn die markinische Geschichte Jesu ein happy end hätte bekommen sollen, dann wäre sie hier bereits zuende. Daß Markus genau die gegenteilige Erzählstrategie verfolgt, wird hier bereits deutlich. Das denkbar beste Resultat eines ersten öffentlichen Zeichens Jesu ist der Ausgangspunkt einer Geschichte, die insgesamt damit endet, daß verständnislose Jüngerinnen Jesu nach ihm suchen und ihn nicht finden (vgl. Mk 16,8). Damit hat Markus die tragische Fallhöhe seiner Jesus-Geschichte konstruiert, von der es erzählökonomisch stets nur abwärts gehen kann. Nach dem ersten Kafarnaum-Block (1,21-45) ist der markinische Jesus bereits der outlaw, der sich in keiner Stadt mehr öffentlich zeigen kann (vgl. 1,45), nach dem zweiten Kafarnaum-Block (2,1-3,6) fassen Jesu Gegner den Beschluß, ihn zu töten (vgl. 3,6). Der Exorzismus in der Synagoge von Kafarnaum zeigt also bei Markus den Vollmachtsaspekt

der Sendung Jesu noch ohne tragische Komponente, die für alle weiteren Episoden charakteristisch ist.
Bei Lukas ist dies alles grundsätzlich anders allein aufgrund der Komposition. Der lukanische Jesus kommt nach Kafarnaum als der in seiner eigenen Heimat schon Abgewiesene. Kafarnaum ist die andere Polis in Galiläa, in der Jesus anders handeln wird als in seiner Heimatstadt. In Kafarnaum wird Jesus nicht den Versuch machen, den Schatz des Gedächtnisses der religiösen Kultur seines Volkes zu heben, um ihn seinem eigenen Volk neu wieder zuzueignen. Er wird nicht ein zweites Mal das mühsame Werk der Vermittlung von Verheißung und Erfüllung, von Erwartung und drohender Frustration beginnen, sondern er wird durch seine ersten Exorzismen und Therapien den unbedingten und durch kein menschliches Unverständnis aufzuhaltenden Gang der Verwirklichung des Plans Gottes zur Rettung aller Menschen demonstrieren. Kafarnaum ist im lukanischen Zusammenhang das Paradigma dafür, daß der Heilsplan Gottes sich trotz der Abweisung der Weisheit Gottes bei ihrem endzeitlichen Erscheinen inmitten ihres Volkes dennoch durch das machtvolle Wirken eben dieser Weisheit verwirklichen wird, und zwar an eben diesem Volk.
Die erzählte Handlung wird wieder zuerst nach ihrer sequentiellen Struktur paraphrasiert werden. Daran schließt sich eine Interpretation an, in der dem Vergleich mit der Nazaret-Episode nicht weniger Gewicht beigemessen wird als dem synoptischen Vergleich mit der Markus-Version der Kafarnaum-Episode.

Rahmen:

Der charismatische Lehrer kommt in eine andere Stadt
(κατῆλθεν, V 31a).

1. Szene: Summarium V 31 f

Seine Lehre (ἦν διδάσκων) am Sabbat (V 31b)

<

beeindruckt (ἐξεπλήσσοντο) das Publikum (V 32a),
was der Autor mit der besonderen Kompetenz des Lehrers erklärt (V 32b)

2. Szene: Exorzismus in der Synagoge (VV 33-37):

Exposition:

Die Figur eines Besessenen wird eingeführt. (ἦν, V 33a).
Durch seine Worte (ἀνέκραξεν, V 33b)
wird Jesus identifiziert (V 34).

Sequenz:

Der Charismatiker bedroht (ἐπετίμησεν) den Dämon (V 35a)
mit dem Befehl zur Ausfahrt (wörtliche Rede V 35 b α.β).

<

Der Dämon fährt aus (ἐξῆλθεν, V 35c).

Schluß:

Das Staunen (ἐγένετο θάμβος) des Publikums (V 36a)
findet am Ort des Geschehens Ausdruck im wechselseitigen Gespräch (συνελάλουν, V 36b)
über die Bedeutung des Vorgangs (wörtliche Rede V 36c α.β.γ).
Das Echo erreicht (ἐξεπορεύετο) alle übrigen Orte der Region (V 37).

3. Szene: Therapie im Haus des Simon (V 38 f)

Szenenwechsel (εἰσῆλθεν, V 38a) und Exposition:

Die Figur der Kranken wird eingeführt (ἦν, V 38b).
Dem Charismatiker wird die Heilungsbitte vorgetragen (ἠρώτησαν, V 38c).

Sequenz:

Der Charismatiker bedroht (ἐπετίμησεν) die Krankheit (V 39a).

<

Die Krankheit verläßt (ἀφῆκεν) die Geschädigte (V 39b).

Schluß: Die Geheilte übernimmt ihre Rolle (διηκόνει, V 39c).

4. Szene: Summarium (V 40 f)

Man bringt alle Kranken zum Charismatiker (ἤγαγον, V 40a).

<

Dieser heilt (ἐθεράπευεν) einen jeden (V 40b).

Viele Dämonen bei ihrer Ausfahrt (ἐξήρχετο, V 41a)
identifizieren mit wörtlicher Rede (V 41b) den Charismatiker.

<

Dieser unterbindet (οὐκ εἴα) ihre Rede (V 41c)
wegen ihres Wissens, wie der Autor bemerkt (V 41d).

5. Szene: Aufbruch aus Kafarnaum (VV 42-44)

Exposition:
Der Charismatiker reist (ἐπορεύθη) an einen einsamen Ort (V 42a)
<
und wird von den Scharen vermißt (ἐπεζήτουν, V 42b).

Hauptsequenz:
Sie holen ihn ein (ἦλθον, V 42c)
und versuchen, seine Abreise zu unterbinden (κατεῖχον, V 42d).
<
Der Charismatiker erklärt (εἶπεν) ihnen die Notwendigkeit seiner Abreise (V 43a)
mit einer begründeten Aussage über seine Sendung (V 43b α.β).

Schluß: Er setzt seine Reise als Redner (ἦν κηρύσσων) fort (V 44).

Im Unterschied zur Markus-Fassung kommt Jesus ohne Begleitung nach Kafarnaum, wie er auch in Nazaret ohne Jünger aufgetreten ist. Diese Veränderung der markinischen Figurenkonstellation ist in der 3. Szene (Heilung der Schwiegermutter des Simon) nicht spannungsfrei durchzuhalten (vgl. V 39c). Aber gerade dies zeigt, wie sehr Lukas daran gelegen ist, Kafarnaum als den nach Nazaret zweiten Anfang des Wirkens *Jesu* erscheinen zu lassen. Die erste lukanische Jünger-Episode, die erst Lk 5,1-11 folgt, eröffnet einen anderen Zyklus.
In Kafarnaum spielt die Handlung wie in Nazaret am Sabbat. Wieder lehrt Jesus "sie" in der Synagoge, wobei dem Leser nicht erklärt werden muß, wen Jesus dort als Publikum vorfindet. Das Summarium (V 31b. 32) entspricht in seiner dramatischen Qualität der 1. Sequenz der Nazaret-Episode (V 21 f). Die Lehre Jesu beeindruckt die Hörer. Dies erklärt der Erzähler mit einer Glosse: Das *Wort* Jesu ergeht "in Vollmacht". Dagegen hat nach Mk 1,22b *Jesus* die Vollmacht, die ihn von den Schriftgelehrten unterscheidet. Markus verweist hier bereits auf die in Mk 2,1 - 3,6 folgenden Konflikte. Dies vermeidet Lukas gerade. Der zweite Anfang Jesu in Kafarnaum ist anders als der Anfang in Nazaret frei von Konflikten.

Wie bei Markus wird die Vollmacht der Lehre Jesu in einem exemplarischen Exorzismus manifest (2. Szene). Das Wort des Besessenen in der Exposition der Szene erscheint bei Markus wie bei Lukas als Ausdruck höheren Wissens der Dämonen über Jesus. Lukas läßt es aber nicht vom Dämon, sondern von dem Menschen gesprochen werden, der den Dämon "hat" und der im Besitz dieser Wissensquelle (vgl. Apg 16,16) wie ein Prophet "mit großer Stimme" redet, also nicht wie bei Markus den Lehrvortrag stört, sondern einen überraschenden Beitrag dazu liefert.
Selbstverständlich wird der Dämon in der einzigen Sequenz der Szene gattungsgemäß vertrieben. Bei Lukas verhält er sich dabei aber auffallend kooperativ. Er zerrt bei seiner Ausfahrt den Besessenen "in die Mitte" der Szene, wie es dem demonstrativen Zweck des Vorgangs entspricht, und zwar ohne dabei Schaden anzurichten. Lukas arbeitet also die didaktische Qualität des Exorzismus heraus, während Markus gerade die Ausfahrt des Dämons als turbulentes, geräuschvolles Spektakel ("mit großer Stimme", entgegen dem Schweigebefehl Jesu!) stilisiert.
Im Chorschluß äußert das Publikum bei Markus sein Erstaunen zunächst über diesen Vorgang ("Was ist dies?"), bei Lukas dagegen von vornherein über das *Wort* Jesu ("Was für ein Wort ist dies?"), wie schon zuvor im Eröffnungs-Summarium (vgl. V 32b). Das für Markus sinntragende Stichwort "Lehre" tilgt Lukas an dieser Stelle. Der gesamte weitere Wortlaut des Chorschlusses bezieht sich damit auf das "Wort" Jesu. Das staunenerregende Wort Jesu ist nicht nur Ausdruck der besonderen Kompetenz Jesu ("Vollmacht") als Lehrer, sondern Medium und Erweis der rettenden "Kraft" (δύναμις) Gottes selbst (vgl. Lk 5,17). Entsprechend kommt es bei Lukas nicht darauf an, daß die Dämonen dem Befehl Jesu gehorchen (vgl. Mk 1,27), sondern daß sie die Menschen *verlassen* und sie nicht länger schädigen.
Mit dieser Akzentuierung rückt bei Lukas der Exorzismus näher heran an die Therapie in der 3. Szene (V 38 f), wie umgekehrt die Therapie durch lukanische Redaktion einem Exorzismus angenähert wird. Das "große" Fieber der Schwiegermutter des (noch nicht als Jünger eingeführten) Simon wird bei Lukas wie ein Dämon allein durch das *Wort* Jesu vertrieben. Die für eine Therapie charakteristische Berührung der Kranken durch den göttlichen Arzt (vgl. Mk 1,31) spart Lukas aus. Die Kranke wird nicht aufgerichtet, sondern erhebt sich selbst, sobald das Fieber sie verlassen hat. Die Rolle, die die Geheilte dann übernimmt, ist nicht ihre gewöhnliche als tüchtige Frau, die ihren Haushalt führt, sondern, wie später deutlicher gesagt werden kann (vgl. Lk 8,1-3), die Rolle der wohlhabenden Frau, die mit ihrem Vermögen die Arbeit Jesu unterstützt. Damit ist ein Stück Galiläa für Jesus gewonnen, wenn auch nicht in der Heimatstadt Jesu, sondern nur in der Heimatstadt des späteren Jüngers Simon.

Der Tag der vollmächtigen Demonstrationen der rettenden Kraft Gottes in Kafarnaum endet bei Lukas wie bei Markus mit einem Abend-Summarium (4. Szene), in dem die exemplarischen Ereignisse generalisiert werden. Deutlicher als Markus stellt Lukas zwei Sequenzen kontrastiv gegenüber. Alle Kranken werden zu Jesus gebracht und geheilt. Von vielen fahren Dämonen aus, wobei sie - im Unterschied zur markinischen Version -ihr Wissen über Jesus als "Sohn Gottes" preisgeben; aber Jesus bringt sie zum Schweigen. Das Problem des Wissens und seiner Fundierung in der Verheißung ist nämlich nicht das Thema der Kafarnaum-Stoffe.
Das in Nazaret ursprünglich gesteckte Ziel, die Bewahrheitung des Verheißungswissens des jüdischen Volkes in der Erkenntnis seiner Erfüllung im Kommen Jesu "heute", wird also nach lukanischer Sicht nicht erreicht, weder in Nazaret noch in Kafarnaum. Dies bedeutet aber nicht, daß Gottes Heil nicht Ereignis wird. Gegenüber der Nazaret-Episode setzen die in Kafarnaum geschehenen Erweise der rettenden Kraft Gottes im Wort Jesu einen optimistischen Kontrapunkt. Die Rettung aus der Gewalt der Dämonen ereignet sich unerwartet. Das Publikum in der Synagoge versteht aber, was ihm demonstriert wird. Die Frage, wie sich dies zur Erwartung verhält, die jüdische Synagogenbesucher aufgrund ihres Verheißungswissens haben, ist eine hier ausgesparte, zuvor aber gestellte und damit offen gebliebene Frage, auf die Lukas am Ende des gesamten Weges Jesu zurückkommt.
Die Kafarnaum-Episode endet bei Lukas trotz der im Vergleich zur Nazaret-Episode insgesamt optimistischeren Akzente wie diese mit dem Sich-Entziehen Jesu (5. Szene). Die Menge, die Jesus nach seinem Aufbruch aus der Stadt "sucht" (Exposition), versucht nicht, ihn zu vertreiben oder gar zu töten, sondern will ihn im Gegenteil daran hindern, "von ihnen fortzureisen". Diesem Versuch widersetzt sich Jesus. Das Verschwinden der Weisheit Gottes ist das Modell, nach welchem beide Episoden abgeschlossen werden. Die Abweisung Jesu in seiner eigenen Heimat wird in der Passion Jesu in Jerusalem zum Höhepunkt kommen, das Sich-Entziehen Jesu gegenüber denen, die seine Nähe wollen, in der Himmelfahrt.

III. Der erste Galiläa-Zyklus (Lk 5,1-7,50): Der Beginn der Sammlung Israels

Daß mit Lk 5,1-11 ein neuer Zyklus des Lukasevangeliums beginnt, läßt sich am besten durch einen Vergleich der Kompositionsfigur dieses Abschnitts mit der des entsprechenden Teils des Markusevangeliums verdeutlichen. Seit Lk 4,31 folgt der lukanische Geschichtsbericht der markinischen Anordnung des Stoffs. Jetzt ist zu zeigen, daß Lukas mit der Einschaltung der 'Sondergut'-Episode Lk 5,1-11 in den Markus-Stoff ganz erheblich in die markinische Komposition eingreift. Die Komposition von Mk 1,14-3,6 läßt sich durch die folgende Tabelle darstellen.
Der Zusammenhang zwischen den Teilzyklen I (Mk 1,22-45) und II (Mk 2,1-3,6) wird vor allem durch den dreimaligen Einsatz mit dem Signal πάλιν jeweils am Anfang der drei Segmente des Teilzyklus II verdeutlicht (2,1: "wieder nach Kafarnaum"; 2,13: "wieder am Meer entlang"; 3,1: "wieder in die Synagoge"). Der Teilzyklus I zeigt Jesus als Exorzisten und Therapeuten in der Konfrontation mit den dämonischen Gewalten, der Teilzyklus II konfrontiert Jesus als Lehrer mit menschlichen Gegenspielern. Auf diesen Zusammenhang wird bereits mit der Erwähnung der Schriftgelehrten in Mk 1,22 vorausgeblickt.

Der doppelte Kafarnaum-Zyklus (Mk 1,14-3,6)

1,14-15	Das Eintreten des 'Helden' in die Handlung

1,16-20	Die Berufung zweier Brüder-Paare in die Schüler-Nachfolge

Kafarnaum I

21-22 23-28	Summarium Exorzismus in der Synagoge	35-39	Ausweitung der synagogalen Verkündigung und des exorzistischen Wirkens auf ganz Galiläa
29-31 32-34	Therapie im Haus Summarium	40-45	Unterbindung des öffentlichen Wirkens Jesu in Städten durch Bekanntwerden einer gewagten Therapie

2,1-2	Summarium		
3-12	Therapie im Haus, erweitert zur Chrie: Auseinandersetzung über die Vollmacht zur Sündenvergebung		
13-14	Summarium, Berufung des Levi	18-22	Chrie: Streitgespräch über Fasten
15-17	Chrie: Auseinandersetzung über die Legitimität der Mahlgemeinschaft mit Zöllnern und Sündern	23-28	Chrie: Streitgespräch über das Ährenraufen am Sabbat
3,1-6	Therapie in der Synagoge, erweitert zur Chrie: Streit über die Heilung am Sabbat Todesbeschluß der Gegner Jesu		

Lukas löst dieses kompositorische Gefüge dadurch auf, daß er den Namen Kafarnaum im 5. Kapitel vermeidet (vgl. 5,17 gegenüber Mk 2,1) und sämtliche Iterationshinweise (mit πάλιν) aus dem markinischen Teilzyklus II tilgt. Der zweite wesentliche Eingriff in die markinische Komposition besteht darin, daß Lukas zwischen Mk 1,35-39 und 1,40-45 seine Eröffnungs-Episode Lk 5,1-11 einfügt. Dadurch wird die für die markinische Komposition des Teilzyklus I charakteristische tragische Schlußpointe aufgehoben. Diese besteht darin, daß Jesus seine Sendung, wie er sie Mk 1,39 definiert, schon 1,45 nicht mehr erfüllen kann, nachdem ein Geheilter seine Rolle als Verkünder usurpiert und Jesus sein Stigma als Aussätziger angehängt hat. Indem Lukas die Heilung des Aussätzigen nach seiner Eröffnungsperikope 5,1-11 einordnet, parallelisiert er sie mit der Heilung des Gelähmten, mit der bei Markus der Teilzyklus Kafarnaum II beginnt. Insgesamt ergibt sich so auf der lukanischen Seite eine gegenüber Markus völlig eigenständige Kompositionsfigur, wie die folgende Tabelle zeigt. Sie umfaßt auch den Nicht-Markusstoff der sogenannten 'kleinen Einschaltung' des Lukas (Lk 6,17-7,50).

A Das Werben Jesu um die Autoritäten seines Volkes (Lk 5,1 - 6,11)

Lk 5,1-3	Summarium
4-11	Der wunderbare Fischzug des Simon

Zwei exemplarische *Therapien:*

12-16	Heilung von Aussatz - eine Demonstration an die Adresse der Priester	17-26	Sündenvergebung - eine Demonstration an die Adresse der Pharisäer und Gesetzeslehrer

Das Symposion im Haus des Levi:

27-28	Exposition: Die Berufung des Levi		
29-39	Tischgespräche mit den Lehrern über Essen und Trinken:		
		29-32	*Chrie:* über Gemeinschaft mit Zöllnern und Sündern
		33-35	*Chrie:* Fasten und Gebet oder Essen und Trinken
		36-39	*Gleichnisrede:* über Alt und Neu

Zwei exemplarische Sabbat-*Chrien*:

6,1-5	Das Ährenraufen	6-11	Die Heilung der verdorrten Hand

6,12-19		Exposition
	12-16	Die Wahl der zwölf Apostel
	17-19	Summarium

Weisheitliche Lehre: Die Rede am Berg (6,20-49)

<table>
<tr><td colspan="2">6,20-26 Exposition: Einladung zur Weisheit:
Seligpreisungen und Weherufe</td></tr>
<tr><td>1. Teil
27-35 Handeln nach der goldenen Regel

Die Norm: Feindesliebe (27 f)
Konkretisierungen: Geben und nehmen (29 f)
Schlußsentenz: Die Goldene Regel (31)

Argumentation:
negativ:
Distanzierung vom Handlungsprinzip der Sünder (32-34)
positiv:
Feindesliebe als imitatio Dei (35)</td><td>2. Teil
36-45 Handeln nach dem Vorbild Gottes

Die Norm: Barmherzigkeit (36)
Konkretisierungen: Vergeben und Geben (37 f)
Schlußsentenz: Das Logion vom Maß (38d)

Argumentation:
negativ:
Selbstkritik als Voraussetzung der Brüderlichkeit (39-42)
positiv:
Das Tun als Kriterium für Gut und Böse (43-45)</td></tr>
<tr><td colspan="2">46-50 Schluß: Gleichnis vom Hausbau</td></tr>
</table>

Rettendes Handeln: Zwei exemplarische *Therapien* (7,1-17)

7,1 Überleitung 2-10 Der Hauptmann von Kafarnaum	11-17 Die Erweckung des Sohnes der Witwe mit programmatischem Chorschluß

C Das Wirken Jesu im Spannungsfeld der religiösen Erwartungen (7,18-50)

Rückblicke

18-23	*Dialog* mit dem eingekerkerten Täufer Johannes: Das irritierende Bild des Messias
24-35	*Rede* Jesu an das Volk: Annahme und Abweisung der Boten der Weisheit

Wiederaufnahme des Gesprächs mit den Pharisäern

36-50	*Dialog* im Haus des Pharisäers Simon: Liebe und Sündenvergebung

Die folgenden Analysen werden zeigen, daß der Zyklus Lk 5,1-7,50 eine thematisch geschlossene Konzeption aufweist, die sich vom Themenprogramm des folgenden Zyklus (Lk 8,1-9,50) klar unterscheidet. Die flankierenden Teile des Zyklus Lk 5,1-7,50 zeigen Jesus als den um die Zustimmung der religiösen Autoritäten seines Volkes werbenden Verkünder des Programms der Sammlung Israels aus Sündern (vgl. Lk 5,1-6,11; 7,36-50). Die rahmenden Teile des folgenden Zyklus (Lk 8,1-21; 9,18-50) thematisieren die Übergabe der "Geheimnisse der Gottesherrschaft" (Lk 8,10), insbesondere die Offenbarung des Menschensohnschicksals Jesu. Im ersten Zyklus geht es nicht zuletzt um die Konfrontation Jesu mit den Normvorstellungen und Erwartungen der jüdischen Religion, im zweiten um die Konfrontation der Jünger und des Volkes mit den "Geheimnissen der Gottesherrschaft". Insofern stehen diese Zyklen in einem spannungsvollen Verhältnis zueinander, in dem die Dynamik der lukanischen Theologie in ihren Hauptaspekten sich voll entfalten kann. Da beide in Galiläa lokalisiert sind, werden sie im folgenden als 'erster' und 'zweiter' Galiläa-Zyklus bezeichnet.

1. Das Werben Jesu um die Autoritäten seines Volkes (Lk 5,1-6,11)

Mit dem Vergleich der Kompositionsfiguren des doppelten markinischen Kafarnaum-Zyklus (Mk 1,14-3,6) und des 1. Galiläa-Zyklus des Lukas

(Lk 5,1-7,50) hat sich ergeben, daß Lk 5,1-11 eine Schlüssel-Perikope des lukanischen Geschichtswerkes ist. Sie eröffnet einen makrotextuellen Zusammenhang. Wir können erwarten, daß sie auch von ihrem Thema her einen Schlüssel zur lukanischen Theologie bereithält.

1.1 Der wunderbare Fischzug des Simon Petrus: (Lk 5,1-11)

Lk 5,1-11 wird gewöhnlich als 'Sondergut' bezeichnet, weil es keine synoptischen Parallelen dazu gibt. Die Synopse zeigt aber, daß Lukas auf die Jüngerberufungen Mk 1,16-20 zurückgreift (vgl. bes. V 10) und auf die Exposition des Gleichnis-Kapitels Mk 4, dessen Einzelstoff er aber erst im 2. Galiläa-Zyklus verarbeitet. Das besagt, daß Lk 5,1-11 als Erzählung eine Schöpfung des Lukas ist. Joh 21,1-11 ist deren freie Nachgestaltung.

1 **Es geschah** aber, als die Menge ihn umringte und das Wort Gottes hörte, da (und) **stand** er selbst am See Gennesaret.	Exposition
	1. Sequenz:
2 Und **er sah** zwei Boote stehen am See. Die Fischer, aus ihnen ausgestiegen, **wuschen** die Netze.	Gelegenheit
3 Einsteigend aber in eines der Boote, das dem Simon gehörte, **bat** er ihn, vom Land ein wenig hinauszufahren.	wird ergriffen.
Sich setzend aber, **lehrte** er die Scharen vom Boot aus.	Ergebnis
	2. Sequenz:
4 Als er aber aufgehört hatte zu reden, **sprach** er zu Simon:	
"Fahr hinaus in die Tiefe und laßt hinab eure Netze zum Fang!"	Anweisung...
5 Und antwortend **sprach** Simon: "Meister, die ganze Nacht hindurch uns mühend, haben wir nichts bekommen.	[Disäquilibrium]

Auf dein Wort hin aber werde ich die Netze hinablassen."	...wird akzeptiert.
6 Und als sie dies taten , **schlossen** sie eine große Menge von Fischen **zusammen**.	Ergebnis
Fast **zerrissen** aber ihre Netze.	Disäquilibrium
	3. Sequenz:
7 Und sie **winkten** den Gefährten in dem anderen Boot, sie sollten kommen und mit ihnen zusammen einholen.	Hilferuf...
Und sie **kamen.**	...wird befolgt.
Und sie **füllten** die beiden Boote, so daß sie tief einsanken.	Ergebnis
8 Als Simon Petrus (dies) sah, **fiel** er Jesus zu Füßen mit den Worten :	4. Sequenz:
"Geh fort von mir, denn ein sündiger Mann bin ich, Herr!"	Bitte um Trennung...
9 - Denn Schrecken hatte erfaßt ihn und alle bei ihm über den Fang der Fische, die sie mit eingeholt hatten. 10 Desgleichen auch Jakobus und Johannes, die Söhne des Zebedäus, die die Genossen des Simon waren. -	Erzählerkommentar
Und es **sprach** Jesus zu Simon: "Fürchte dich nicht! Von nun an wirst du Menschen fangen."	...wird korrigiert: Auftrag zur Sammlung
11 Und nachdem sie die Boote an Land gebracht hatten, **folgten** sie ihm, alles verlassend.	Ergebnis

Die Segmentierung nach syntaktischen Kriterien ergibt, daß die Erzählung aus insgesamt vier Sequenzen besteht, von denen die erste zur Exposition gehört. Im Hauptteil der Erzählung ist vor allem der Trennungsschnitt zwischen der 2. und der 3. Sequenz erläuterungsbedürftig. Hier kommt es sehr darauf an, daß grundsätzlich jeder Hauptsatz einer Erzählung in seiner syntaktischen Selbständigkeit auch semantisch als ein selbständiges Element der Handlung zu betrachten ist. "Fast zerrissen aber ihre Netze" (V 6b) ist ein solches Element. Nach dem finalen Motiv der Fülle ("eine große Menge von Fischen") in V 6a eröffnet V 6b mit dem Motiv des drohenden Schadens - dem eigentlichen Disäquilibrium der Erzählung - ein neues Textsegment. Daß V 6a abschließende Funktion hat, ergibt sich auch aus der anaphorischen Substitution ("Als sie *dieses* taten"), mit der die Handlung der Genossen des Simon als Ausführung der voraufgehenden Ankündigung des Simon, er werde der Weisung Jesu folgen, definiert wird. Bestätigt wird diese Analyse auch durch die Satzverknüpfungen in der gesamten Episode. Nach der oben durchgeführten Segmentierung beginnen sämtliche Abschnitte mit leicht inversivem "Aber" (δὲ), während alle weiteren Sätze und Satzgefüge mit Ausnahme von V 3ab auf Textebene 1 mit "Und" (καί) angeschlossen werden - eine typisch lukanische Technik. Diese Analyse der sequentiellen Struktur ist selbstverständlich von einiger Bedeutung für die Interpretation. Als besonders auffällig muß gelten, daß das eigentliche Disäquilibrium der Erzählung - die Gefahr, daß die Netze zerreißen (V 6b) - genau im Zentrum der Episode erst erscheint.

Die Exposition (1. Sequenz) beginnt mit dem bei Lukas üblichen neutralen Eröffnungssignal "Es geschah", verbunden mit einem substantivierten A.c.I., in der Übersetzung als Temporalsatz wiedergegeben. Erzähllogisch handelt es sich dabei um eine Zeitangabe. Schon diese ist bezeichnend. Lukas definiert die erzählte Zeit als die des Hörens des Wortes Gottes. Dabei ist der Adressat die (Volks-)Menge. Im weiteren Gang der Erzählung wird der Leser bemerken, daß das Volk zunächst aber nicht der Adressat der folgenden Aktionen und Reden Jesu sein wird - im Gegenteil. Die Volksscharen sind einstweilen mit ihrer Zudringlichkeit eher lästig (vgl. bes. die folgende Einheit 5,12-16). Um so mehr fällt die Exposition 5,1-3 ins Gewicht. Die Stichwortverbindung von V 1 (die Menge, τὸν ὄχλον) zu V 3 (die Scharen, τοὺς ὄχλους) insistiert darauf, daß der eigentliche Adressat der Sendung Jesu das jüdische Volk ist. Der 1. Galiläa-Zyklus geht darauf auch in seinem Mittelteil 6,12-49 ein. Die flankierenden Teile 5,1-6,11 und 7,1-50 nehmen aber darauf Bezug, daß das jüdische Volk mit seiner religiösen Kultur bereits seine Autoritäten hat, deren Weisung es folgt. Der lukanische Jesus muß sich, wenn er dieses Volk lehrt, mit dieser religiösen Kultur und den Autoritäten, die sie repräsentieren, auseinandersetzen. Das ist das Thema der folgenden

Erzählungen. Insofern hat die Exposition Lk 5,1-3 auch eine makrotextuell grundlegende Funktion.
Im übrigen eröffnet sie die Einzelperikope. Nicht ohne Witz zeigt Lukas durch direkte Stichwortverbindungen, was er als Erzähler im Schilde führt. Jesus "steht" (ἦν ἑστώς) am Ufer und sieht dort ("Ufer" wird wiederholt) zwei Boote "stehen" (ἑστῶτα). Die Eigentümer sind "ausgestiegen" (ἀποβάντες) und mit den Netzen beschäftigt, die später als Requisiten noch zum Einsatz kommen. Dies ist die Gelegenheit für Jesus, in eines der Boote "einzusteigen" (ἐμβάς) und die Lehre an das Volk fortzusetzen. Was ist damit gewonnen? Am Ende der Exposition tut Jesus dasselbe wie am Anfang. Eine Lehrsituation wird durch eine ähnliche ersetzt. Es kommt aber darauf an, daß mit der 1. Sequenz die Requisiten der Arbeitswelt der galiläischen Fischer von Jesus umfunktioniert worden sind zu Instrumenten der Verkündigung. Damit nicht genug. Über sein Boot ist Simon in die Geschichte hineingeraten. Sein Boot wird von Jesus besetzt. Dann soll er es auf den See hinausfahren. Und schon ist aus seinem Arbeitsgerät ein Lehrstuhl geworden, auf dem sich Jesus, der Lehrer, niedersetzt. Am Ende der Erzählung ist auch Simon nicht mehr der Fischer, der er einmal war. Die Neubestimmung der Dinge des alltäglichen Lebens durch Jesus (bzw. durch Offenbarung) ist das Prinzip der ganzen Erzählung. Aus Fischern werden Menschenfischer, aus Fischen Menschen, die in den Netzen der Mission lebend eingefangen werden müssen. Dies alles greift den hier gerade erzählten Begebenheiten weit vor. Erst mit den letzten Simon-Petrus-Episoden der Apostelgeschichte wird klar ersichtlich, worauf insbesondere mit dem Motiv der zwei mit Fischen gefüllten Boote symbolisch angespielt wird (vgl. Apg 10,9-23a; 15,7-11).
Der Gattung nach ist das, was durch Lk 5,1-3 eingeleitet wird, zunächst als Geschenkwunder zu bestimmen. Es fällt allerdings auf, daß die Fische am Schluß der Geschichte achtlos zurückgelassen werden. Dem entspricht, daß am Beginn das entsprechende Disäquilibrium fehlt. Niemand hat Hunger. Ein Disäquilibrium ist nach 5,5 die Vergeblichkeit der nächtlichen Arbeit der Fischer. Dem steht am Ende die Aussicht auf eine Tätigkeit als Menschenfischer gegenüber, die mit dieser Erzählung als überwältigend ertragreich angekündigt ist. Die Gattung Geschenkwunder liefert hier also lediglich die Requisiten für eine Erzählung, die in allegorischer Form von der Sammlung des endzeitlichen Gottesvolkes handelt, die jetzt in der Lehre Jesu beginnt und die nach dem Pfingsttag Simon mit den Aposteln als Zeugen Jesu vor dem Volk neu beginnen wird. Die Konzeption einer allegorischen Wundergeschichte ist ungewöhnlich. Bekanntlich werden im Neuen Testament mit einer gewissen Regelmäßigkeit Gleichnisse allegorisiert. Dieser formgeschichtliche Prozeß ist damit zu erklären, daß die Gleichnisse Jesu sekundär als Offenbarungs-

rede verstanden worden sind. Wundergeschichten kommen für die Allegorisierung insofern weniger in Frage, als sie nicht als Offenbarungsreden verstanden werden können. Lk 5,1-11 wird auch nicht erst durch das allegorische Wort Jesu (V 10b) zur Allegorie, sondern durch die Stilisierung der Handlung auch und gerade in ihren nonverbalen Elementen. Der große Fischzug wird für Simon in der 4. Sequenz zu einem Bild, das er "sieht". Dies ist deshalb so auffällig, weil der Leser Mühe hat, die Perspektive nachzuvollziehen, aus der Simon hier den Vorgang wahrnimmt, bei dem er eigentlich selbst beteiligt ist. Aber das Motiv des Sehens macht klar, daß das Wunder in diesem Fall nicht in der Gewährung einer wunderbaren Fülle von Nahrungsmitteln besteht, sondern in der bildlichen Präsentation eines zukünftigen Geschehens in einem wunderbaren Vorgang, wie er sonst als Vision gestaltet werden würde (vgl. bes. Apg 10,10-16).

Diese Technik, ein Wunder als Allegorie zu inszenieren, ist Bestandteil einer ganz bestimmten theologischen Konzeption. Die Allegorie gehört zu den für die apokalyptische Weisheit charakteristischen Gattungen (seit Dan 2). Die artifizielle Codierung der Rede in der Allegorie ist Ausdruck dafür, daß die in der Allegorie mitgeteilte Wahrheit nicht aus der alltäglichen Erfahrung gewonnen und nicht als Erfahrungswissen vermittelt ist, sondern durch Offenbarung gegeben wird und den Gesetzen des Erfahrungswissens nicht folgt. Daß der 1. und der 2. Galiläa-Zyklus mit allegorischen Texten eröffnet werden (vgl. Lk 8,4 ff), deutet darauf hin, daß Lukas selbst in der Tradition der apokalyptischen Weisheit steht.

Die überleitende Bemerkung "Als er aufgehört hatte zu reden" trennt nicht, sondern verbindet die Exposition mit der folgenden Handlung. Alles weitere hat mit dem Geschehen des Wortes zu tun. Die 2. Sequenz (VV 4-6a) hat ihren Schwerpunkt in der Antwort des Simon. Jesus verlangt etwas scheinbar Banales. Erst in der Antwort Simons wird deutlich, daß hier zwei Welten, genauer, zwei Formen des Wissens aufeinanderstoßen. Simon weist darauf hin, daß die Mühe beim fachmännisch in der Nacht durchgeführten Versuch, Fische zu fangen, vergeblich war. Es ist unwahrscheinlich genug, aber desto aussagekräftiger, daß er sich nun bedingungslos bereitfindet, "auf dein Wort hin" dasselbe zur Unzeit zu unternehmen. Der Erfolg zeigt, daß es außer dem beruflichen Erfahrungswissen andere Zugänge zur Realität gibt, die im "Wort" erschlossen sind. Die Überlegenheit des Offenbarungswissens gegenüber dem auf Erfahrung beruhenden Wissen wird im Text durch die Opposition "die ganze Nacht... nichts" - "auf dein Wort hin... eine große Menge" angezeigt.

Der Schluß der 2. Sequenz führt zu einem Äquilibrium, das dem Motiv der Vergeblichkeit der Arbeit als Disäquilibrium entspricht: Eine wunderbare Fülle wird geschenkt. Aus diesem Schluß-Motiv macht die Exposition der 3. Sequenz (VV 6b-7) alsbald ein neues Disäquilibrium. Aus

Fülle droht Schaden zu werden. Die Sequenz wird gebildet durch die Funktionen "winken" - "kommen". Es gelingt, den Schaden abzuwenden und den Fang zu bergen, weil die Verständigung zwischen den beiden Booten gelingt. Auch hier steht also das Thema Kommunikation im Zentrum der Handlung. "Winken" als Zeichensprache kommt als Motiv im Lukasevangelium zuerst in der Kindheitsgeschichte des Täufers vor (vgl. 1,22.62). Dort geht es um die Schwierigkeit, das durch den Engel Gottes offenbarte Wissen mit dem Erwartungshorizont der religiösen Hoffnung des Volkes zu vermitteln. Wenn das Motiv "Winken" auch in 5,7 auf diesen Problemzusammenhang verweist, wäre das Gelingen der Verständigung des Bootes des Petrus mit dem zweiten Boot als allegorisch bedeutsam aufzufassen. (Daß zwei Boote eine Rolle spielen werden, obwohl zuerst nur ein Boot requiriert wird, ist bereits in der Exposition mit V 2a ausdrücklich angekündigt.) Man verständigt sich darüber, daß das Wunder des reichen Fanges nicht in einem einzigen Boot zu bergen ist. Die letzte Episode im lukanischen Werk, in der Simon Petrus auftritt, zeigt ihn neben Jakobus (dem Herrenbruder) als Redner über die Frage, ob es für Heiden heilsnotwendig sei, sich beschneiden zu lassen. Die Verständigung führt dort zu der Entscheidung, Juden und Heiden in der Kirche als zwei Observanzen unterschiedlicher religiöser Façon anzuerkennen. Dabei geht es um eine Entscheidung, die die Identität Israels tangiert und deren Akzeptanz in Apg 15,5a von Gläubigen der pharisäischen Richtung bestritten wird. Wenn das Motiv der zwei Boote allegorisch zu deuten ist, dann am ehesten in dieser Perspektive.

Die 4. Sequenz (VV 8-10) wird mit einem participium coniunctum "sehend aber.." (ἰδὼν δὲ) eröffnet - in der Übersetzung als Temporalsatz wiedergegeben - , das den wunderbaren Fischzug und die Bergung der Fische in zwei Booten als von Simon geschautes Bild der Rettung der Menschen durch Gott definiert, das inszeniert wird für ihn von Jesus, dem Lehrer höheren Wissens. In diesem Augenblick des soteriologischen Erkennens setzt der Autor gezielt erstmals außer dem Eigennamen "Simon" den seine apostolische Rolle bezeichnenden Namen "Petrus". Die Sequenz selbst ist die erzählerische Explikation dieser Rolle.

Der erste Handlungszug der Sequenz ist Simons Reaktion auf das Sehen der soteriologischen Lektion Jesu. Er bezieht das, was er gesehen hat, auf sich selbst. Er erkennt, daß Menschen auf die Rettung durch Gott angewiesene Sünder sind. Deshalb bittet er wegen der unüberbrückbaren Distanz zwischen sich als Sünder und Jesus als dem Gesandten des heiligen Gottes um die Trennung. Der zweite Handlungszug der Sequenz ist das Wort Jesu, mit welchem er Simon zum Menschenfischer beruft. Es geht nicht um Ausgrenzung der Sünder, sondern um ihre Sammlung als Gottesvolk. Das Verhältnis der beiden Aussagen über das, was Simon "ist" (εἰμι), und über das, was er "sein wird" (ἔσῃ), ergibt die Petrus-

Rolle im lukanischen Geschichtswerk: Petrus ist der exemplarisch gerettete Sünder, der als Zeuge des Handelns Gottes vor allem deshalb tauglich ist, weil er weiß, wovon er Zeugnis geben wird. Er wird deshalb in der nachösterlichen Sammlung des Gottesvolkes eine Schlüsselrolle spielen.
An der Gestalt des Simon entwickelt Lukas also einen Hauptaspekt seiner Theologie: Die Begegnung mit dem Wort Jesu deckt die Situation des Menschen vor Gott auf. Daraus ergibt sich die Aufgabe der Verkündigung erfahrener Rettung, die die Menschen zusammenbringt in das endzeitliche Volk Gottes aus Juden und Heiden.
Die Verwandlung des Fischers Simon in den Menschenfischer Simon Petrus, die sich als ein Schlüssel zur lukanischen Theologie erwiesen hat, unterbricht Lukas mit einer auktorialen Bemerkung (V 9 f). Sie gibt Gelegenheit, die Namen der Zebedäus-Söhne einzuführen, die zusammen mit Simon im 2. Galiläa-Zyklus eine bevorzugte Dreiergruppe bilden (vgl. 8,51; 9,28). Das eigentliche Interesse des Lukas ist es aber, die Reaktion des Petrus zu verallgemeinern ("alle") als die Krise des Menschen, der sich in der Konfrontation mit dem Heiligen als Sünder erkennt.
Am Schluß der Episode (V 11) werden die Boote an Land gezogen. Die Boote müssen an Land. Denn erst so kann man sie verlassen, um in die Nachfolge des Lehrers einzutreten, der diese Boote als Instrumente der Sicherung des Lebens überflüssig gemacht hat für alle, die bei ihrer allegorischen Verwendung gelernt haben, was Sicherung des Lebens eigentlich ist.
Was in der Geschichte als erzählte Gegenwart geschieht, liegt für den impliziten Leser in der Vergangenheit. Aber es ist eine für seine Gegenwart bestimmende Vergangenheit. Dafür sorgt die Identifikationsfigur Simon. Was dieser erkennt, sieht der christliche Leser des Lukas als seine eigene Vergangenheit: "Einst waret ihr Finsternis, jetzt seid ihr Licht im Herrn" (Eph 5,8; vgl. Eph 2,1-10.11-22; Kol 1,21 f; 2,13; 3,7 f; Tit 3,3-7). Das soteriologische Kontrast-Schema artikuliert aus der Sicht bzw. für die Sicht von Heidenchristen - für solche schreibt Lukas - die Bedeutung der Lebenswende von der heillosen Vergangenheit zur christlichen Existenz. Für einen solchen Leser ist es wichtig, Simon Petrus, den ersten (jüdischen) Schüler Jesu, diese Erfahrung machen zu sehen. Dies ist der Anfang einer langen Kette von solchen Erfahrungen, die schließlich ἐν ἡμῖν endet (vgl. Lk 1,1 f).
Das Berufungswort Jesu an Simon liefert dem Leser explizit den Schlüssel zur Decodierung der allegorischen Motive im Mittelteil der Fischfang-Episode. Man kommt als Leser zwar bereits über die Exposition darauf, daß die Erzählung symbolische Bedeutung hat. Jetzt wird aber ausdrücklich bestätigt, daß sie als Allegorie zu lesen ist, also für den Leser im Sinne einer verschlüsselten Offenbarung eine höhere Bedeutung hat. Das Wunder ist eine Form der Darstellung, die allegorisch vorwegnimmt, was

als 'Menschenfischerei' von nun an stattfindet. Die allegorischen Einzelmotive verweisen auf das, was folgt. Die Eröffnungs-Allegorie ist insofern vor allem eine Einladung zum Weiterlesen.

1.2 Zwei exemplarische Therapien

Nach der allegorischen Eröffnung des 1. Galiläa-Zyklus folgen zwei Therapien, in denen das Thema der theologischen Anthropologie ('Sünde') in einer für Lukas kennzeichnenden Weise weiterverfolgt wird: Es wird zum Thema eines Verständigungsversuchs Jesu mit Priestern und Gesetzeslehrern.

1.2.1 Reinigung von Aussatz - eine Demonstration an die Adresse der Priesterschaft (Lk 5,12-16)

Diese Erzählung hat Lukas aus dem markinischen Kompositionszusammenhang herausgelöst, um sie als erstes Paradigma in den mit dem wunderbaren Fischzug des Simon eröffneten Zusammenhang des 1. Galiläa-Zyklus zu stellen. Die Sammlung Israels beginnt demnach mit einer Aussätzigenheilung. Damit ist entschieden, daß dem Thema Reinheit und dem Verhältnis des Wirkens Jesu zum Tempel in Jerusalem eine Spitzenstellung eingeräumt wird. So entspricht es den thematischen Akzentuierungen der lukanischen Kindheitsgeschichte, vor allem Lk 2,22-38.

Mk 1,40-45	Lk 5,12-16
40 Und **es kam** zu ihm ein Aussätziger,	12a Und **es geschah**, als er in einer der Städte war
	b Und siehe, ein Mann voll Aussatz.
	c Als er Jesus erblickte,
der ihn bat und auf die Knie fiel und ihm sagte:	**bat** er ihn, indem er auf das Gesicht niederfiel und sagte
	"Herr,
"Wenn du willst, kannst du mich reinigen."	wenn du willst, kannst du mich reinigen."

41 Und indem er von Mitleid bewegt die Hand ausstreckte,
berührte er ihn
und **sagte** zu ihm:

"Ich will.
Werde gereinigt!"

42 Und alsbald **verließ** ihn der Aussatz.
Und er **wurde gereinigt**.

43 Und ihn erregt anfahrend,
trieb er ihn alsbald **hinaus**.
44 Und er **sagte** ihm:

"Sieh zu, daß du niemand etwas sagst,
sondern geh,
zeig dich dem Priester
und bring dar für deine Reinigung, was Mose angeordnet hat,
ihnen zum Zeugnis!"

45a Der aber ging hinaus und **begann**, alles **auszuposaunen** (wörtl.: vieles zu verkündigen)
und die Sache (wörtl.: das Wort) auszuplaudcrn,
bso daß er [Jesus] nicht mehr öffentlich in eine Stadt hineingehen konnte.
cSondern außerhalb an einsamen Orten **hielt** er **sich auf**.
Und [doch] **kamen** sie zu ihm von überall her.

13a Und indem er die Hand ausstreckte,
berührte er ihn, indem er sagte:

"Ich will.
Werde gereinigt!"

b Und alsbald **verließ** ihn der Aussatz.

14 Und er selbst **trug** ihm **auf**,
es niemand zu sagen,

"sondern fortgehend,
zeig dich dem Priester
und bring dar für deine Reinigung, wie Mose angeordnet hat,
ihnen zum Zeugnis!"

15a Es **verbreitete sich** aber noch mehr das Wort über ihn.

[vgl. V 16]

b Und **es kamen zusammen** viele Volksscharen, zu hören und geheilt zu werden von ihren Krankheiten.

16 Er aber **zog sich** an die einsamen Orte **zurück** und **betete**.

Die sequentielle Struktur der beiden Versionen läßt sich in einer formalisierenden Paraphrase der Handlungsschritte verdeutlichen. (Die Hauptsatzprädikate werden durch Fettdruck angezeigt.)

Mk 1,40-45	Lk 5,12-16
	12a Episodeneröffnung
	12b Disäquilibrium
1. Sequenz 40 Der Aussätzige **kommt** mit der Bitte um Reinigung.	12c Der Aussätzige **bittet** um Reinigung.
<	<
41 Der Charismatiker entspricht der Bitte durch **Berührung** und **Wort**.	13a Der Charismatiker entspricht der Bitte durch **Berührung** und **Wort**.
42 Ergebnis: **Verschwinden** des Aussatzes und **Reinigung**	13b Ergebnis: **Verschwinden** des Aussatzes
2. Sequenz 43 Der Charismatiker **vertreibt** den Geheilten 44 und **gibt** vier wörtlich formulierte **Verhaltensregeln**, ein Redeverbot und drei positive Anweisungen.	14 Der Charismatiker **verordnet** Schweigen und **gibt** zwei wörtlich formulierte **Verhaltensregeln**, und zwar positive Anweisungen.
<	<
45aα Der Geheilte **verstößt** gegen das Verbot.	15a Trotzdem **verbreitet sich** das Wort.
45aβ.b Ergebnis: **Isolation** des Charismatikers, die allerdings den **Zulauf** der Menge nicht unterbindet.	15b Ergebnis: **Zulauf** der Menge, dem sich der Charismatiker **entzieht** zum **Gebet**.

Die Ähnlichkeit der sequentiellen Struktur der beiden Fassungen ist nicht so groß, wie es auf den ersten Blick scheinen könnte. Die 2. Sequenz hat in den jeweiligen Fassungen eine ganz unterschiedliche erzählökonomische Qualität. Bei Markus liegt die Sequenz: 'Ein Gebot wird erlassen. -

Ein Gebot wird übertreten.' vor. Der entscheidende Unterschied bei Lukas ist, daß überhaupt nicht erzählt wird, was der Geheilte tut, ob er die Anweisungen befolgt oder nicht, sondern wie trotz der Diskretion, die Jesus vom Geheilten verlangt, die Geschichte publik wird. Die feineren Differenzen fördert der synoptische Einzelvergleich zutage.

Nach Markus beginnt die Episode ohne szenische Eröffnung. Er schließt sie also direkt an Mk 1,35-39 an und schafft so einen engen thematischen Bezug zwischen den Episoden. In Mk 1,35-39 entzieht sich Jesus der Forderung der Jünger, nach Kafarnaum zurückzukehren, um sich der größeren Öffentlichkeit aller Landstädte Galiläas zuzuwenden. In Mk 1,40-45 wird dieses Programm zunichte gemacht dadurch, daß der geheilte Aussätzige sich die Rolle des Verkündigers anmaßt und Jesus nun an seiner Stelle die Rolle des Ausgegrenzten zufällt. So endet der 1. Kafarnaum-Zyklus des Markus beinahe in einem Desaster. An diesem Zusammenhang ist Lukas gerade nicht interessiert. Er eröffnet seine Geschichte mit einem absoluten Episodenmerkmal: Die Handlung spielt in einer exemplarischen Stadt. Daß mit 5,12 die Realisierung des Programms von 5,1-11 beginnt, ist damit unterstrichen.

Kennzeichnend ist auch, in welcher Weise Lukas die Figur des Aussätzigen einführt. Bei Markus geschieht dies im Zuge der 1. Sequenz. Aus der Annäherungsbewegung heraus trägt der Mann seine Bitte vor. Daß das Prädikat ein Verb der Bewegung ist und das Verb des Sagens nur als Partizip gesetzt wird, zeigt, wie sehr es Markus um die Dynamik des Einsatzes zu tun ist. Ganz anders Lukas. Bei ihm bietet der Aussätzige ein Bild ("siehe") des völligen Unheils ("voll Aussatz"). Damit nimmt Lukas das in Lk 5,8 begonnene Thema der Sünde modifizierend auf. Aussatz ist, ebenso wie in der folgenden Episode das Gelähmtsein, eine der Formen, in denen sich die Sünde manifestiert. Die manifeste Form der Krankheit zeigt, daß die lebensbegründende und -erhaltende Beziehung des Menschen zu Gott unheilbar gestört ist.

In der 1. Sequenz läuft der Aussätzige in der lukanischen Version - anders bei Markus - nicht auf Jesus zu, sondern verhält sich genau wie Simon Petrus in der voraufgehenden Episode:

5,8	5,12
"sehend" (das Geschehene)	"sehend" (Jesus)
"fiel er"	"fallend auf das Gesicht"
"sagend":	"bat er ... sagend":

In beiden Fällen wird außerdem die Distanz zwischen Jesus und dem Sünder bzw. Aussätzigen durch den Kyrios-Titel in der Anrede angezeigt. Die Gegenüberstellung der vorgetragenen Bitten zeigt im Rückblick vor allem, welches Konzept hinter der Trennungs-Bitte des Simon Petrus steht. Er verhält sich wie ein Aussätziger.

Im Vergleich mit der Markus-Version fällt auf, daß Lukas bei der Reaktion Jesu auf die Bitte um Reinigung das markinische Motiv des Erbarmens tilgt. Für Markus ist dieses Motiv deshalb von Gewicht, weil es im Kontrast steht zu der zornigen Erregung, mit der Jesus Mk 1,43 den Geheilten vertreibt. Auch dies tilgt Lukas. Sein Jesus handelt moderat. In der nächsten Perikope zeigt sich genauer, daß dies mit dem lukanischen Verständnis der Sendung Jesu als Lehrer zusammenhängt. Sein Handeln an Kranken hat immer auch einen demonstrativen und belehrenden Charakter. Bei Markus geht es dagegen um den Kampf des vollmächtigen Sohnes gegen die dämonischen Todesgewalten. Eine wesentliche Veränderung nimmt Lukas dadurch vor, daß er bei der Konstatierung der Heilung das theologisch gewichtigere Element der Markus-Fassung tilgt: Lukas konstatiert die Heilung vom Aussatz, bewertet dies hier aber nicht als Reinigung. Das passivum divinum, das Markus hier setzt ("er wurde gereinigt" umschreibt Gottes Handeln) , vermeidet Lukas. Wie Lukas das Verhältnis von Heilung und Reinigung als Erzähler theologisch interpretiert, wird in der Gestaltung der 1. Sequenz aufgrund der Auslassung des Reinigungs-Motivs im Schluß deutlich: Das Disäquilibrium ist der *Aussatz*. Der Aussätzige bittet um *Reinigung*. Das Wort Jesu ist das Machtwort der *Reinigung*. Der Erzähler aber konstatiert nur die Heilung von *Aussatz*. Damit entsteht - anders als bei Markus - eine Motivationslage, die auf die Konstatierung der Reinheit des Geheilten durch die Priester hinausläuft. Bei Lukas wird der Leser also motiviert, die 2. Sequenz unter diesem Aspekt zu lesen.

In der 2. Sequenz erzählen beide Evangelisten, wie der Versuch Jesu scheitert, im Tempel die Anerkennung seines Wirkens zu finden. Aber die Unterschiede in der Durchführung dieses Themas sind erheblich. Bei Markus kommt der Geheilte gar nicht im Tempel an. Bei Lukas bleibt dies zumindest offen. Bei Markus geht es gerade darum, daß der Geheilte trotz des ihm auferlegten Schweigegebots in die Rolle des (unautorisierten) Verkünders schlüpft - Markus verwendet hier Missionsterminologie: "verkünden", "das Wort" - und Jesus damit zum Geächteten werden läßt. Bei Markus kommt es also entscheidend darauf an, daß der Geheilte das Schweigegebot bricht. Es steht unter den Verhaltensmaßregeln bei Markus an erster Stelle. Der Geheilte soll zu niemand reden, sondern... Der Rest wird obsolet, weil das Gebot schon vor diesem "sondern" nicht gehalten wird. Ganz anders Lukas. Hier fällt auf, daß das Schweigegebot gar nicht als wörtliche Rede Jesu formuliert ist, sondern nur die positiven Anweisungen. Deren gibt es nur zwei. (Das Fortgehen wird bei Lukas zum participium coniunctum!) Der Geheilte soll sich dem Priester zeigen und das in seinem Fall gebotene Opfer darbringen. Dies entspricht den Vorschriften von Lev 14, 1-9 und Lev 14,10-20. Wie sehr Lukas im Unterschied zu Markus an der Erfüllung der Reinheitsgebote gelegen ist, kann man an der semantischen Geschlossenheit der Struktur seiner Verhaltensanweisung ablesen:

a Zeig dich dem Priester
b und opfere wegen deiner Reinigung,
b' wie Mose angeordnet hat,
a' ihnen zum Zeugnis.

Jesus geht es in der Sicht des Lukas also darum, durch die Erfüllung der Gebote der Reinheit den Tempel zum Ort des Zeugnisses seines Wirkens zu machen. In dieser Hinsicht ist die Analogie zu Lk 2,22-38 besonders eng. Während aber die Reinigung und Darstellung Jesu als Kind im Tempel zu einer idealen Erkennungs-Szene wird - zumindest was Simeon und Hanna, die charismatischen Hoffnungsträger, betrifft - , bleibt in dieser Therapiegeschichte die Anerkennung durch den Tempel aus.

Daß der Geheilte bei Markus das Schweigegebot bricht, vertreibt Jesus aus den Städten. Aber in der Wüste, wohin er fliehen muß, finden ihn die Menschen trotzdem. Bei Lukas ist der Schluß ganz anders strukturiert. Trotz der Diskretion, die Jesus vom Geheilten auf seinem Gang zum Tempel verlangt - und nichts weist hier auf ein Zuwiderhandeln des Geheilten hin - verbreitet sich die Nachricht von diesem Ereignis. So das Ende der 2. Sequenz bei Lukas. Die Folge ist, daß die Scharen in die Stadt strömen, in der Jesus geheilt hat und sich nach Lukas immer noch aufhält. Diesem Andrang entzieht sich Jesus zum Gebet in die Wüste. Bei Markus endet der 1. Kafarnaum-Zyklus also mit einer Katastrophe, die nur deshalb nicht endgültig ist, weil die Menschen, während Jesus in den Städten geächtet ist, aus den Städten zu ihm in die Wüste kommen. Dem lukanischen Jesus geht es in diesem Kontext gar nicht darum, die Menge zu erreichen, sondern den Tempel. Das ist der Grund, weshalb er freiwillig in die Wüste geht. Die Menge stört. Das Antwort-Signal vom Tempel wird aber nie kommen. So endet diese erste Therapie im 1. Galiläa-Zyklus mit einem latenten Tempel-Konflikt.

Vom Lärm späterer Konflikte um den Tempel (Apg 3-5; 6,12-8,3; 21,27 ff) spürt man hier als Leser noch nichts. Am Anfang wird der Tempel dem Leser als heiliger Ort in ungetrübtem Glanz vorgestellt (Lk 1-2). Dieses Bild ist hier (Lk 5,12-16) noch nicht destruiert. Damit wird das lukanische Anliegen erkennbar, dem Leser die Bedeutung des Jerusalemer Tempels erneut ins Gedächtnis zu rufen. Der Tempel ist zur Zeit des intendierten Lesers bereits seit fast 20 Jahren zerstört. Daß die eigene Vergangenheit der lukanischen Kirche, ihre Verwurzelung im Judentum und Judenchristentum, nicht mehr evident sind, macht es überhaupt erforderlich, daß Lukas eine literarische Brücke bauen muß zwischen Ursprung und Gegenwart seiner Kirche. Deshalb ist es wichtig, daß in Lk 5,12-16 nicht sofort der Konflikt zwischen Jesus und dem Tempel ausbricht, sondern im Gegenteil klar wird, daß es Jesus darauf ankommt, den

Tempel zum Ort der Bezeugung seines Wirkens zu machen. Auf der Beziehung Jesu zum Tempel liegt nachdrücklich der Akzent.

1.2.2 Sündenvergebung - eine Demonstration an die Adresse der Toralehrer (Lk 5,17-26)

Nach der Herauslösung der Aussätzigenheilung aus dem markinischen Kompositionsgefüge stehen bei Lukas die beiden Therapien 5,12-16 und 5,17-26 parallel zueinander. Dem Signal an die Tempelpriesterschaft folgt eine entsprechende Demonstration vor den Pharisäern und Toralehrern. Diese Anordnung entspricht dem Verhältnis von Lk 2,22-38 zu Lk 2,41-50. Die Konfrontation mit Schriftgelehrten ist zwar Lukas bereits in Mk 2,1-12 als Motiv vorgegeben, wird von ihm aber programmatisch verändert.
Es folgt zunächst der Text in Form einer segmentierten Übersetzung in synoptischer Gegenüberstellung.

Mk 2,1-12	Lk 5,17-26
1 Und hineingekommen wieder nach Kafarnaum nach (einigen) Tagen, **wurde gehört**, daß er im Hause sei.	17 Und **es geschah** an einem der Tage, und er **lehrte**.
2 Und **es versammelten** sich viele, so daß nicht einmal mehr Platz vor der Tür reichte.	Und **es saßen (da)** Pharisäer und Gesetzeslehrer, die gekommen waren aus jedem Dorf Galiläas und Judäas und Jerusalem.
Und er **redete** ihnen das Wort.	Und die Kraft des Herrn **war da**, daß er heilte.
3 Und **es kommen** (Leute), die zu ihm einen Gelähmten brachten , getragen von vieren.	18 Und siehe, Männer, die trugen auf einem Bett einen Menschen, der gelähmt war.
	Und sie **suchten** ihn **hineinzutragen** und **hinzustellen** vor ihm.
4 Und weil sie ihn nicht zu ihm bringen konnten (p.c.)	19 Und weil sie nicht fanden , auf welchem [Weg] sie ihn hineintragen könnten, wegen
wegen der Menge,	der Menge,

deckten sie das Dach ab, wo er war.
Und nachdem sie [den Lehm] ausgegraben hatten, **lassen** sie das Bett **hinunter**, wo(rauf) der Gelähmte lag.

5 Und Jesus, ihren Glauben sehend, **spricht** zu dem Gelähmten:

"Kind,
(hiermit) werden deine Sünden erlassen."

6 **Es saßen** aber einige Schriftgelehrten dort und **dachten** in ihren Herzen:

7 "Was redet dieser so!
Er lästert.
Wer kann Sünden erlassen als einzig Gott?"

8 Und sogleich, als Jesus in seinem Geist erkannte , daß sie so dachten bei sich,
spricht er zu ihnen:

"Was denkt ihr dies in euren Herzen!
9 Was ist leichter,
zu sagen zu dem Gelähmten:
'(Hiermit) werden deine Sünden erlassen'.
oder zu sagen:
'Steh auf
und nimm dein Bett
und geh umher'?

10 Damit ihr aber wißt,
daß Vollmacht hat der Menschensohn,

stiegen sie auf das Dach, [und] durch die Ziegel

ließen sie ihn **hinab** samt dem Bett in die Mitte vor Jesus.

20 Und ihren Glauben sehend, **sprach** er:

"Mensch,
erlassen sind dir deine Sünden."

21 Und es **begannen zu denken** die Schriftgelehrten und die Pharisäer, indem sie sagten:

"Wer ist dieser,
der Lästerungen redet?
Wer kann Sünden erlassen als allein Gott?"

22 Jesus aber, als er ihre Gedanken erkannte,

sprach zu ihnen mit den Worten :

"Was denkt ihr in euren Herzen?
23 Was ist leichter,
zu sagen:
'Erlassen sind dir deine Sünden'.
oder zu sagen:
'Steh auf

und geh umher'?

24 Damit ihr aber wißt,
daß der Menschensohn Vollmacht hat,

Sünden zu erlassen auf der Erde,"	auf der Erde Sünden zu erlassen,"
spricht er zu dem Gelähmten:	**sprach** er zu dem Gelähmten:
11 "Dir sage ich: Steh auf, nimm dein Bett und geh in dein Haus!"	"Dir sage ich: Steh auf , nimm dein Bett und geh in dein Haus!"
12 Und er **stand auf**,	25 Und auf der Stelle stand er auf vor ihnen,
und indem er sogleich das Bett nahm, **ging** er **hinaus** vor allen,	nahm das Bett, auf welchem er gelegen hatte, und **ging** in sein Haus, Gott preisend.
so daß alle außer sich gerieten und Gott verherrlichten,	26 Und Entsetzen **erfaßte** alle, und sie **priesen** Gott, und sie **wurden erfüllt** von Furcht,
indem sie sagten: "So(etwas) haben wir noch nie gesehen."	so daß sie sagten: "Heute haben wir Unglaubliches gesehen."

Die Analyse der szenischen Gliederung und der sequentiellen Organisation der beiden Fassungen ergibt, daß auf dieser Ebene noch kein gravierender Unterschied auszumachen ist. (Die Übersicht auf der folgenden Seite zeigt, daß sich die beiden Versionen in der erzählerischen Struktur grundsätzlich nicht unterscheiden.)
Der synoptische Einzelvergleich fördert erst die entscheidenden Akzentuierungen der lukanischen Bearbeitung zutage: Markus eröffnet hier mit einem Summarium seinen zweiten Kafarnaum-Zyklus: Jesus kommt als Geächteter "wieder nach Kafarnaum". Lukas tilgt alles, was auf Kafarnaum hinweist, und setzt eine Eröffnung, die der vorangehenden Episode entspricht: "an einem der Tage" (vgl. 5,12 "in einer der Städte"). Damit wird die Parallelität der beiden Therapien verdeutlicht. Jesus ist bei Lukas kein Geächteter.
Wie bei Markus lehrt Jesus auch bei Lukas. Entscheidend ist aber, daß Lukas das Publikum anders definiert als Markus. Während Markus eine große Volksmenge zusammenkommen läßt, der Jesus das Wort verkündet, ist bei Lukas von einem derartigen Publikum gar nicht die Rede. Bei Lukas bilden Pharisäer und Gesetzeslehrer die Hörerschaft Jesu.

Exposition:	Lehrsummarium	Mk 2,1f	Lk 5,17
Disäquilibrium:	Ein Gelähmter wird getragen.	V 3	V18a
1. Sequenz:	Auf ungewöhnlichem Weg kommt man ans Ziel.	V4	V18b.19
	<		
	Die Findigkeit wird belohnt.	V5	V20
2. Sequenz:	Einwände werden erhoben	V6f	V21
	<		
	und zurückgewiesen durch Argumentation,	V8f	V22f
	die übergeht in eine Wunder-Demonstration:	V10	V24a
Subsequenz:	Heilungswort	V11	V24b
	<		
	Heilungsdemonstration	V12a.b	V25
Chorschluß		V12c	V26

Die Aufzählung der Herkunftsorte der Tora-Lehrer in der Lukas-Fassung besagt: Es sind überhaupt alle Lehrer hier versammelt, die in Betracht kommen, aus Galiläa und Judäa und - das ist entscheidend - aus Jerusalem. Eine ähnliche Szene gab es bisher erst einmal im Lukasevangelium: in der Erzählung vom Zwölfjährigen im Tempel (Lk 2,46-50). Was dort als ein ideales *Bild* dargestellt ist, welches von den Eltern Jesu 'gefunden' und nicht verstanden wird, setzt Lukas nun als Situation für einen Disput des öffentlich wirkenden erwachsenen Jesus in Szene. Man kann darin eine formale Glättung gegenüber Markus sehen. Dort werden die Gegner Jesu nachträglich eingeführt (2,6). Aber diese Erklärung erfaßt nicht die strukturelle Bedeutung dieser Veränderung. Abgesehen davon, daß Lukas nicht nur glättet, sondern überhaupt ein anderes Publikum für Jesus zusammenstellt als Markus, ist zu beachten, daß bei Lukas alles weitere auch für dieses Publikum inszeniert, getan und gesagt wird. Dagegen erscheinen die Schriftgelehrten bei Markus schon deshalb, weil sie nachträglich eingeführt werden, als Störer der Heilungs-Szene. Die Lehrer sind bei Lukas dagegen als Publikum von vornherein vorgesehen. Sie stören nicht, wenn sie denken. Zudem denken sie nicht nur wie bei Markus (2,6), sondern sprechen auch aus, was sie denken (5,21). Damit verhalten sie sich ganz im Sinne der Exposition wie auf einem Kongreß. Die Umgestaltung der szenischen Eröffnung durch Lukas erweist sich also als der Schlüssel zum Verständnis der lukanischen Version.

Zur szenischen Eröffnung gehört bei Lukas das Motiv der Bereitstellung des heilenden Mittels, mit dessen Hilfe Jesus die folgende Episode zu einer Demonstration der Kraft Gottes werden läßt. Im weiteren wird klar, daß dies nicht als christologische Einschränkung, sondern als Hervorhebung der theologischen Substanz der erzählten Heilung gemeint ist. Es geht nicht darum, die Macht Jesu zu begrenzen, sondern positiv zu akzentuieren, daß in der Heilung durch Jesus die Macht Gottes sichtbar wird.

Die Exposition im engeren Sinn mit dem Disäquilibrium gestaltet Markus als die Annäherung (Hauptsatzprädikat: "kommen") von Bittstellern. Lukas dagegen vermeidet jegliche Dynamik und macht daraus wie schon in der vorangehenden Szene ein Bild menschlicher Hilfsbedürftigkeit: Man "sieht" Männer, die einen "Menschen" tragen, der die Krankheit des Gelähmtseins als exemplarisches Phänomen der heillosen Situation des Menschen vor Gott an sich trägt. Dieses Bild bietet sich Jesus und seinem Publikum, den Lehrern Israels. Darüber wird jetzt *disputiert*. Das Thema bei Lukas ist nicht nur Krankheit, sondern die Frage, wie Krankheit in Israel theologisch verstanden wird.

Die erzählerische Grundidee bei der Gestaltung der 1. Sequenz ist in beiden Versionen gleich: Die Bittsteller stoßen auf ein Hindernis. Deshalb müssen sie einen ungewöhnlichen Umweg machen. So erreichen sie ihr Ziel. Diese Findigkeit quittiert Jesus, indem er das ganze Umgehungsmanöver als eine Äußerung des Glaubens anerkennt und honoriert. Der Unterschied der Versionen liegt nicht nur in der Vorstellung vom Hausdach, durch welches der Gelähmte hinuntergelassen wird. (Bei Lukas handelt es sich nicht um ein Lehm-, sondern ein Ziegeldach, dessen Abdeckung weniger Staub aufwirbeln dürfte als das markinische Durchgraben der Lehmschicht). Lukas formuliert die Annäherungsbewegung im Schema suchen - (nicht) finden, d.h. im Schema der weisheitlichen Frage nach dem Ort der verborgenen Weisheit Gottes. Dem entspricht die Art, wie Lukas im Unterschied zu Markus das Ziel der Annäherungsbewegung definiert: Bei Markus kommt es darauf an, daß die Matte, auf der (wörtlich: "wo") der Gelähmte liegt, und die Stelle, "wo" Jesus sich befindet, zusammenkommen. Bei Lukas kommt es auf zweierlei an: Erstens muß der Kranke "vor ihn" gebracht, "vor Jesus" abgesetzt werden. Zweitens muß er "in die Mitte". Letzteres hat mit der didaktischen Qualität der Szene zu tun. Das Absetzen "vor Jesus" betont, daß hier die Suche an ihr Ziel gekommen ist. Lukas setzt am Ende von V 19 renominalisierend "Jesus". Markus renominalisiert nicht hier, sondern am Anfang des folgenden Handlungszugs (V 5). Für ihn ist Jesus vor allem der charismatisch Handelnde. Für Lukas ist Jesus hier wie so oft vor allem die gesuchte Person im Sinne weisheitlicher Suche.

Übrigens erwähnt Lukas in dieser Sequenz ganz nebenbei die Menge, die bei Markus das eigentliche Publikum Jesu ist. Lukas muß sie erwähnen, weil sie als Hindernis bei der Annäherung der Bittsteller gebraucht wird. Damit rückt die Menge aber nicht in den Rang eines Hauptakteurs auf. Erst beim Chorschluß stellt der Leser sie sich als beteiligt vor.
Im Gegenzug zur Aktion der Bittsteller erklärt Jesus bei Markus ebenso wie bei Lukas die gelungene Annäherung der Träger als Ausdruck suchenden Glaubens. Aber Lukas läßt Jesus nicht "zu dem Gelähmten" sprechen wie Markus. Der erste Adressat des lukanischen Jesus sind die vollzählig versammelten Lehrer des Volkes. Wie Jesus den Kranken anredet, bleibt bei Lukas objektiver: nicht "Kind", sondern "Mensch" (vgl. bereits 18a). So stellt sich der Fall aus der Sicht von Lehrern dar, als Paradigma soteriologischer Anthropologie. Seit 5,8 steht dieses Thema zur Diskussion. Die Diskussion wird hier erst richtig einsetzen. Eine weitere gravierende Veränderung ist das von Lukas veränderte Tempus im Heilungswort Jesu. Markus setzt hier ein performatives Präsens: 'Hiermit' erläßt Jesus Sünden. Bei Lukas konstatiert Jesus mit dem Perfekt, daß die Sünden des Kranken (von Gott) erlassen worden sind. Das passivum divinum benutzt zwar auch Markus. Aber dort handelt Jesus und tut, was Gottes Handeln ist. Der lukanische Jesus *zeigt*, was Gott getan hat. Darin bleibt er seiner eigentlichen Rolle als Lehrer der Lehrer Israels treu.
Mit der 2. Sequent setzt die Diskussion ein. Jetzt wirkt sich am stärksten die jeweilige szenische Ausgangslage aus. Die markinischen Schriftgelehrten, erst jetzt wie unerwünschte Personen eingeführt, sitzen da und äußern sich nicht öffentlich, sondern machen aus ihren Herzen eine Mördergrube. Was sie denken, hat die Form eines Vorwurfs. Ganz anders sieht Lukas die Reaktion der Lehrer. Sie "beginnen", über das letzte Wort Jesu nachzudenken, das ja für sie gesprochen ist. Das ist es, was sie auch sollen als Lehrer. Was sie denken, äußern sie auch, so daß es jeder hören kann, vor allem der lukanische Jesus, der keine besondere charismatische Gabe braucht (wie der markinische Jesus, der "in seinem Geist" die Gedanken der Gegner bemerkt), um zu verstehen, welcher Meinung seine Gesprächspartner sind. Die Form, in der diese ihre theologische Lehrmeinung zur Sprache bringen, ist auch nicht eine Art Protest, sondern eine Art Frage ("wer"?). Die Frage ist zwar vorwurfsvoll, ist aber dennoch eine inhaltliche. Gefragt wird nach der Kompetenz *dieses* Lehrers, der etwas sagt, was ihrer Meinung nach unverträglich ist mit dem Dogma, daß nur Gott allein Sünden erlassen kann. Genau diese Frage soll bei Lukas erörtert werden. Das Gespräch beginnt zwar in gereiztem Ton, aber es beginnt, wie es dem Sachverhalt entspricht, den Jesus mit seiner Heilung demonstrieren wird.
Die Antwort ist komplex. Sie besteht aus einer Widerlegung der gegnerischen Meinung in zwei Zügen, einer argumentativen refutatio und einer demonstratio, der Heilung. Der argumentative Teil ist nicht isoliert beweiskräftig, sondern bereitet die demonstratio vor. Natürlich läßt sich nicht beantworten, was schwerer oder leichter "zu sagen" ist, daß Sünden vergeben werden oder daß ein Lahmer aufstehen soll. Der Unterschied

liegt nur in der Wahrnehmbarkeit des Erfolgs dessen, was jeweils gesagt wird. Der Sinn dieser Frage Jesu ist es also, den Anspruch des Vergebungswortes am Ende der 1. Sequenz zu verbinden mit der Heilung als der unbezweifelbar manifesten Bewahrheitung dieses Anspruchs.

Was bisher gesagt ist zur Struktur der Beweisführung Jesu in der 2. Sequenz, gilt für Markus wie für Lukas ohne Unterschied. Die für die beiden Versionen kennzeichnenden Differenzierungen sind jetzt zu erörtern, beginnend mit der Markus-Fassung. Jesus beantwortet hier den Vorwurf der Gegner mit einem Gegenvorwurf: Das Anfangswort "Was" eröffnet keine Frage, sondern den Einspruch dagegen, daß die Gegner "dies" (nämlich das wörtlich Gedachte von 2,7) denken. Die lukanische Formulierung unterscheidet sich von der markinischen nur durch Auslassung des Objekts "dies". Aber dieser Unterschied ist gravierend. Er besagt, daß der lukanische Jesus jetzt danach fragt, was die Lehrer noch nicht gesagt haben, nämlich was sie zu dem meinen, was Jesus gleich sagen wird. (Zu beachten ist, daß in der markinischen Version das Demonstrativpronomen "dies" anaphorisch den Inhalt von Mk 2,7 substituiert, also die nicht geäußerten Gedanken "in ihren Herzen", wie Mk 2,6 einleitend formuliert. An der entsprechenden Stelle Lk 5,21 fehlt dieser Ausdruck ἐν ταῖς καρδίαις gerade. Wenn er Lk 5,22b gesetzt ist, geschieht dies erstmalig, also ohne Rückbezug auf die vorangehende Äußerung der Lehrer.)

Damit sind die Weichen für den Fortgang des Gesprächs bei Markus und Lukas ganz unterschiedlich gestellt. Der markinische Jesus steuert einen Kollisionskurs wie seine Gegenspieler. Seine Heilungstat wird zur Demonstration seiner Vollmacht, ausdrücklich formuliert im Finalsatz Mk 2,10. Der fast identische Finalsatz Lk 5,24 hat einen anderen Stellenwert. Die Heilung wird den Lehrern demonstrieren, "was" sie über Jesus wissen müssen, um seinen Vollmachtsanspruch anerkennen zu können: daß er Kranke heilt und dazu die "Kraft des Herrn" verliehen bekommt (vgl. 5,17c), die sich in seinem Wirken manifest erweist. Die Heilung zeigt beweiskräftig, daß Jesus zu glauben ist, daß sein Wort an den Gelähmten, Gott habe ihm die Sünden erlassen, der Wahrheit entspricht. Diese Akzentuierung trägt Lukas auch ein in die Formulierung des Beweisziels der Demonstration. Ihm geht es nicht darum, daß Jesus als Menschensohn auch "auf der Erde" die Vollmacht des Richters hat (vgl. die Schlußpointe im Finalsatz bei Markus), sondern darum, daß Jesus auf Erden die Vollmacht hat, "Sünden zu erlassen" (Lk 5,24), und zwar im lukanischen Sinn, nämlich durch das Ausrufen des großen Erlaßjahres Gottes (vgl. Lk 4,19). Hier geht es darum, ob die Lehrer Israels einen solchen Sendungsanspruch anerkennen können. Deshalb zeigt ihnen Jesus, was man davon überhaupt nur zeigen kann: die leibhaftige Rehabilitation eines kranken Menschen durch das Wort Jesu. Die Lehrer sollen an diesem Handeln Jesu ablesen, worauf die Heilung als Zeichen verweist, nämlich daß Gott an diesem Menschen gehandelt hat mit dem Erlassen der Sünde. Bei Lukas zieht als erster der Geheilte selbst die Lehre aus seiner Hei-

lung, indem er - über das markinische Aufstehen und Gehen hinaus - Gott preist für das Gute, das er durch Jesus an ihm getan hat.
In beiden Fassungen endet die Erzählung mit dem betont theozentrisch formulierten Chorschluß. Beiden Evangelisten ist daran gelegen, die im Widerspruch der Gegner bzw. Adressaten Jesu ausgesprochene Wahrheit, daß Gott allein die Macht hat, Sünden zu vergeben, auch ihrerseits zur Geltung zu bringen dadurch, daß sich die Zustimmung des Publikums nicht zuerst als Admiration des Wundertäters, sondern als Gotteslob äußert.
Die Admiration in der Lukas-Fassung ist im Unterschied zu Markus ("...noch nie gesehen") positiv formuliert ("...haben wir heute gesehen"). Das Objekt entspricht dem didaktischen Aspekt, der die lukanische Konzeption von Anfang an beherrscht: "Unglaubliches" (παράδοξα) hat man gesehen, das heißt etwas, das mit der Meinung (δόξα) des Publikums nicht zu vereinbaren war. Das Gotteslob ist insofern auch Ausdruck des Erfolgs der Verständigung Jesu mit seinem Publikum. Das sind hier primär die Lehrer Israels. Das nebenbei Lk 5,19 erwähnte übrige Publikum ist hier zwar mitzudenken, aber die Konstellation ist nicht die des Chorschlusses bei Markus. Dort liegt nahe, daß der Chorschluß die Gegner Jesu ausschließt. Bei Lukas findet sich dafür kein Hinweis. Der erste Verständigungsversuch Jesu mit den Lehrern Israels verläuft bei Lukas insgesamt also nicht ungünstig. Es ist noch lange nicht ausgemacht, ob dieser Anlauf scheitern wird. Die Lehrer Israels stellt vor allem die religiöse Gruppe der Pharisäer (vgl. 5,17.21, anders Mk 2,6). Man wird sie bei Lukas weiterhin als kritische und oft kritisierte Gesprächspartner Jesu finden, nicht aber als seine unversöhnlichen Gegner.

1.3 Das Symposion im Haus des Zöllners Levi (Lk 5,27-39)

Lukas folgt weiterhin in der Reihenfolge der Erzähleinheiten dem Aufriß des Markusevangelium. Die einzelnen Episoden haben aber jetzt ihren neuen Stellenwert. Nach der programmatischen Eröffnung des 1. Galiläa-Zyklus als Sammlung des endzeitlichen Gottesvolkes (5,1-11) zeigt der lukanische Jesus in zwei exemplarischen Therapien seinen Anspruch zuerst durch Signale an die Repräsentanten der religiösen Kultur des jüdischen Volkes und seiner bedeutendsten Institutionen: an die Tempelpriesterschaft (5,12-16) und an die pharisäischen Toralehrer (5,17-26). Wer wie Jesus das jüdische Volk eschatologisch sammeln will, muß es dort abholen, wo es steht (vgl. Lk 1,8-10.21-22; 2,46). Das verlangt eine Auseinandersetzung mit den Autoritäten, die über seine kulturelle Identität wachen. Die bevorzugte Adresse dafür sind die Pharisäer. Nach dem ersten Signal folgt nun ein Symposion mit Tischgesprächen, die Jesus mit Pharisäern führt. Sie behandeln, wie dies bei Symposien üblich ist, kulturelle Fragen. Hier beziehen sie sich auf das, was in diesem Symposion geschieht, auf das Essen und Trinken und auf die damit zusammenhängenden Normen der jüdischen Kultur.

Mk 2,13-22

13 Und er **ging hinaus** wieder an das Meer.
Und die ganze Menge **kam** zu ihm.
Und er **lehrte** sie.

14 Und vorübergehend **sah** er Levi, den [Sohn] des Alphäus, sitzend an der Zollstation.
Und er **sagt** ihm:
"Folge mir!"

Und aufstehend **folgte** er ihm.

15 Und **es geschieht**, daß er [zu Tisch] lag in seinem Haus.

Und viele Zöllner und Sünder **lagen zusammen** mit Jesus und seinen Jüngern [zu Tisch].
- Es waren nämlich viele.
Und sie folgten ihm. -

16 Und die Schriftgelehrten der Pharisäer, als sie sahen, daß er mit den Zöllnern und Sündern aß, **sagten** zu seinen Jüngern:
"Mit den Zöllnern und Sündern ißt er!"

17 Und (es) hörend, **sagt** Jesus ihnen:
"Nicht die Gesunden bedürfen des Arztes, sondern die Kranken."

Lk 5,27-39

27 Und danach **ging** er **fort**.

Und er **sah** einen Zöllner mit Namen Levi
am Zollhaus sitzen.
Und er **sprach** zu ihm:
"Folge mir!"

28 Und er verließ alles, stand auf [und] **folgte** ihm.

29 Und Levi gab einen großen Empfang für ihn in seinem Hause.
Und **da war** eine große Menge von Zöllnern und anderen, die mit ihnen [zu Tisch] lagen.

30 Und es murrten die Pharisäer und ihre Schriftgelehrten gegenüber seinen Schülern mit den Worten:
"Warum eßt und trinkt ihr mit den Zöllnern und Sündern?"

31 Und antwortend **sprach** Jesus zu ihnen:
"Nicht die Gesunden bedürfen des Arztes, sondern die Kranken.

Ich bin nicht gekommen, Gerechte zu rufen, sondern Sünder."

18 Und die Jünger des Johannes und die Pharisäer **fasteten**.

Und sie **kommen**
und **sagen** ihm:
"Warum fasten die Jünger des Johannes

und die Jünger der Pharisäer,
aber deine Jünger fasten nicht?"

19 Und **es sagte** ihnen Jesus:
"Können denn die Söhne des Brautgemachs, während der Bräutigam bei ihnen ist, fasten?

Solange sie den Bräutigam bei sich haben, können sie nicht fasten.
20 Es werden aber Tage kommen,
da fortgenommen wurde von ihnen der Bräutigam.
Und dann werden sie fasten an jenem Tage.

21 Niemand näht einen Flicken ungewalkten Tuches auf einen alten Mantel.

32 Ich bin nicht gekommen, Gerechte zu rufen, sondern Sünder zur Umkehr."

33 Die aber **sprachen** zu ihm:
"Die Jünger des Johannes fasten oft
und verrichten Gebete,
ebenso auch die der Pharisäer,
deine dagegen essen und trinken."

34 Jesus aber **sprach** zu ihnen:
"Könnt ihr denn die Söhne des Brautgemachs, während der Bräutigam bei ihnen ist, fasten lassen?

35 Es werden aber Tage kommen,
und wenn fortgenommen wurde von ihnen der Bräutigam,
dann werden sie fasten, in jenen Tagen."

36 Er **sagte** aber auch ein Gleichnis zu ihnen:

"Niemand näht einen Flicken, den er von einem neuen Mantel abreißt, auf einen alten Mantel.

Wenn aber doch, reißt das Füllwerk von ihm [ab], das Neue [von] dem Alten, und ein schlimmerer Riß entsteht.	Wenn aber doch, zerreißt er den neuen, und zu dem alten wird der Flicken von dem neuen nicht harmonie- ren.
22Und niemand füllt jungen Wein in alte Schläuche. Wenn aber doch, wird der Wein die Schläuche sprengen; und der Wein geht zu- grunde und die Schläuche [au- ch].	37Und niemand füllt jungen Wein in alte Schläuche. Wenn aber doch, wird der junge Wein die Schläuche sprengen; und er selbst wird ver- schüttet, und die Schläuche ge- hen zugrunde.
Vielmehr: Jungen Wein in neue Schläuche!"	38 Vielmehr muß man jungen Wein in neue Schläuche füllen. 39 [Und] niemand, der alten trinkt, will jungen; denn er sagt: 'Der alte ist gut.'"

1.3.1 Synoptischer Vergleich

Die Synopse zeigt zwar, daß Lukas hier in der Akoluthie Markus folgt. Die redaktionellen Unterschiede liegen aber nicht nur in Details. Die folgende Übersicht verdeutlicht, daß Lukas auch szenische Veränderungen vorgenommen hat.

Mk 2,13-22		Lk 5,27-39
1. Szene: 2,13-14 Die zweite Jüngerberufung		1. Szene: 5,27-28 Exposition des Symposions
Ortswechsel		Ortswechsel
1. Sequenz: Summarium kommen	>	
lehren		

2. Sequenz: Levis Berufung sehen, auffordern	>	Sequenz: Levis Berufung sehen, auffordern	>
Folge leisten		Folge leisten	
2. Szene: 2,15-17 Chrie über den Umgang mit Zöllnern und Sündern		2. Szene: 5,29-39 Das 1. galiläische Symposion	
Ortswechsel		Ortswechsel	
Sequenz: Rede (Einspruch)	>	1. Sequenz: 5,30-32 Rede (Einspruch)	>
Gegenrede (2 Logien)		Gegenrede (2 Logien)	
3. Szene: 2,18-22 Chrie über Fasten			
Wechsel der Figurenkonstellation			
Sequenz: Frage	>	2. Sequenz: 5,33-35 Einwand	>
Antwort		Widerlegung	
erweitert um 2 weisheitliche Logien		Gleichnisrede: 5,36-39 3 weisheitliche Logien	

Im Vergleich der Komposition und der szenischen Mittel in beiden Versionen fällt vor allem auf, daß der Übergang von der Mahlszene Mk 2,15-17 zum Streitgespräch über das Fasten Mk 2,18 ff durch Lukas entscheidend dadurch verändert wird, daß er die szenischen Hinweise in Mk 2,18 völlig tilgt. Dadurch entsteht eine für synoptische Verhältnisse recht umfängliche fortlaufende Tisch-Szene (5,29-39) - ein Symposion - mit einer Exposition (5,29), zwei Dialog-Sequenzen (5,30-32.33-35) und einer Rede Jesu (5,36-39). Bei Markus findet sich nichts dergleichen. Dort folgen aufeinander: ein Summarium (Mk 2,13), das Lukas streicht, eine Berufungserzählung (Mk 2,14), die Lukas enger an das folgende Symposion heranrückt (s.u.), eine Chrie über die Tischgemeinschaft Jesu mit Zöllnern und Sündern (Mk 2,15-17) und - davon szenisch unabhängig - eine weitere Chrie über das Fasten (2,18-22), deren Kern erweitert ist um zwei Logien, die Lukas als selbständige Rede Jesu ausbaut. Die redaktionellen Eingriffe des Lukas in die Markus-Vorlage sind hier also deutlicher als in den vorangehenden Einheiten. Der synoptische Vergleich auf der Grundlage dieser unterschiedlichen Erzählstrukturen zeigt das ganze Ausmaß der Konsequenzen dieser Unterschiede für das Lektüreprogramm des Lukas-Textes.

1.3.2 Die Bekehrung des Levi (Mk 2,13 f par Lk 5,27 f)

Wie bereits erwähnt, streicht Lukas das Summarium Mk 2,13 und ersetzt es durch ein verbindendes Element, das nur das Minimum eines Übergangs von einer Episode in eine andere formuliert: eine anaphorische Substitution ("Und danach"), verbunden mit einem Verb der Bewegung ohne exakte Ortsangaben. Getilgt werden damit alle szenischen Elemente, die bei Markus mit dem 1. Kafarnaum-Zyklus zu tun haben, vor allem aber die Vorstellung, daß Jesus inzwischen wieder das Volk lehrt. Lukas hält also an der Vorstellung fest, daß Jesus das Gespräch mit den Lehrern fortsetzt.

Die Bekehrung des Levi dient bei Lukas diesem Ziel. In Levis Haus wird man reden. Gesucht wird also ein Gastgeber (mit besonderem Kolorit): der Zöllner Levi. Dieses Merkmal trägt Lukas ein und tilgt dafür den Namen des Vaters des Levi, Alfäus. Markus spricht von Levi als einem namentlich bekannten Mann, dessen Berufung durch Jesus von Interesse ist. Ein bekannter Zollpächter tritt in die Nachfolge Jesu ein (ingressiver Aorist: ἠκολούθησεν). Lukas betont nicht den spektakulären Wandel in einem besonderen Fall, sondern die Definitivität der Bekehrung eines notorischen Sünders. Levi "verläßt alles" (vgl. Simon Petrus Lk 5,11) und wird in Zukunft ein Jünger Jesu sein (duratives Imperfekt: ἠκολούθει). Dies ist ein exemplarischer Fall, der erste dieser Art im Lukasevangelium. Daß hier der Ausdruck ´Berufung´ zumindest für die lukanische Darstellung unpassend wäre, ergibt sich aus dem Fortgang der Erzählung.

1.3.3 Der szenische Rahmen des lukanischen Symposions (Mk 2,15 par Lk 5,29)

In der unmittelbaren Exposition der Mahlszene stellt Lukas klar, was bei Markus nicht eindeutig ist, daß nämlich Levi der Gastgeber ist und daß das Symposion in seinem Haus stattfindet. Dies wird vor allem durch die Renominalisierung "Levi" gesichert. Er gibt Jesus ("ihm") zu Ehren einen Empfang. Bei Markus ist dies nicht die Vorstellung. Dort steht immer Jesus im Mittelpunkt: *Er* liegt in "seinem" (wessen?) Haus zu Tisch. Mit *ihm* liegen die anderen Gäste zu Tisch. Der Autor schaltet sich mit einer Erklärung ein: Denn *ihm* (αὐτῷ steht betont als letztes Wort) folgen viele nach. Das Thema ist: Nachfolge *Jesu*. Ganz anders Lukas. Dort ist alles Levis Sache. Er stellt das Haus, gibt den Empfang, und die Gäste sind sein Milieu: "eine große Menge von Zöllnern und anderen". Dieser Inszenierung liegt ein anderes Konzept zugrunde. Es geht um die Gewinnung eines Hauses als Stützpunkt der Verkündigung. Um dieser Konzeption willen streicht Lukas auch den Erzählerkommentar Mk 2,15c. Lukas interessiert sich also nicht für die Frage, wer von der Nachfolge Jesu nicht ausgeschlossen ist, sondern für die ganz andere Frage, wie sich im Haus eines bekehrten ehemaligen Zöllners das Problem der religiösen Kultur stellt. Wird in diesem Haus ein Bruch mit den pharisäisch interpretierten Reinheitsnormen des jüdischen Volkes stattfinden? Wird dies zum Bruch Jesu mit den Pharisäern führen?

1.3.4 Die 1. Dialog-Sequenz (Mk 2,16 f par Lk 5,30-32)

Die Zusammensetzung der Tischgesellschaft gibt in beiden Fassungen den "Schriftgelehrten der Pharisäer" (Markus) beziehungsweise den "Pharisäern und den Schriftgelehrten" (Lukas) den Anlaß zum Einspruch. Bei Markus sprechen die Gegner Jesu lediglich das aus, was sie sehen. Zu beachten ist nämlich, daß die wörtliche Rede der Gegner semantisch der Formulierung des Erzählers Markus entspricht: Dies hier sind "Zöllner und Sünder". Lukas dagegen vermeidet es, die Zöllner auf der 1. Textebene, der vom Autor selbst formulierten Darstellung der Handlung, als Sünder zu bezeichnen. Es sind die Gesprächspartner Jesu, die diese Interpretation der Situation aussprechen. Dabei verschärft Lukas auffallend die Bezeichnung des Redeakts. Statt des neutralen "sie sagten" in Mk 2,16 setzt er das mit biblischen Konnotationen gesättigte "sie murrten" und macht so die Pharisäer zu Exponenten des allezeit Gottes Führung sich widersetzenden deuteronomistisch gesehenen Israel. Stärker als bei Markus tritt so die Intoleranz und Befangenheit der Pharisäer hervor. Sie erscheinen als Vertreter einer auf Ausgrenzung der "Sünder" beharrenden exklusiven Reinheits-Ideologie. Die 'anderen' sind die "Sünder". Andererseits geht dieses negative Bild der Pharisäer doch von dem *Ideal* des Pharisäismus aus. Der Protest richtet sich bei Lukas gegen diese Art von Essen und Trinken, nämlich in unreiner Gesellschaft. Der Akzent liegt zwar bei Markus auch auf der Frage, *mit wem* man ißt oder nicht ißt. Indem Lukas umfassender vom Essen und Trinken spricht, verlagert sich aber bei ihm die Spitze des Vorwurfs der Pharisäer entsprechend. Es geht ihnen um die Verteidigung ihrer Auffassung von einem toragetreuen

Leben, das auf der Einhaltung von Reinheitsgeboten gerade im Bereich des Hauses beruht, insbesondere im Umfeld von Essen und Trinken. Das Haus und der eigene Tisch sind in einer Welt, die nicht von der Weisung Gottes, sondern von der römischen Staatsgewalt beherrscht ist, Stützpunkte, die ein religiös selbstbestimmtes Leben nach der Tora ermöglichen. Wenn jetzt der lukanische Jesus ausgerechnet im Haus eines Kollaborateurs der heidnischen Gewalt eine neue Tischordnung zu praktizieren beginnt, muß dies die Pharisäer zu ihrer Frage herausfordern.
Doch obwohl die Zeichen bei Lukas ebenso wie bei Markus auf Sturm stehen, nimmt diese Sequenz bei Lukas keinen katastrophalen Verlauf. In der Markus-Fassung *endet* diese Szene bereits mit der Antwort Jesu. Diese wiederum arbeitet eine schroffe Pointe heraus: "Nicht Gerechte, sondern Sünder" will Jesus rufen. Damit beendet er die Kommunikation mit seinen Gegnern. Bei Lukas sind drei Elemente dafür ausschlaggebend, daß das Gespräch nicht scheitert: 1. Die Pharisäer stellen nicht indigniert etwas Anstößiges fest (anders Mk 2,16b), sondern stellen die *Frage* nach dem *Grund* dieser Praxis. 2. Diese Frage *beantwortet* Jesus. 3. In dieser Antwort steckt eine wichtige neue Information: Die Zöllner werden wie alle Sünder zur Umkehr gerufen. Die Situation ist also anders zu beurteilen, als die Pharisäer meinen und äußern. Im Falle Levi wird Sünde von Jesus nicht ignoriert, sondern hier geht es um den Beginn einer neuen Zukunft für einen bekehrten Sünder. Das muß man feiern. Der Satz, mit dem dies formuliert wird, ist im übrigen scharf genug: Jesus redet von dem, was die Kranken "nötig" haben. Das Prinzip ist klar: Rettung von Leben hat unbedingten Vorrang vor der Wahrung frommer Tradition. Der Zusammenhang von Krankheit und Sünde, Heilung und Vergebung wird in diesem Dialog erneut betont.

1.3.5 Die 2. Dialog-Sequenz (Mk 2,18-20 par Lk 5,33-35)

Lukas streicht die szenischen Angaben von Mk 2,18a. Das Gespräch geht bei Lukas nahtlos weiter. Die Pharisäer und Schriftgelehrten sind es, die es fortführen. Sie verhalten sich weiterhin kooperativ. Die Streichung der markinischen Exposition (2,18a) ist erforderlich nicht nur wegen der szenischen Geschlossenheit des lukanischen Symposions, sondern auch deshalb, weil die theologische Zeitangabe "Und... waren fastend" (Mk 2,18) nicht in den lukanischen Zusammenhang gehört. Lukas diskutiert nicht, wann man fasten soll, sondern welcher Stil der Frömmigkeit der jetzigen Situation angemessen ist. Der Gegensatz zwischen Johannesjüngern / Pharisäerjüngern und Jesusjüngern wird bei Markus kontradiktorisch formuliert: Die einen "fasten", die anderen "fasten nicht". Lukas faßt dies als konträren Gegensatz: Auf der einen Seite wird oft oder lange

gefastet und gebetet, auf der anderen Seite gegessen und getrunken. Diese Formen der Frömmigkeit sind nicht unvereinbar. Sie sind je nach der Situation angemessen oder unangemessen. Es geht hier nicht um unbedingte, sondern bedingte Forderungen. Es kommt darauf an, wie man die gegenwärtige Zeit definiert. Nach Lk 5,26 kann jedermann erkennen, daß *heute* die alle Erwartungen sprengende Kraft Gottes in Jesu Handeln offenbar wird (vgl. 5,17). Nach Lk 5,33 geben die Pharisäer wie Johannes der Täufer durch ihr Fasten der Hoffnung auf die *kommende* Gottesherrschaft Ausdruck. Beide Einschätzungen der Zeit begründen das jeweils entsprechende Verhalten. Bei den diskutierten Alternativen geht es also nicht um Fragen der Gesetzesobservanz oder ihrer Preisgabe. Es handelt sich nicht um Fragen der Gerechtigkeit, die zwingend bestimmte Verhaltensweisen vorschreiben, noch um Fragen der kulturellen Identität, die unnachgiebigen Widerstand erfordern oder zumindest legitimieren, sondern um Fragen des situationsgemäßen Lebensstils.
Die Antwort Jesu formuliert Lukas im Unterschied zu Mk 2,19 als Aussage darüber, was *die Pharisäer* "nicht können". Sie können nicht die gegenwärtige hohe Zeit mit traditionellen Normen regulieren. Markus dagegen formuliert viel schroffer: *Die Jünger Jesu* können nicht fasten. Dies wird vermittelt über das Bild der Hochzeit und die Vorstellung, welche Aufgabe dabei den Freunden des Bräutigams (den "Söhnen des Brautgemachs") zufällt, nämlich die Hochzeitsgesellschaft zu unterhalten und bei Laune zu halten. Es wäre demnach ganz widersinnig, wenn sie sich dabei selbst von den Festtagsgenüssen ausschließen wollten. Ebenso unmöglich ist es bei Markus, daß die Jünger Jesu fasten. Gerade im Vergleich damit fällt auf, wieviel verständigungsorientierter die Antwort des lukanischen Jesus ausfällt. Dieser verlangt von den Pharisäern, daß sie einsehen, daß man mit ihren Vorstellungen vom Sinn des Fastens nicht an diese Situation herangehen kann.
In einer jüngeren Schicht der von Markus verarbeiteten Tradition wird das Fasten als in der Zukunft auch für die Jünger Jesu gebotene Praxis thematisiert (Mk 2,19b.20). Markus denkt dabei an einen bestimmten Tag in der Woche ("an jenem Tag"), an dem gefastet wird, abweichend von der Praxis der Pharisäer. Diese Begründung einer nichtpharisäischen Praxis des Fastens läßt Lukas fallen. Der lukanische Jesus kündigt vielmehr an, daß auch seine jetzt feiernden Jünger, wenn "die Tage" der Zeit mit dem irdischen Jesus vorüber sind, fasten werden - wie alle Juden, die ihrer Hoffnung auf das Kommen der Gottesherrschaft und auf die Wiederherstellung gerechter Verhältnisse Ausdruck geben. Nichts deutet in der lukanischen Fassung darauf hin, daß die religiöse Praxis der Jünger Jesu nach Ostern die Lebensformen der jüdischen Religion vernachlässigen wird. Das Gegenteil ist nach Darstellung der Apostelgeschichte zutreffend

(vgl. bes. Apg 21,20; 26,5-7). Entsprechende Vorwürfe werden demonstrativ widerlegt (vgl. Apg 21,28).

1.3.6 Die Gleichnisrede (Mk 2,21 f par Lk 5,36-39)

Der Dialog mit den Pharisäern wird abgeschlossen durch eine Rede Jesu, die Lukas im Unterschied zu Markus erzählerisch vom Dialog absetzt. Die Bezeichnung der Rede als "Gleichnis" (παραβολή) ist hier im weiten Sinn von māschāl (weisheitlicher Spruch) zu verstehen. Es folgen Reflexionen im weisheitlichen Stil über den Unsinn, den einer anstellt, wenn er sich nicht im Sinne des Redners bzw. des common sense verhält. Diese Reflexionen hat Lukas gegenüber Markus zu einer dreigliedrigen Reihe ausgebaut und im einzelnen nicht unwesentlich verändert.
Die Aussage bei Markus ist: Das Neue darf nicht mit dem Alten in Berührung kommen. Sonst gibt es eine Katastrophe. Dafür stehen zwei Beispiele aus dem Anschauungsbereich der Hauswirtschaft. Ein neuer, ungewalkter Stoff ist zu hart, um als Flicken auf einem zerschlissenen alten Kleid zu taugen. Wer dieser Erfahrung zuwiderhandelt, richtet nur größeren Schaden an. Ähnlichen Sinn hat das Beispiel vom gärenden jungen Wein, der einen harten alten Lederschlauch, der sich nicht ausdehnen kann, platzen lassen würde. Markus schließt mit der kämpferischen Parole: "Jungen Wein in neue Schläuche!" Sinngemäß ist dies die Erklärung der Unvereinbarkeit von Jesusnachfolge und pharisäischer Observanz.
Wie sehr Lukas in diesen Dingen gegen Markus steht, wird nirgends so klar wie in dieser Gleichnisrede. Er verändert das Gleichnis vom Flicken, indem er den Flicken nicht aus Stoff von ungewalktem Tuch bestehen läßt, sondern von einem neuen Kleid spricht, das wegen des schadhaften alten Kleides zerschnitten werden soll. Ein solcher Unsinn ist allerdings wirklich unvorstellbar, ist nicht nur wie bei Markus ein Fehler, der von einer unerfahrenen Person wirklich gemacht werden könnte. Die Aussage verschiebt sich damit: Das Neue darf nicht dem Alten geopfert werden. Dies wäre schädlich, wäre aber auch nicht zu wünschen, weil das Neue mit dem Alten nicht harmoniert (vgl. die voraufgehende Diskussion!). Später wird in der Apostelgeschichte dargestellt, wie durch den Widerstand der sadduzäischen Partei gegen die apostolische Verkündigung im Tempel ein intolerant ausgetragener Konflikt entsteht, der das Volk schließlich spaltet (Apg 3-9). In der hier geschilderten Situation sind noch alle Möglichkeiten offen. Jetzt verlangt der lukanische Jesus für seine Jünger die Duldung durch die alten Autoritäten. (Die Pharisäer werden sich im folgenden auch als die toleranteste jüdische Gruppierung erweisen; vgl. bes. Apg 5,34-39).

Das Gleichnis vom Wein und den Schläuchen, das Lukas nur geringfügig ändert (durch Wiederholung von "neu"/νέος an der kritischen Stelle), bekommt jetzt einen anderen Stellenwert. Es besagt: Das Neue darf, schon im eigenen Interesse, das Alte nicht zerstören. Die Forderung der Toleranz ist nicht teilbar. Sie verpflichtet auch denjenigen, der Toleranz für sich fordert, zur Toleranz gegenüber denen, von denen er sie fordert. Dabei denkt Lukas an mehr als nur Duldung der jüdischen Religion. Er wird später sogar für die Judenchristen beanspruchen, das ´wiederhergestellte´ Judentum zu sein (vgl. Apg 15,16). Damit wird die Grenze der lukanischen Toleranz gegenüber dem Judentum sichtbar werden. Aber noch sind alle Möglichkeiten der Verständigung darüber, wer welche Seite der jüdischen Kultur vertreten kann, unverbaut.
Abgesetzt durch den bei Markus als Parole verstandenen Satz "Jungen Wein in neue Schläuche!", der in Lk 5,38 zur Klugheitsregel entschärft wird ("Vielmehr muß man ..."), folgt die eigentliche Pointe der lukanischen Gleichnisrede. Der Redner kommt auf die aktuell erzählte Tischsituation zurück mit einem Logion über Weingenuß: Niemand, der alten Wein trinkt, will unausgegorenen. Die Begründung dafür wäre eine Parole im Sinne des Lukas: "Der alte ist gut." Dies ist ein Satz, der die lukanische Hochschätzung der religiösen Kultur des pharisäisch geprägten Judentums mit dem vollen Gewicht eines Jesus-Logions zum Ausdruck bringt. Nie wird man im Geschichtswerk des Lukas Jesus selbst oder einen Zeugen der Sache Jesu gegen diesen Grundsatz der Hochschätzung der religiösen Kultur des Judentums handeln sehen. Das gesamte Werk des Lukas ist Ausdruck dieser Wertschätzung und der Überzeugung, daß die christlichen Gemeinden in der Gegenwart des Lukas, besonders die heidenchristlichen, ihren eigenen Ort in der Geschichte Gottes mit seinem Volk nicht plausibel machen können ohne ein geklärtes positives Verhältnis zum Judentum, zu seiner religiösen Kultur und zu seinem besonderen Hoffnungswissen. Es geht dabei um das eigene Selbstverständnis angesichts der Trümmer der Katastrophe des Jüdischen Krieges, die eine Katastrophe auch für die Urchristenheit war.

1.4 Zwei exemplarische Sabbat-Chrien

Durch die Angleichung der Expositionen Lk 6,1 und 6,6 wird sichtbar, daß die Sabbat-Chrien als parallele Perikopen zu verstehen sind. Das Ende der zweiten Chrie führt in eine Katastrophe. Die bisher nicht aussichtslos verlaufende Reihe von Verständigungsversuchen Jesu mit den Pharisäern kommt also mit dem Sabbat-Thema in eine kritische Phase.

1.4.1 Das Ährenraufen (Mk 2,23-28 par Lk 6,1-5)

Die Chrie ('Anwendung') ist eine didaktische Übung. Die Aufgabe besteht darin, eine Sentenz z.B. eines bekannten Philosophen so mit einer für ihn typischen Situation zu verknüpfen, daß die Brisanz der Sentenz deutlich wird. Im Fall von Mk 2,23-28 wird eine Sentenz über den Sinn des Sabbat (V 27) mit einer Situation aus dem Leben Jesu verknüpft (V 23). Klar ist, daß V 28 eine redaktionelle Hinzufügung des Markus ist, mit der Markus sein Leitthema 'Vollmacht Jesu' als Vollmacht des Menschensohnes fortschreibt (vgl. Mk 1,22; 2,10). Das David-Beispiel (Mk 2,25 f) hat auf den ersten Blick mit dem Sabbat-Thema nichts zu tun. Aber für Kenner der Problematik der für das David-Bild ungünstigen Schilderung seines Auftretens im Heiligtum von Nob (1Sam 21,1-7) besteht der Zusammenhang durchaus. Die Schaubrote, die David verlangt, werden am Sabbat erneuert. Über Nacht werden die ausgewechselten alten für Priester zum Genuß frei. Das würde, wenn man 1Sam 21,1-7 entsprechend datiert, David entlasten. Da dieser Zusammenhang in rabbinischen Texten auch wirklich diskutiert wird, kann man ihn auch für Mk 2,25 f voraussetzen. Der Umstand, daß das Wort Sabbat hier gar nicht verwendet wird, setzt entsprechende Kenntnisse bei den ursprünglich gemeinten Hörern und Lesern dieser Chrie voraus. Der Text hat einen schriftgelehrten Hintergrund.

Mk 2,23-28	Lk 6,1-5
23 Und **es begab** sich, daß er am Sabbat durch ein Kornfeld ging. Und seine Jünger **fingen an**, den Weg **zu gehen** und dabei Ähren **auszurupfen**.	1 Und **es begab sich** an einem Sabbat, daß er durch ein Kornfeld ging. Und **es rupften** seine Jünger und **aßen**, indem sie die Ähren mit den Händen zerrieben.
24 Und die Pharisäer **sprachen** zu ihm: "Sieh, was tun sie am Sabbat, was nicht erlaubt ist?"	2 Einige der Pharisäer aber **sprachen**: "Warum tut ihr, was nicht erlaubt ist am Sabbat?"
25 Und er **spricht** zu ihnen: "Habt ihr nie gelesen, was David tat,	3 Und ihnen antwortend, **sprach** Jesus: "Habt ihr nicht das gelesen, was David tat,

als er in Not war und ihn hungerte, ihn und die bei ihm waren:	als ihn hungerte und die, die bei ihm waren:
26 wie er ging in das Haus Gottes zur Zeit Abjatars, des Hohenpriesters,	4 wie er in das Haus Gottes ging
und aß die Schaubrote,	und die Schaubrote nahm und aß
die niemand essen darf als die Priester,	
und gab sie auch denen, die bei ihm waren?"	und denen gab, die bei ihm (waren),
	die zu essen niemand erlaubt ist als den Priestern allein?"
27 Und er **sprach** zu ihnen:	5 Und er **sprach** zu ihnen:
"Der Sabbat ist um des Menschen willen gemacht und nicht der Mensch um des Sabbats willen.	
28 Also ist der Menschensohn Herr auch über den Sabbat."	"Herr über den Sabbat ist der Menschensohn."

Die Erzählstruktur ist die für neutestamentliche Chrien typische. Eine problematische Ausgangssituation (Exposition) gibt Anlaß zu einem Wortwechsel (Sequenz: Vorwurf - Gegenvorwurf), der mit der Sentenz der bekannten Autorität schließt. In der erzählerischen Organisation folgt Lukas ebenfalls diesem Schema. Aber schon die Tatsache, daß er die Sentenz (par Mk 2,27) streicht und die markinische Erweiterung (Mk 2,28) als Sentenz auffaßt, läßt erwarten, daß seine Interpretation der Chrie ein besonderes Gepräge gibt.

In der markinischen Fassung der Exposition liegt das Gewicht auf der Parallelität der Aktionsweise Jesu (gehen = ἐγένετο, gefolgt von einem substantivierten A.c.I. mit παραπορεύεσθαι) und seiner Jünger (anfangen, den Weg zu gehen = ἤρξαντο ὁδὸν ποιεῖν). Das Ährenraufen erscheint dabei als Nebensache (Partizip τίλλοντες). Lukas legt auf diese Parallelität keinen Wert. In seiner Exposition wird Jesus das Gehen zuge-

ordnet, seinen Jüngern dagegen das Ährenraufen und das Essen, erweitert um ein Partizip, das auch das Essen als einen mit Handarbeit verbundenen Vorgang kennzeichnet. Lukas läßt die Jünger Jesu, ohne dabei Jesus einzubeziehen, also viel offensichtlicher die Sabbatruhe verletzen als Markus. Dieser Mut zum Provokativen wird verständlich auf dem Hintergrund von Dtn 23,26. Die Jünger tun, was nach Dtn 23,26 erlaubt ist. Die Erlaubnis, sich von Korn und Trauben vom Feld eines anderen Israeliten zu sättigen, ist eine Schutzbestimmung für Arme. Warum sollte der Sabbat diese außer Kraft setzen? Sind die Armen am Sabbat weniger hungrig? Die lukanische Direktheit in der Darstellung der anstoßerregenden Handlungsweise der Jünger dient jedenfalls von vornherein dazu, die Toragemäßheit dieses Tuns herauszustellen. Das Motiv des Essens zu wiederholen, ist für Lukas auch deshalb passend, weil es den Zusammenhang mit dem folgenden David-Beispiel aufbaut (Essen der Schaubrote), weil es vor allem aber die seit Lk 5,29 fortlaufend bearbeitete Thematik (Essen und Trinken, jüdische Kultur) für diese Erzähleinheit neu aufruft.
In der Dialog-Sequenz (Mk 2,24-26 par Lk 6,2-4) führt Markus pauschalisierend "die Pharisäer" als Gegner ein. Lukas differenziert noch: "Einige der Pharisäer...". Bei Markus tragen die Gegner ihren Einwand in der Form der empörten Feststellung (indignatio) vor, bei Lukas in der Form einer Warum-Frage. Der Protest richtet sich bei Markus an Jesus, die Frage bei Lukas an die Jünger. Der Akzent des markinischen Gegnereinwands liegt auf dem Verbotensein des Handelns der Jünger, der Akzent der lukanischen Gegnerfrage auf der Würde des Sabbats. Lukas akzentuiert insgesamt also die Motive, die dieses Gespräch als Auseinandersetzung Jesu mit der religiösen Kultur des Judentums erscheinen lassen.
Die Antwort Jesu auf den *Einwand* der Gegner hat bei Markus die Form eines Gegen-*Vorwurfs*. Die Pharisäer kennen die Schrift nicht. Sie sind inkompetente Ausleger der Schrift. Lukas dagegen läßt Jesus eine Gegner-*Frage* mit einer Gegen-*Frage* beantworten. Sie richtet sich auf ein sachlich interessantes Paradigma (das, was David tat), das die Pharisäer interessieren müßte. Vielleicht haben sie es ja überlesen. Lukas gibt sich hier ganz sicher, daß er in der schriftgelehrten Diskussion sehr wohl mithalten kann.
Das irritierende Verhalten Davids im Heiligtum von Nob nimmt Markus als Beispiel für die Regel, daß Not kein Gebot kennt. Der Hunger ist ein Notfall. Diese Sicht entspricht auch einer bestimmten Tendenz in der schriftgelehrten Diskussion um 1Sam 21,1-7. Lukas bleibt bei seinem Thema *Essen*, wenn er sich hier auf das entsprechende Disäquilibrium konzentriert: *Hunger*. Aus Not bricht David nach markinischer Auffassung mit Heiligkeits-Normen, wenn er die nur den Priestern vorbehaltenen Schaubrote selber ißt und auch seine Begleiter in diesen Frevel

verwickelt. (So entspricht das David-Beispiel der markinischen Exposition. Sie zeigt Jesus und seine Jünger auf demselben Weg.) Bei Lukas erscheint das Verhalten Davids gar nicht als frevelhaft. Davids Verhalten wird pathetisch überhöht. Die Art, wie er die Schaubrote "nimmt" und seinen Begleitern "gibt", parallelisiert ihn mit dem Jesus des lukanischen Speisungswunders (vgl. 9,16). David ist in einer Ausnahmesituation der messianische Typos dessen, der das Volk Gottes in der Wüste speist. Die David-Typologie ist Lukas wichtiger als die Sabbat-Diskussion. Die Pointe der Antwort Jesu liegt bei Markus auf der Entsprechung zwischen dem Tun Davids und dem Tun der Jünger. Der schwierige David von 1Sam 21,1-7 liefert die abweichende Norm für die Sabbatpraxis der Jünger Jesu bzw. der Leser des Markus. Bei Lukas liegt der Akzent auf der Beeinträchtigung der Privilegien der Tempelpriesterschaft durch David. Ihnen wird etwas genommen, das ausschließlich ihnen zusteht. David kann sich souverän über solche Privilegien hinwegsetzen, weil er nach lukanischer Sicht eine unanfechtbare Autorität in der Geschichte des Tempelkultes ist (vgl. Apg 7,46).
Daß Lukas die ursprüngliche Schluß-Sentenz (Mk 2,27) tilgt, ist nicht damit zu erklären, daß ihm der Satz über den Sinn des Sabbat zu liberal klingt. Lukas verzichtet auf die an der Sabbatpraxis orientierte ursprüngliche Lösung des Streites zugunsten der David-Typologie. Sie wird hier mit dem Menschensohn-Titel verknüpft. Wie Lukas dieses Verhältnis bestimmt, ist erst im 2. Galiläa-Zyklus zu erkennen (vgl. Lk 9,18-21). Wenn David als der König "nach dem Herzen Gottes" (Apg 13,22) die Priesterprivilegien kassieren kann, dann ist auch der Menschensohn mit entsprechenden Befugnissen ausgestattet.
Die erste der beiden exemplarischen Chrien endet bei Lukas also mit einer tempelkritischen Pointe, für die ein Disput mit Pharisäern über den Sabbat die Gelegenheit bot. Es folgt eine Chrie, die mit Vehemenz die pharisäische Position attackiert. Das thematische Programm der beiden Sabbat-Chrien entspricht insofern dem der beiden exemplarischen Therapien am Anfang des 1. Galiläa-Zyklus.

1.4.2 Die Heilung der verdorrten Hand (Mk 3,1-6 par Lk 6,6-11)

Die zweite Sabbat-Chrie hat mit Schriftgelehrsamkeit wenig zu tun. Das Verdorren der Hand ist im Zusammenhang einer Sabbat-Diskussion als Strafe für eine Verletzung der Sabbatruhe durch Arbeit zu verstehen. Die Heilung dieser Hand am Sabbat demonstriert den Grundsatz, daß der Sabbat als von Gott geheiligter Ruhetag nicht dagegensteht, daß an diesem Tag Leben gerettet wird (vgl. Mk 3,4 par Lk 6,9). Im Hintergrund dieser Debatte stand ursprünglich die Frage, ob es erlaubt ist, am Sabbat im Fall des kriegerischen Angriffs sein Leben mit der Waffe zu verteidigen (vgl. 1Makk 2,29-41). Die Pharisäer haben dies grundsätzlich bejaht. Daß (jede) Lebensgefahr den Sabbat verdrängt, ist in der rabbinischen Literatur Konsens. Diskutiert wird, welche Krankheiten als lebensgefährlich zu gelten haben, so daß man sie am Sabbat heilen darf. In der markinischen Fassung der Chrie erscheint Jesus nicht nur als Autorität, die sich über eine restriktive Haltung in dieser Ermessensfrage souverän hinwegsetzt, sondern nach Mk 3,4 sogar als Verfechter des pharisäischen Grundkonsenses in der Frage der Lebensrettung am Sabbat gegen die Pharisäer auftritt. Die Pharisäer und Herodianer erscheinen dagegen perhorresziert als die intriganten Planer der Tötung Jesu. Daß sie einen Mordplan am Sabbat beschließen, ist die Pointe des 2. Teils des markinischen Kafarnaum-Zyklus. Wie sieht Lukas das Problem und den Ausgang der Debatte darüber?

Mk 3,1-6	Lk 6,6-11
1 Und er **ging** abermals in die Synagoge.	6 **Es geschah** aber an einem andern Sabbat, daß er in die Synagoge ging und lehrte.
Und es **war** dort ein Mensch, der eine verdorrte Hand hatte.	Und **es war** ein Mensch dort. Und dessen rechte Hand **war** verdorrt.
2 Und sie **beobachteten** ihn, ob er am Sabbat ihn heilen würde, damit sie ihn verklagen könnten.	7 Aber es **beobachteten** ihn die Schriftgelehrten und Pharisäer, ob er am Sabbat heilen würde, damit sie etwas fänden, um es ihm vorzuwerfen.
	8a Er aber **wußte** ihre Gedanken.
3 Und er **spricht** zu dem Menschen, der die verdorrte Hand hatte: "Erhebe dich in die Mitte!"	b Er **sprach** aber zu dem Mann, der die Hand verdorrt hatte: "Erhebe dich und tritt in die Mitte!"
	Und er stand auf und **trat vor**.

4 Und er **spricht** zu ihnen:	9 **Es sprach** aber Jesus zu ihnen:
"Ist es erlaubt, am Sabbat Gutes zu tun oder Böses zu tun, Leben zu retten oder zu töten?"	"Ich frage euch: Ist es erlaubt, am Sabbat Gutes zu tun oder Böses zu tun, Leben zu retten oder zu vernichten?"
Sie aber **schwiegen.**	
5 Und sie ringsum anblickend mit Zorn, betrübt über ihre Verhärtung des Herzens,	10 Und sie alle ringsum anblikkend,
spricht er zu dem Menschen: "Streck die Hand aus!"	**sprach** er zu ihm: "Streck deine Hand aus!"
Und er **streckte** sie **aus**.	Er aber **tat** es.
Und seine Hand **wurde wiederhergestellt.**	Und **wiederhergestellt wurde** seine Hand.
6 Und hinausgehend **faßten** die Pharisäer alsbald mit den Herodianern **den Beschluß** über ihn, ihn zu töten.	11 Sie aber **wurden** von Unverstand **erfüllt**. Und sie **beredeten** sich miteinander, was sie Jesus tun wollten.

Die Exposition der Markus-Version (Mk 3,1 f) arbeitet nach einem verbindenden Element mit einem doppelten Disäquilibrium. In derselben Synagoge, in der Jesus am Anfang des 1. Kafarnaum-Zyklus die Übermacht des Gottessohnes über die dämonischen Gewalten demonstriert hat, wird es jetzt zu einer gefährlichen Konfliktsituation kommen. In der Synagoge wartet ein Kranker auf Heilung. Dort lauern aber auch die menschlichen Gegenspieler Jesu auf ihre Chance. Das erste Disäquilibrium wird aufgehoben werden in der Heilung der verdorrten Hand, das zweite im Todesbeschluß der Gegner Jesu. Die tödliche Diskrepanz zwischen der himmlischen und der irdischen Welt wird sich entladen im Schicksal des Menschensohnes Jesus, den Gottes Stimme in der Taufe zum Sohn Gottes bestimmt hat.
Diese Episode beginnt Lukas anders als Markus mit einem Lehrsummarium. Das Volk war lange Zeit nicht der Adressat Jesu. Hier bekommt es wieder etwas zu hören. Die Synagoge ist immer ein Ort öffentlicher Ver-

kündigung Jesu (vgl. 4,15.16 ff. 31 ff. 44). Die Figur des Kranken wird in einem kurzen Hauptsatz eingeführt. Ebenfalls mit einem Hauptsatz wird die Krankheit bezeichnet. Damit betont Lukas das erste Disäquilibrium gegenüber dem zweiten, die Krankheit vor der Gefahr, die Jesus von Seiten seiner Gegner droht. Diese Gefahr wird in dieser Episode sogleich dadurch gebannt, daß Lukas die Sequenz schließt: Die Gegner - Lukas präzisiert: die Schriftgelehrten und die Pharisäer - beobachten zwar Jesus in feindlicher Absicht, aber Jesus durchschaut ihre Gedanken (vgl. Lk 2,34 f). Damit ist erzählerisch bereits die Vorentscheidung darüber gefallen, daß die Gegner ihr Ziel in dieser Episode nicht erreichen werden. Bei Markus fassen sie am Ende den Beschluß, Jesus zu töten. Bei Lukas verlieren sie nur ihren Verstand. Als Lehrer, die mit ihrer Weisheit am Ende sind, kommen sie am Schluß der Episode zu keinem Ergebnis in ihrem Sinn.

Die Haupthandlung setzt ein mit der Herstellung der Redesituation (Mk 3,3 par Lk 6,8b). Die Aufforderung an den Kranken, er solle in die Mitte treten, führt bei Markus direkt zur Konfrontation Jesu mit den Gegnern in der Sequenz fragen - schweigen (V 4). Lukas setzt an dieser Stelle gerade keine Sequenz mit einem Handlungszug der Gegner, läßt sie also nicht einmal schweigen. Statt dessen stellt er dem Streitgespräch eine Sequenz voran, in der der Kranke den Befehl Jesu, in die Mitte zu treten, entsprechend ausführt. Diese Sequenz wird durch die enge Stichwortverbindung "tritt"/ στῆθι - "er trat"/ ἔστη betont. Damit entsteht ein Kontrast zwischen dem prompt reagierenden Kranken, der sich auch weiterhin anstellig verhält, und den Schriftgelehrten und Pharisäern, die überhaupt nicht auf Jesus reagieren. Auch dies betont Lukas eingangs, indem er, abweichend von Markus, die von Jesus gestellte Frage ausdrücklich an die Gegner richtet: "Ich frage euch". Damit sind bereits einige Vorzeichen gesetzt, die dafür sorgen, daß dieser Streit bei Lukas nicht in einer tödlichen Bedrohung Jesu durch Todfeinde mündet, sondern als vergeblicher Versuch einer Verständigung ausgeht, und zwar zu Ungunsten der Gegner Jesu.

Die demonstrative Heilung (Mk 3,4 f par Lk 6,9 f) ist bei Lukas ganz einfach strukturiert: Jesus stellt den Lehrern eine Frage ("zu ihnen", so auch Markus) und sagt ausdrücklich, daß er sie ihnen stellt ("Ich frage euch:..."; anders Markus). Dann sieht er sie "alle" an und beantwortet sie ihnen. Bei Markus dagegen beantworten die Gegner die Frage Jesu mit Schweigen. Dagegen setzt Jesus die Heilung. Die einleitenden Partizipialkonstruktionen interpretieren das Schweigen der Gegner als Verstockung und Jesu Reaktion als Ausdruck von Zorn und Trauer. Dies ist nicht psychologisierend zu interpretieren. Zorn ist das Motiv der Abwendung Gottes von seinem Volk, Trauer die Reaktion auf die Erfahrung der Trennung durch den Tod. Die Reaktion Jesu auf das Schweigen der Gegner antizipiert also eine für sie tödliche Folge ihres Schweigens. Im Gegensatz dazu steht die 'Wiederherstellung' der Hand des Kranken. In Entsprechung zur zornigen Trauer Jesu steht der Todesbeschluß der Pharisäer und Herodianer am Schluß der Markus-Fassung. Lukas, so ist jetzt schon klar aufgrund der ganz anders gesetzten Vorzeichen in seiner Darstellung, kann die Todes-Motive in dieser dramatischen Zuspitzung nicht übernehmen. Schon die Ausgangsfrage wird entschärft. Die eigentlich ganz überflüssige Frage, ob es am Sabbat erlaubt sei zu töten (ἀποκτεῖναι), antizipiert bei Markus den Tötungsbeschluß (Mk 3,6) der Gegner. Lukas nimmt die Schärfe aus der Formulierung heraus: Darf man am Sabbat einen Kranken seinem Schicksal überlassen? Insofern hat Lukas die markinische Formulierung der Frage versachlicht. Ein anderes Anliegen ist damit verbunden. Lukas verändert den Wortlaut der Frage Jesu, indem er "darf man ... Gutes tun" (ἀγαθὸν ποιῆσαι) in "darf man wohltun" (ἀγαθοποιῆσαι) abwandelt. Der heilende Jesus als 'Wohltäter' ist eine christologische Vorstellung, die in ähnlicher Formulierung Apg 10,38 begegnet (εὐεργετῶν καὶ ἰώμενος), und zwar als zusammenfassende Darstellung des Wirkens Jesu in einer programmatischen Petrus-Rede. Die Formulierung der Frage Lk 6,9 setzt also christologische Akzente. Die anschließende Heilung ist charakterisiert als Wohltat an einem kranken Menschen, der nicht verloren gehen darf, sondern gerettet werden muß (vgl. Apg 4,9). Damit bleibt das Todes-Motiv ausschließlich eingebunden in den Zusammenhang von Krankheit und Heilung. Den Lehrern unterstellt Lukas keine tödlichen Absichten.

Ganz deutlich wird dies an den entsprechenden Kürzungen im folgenden Vers 10. Die Gegner haben nicht "geschwiegen" (so Markus), sondern Jesus redet weiter mit einem Blick, der seinem ganzen Publikum gilt, indem er - ohne Zorn oder Trauer - die Heilung mit dem Wort an den Kranken verwirklicht. Dieses Wort ist eine Aufforderung. Der Kranke "tut", was Jesus ihm sagt, und ist durch das Wort wiederhergestellt. Jetzt wissen die Lehrer nicht, was sie Jesus "tun" können. Sie reden miteinander, aber reden nicht mit Jesus. (Lk 6,11 impliziert also das oben nicht erzählte Schweigen.) Der vorerst letzte Verständigungsversuch Jesu mit den Toralehrern endet - nach positiveren Ausgängen zuvor - an der Mauer des Unverstands. Damit hat Lukas das Fiasko auf seine Weise dargestellt: als Scheitern der *Vermittlung* von Wissen.

Im Schlußvers (Mk 3,6 par Lk 6,11) benennt in der lukanischen Version das Wort ἄνοια (Unverstand) den Grund für das Scheitern der Kommunikation. Das damit Bezeichnete ist zu unterscheiden von dem spezifisch lukanisch gebrauchten Wort ἄγνοια (Unwissen), mit dem Lukas die menschliche Situation der Gottesferne unter dem Wissensaspekt formuliert. Die ἄγνοια ist die weisheitlich transformierte Gestalt der 'Sünde'. Sie wird durch Gottes Offenbarung überwunden werden. Wenn an dieser

Stelle die ἄνοια verhindert, daß die ἄγνοια überwunden wird, so ist damit zwar der wichtige Versuch der Verständigung Jesu mit den Toralehrern vorerst gescheitert, aber nicht das Projekt Gottes zur Rettung seines Volkes und aller Menschen als ganzes. Es beginnt hier ja erst. Allerdings ist die jetzt eingetretene Situation eine Weichenstellung für alles weitere: Die Sammlung Israels, wie Lukas sie 5,1-11 entwirft, wird nicht von den Pharisäern mitgetragen. Sie bleiben zwar weiterhin die interessiertesten Begleiter der von Lukas erzählten Ereignisse. Aber der besondere Respekt, den der Autor Lukas den Pharisäern zollt, hat eine Kehrseite. Lukas nimmt damit auch in seine Analyse der Entwicklung die am Ende seines Geschichtswerkes unabweisbare Einsicht auf, daß es von Anfang an aussichtslos war, ganz Israel im Namen Jesu eine neubegründete jüdische Identität zu vermitteln.
Die Beschneidung der Priesterprivilegien und die Erschütterung der pharisäischen Position durch die beiden Chrien Lk 6,1-5.6-11 verhalten sich zu den Signalen der Verständigung in den beiden Therapien Lk 5,12-16.17-26 an die Adresse der Priesterschaft und der Toralehrer wie die 'Ergehens'-Sanktion zum verkehrten bzw. unterlassenen 'Tun'. Der gesamte Zusammenhang steht eigentlich unter dem Vorzeichen der Sammlung Israels durch Jesus. Daß das Volk hier im Hintergrund bleiben mußte, verdeutlicht den Willen des lukanischen Jesus, auf der Grundlage der religiösen Kultur, repräsentiert durch Priester (Tempel) und Pharisäer (Gesetz), das eschatologische Werk Gottes zu beginnen. Am Ende des Teilzyklus Lk 5,1-6,11 zeichnet sich - nicht zum ersten Mal, aber deutlicher als zuvor - das Scheitern dieses Bemühens ab.

2. Das Wirken Jesu im Volk (Lk 6,12-7,17)

2.1 Die Rede am Berg (Lk 6,12-49)

Nach dem vergeblichen Versuch, die Repräsentanten der Institutionen der religiösen Kultur des Judentums, Tempelpriesterschaft und Gesetzeslehrer, für die messianische Aufgabe der Sammlung Israels zu gewinnen, beginnt der zweite Teil des ersten Galiläa-Zyklus (Lk 6,12-7,17), der erstmals ausdrücklich das Wirken Jesu im "Volk" darstellt (vgl. 6,17; 7,1.16), und zwar als weisheitliche Lehre (6,20-49) und als rettendes Handeln in exemplarischen Heilungen (7,1-17). Auf diesen Doppelaspekt der lukanischen Soteriologie und Christologie verweist die Exposition dieses Teils mit V 6,18: Die Volksmenge kommt, um zu hören und von ihren Krankheiten geheilt zu werden (vgl. 5,15b).

2.1.1 Die Exposition des Teilzyklus (Lk 6,12-19)

Die Exposition hat zwei Teile: Die Auswahl der Zwölf auf dem Berg (VV 12-16) und das Herabkommen Jesu mit den Zwölfen zur Menge der Jünger und des Volkes in die Ebene am Berg (VV 17-19). Die szenischen Mittel und die Figurenkonstellation der Exposition sind von programmatischer Bedeutung. Der Berg ist - anders als die Wüste 5,16 - als Ort des Gebetes Jesu nicht der Raum, in den sich Jesus vom Volk zurückzieht, sondern der Ausgangspunkt seines Hinabgehens zum Volk in der Ebene. Dem nächtlichen Gebet Jesu steht die Auswahl der Zwölf am folgenden Tag gegenüber, sie ist aber wie das Gebet Jesu dem Berg zugeordnet. Die Zwölf, so kommentiert der Erzähler, sind diejenigen aus den Jüngern, "die er (Jesus) auch Apostel nannte". Damit wird ausdrücklich vermerkt, daß hier die makrotextuelle Rolle der Apostel erzählerisch installiert wird. Es ist die Rolle der nachösterlichen Zeugen Jesu "vor dem Volk" (Apg 13,31; vgl. 10,41). Sie wird am Ende des Osterzyklus förmlich in Kraft gesetzt (vgl. Lk 24,48) als Auftrag zum Zeugnis von der Auferweckung Jesu. Bei der Ersetzung des Judas Iskariot durch die Nachwahl des Matthias (vgl. Apg 1,15-26 mit der gegenüber Lk 6,14-16 abgeänderten Zwölfer-Liste) wird die spezifisch lukanische Konzeption dieser Rolle deutlich: Zeuge der Auferstehung kann nur werden, wer Zeuge des Weges Jesu ist, "angefangen" von der Taufe im Jordan bis zur Himmelfahrt (vgl. Apg 1,22). Der Anfang der Zeugenschaft der Zwölf als Apostel in diesem Sinn wird erzählerisch an diese Stelle gesetzt. Jesus und die Zwölf sind bei der Auswahl der Zwölf dem Berg als szenischem Ort zugeordnet, weil ihnen im lukanischen Geschichtswerk, selbstverständlich auf unterschiedlichen Ebenen, die Rolle der charismatischen Wissensträger gegenüber dem Volk zukommt, die sie beide als Redner und als charismatische Heiler ausüben. So einander zugeordnet, läßt der Erzähler sie vom Berg in die Ebene zu den Jüngern und zum Volk hin absteigen.

Der Ebene am Fuß des Berges als szenischem Ort werden die Menge der Jünger und des Volkes zugeordnet. Unter den Regionen, aus denen die "Menge des Volkes" zusammenströmt, nennt Lukas hier erstmals die Küsten von Tyrus und Sidon. Der lukanische Jesus selbst wird nie in Räume außerhalb des jüdischen Landes reisen. Aber schon nach der Rede am Berg trifft er in Kafarnaum mit einem Heiden zusammen. Die geographischen Angaben in 6,17 und das Auftreten des heidnischen Offiziers in 7,2 sind keine Ausnahmen von dem Prinzip der Sammlung Israels, wohl aber frühe Verweise auf die nachösterliche Öffnung der Mission auf die Völkerwelt.

Daß Jesus Jünger hat, wird im voraufgehenden Kontext schon vor der Erwählung der Zwölf, die Jesus ja aus den Jüngern auswählt, vorausge-

setzt. Dies geschieht aber unbetont im Zusammenhang einzelner Chrien (vgl. Lk 5,30.33; 6,1). Jetzt erst wird diese makrotextuelle Rolle mit ihrem spezifisch lukanischen Profil entworfen: Die Jünger sind nach Lk 6,20 die Adressaten der Rede am Berg, nach Lk 7,1 dagegen das Volk. Die Jünger erscheinen damit als eine besondere Formation innerhalb des bei Jesus lernenden Volkes. Dies Konzept wird am Anfang des zweiten Galiläa-Zyklus programmatisch entwickelt (vgl. Lk 8,4.9 f) und vor allem im gesamten Zusammenhang der Reise nach Jerusalem durchgehalten. Bemerkenswert dabei ist vor allem, daß die Jüngerrolle ebenso wie die der Apostel vom lukanischen Wissensbegriff her entworfen ist. Das markinische Verständnis von Jüngerschaft im Sinne der Kreuzesnachfolge tritt bei Lukas zurück. Bei Markus lernt ein Schüler Jesu die Nachfolge des Gekreuzigten als die Ermöglichung des Lebens im Milieu des Todes. Bei Lukas lernt ein Schüler Jesu die Klugheit, die ihn in der eschatologischen Krise zu ethischem Handeln befähigt. Das Programm dieser weisheitlichen Lehre wird in der Rede am Berg in seinen Grundzügen vorgestellt und im Zusammenhang des lukanischen Reiseberichts im einzelnen ausgeführt.
Mit der Rede am Berg beginnt die sogenannte kleine Einschaltung des Lukas (Lk 6,20-7,10). Hier werden Stoffe der Logienquelle Q und Sondergut verarbeitet. Die Rede am Berg beruht im wesentlichen auf der Q-Fassung. Im folgenden wird die lukanische Rede am Berg synchron interpretiert, d.h. ohne Rekonstruktion der Q-Fassung über den Vergleich mit der Bergpredigt (Mt 5-7) und ohne den diachronen Vergleich der lukanischen Fassung mit der hypothetisch erschlossenen Q-Vorlage. Die lukanischen Akzentuierungen sind synchron vor allem auf dem Wege textsemantischer Indizien zu erkennen. Dazu gehören nicht zuletzt auch die semantischen Zusammenhänge mit dem vorangehenden Kontext. Zur Komposition der Rede vgl. die Tabelle S. 163.

2.1.2 Die Exposition der Rede am Berg (Lk 6,20-26)

Die Exposition stellt die Hörer der Rede durch eine Reihe von vier Seligpreisungen und vier entsprechenden Weherufen in die Situation der Entscheidung zwischen zwei Wegen, von denen der eine ins Glück und der andere in die Katastrophe führt. Entsprechend schärft das Schlußgleichnis (VV 46-49) dem Publikum die Bedeutung der richtigen Entscheidung zwischen diesen beiden Optionen ein: Je nach dem, ob jemand sein "Haus" auf das Fundament der Worte Jesu setzt oder nicht, d.h. ob jemand die Worte Jesu nicht nur hört, sondern auch tut, wird sein Lebensgebäude in der endzeitlichen Krise bestehen oder mit gewaltigem Zusammenbruch enden.

Die richtige Option, für die ein Jünger sich entscheiden soll, wird als Seligpreisung der Armen formuliert. Es geht dabei nicht in erster Linie um die Aufforderung zum Besitzverzicht, sondern um die Einladung an die Hörer, sich auf die Einschätzung der gegenwärtigen Zeit als kritischer Umbruchsituation einzulassen, in der Gott das Schicksal der Armen wendet. Dieses Wirklichkeitskalkül ist klug im Sinne dieser Lehre. Der erste Makarismus preist die Armen als die in Wahrheit Glücklichen, weil ihnen die Gottesherrschaft zu ihrem Glück verhelfen wird. In der zweiten und dritten Seligpreisung wird dem Elend der Armen "jetzt", ihrem Hungern und Weinen, die zukünftige Aufhebung ihres Unglücks in Sättigung und Lachen gegenübergestellt. Sinn dieser kontrastiven Gegenüberstellung von gegenwärtigem und zukünftigem Schicksal der Armen ist es nicht, im Sinne der traditionellen Weisheit das gerechte Funktionieren des Zusammenhangs von Tun und Ergehen zu behaupten - im Gegenteil. Durch das passivum divinum ("ihr werdet gesättigt werden") wird indirekt Gott als der Handelnde bezeichnet. Die Herrschaft Gottes bringt in der nahen Zukunft Gottes Option für die Armen zur Geltung. Wie es den Armen "jetzt" ergeht, ist vor Gott ungerecht und hat vor seiner Gerechtigkeit nicht Bestand. Die Aufrichtung seiner Gerechtigkeit mit seiner Herrschaft wird deshalb das Schicksal der Armen wenden. So wird der Ausgleich für erlittenes Unrecht, der wegen der ungerechten Verfassung der gegenwärtigen Wirklichkeit über den Zusammenhang von Tun und Ergehen nicht mehr stattfindet, am Ende doch noch verwirklicht. Im Wissen darum sein Leben zu entwerfen, ist weise im Sinne dieser weisheitlichen Lehre. Weise ist, wer im Wissen um die nahe eschatologische Gottesherrschaft wieder Vertrauen setzt in den Sinn gerechten Handelns.

Die falsche Option, vor der die Rede am Berg jeden warnt, der ein Jünger Jesu werden will, wird in den Weherufen über die Reichen dargestellt. Es geht dabei nicht um die Vorverurteilung der Reichen im Vorgriff auf das kommende Gericht Gottes, sondern um die Verwerfung einer falschen, im Sinne dieser Lehre 'törichten' Einschätzung der gegenwärtigen Situation. Die "Reichen" werden im ersten Weheruf deshalb als bereits dem Tod Geweihte beklagt - dies ist der semantische Gehalt eines "Wehe"-Rufs - , weil sie in der Gegenwart ihr volles Genügen (παράκλησις, "Trost") schon gefunden haben. Da Gott die Verhältnisse wegen des ungerechten Elends der Armen wenden wird, um ihnen Genugtuung zu verschaffen, droht den Reichen in der Zukunft das Schicksal, das die Armen "jetzt" tragen, nämlich Hunger, Wehklagen und Weinen. Die Weherufe sehen Reichtum nicht unter dem Gesichtspunkt der moralischen Schuld, sondern der falschen Einschätzung der Verläßlichkeit der gegenwärtigen Wirklichkeit mit ihren ungerechten Spielregeln beim Verteilen von Glück und Unglück. Auch im weiteren Kontext werden die Reichen vor allem das

Paradigma für Torheit im Sinne des apokalyptischen Wirklichkeitskalküls sein (vgl. bes. Lk 12,16-21).
Die vierte Seligpreisung stellt die Jünger Jesu in die Schicksalsgemeinschaft mit den gewaltsam in Israel abgewiesenen Propheten in der vergangenen Geschichte. Der von Lukas formulierte vierte Weheruf zeigt, wie Lukas dieses deuteronomistische Motiv einordnet. Den "Reichen" wird von "allen Menschen" "geschmeichelt". Dem entspricht, daß nach dem vierten Makarismus der Name der "Armen" von den Menschen "schlecht" gemacht wird. Die Stellung eines Jüngers Jesu wird von Lukas hier also vor allem unter dem Aspekt des bonum honestum, des (negativen) Ansehens in der Gesellschaft, betrachtet. Dies entspricht so am ehesten der Erfahrung des lukanischen Lesers in seiner sozialen Lebenswelt. Am Gerichtstag aber werden die mißachteten "Armen" so "hüpfen" (σκιρτήσατε), wie der ungeborene Täufer Johannes im Leib seiner charismatischen Mutter bei der Ankunft des Messias "hüpft" (vgl. Lk 1,41) in Vorwegnahme der Freude der Gerechten am Tag der göttlichen Gerechtigkeit (vgl. Mal 3,20).

2.1.3 Der erste Hauptteil der Rede (Lk 6,27-35)

Mit dem Adressatenwechsel V 27a wird dem Leser der Beginn des Hauptteils der Rede signalisiert. Mit "euch, die ihr hört", bezieht sie sich jetzt wieder auf alle, die der Einladung zu einem Leben nach der Weisheit Jesu folgen, auf die Jünger und das Volk in der Szene am Fuß des Berges, sinngemäß auch auf den Leser des Lukas.
Der erste Hauptteil beginnt mit Weisungen, die der vorausgesetzten Situation gemäß zunächst im Plural formuliert sind: "eure" Feinde zu lieben und Gutes zu tun denen, die "euch" hassen, zu segnen, die "euch" verfluchen, und zu beten für die, die "euch" beleidigen. Damit wird ethisches Handeln in der Situation beschrieben, die dem letzten Makarismus (V 22) entspricht. Das Prinzip dabei ist, die Feindschaft und Mißachtung durch die Menschen gerade nicht in der entsprechenden Weise zu beantworten, sondern im Gegenteil so, als erführe man überall immer nur Liebe und Achtung.
Eine Begründung für diese Weisungen wird zunächst nicht gegeben. Es folgen zwei Doppellogien in der pädagogischen Du-Form, die das richtige Verhalten in der ungerechten Situation weiter konkretisieren (VV 29-30). Es sind dabei unterschiedliche Situationen und Erfahrungen im Blick, die alle als Variationen des Themas Geben und Nehmen ausgestaltet, d.h. als Regeln für gesellschaftlichen Umgang formuliert werden. Diese gesellschaftlichen Spielregeln sind aber von befremdlicher Unkonventionalität: Demjenigen, von dem man den entehrenden Schlag auf die Backe bekom-

men hat, "bietet" man auch die andere zum Schlag "an" (πάρεχε V 29a). Demjenigen, der einem den lebensnotwendigen Mantel "wegnimmt" (ἀπὸ τοῦ αἴροντος), überläßt man auch das Untergewand (V 29b). "Jedem, der dich bittet", heißt es dann in V 30a überraschend - denn davon war bisher nicht die Rede, sondern von Gewalttätigkeit und Raub - soll man geben, so als hätte man es überhaupt nur mit den noch Ärmeren zu tun. Dann aber wird wieder die Unrechtssituation deutlich, die hier überall vorausgesetzt ist: "Jedem" geben bedeutet nach dem zweiten Glied des Doppellogions: auch dem, der dir deinen Besitz "wegnimmt" (ἀπὸ τοῦ αἴροντος V 30).

Die Reihe der Weisungen mündet schließlich in die Goldene Regel, jetzt wieder in der Wir-Form: "Wie ihr wollt", daß man euch behandelt, so sollt ihr die Menschen behandeln (V 31). Dieser Satz endet mit dem provozierenden Wort ὁμοίως ("in gleicher Weise"), so als hätte Jesus hier nichts anderes als das Prinzip der Verhältnismäßigkeit im Umgang der Menschen miteinander erläutert. Dieses "in gleicher Weise" ist aber gerade nicht auf das bezogen, was ein Jünger Jesu von anderen Menschen tatsächlich erfährt, sondern auf das, was er gern von anderen erfahren möchte (καθὼς θέλετε), aber in Wirklichkeit gerade nicht erfährt. Trotz der ganz anderen Erfahrungen, die einer mit anderen Menschen macht, soll er nach diesen Weisungen dennoch anderen das angedeihen lassen, was er nach seinem Wollen gern von anderen erfahren würde. Auf diese Weise soll er, was ihn und sein Handeln angeht, sich nicht den Willen anderer aufzwingen lassen, sondern seinen eigenen Willen zum Guten als Richtschnur seines Handelns in die von ihm so gar nicht gewünschte Situation einbringen. Die Weisheit Jesu macht also einen Jünger Jesu in der Konfrontation mit der ungerechten Wirklichkeit, in der er zunächst nur das Opfer von Feindschaft, Gewalt, Raubgier und Mißachtung und ausschließlich der Unterlegene und dem Unrecht Ausgelieferte zu sein scheint, zum ethisch souverän Handelnden, zum Situationsmächtigen, soweit es um sein eigenes Handeln geht. Die Weisheit Jesu leitet dazu an, schon jetzt in der ungerechten Wirklichkeit nach der Goldenen Regel zu handeln, so als wäre bereits jetzt unter den Menschen die Gerechtigkeit eingekehrt und als wäre schon jetzt die Herrschaft Gottes die Basis des Umgangs aller Menschen miteinander. Die Seligpreisungen lassen aber keinen Zweifel daran, daß dies erst in der Zukunft eintritt. Wie aber kann das Handeln nach der Goldenen Regel schon jetzt als klug geboten sein?

Der erste Hauptteil der Rede schließt mit den entsprechenden Begründungen (VV 32-35). Sie beziehen sich im ersten Abschnitt (VV 32-34) aber noch nicht positiv auf das hier als klug angeratene Handeln, sondern kritisch abgrenzend auf das gegenteilige Wirklichkeitskalkül, das dem Handeln derer zugrunde liegt, die ihr Leben nicht nach der Weisheit Jesu entwerfen. Die Rede bezeichnet sie als "Sünder". Damit wird eines der

theologisch gewichtigsten Leitmotive des ersten Galiläa-Zyklus erstmals in einem weisheitlichen Zusammenhang thematisiert und reflektiert. In der Rede am Berg expliziert Lukas das Verständnis von Sünde, das er in den voraufgehenden Erzählungen (vgl. Lk 5,8.20.21.23.24) der Sache nach bereits voraussetzt. Nach den expliziten Aussagen in Lk 6,32-34 ist das Verhalten von "Sündern" durch das Prinzip der Gleichheit (ἰσότης, aequitas) auf Gegenseitigkeit geregelt. Man liebt die und tut denen Gutes, von denen man geliebt wird und Gutes erfährt. Man leiht, um das Entsprechende (τὰ ἴσα) zurückzubekommen. Solches Verhalten würde man unter normalen Bedingungen als gerecht bezeichnen. Daß es hier als Sünde gilt, beruht auf der Einschätzung, daß die Bedingungen gegenwärtigen Handelns nicht normal sind, sondern ungerecht. Sünde ist demnach das der ungerechten Wirklichkeit korrekt entsprechende Verhalten. Es wird hier nicht als unmoralisch, sondern als töricht im Sinne des apokalyptischen Wirklichkeitskalküls der Weisheit Jesu bewertet. Die Formulierung, mit der das Prinzip der gegenseitigen Gleichbehandlung in Frage gestellt wird, lautet jeweils: "Welchen Dank" werdet ihr dafür erhalten? Damit wird ein Stichwort gesetzt (χάρις), dem in V 35 das Wort ἀχαρίστους korrespondiert (s.u.).
Der zweite Teil der Begründung (V 35) beginnt mit demselben inversiven πλήν, mit dem die Weherufe den Seligpreisungen gegenübergestellt werden. Das Gebot der Feindesliebe wird überleitend ein zweites Mal formuliert (V 35a) samt seiner bisherigen Konkretisierung (V 35b: Gutes tun, V 35c: leihen ohne Aussicht auf Erstattung). Jetzt aber wird es positiv begründet (V 35d-f). Die erste Begründung erfolgt durch den Lohngedanken (V 35d). "Und es wird sein euer Lohn groß" entspricht der Apodosis-Formulierung des vierten Makarismus. Aber es bleibt nicht beim Motiv des Ausgleichs erlittenen Unrechts durch Gottes Gerechtigkeit in der Zukunft. Dies wäre ja nicht mehr als ein Gleichheitsdenken nach endzeitlich korrigierten Spielregeln: Gott sorgt dafür, so würde dies besagen, daß die Armen am Ende schließlich doch noch in den Genuß der ἰσότης kommen. So wird es nach lukanischer Auffassung zwar tatsächlich sein. Aber die eigentliche Begründung folgt erst jetzt: Die nach den voraufgehenden Weisungen handeln, "werden Söhne des Höchsten sein" (V 35e), weil sie so handeln, wie Gott in seiner souveränen Zuwendung zur Menschenwelt bei der Aufrichtung seiner gerechten Herrschaft handelt. Gottes Maßstab dabei ist eine bestimmte Herrschertugend. Er handelt "gütig" (χρηστός) an den "Undankbaren (ἐπὶ τοὺς ἀχαρίστους) und Bösen" (V 35 f). Die Souveränität, mit der Gott der sündigen Menschenwelt bei der Aufrichtung seiner gerechten Herrschaft begegnet, prägt schon jetzt das Verhalten der Jünger Jesu, wenn sie durch ihr Handeln nach der Goldenen Regel der ungerechten Wirklichkeit ihren Willen aufprägen, indem sie erlittene Gewalt und Schmähung durch unbeirrbare

Güte erwidern. Die Klugheit eines Jüngers Jesu besteht also nicht nur darin, daß er den Gedanken an die göttliche Vergeltung für sich nicht preisgibt, sondern daß er schon am Beginn der eschatologischen Krise in seinem Handeln dem guten Ende gerecht wird, das Gott in seiner Gerechtigkeit erst heraufführen wird. Darin wird Gottes Gerechtigkeit in der Welt der "Sünder" schon sichtbar.

2.1.4 Der zweite Hauptteil der Rede (Lk 6,36-45)

Im Aufbau entsprechen sich die beiden Hauptteile. Auch der zweite beginnt mit einer Mahnung (V 36), die zuerst konkretisiert (V 37 f) und dann weisheitlich-argumentativ begründet wird (VV 39-45).
Eröffnet wird der Abschnitt mit einer neuen Variante der Mahnung zur Imitatio Dei: "Seid barmherzig, wie euer Vater barmherzig ist." Wer die Weise des Handelns Gottes zum Maßstab des eigenen Handelns macht, hat Gott zum "Vater", heißt es in Entsprechung zu V 35e ("Söhne des Höchsten"), jetzt aber nicht futurisch formuliert ("Ihr werdet ... sein"), sondern im Sinne einer schon bestehenden, tragenden Gottesbeziehung ("euer Vater"). Die folgenden Konkretisierungen sprechen die Hörer auch nicht mehr als Opfer von Gewalt und Mißachtung an, sondern als aus ihrer Gottesbeziehung heraus souverän handelnde Subjekte. Daher kann die Frage nach dem richtigen Handeln hier im weisheitlichen Schema von Tun und Ergehen reflektiert werden. Wo Gottes Gerechtigkeit zum Maßstab menschlichen Handelns wird und damit in der Wirklichkeit als gestaltende Kraft erfahren wird, kommen die Formen weisheitlichen Denkens überhaupt wieder zur Geltung. Der Tun-Ergehen-Zusammenhang bleibt aber an die Erwartung der kommenden Gottesherrschaft geknüpft. Die Konkretisierungen stellen jeweils das Handeln der Jünger in der Gegenwart dem entsprechenden Handeln Gottes in der Zukunft gegenüber. Das Handeln der Jünger wird jeweils in der Protasis durch Imperative im Präsens bezeichnet, das Handeln Gottes jeweils in der Apodosis durch Indikative im Futur, und zwar als passivum divinum. Gottes Gerechtigkeit wird am Ende alles Unrecht beseitigen. Jetzt beginnt der kritische Prozeß. Deshalb stellt sich jetzt die traditionelle weisheitliche Frage nach dem wirklichkeitsentsprechenden, dem klugen Handeln in apokalyptischer Zuspitzung neu.
Es sind zwei Doppellogien, mit denen konkretisiert wird, was als Handeln nach dem Maßstab der Barmherzigkeit Gottes gefordert ist, und zwar zuerst negativ durch zwei Vetitive (V 37ab), dann positiv durch zwei Mahnungen (V 37c. 38a). Die Vetitive ("richtet nicht", "verurteilt nicht") kommen zunächst überraschend, weil sie die Nachahmung Gottes gerade zu verbieten scheinen. Die Rede setzt ja von Anfang an Gottes gerechtes

Gericht in der nahen Zukunft voraus, wenn sie die Armen selig preist und die Reichen auf ihr Unglück zugehen sieht. Diese Erwartung bleibt auch hier die grundlegende Voraussetzung. Die Vetitive verweisen aber in ihrer Absage an das Verurteilen darauf, daß Gottes Gericht zur Aufrichtung seiner Herrschaft sich gerade nicht in der Verurteilung der Sünder vollzieht. Der erste Jünger Jesu erfährt dies am Anfang des Zyklus in der Begegnung mit Jesus, nämlich in der Erkenntnis, daß er selbst ein sündiger Mensch ist (vgl. Lk 5,8), der berufen wird, die Arbeit der Sammlung Israels aus Sündern als "Menschenfischer" mitzutragen. Dieser ersten lukanischen Lektion zum Thema Jüngerschaft entspricht die Rede am Berg. Die Sünder, die zu verurteilen wären, sind nicht zuerst die anderen. Der Ruf in die Nachfolge Jesu setzt bei Simon diese Erkenntnis voraus. Die positiv formulierten Mahnungen (V 37c: "gebt frei", V 38a: "gebt") verpflichten jeden Jünger auf diese Wahrheit, daß er selbst an sich Gottes Gerechtigkeit als barmherzige Zuwendung zu sündigen Menschen erfahren hat, als Entlassung aus der Schuld, die zur Verurteilung führen müßte, wenn Gottes Gerechtigkeit nichts anderes wäre als die ἰσότης, mit der die "Sünder" ihr Verhältnis untereinander regeln.

Die Apodosis des vierten Logions, mit dem das Thema des ersten Hauptteils (Geben und Nehmen) in den zweiten übernommen wird, entfaltet V 38b in einer plerophorischen Aussage: In der himmlischen Welt wird man dereinst (3. Pers. Pl. Futur Aktiv; vgl. Lk 16,9) den Jünger Jesu überreich beschenken. Daran kann erst das Schlußlogion vom Maß, mit dem einer mißt und gemessen wird (V 38d), sinnvoll anschließen. Mit diesen Erweiterungen zum vierten Logion bekommt das Thema Geben und Nehmen ein Gewicht, das dem der drei ersten Logien zum Thema Vergeben entspricht.

Wie im ersten Hauptteil der Rede folgt auf die Mahnungen und Warnungen eine argumentierende Begründung. Sie wird explizit als weisheitliche Rede eröffnet, als Rede in Gleichnisform (V 39a). Die Gleichnisform gilt, wie man hier erstmals bei Lukas sehen kann, im Gegensatz zur markinischen Auffassung (vgl. die Parabeltheorie Mk 4,10-12) nicht als exklusive, verhüllende Offenbarungsgattung, sondern als die didaktisch wirkungsvollste Form der Vermittlung.

Die beiden Abschnitte (VV 39-42.43-45) werden jeweils durch ein konstatierendes Bildwort eröffnet (vom blinden Blindenführer, vom Baum und den Früchten), dem eine entsprechende Sentenz folgt (vom Schüler-Lehrer-Verhältnis, vom Erkennen des Baums an seiner Frucht). Daran schließt sich die Paränese an, im warnenden ersten Abschnitt in der pädagogischen Du-Form (V 41: "Was siehst du den Splitter im Auge deines Bruders ..."), im mahnenden zweiten Abschnitt in generalisierender Form (V 45: "der gute Mensch" ... "der böse Mensch"). Den Abschluß bildet im warnenden Abschnitt eine Mahnung: Zuerst die Selbstkritik (das

Entfernen des Balkens aus dem eigenen Auge), dann die brüderliche Zurechtweisung (das Entfernen des Splitters aus dem Auge "deines" Bruders). Der mahnende zweite Abschnitt schließt mit einer anthropologischen Sentenz über die Äußerungen des Menschen als Ausdruck seiner Personmitte ("Herz").

Insgesamt geht es in dieser Begründung nicht um die Abgrenzung von der Gerechtigkeitsraison der "Sünder", sondern um den konstruktiven Aspekt der Gestaltung der eigenen sozialen Welt aus der neu gewonnenen Handlungskompetenz der Jünger. Mitten in der immer noch verkehrten Welt entfalten sie ihre dem Beispiel der Barmherzigkeit Gottes folgende Klugheit und füllen so den Raum aus, den das barmherzige Gericht Gottes ihnen einräumt. Aus den Sündern durch Gottes Barmherzigkeit gesammelt, sind sie "alle" in der Schule ihres Lehrers mit der gleichen Klugheit beschenkt worden (vgl. V 40b). Die Wahrnehmung der eigenen "Blindheit" ist darin die erste Lektion, die erst zur Brüderlichkeit und zur brüderlichen Kritik befähigt. Die zweite Lektion baut darauf auf: Was in der Schule Jesu gelernt wird, ist nicht etwas Äußerliches, nur Angelerntes. Die Weisheit Jesu formt die Menschen in ihrer Personmitte um. Wer wie Gott zu handeln lernt, handelt wirklich als "guter Mensch". Die Nachahmung Gottes ist keine bloße Imitation eines fremden Wollens und Tuns, sondern Äußerung des Menschen selbst.

2.1.5 Das Schlußgleichnis (Lk 6,46-49)

Das Tun als Frucht des Hörens wird abschließend vehement eingefordert. Das Gleichnis vom Hausbau entspricht strukturell der Exposition (VV 20-26). Der kluge Lebensentwurf wird dem törichten gegenübergestellt. Das Maß, an dem Klugheit und Torheit gemessen werden, ist das Ergehen in der endzeitlichen Katastrophe, die alle trifft. Nur das Haus, das auf den Felsen der Weisheit Jesu gegründet ist, wird Bestand haben.

Im Unterschied zur matthäischen Bergpredigt erhebt die lukanische Rede am Berg nicht den Anspruch, mit der Konzeption der Imitatio Dei die bessere Auslegung der Tora anzubieten (vgl. die Antithesen der Bergpredigt). Es liegt nicht in der Intention des Lukas, die Forderung der Imitatio Dei als die unmittelbare Erfüllung des Gotteswillens gegen die Tora-Erfüllung auszuspielen. Von einer eschatologischen Tora kann im Sinne des Lukas nicht die Rede sein. Die lukanische Rede am Berg stellt Jesus deshalb auch nicht in ein Gegensatzverhältnis zu den Pharisäern und Gesetzeslehrern. Sie sind in dieser Situation nicht anwesend. Dies sieht Lukas als Mangel an, der immer noch zu beheben ist, wie der Schluß des Zyklus zeigt (vgl. unten zu Lk 7,36-50).

Auf die Rede am Berg folgt bereits in der Redenquelle Q die Erzählung von der Heilung des Sklaven eines heidnischen Offiziers (vgl. Mt 8,1.5 par Lk 7,1). Die Worte, mit denen der Hauptmann sein Vertrauen in die Vollmacht Jesu zum Ausdruck bringt ("Ich sage meinem Sklaven: "Tu dies! Und er tut es."), sind das Echo auf die Worte, mit denen am Ende der Rede am Berg Jesus von seinen Jüngern Gehorsam verlangt ("Was ruft ihr mich "Herr, Herr!" und tut nicht, was ich sage?"). Diese Verknüpfungsidee tritt in der lukanischen Bearbeitung zurück allein dadurch, daß eine weitere Episode aus dem lukanischen Sondergut hier eingeordnet wird. Der Hauptmann und die Witwe bilden eine Figuration, die bereits im zweiten Teil der Rede Jesu in Nazaret eine Rolle gespielt hat. Dort geht es um den provozierenden Hinweis auf die Bevorzugung der sidonischen Witwe und des syrischen Feldhauptmanns durch die Propheten Elia und Elischa (vgl. Lk 4,25-27). Auf Tyrus und Sidon wird in der Exposition der Rede am Berg hingewiesen (vgl. Lk 6,17 f). Die Rede am Berg nimmt mit der Seligpreisung der Armen auch ein zentrales Motiv des ersten Teils der Rede Jesu in Nazaret wieder auf (vgl. Lk 4,18 f). Aufgrund dieser Bezüge erscheint der zentrale Abschnitt des ersten Galiläa-Zyklus, die Rede am Berg und die beiden daran anschließenden Therapien, als Konkretisierung des in der Nazaret-Rede entworfenen Programms der Sendung Jesu.

1. Episode: Rettung des Sklaven eines heidnischen Hauptmanns (Lk 7,1-10)

Verbindendes Element:

Der Charismatiker kommt (εἰσῆλθεν, V 1) in eine Stadt.

Exposition (Disäquilibrium):

Der Sklave eines heidnischen Hauptmanns liegt im Sterben (ἤμελλεν τελευτᾶν, V 2).

1. Sequenz:

Der Hauptmann entsendet (ἀπέστειλεν, V 3) eine jüdische Delegation mit dem Auftrag, die Heilungsbitte vorzutragen.

<

Die Delegation trägt dem Charismatiker die Heilungsbitte vor (παρεκάλουν, V 4a)

und spricht dazu eine Empfehlung für den Hauptmann aus (wörtliche Rede V 4b.5).

Verbindendes Element:

Der Charismatiker reist (ἐπορεύετο, V 6a) mit der Delegation.

2. Sequenz:

Der Hauptmann entsendet (ἔπεμψεν, V 6b) Freunde,

die die Heilungsbitte des Hauptmanns so abwandeln (wörtliche Rede VV 6c - 8),

<

Subsequenz:

daß Jesus darauf mit Bewunderung für den heidnischen Bittsteller reagiert (ἐθαύμασεν, V 9a)

<

und in einem Wort an das Volk (εἶπεν, V 9b)

sein Verhalten als Beispiel hinstellt (wörtliche Rede, V 9c).

Schluß (Äquilibrium):

Die Gesandten finden (εὗρον, V 10) den Sklaven gesund vor.

2. Episode: Rettung des Sohnes einer Witwe (Lk 7,11-17)

Verbindendes Element:

Der Charismatiker kommt (ἐπορεύθη, V 11a) in eine Stadt.
Jünger und Volksscharen begleiten ihn (συνεπορεύοντο, V 11b).

Exposition (Disäquilibrium):

Ein Verstorbener wird zur Bestattung aus der Stadt getragen (ἐξεκομίζετο, V 12a).
Seine Mutter ist Witwe (ἦν χήρα, V 12b); Volksscharen aus der Stadt begleiten sie (ἦν σὺν αὐτῇ, V 12c).

1. Sequenz:

Der Charismatiker reagiert (ἐσπλαγχνίσθη, V 13a)

<

und tröstet die Witwe (εἶπεν, V 13b).

2. Sequenz:

Er berührt den Sarg (ἥψατο, V 14a).

<

Die Träger stehen still (ἔστησαν, V 14b).

3. Sequenz

Er befiehlt dem Toten aufzustehen (εἶπεν, V 14c)

Befehl: ἐγέρθητι.

<

Dieser richtet sich auf (ἀνεκάθισεν, V 15a)
und beginnt zu reden (ἤρξατο λαλεῖν, V 15b).

Schluß der Sequenz:

Der Charismatiker übergibt (ἔδωκεν, V 15c) den vom Tode Erweckten seiner Mutter.

Schluß der Szene:

Das Publikum reagiert mit heiligem Schrecken (ἔλαβεν φόβος, V 16a)
und dankt Gott ἐδόξαζον, V 16b)

für die Sendung eines großen Propheten (V 16c),
durch den Gott sein Volk heimsucht (V 16d).

Schluß der Episode:

Die Kunde verbreitet sich (ἐξῆλθεν, V 17).

Die beiden Therapien sind durch das Todes-Motiv miteinander verbunden (vgl. 7,2.12a). Dies ist ein Indiz dafür, daß die beiden Erzählungen - im Unterschied zu den Therapien im ersten Teil des Zyklus (Lk 5,12-16.17-26) - das Wirken Jesu nicht unter dem Aspekt der Verträglichkeit mit religiösen Normen darstellen, sondern als rettendes Handeln im strikt soteriologischen Sinn. Rettung bedeutet im Verständnis der lukanischen Soteriologie die Rettung des Lebens *aus dem Tod.* Dieser Aspekt der lukanischen Theologie kommt hier erstmals zur erzählerischen Ausführung.

2.2.1 Die Rettung des Sklaven eines heidnischen Hauptmanns (Lk 7,1-10)

Der Held der ersten Episode ist der heidnische Offizier. Er bestimmt mit seinen Initiativen den Verlauf der Handlung. Jesus reagiert darauf mit seinem anerkennenden Schlußwort. Die Bezeichnung des militärischen Ranges (ἑκατοντάρχης, centurio) des heidnischen Offiziers legt es nahe, in ihm einen Angehörigen der römischen Besatzungsmacht zu sehen. Er wird im Laufe der Erzählung in ungewöhnlich reichem Maß mit weiteren, und zwar positiven Attributen ausgestattet. Seine Bildung erkennt man an der Qualität seiner sozialen Beziehungen, die nach dem Prinzip der

Freundschaft gestaltet sind. Er schickt seine Freunde zu Jesus (V 6b). Sogar zu seinem Sklaven hat er ein Verhältnis freundschaftlicher Wertschätzung (V 2b). Daß er kein Jude ist, wird erzählerisch daran erkennbar, daß er sich mit Jesus zuerst über eine Delegation von "Ältesten der Juden" in Verbindung setzt. Dies zeigt einerseits deutlich, daß der lukanische Jesus sich nicht von sich aus mit Nichtjuden einläßt, andererseits daß dieser frühe mittelbare Kontakt eines heidnischen Bittstellers zu *Jesus* nur zustande kommt über das besondere Verhältnis dieses Heiden zum jüdischen *Volk*. Die jüdische Delegation, die im Auftrag des Centurio dessen Bitte um die Rettung seines Sklaven vor dem Tod überbringt, empfiehlt Jesus, diese Bitte zu gewähren. Der Bittsteller sei es "wert" wegen seiner Liebe "zu unserem Volk", die sich darin gezeigt habe, daß er selbst "uns" die Synagoge gebaut habe. Das Prinzip der Freundschaft wird damit in eminentem Maß auf das Verhältnis des kultivierten Heiden zum jüdischen Volk und seiner religiösen Kultur bezogen. Was den Hauptmann in den Augen des Lesers aber am meisten empfiehlt, ist das Wort, das er durch die zweite Delegation an Jesus ausrichten läßt, als dieser sich bereits in Begleitung der jüdischen Ältesten seinem Haus nähert. Er selbst stellt der Empfehlung der jüdischen Ältesten, er sei es wert (ἄξιος), daß Jesus sich seiner Bitte annehme, seine konträre Selbsteinschätzung entgegen: "Denn ich bin nicht würdig (ἱκανός), daß du unter mein Dach eintrittst ..." (V 6 d). Deshalb habe er sich selbst auch nicht "für wert erachtet" (ἠξίωσα), sich selbst mit Jesus in Verbindung zu setzen (V 7a). Darum stellt er durch die zweite Delegation die Heilungsbitte noch einmal, und zwar in der Form, die der Einschätzung seines Verhältnisses zu Jesus als jüdischem Charismatiker entspricht: Weil es unschicklich wäre, daß Jesus das Haus des Heiden betritt, soll er die Heilung durch ein Wort bewirken. Nichts Schicklicheres hätte man im Sinne des Erzählers von Jesus erbitten können. Die heilende Kraft des Wortes deutlich werden zu lassen, dies ist hier erzählerisch ermöglicht durch das Wort, mit dem ein Heide seine Inferiorität im Verhältnis zum jüdischen Messias bekundet. Erst die aus dieser qualitativen Distanz formulierte Heilungsbitte wird zum Ausdruck des besonderen Vertrauens des heidnischen Offiziers in die Macht des Wortes des jüdischen Charismatikers Jesus. Dieses Vertrauen stellt Jesus in seinem Schlußwort der jüdischen Menge, die ihm folgt, als den beispielhaften "Glauben" vor Augen, den er "nicht einmal in Israel" gefunden habe.

Für den heidenchristlichen Leser des lukanischen Geschichtswerkes ist diese Episode von besonderer Bedeutung. Der erste heidnische Offizier, der die aus dem Tod errettende Macht des Wortes Jesu erfährt, ist eine beispielhafte Gestalt gerade auch insofern, als er den Vorrang des jüdischen Volkes als Hoffnungsträger und Adressat der Sendung Jesu im eschatologischen Offenbarungsgeschehen respektiert. Die jüdische Gesandtschaft, die sich für den Heiden einsetzt, führt dem nichtjüdischen christlichen Leser eindringlich vor Augen, daß das Wort der Rettung niemals Heiden hätte erreichen können ohne die Vermittlung der Synagoge.

2.2.2 Die Rettung des Sohnes einer Witwe (Lk 7,11-17)

Die zweite Episode hebt zwar die Figur der Witwe, die ihren einzigen Sohn durch den Tod verloren hat, besonders hervor, beteiligt sie aber an der Haupthandlung mit keiner eigenen Funktion. Besonders fällt dies in der 1. Sequenz auf. Der Anblick der Witwe (ἰδὼν αὐτήν) veranlaßt den Charismatiker, in die Handlung einzugreifen. Sein tröstendes Wort löst keine Reaktion bei der Frau aus. Die Erzählung ist ganz auf die Konfrontation des Charismatikers mit der vom Tod diktierten Situation konzentriert. Nicht zufällig verwendet der Erzähler an der Stelle, an der der Held in die Haupthandlung eintritt, die den Tod aufheben wird, erstmals das absolute "der Kyrios" als christologischen Hoheitstitel für Jesus (V 13).

Die Überleitung (V 11) und die Exposition (V 12) lassen Jesus und seine Begleitung mit dem Toten, der Witwe und ihrer Begleitung am Stadttor zusammentreffen. Das Disäquilibrium wird dabei so mit den szenischen Elementen verknüpft, daß der Tod des Sohnes der Witwe als Katastrophe erscheint, die die ganze Stadt getroffen hat. Die Befreiung aus der Macht des Todes wird in der literarischen Form einer Therapie erzählt, d.h. als Wiederherstellung durch Übertragung durch Lebenskraft, hier noch erkennbar am Motiv der Berührung (ἥψατο, V 14) des Sarges in der 2. Sequenz. Krankheit und Tod gehören im Verständnis neutestamentlicher Therapien engstens zusammen. Im übrigen ist das Geschehen auch hier durch das verbale Handeln Jesu bestimmt. Das Wort an die kinderlos gewordene Witwe: "Weine nicht!" setzt ihrer Trauer ein Ende und antizipiert damit das Ende ihrer Betroffenheit durch den Tod ihres Sohnes. Die wortlose Berührung des Sarges, die den Totenzug zum Stehen bringt, deutet das Motiv der Kraftübertragung lediglich an. Die Errettung aus dem Tod geschieht durch das an den Toten gerichtete Machtwort: "Junger Mann, ich sage dir: Steh auf!", auf das dieser - ὁ νεκρός, "der Tote" ist Subjekt in V 15a! - wie auf einen Befehl reagiert, sich aufrichtet und seinerseits redet. Der Tote ist aus dem Tod gerettet. Diese präzise Bedeutung des Motivs der Rettung wird Lukas vor allem im Kontext der Passion Jesu weiter entwickeln.

Die Auferweckung des toten Sohnes der Witwe von Nain ist im Gesamtzusammenhang der ersten konkreten Entfaltung des Programms der Sendung Jesu (Lk 6,12-7,17) als Lehre und rettendes Handeln der Kulminationspunkt. Erzählerisch wird dies nicht zuletzt durch den programmatischen doppelten Chorschluß (V 16) unterstrichen, der zusammen mit der Ausbreitungsnotiz (V 17) den gesamten Zentralabschnitt des 1. Galiläa-Zyklus abschließt. Die beiden Sätze, mit denen die Menge ihr Gotteslob formuliert, entsprechen der Bedeutung der Situation. Der Titel "großer Prophet", mit dem die Menge hier Jesu Rolle bezeichnet, ist singulär. Er dient dazu, die zentrale Bedeutung Jesu in dem eschatologischen Prozeß, in dem sich Gott seinem Volk zuwendet (vgl. Lk 1,68.78), zu benennen.

3. Das Wirken Jesu im Spannungsfeld der religiösen Erwartungen (Lk 7,18-50)

Mit dem Satz "Und es berichteten dem Johannes seine Jünger über alle diese (Ereignisse)" (V 18) wird der Inhalt der im voraufgehenden Kontext erzählten Episoden metanarrativ substituiert. Der neue Abschnitt, der so beginnt, steht damit ausdrücklich "allen diesen (Ereignissen)" gegenüber und ist so als neuer Baustein der Komposition deklariert. Es folgen Rückblicke, in denen die Bilanz aus dem bisher Erzählten gezogen wird. Eine entscheidende Frage ist dabei, wie weit der Radius der rückschauenden Bilanz eigentlich reicht und wie grundsätzlich die darin getroffenen Urteile gelten.

Die Antwort darauf ist ohne Berücksichtigung der Quellenverhältnisse an dieser Stelle nicht möglich. Lukas folgt hier (Lk 7,18-35 par Mt 11,2-19) wieder der Redenquelle Q. Deren erster Hauptteil endet mit einem Rückblick auf das Wirken des Täufers Johannes und Jesu, und zwar im Sinne einer negativen Bilanz (vgl. das Gleichnis von den Spielverderbern VV 31-35). Die letzten Boten der Weisheit sind von "dieser Generation" abgewiesen worden. Die folgenden Reden Jesu in der Redenquelle Q werden also unter dem Vorzeichen der Abweisung der Weisheit Gottes durch die letzte Generation vor der eschatologischen Katastrophe vorgetragen an die Minderheit, die "Kinder der Weisheit" (V 35), die der Weisheit zustimmt und auf ihre Boten hört.

Daß Lukas dieser Sicht so nicht folgt, wird an verschiedenen Details seiner Darstellung, vor allem aber am kompositionellen Stellenwert dieser Rückblicke deutlich: Die Rede an die Volksscharen Lk 7,24-35, die mit dem Gleichnis von den Spielverderbern abschließt, wird einleitend als Rede Jesu *"über Johannes"* (V 24) deklariert. Sie faßt das gesamte Wirken des Täufers in den Blick, im wesentlichen also den Stoff von Lk 3. Dies ergibt sich vor allem aus der von Lukas entscheidend veränderten Einleitung des Gleichnisses (Lk 7,29 f; vgl. unten). Auf *Jesu* Wirken beziehen sich die Anfrage des Täufers und die Antwort, die Jesus dem Täufer darauf gibt (Lk 7,18-23). Dabei wird auf den zuletzt erzählten Mittelteil des Zyklus Lk 6,12-7,17 zurückgeblickt. Dies ergibt sich vor allem aus der Entsprechung zwischen V 22b ("... berichtet Johannes, was ihr gesehen und gehört habt") zum eröffnenden V 18 ("Und es berichteten dem Johannes seine Jünger über alle diese (Ereignisse)" sowie aus dem Wortlaut der Satzreihe V22 c-h, mit der Jesus schon in der vorlukanischen Fassung sein Wirken beschreibt. Die beiden letzten Glieder der Reihe enthalten im Sinne der lukanischen Komposition die Pointe: "Tote stehen auf und Armen wird [die Botschaft] verkündet". Es ist nicht zu übersehen, daß damit auf die beiden Therapien Lk 7,1-17 und die Feldrede zurückgeblickt wird.

Im Unterschied zu der Sicht der Redenquelle Q enthält die Rede Jesu über den Täufer keine rückschauende und insofern definitive Aussage über die generelle Abweisung Jesu durch "diese Generation". Dies ist schon deshalb nicht möglich, weil hier nur ein Abschnitt des galiläischen Wirkens Jesu zur Debatte steht. Die Bilanz, die im Sinne des Lukas am Ende dieser Phase zu ziehen wäre, könnte nach dem euphorischen Chorschluß (Lk 7,16 f) an deren Ende auch nicht grundsätzlich negativ ausfallen.

Der Dialog Jesu im Haus des Pharisäers Simon, der den Abschnitt abschließt (Lk 7,36-50), entspricht dem ersten Teil des Zyklus (5,1-6,11). Mit einem zweiten galiläischen Symposion wird das Gespräch mit den Pharisäern, das nach dem ersten Symposion (Lk 5,27-39) zunächst gescheitert ist, von Jesus wieder aufgenommen.

3.1 Der Dialog mit dem eingekerkerten Täufer Johannes (Lk 7,18-23)

Die erzählte Handlung besteht aus zwei Sequenzen:

Die Täuferjünger berichten (ἀπήγγειλαν) dem Täufer über das Wirken Jesu (V 18a).

S 1 <

Durch Boten (V 18b) übermittelt (ἔπεμψεν) der Täufer an Jesus die Frage (V 19a),

ob er der Erwartete sei (V 19b).

Die Boten des Täufers sprechen (εἶπαν V 20a)

im Namen des Johannes die Frage an Jesus aus (V 20b),

ob er der Erwartete sei (V 20c).

S 2 <

Nach einem Summarium (ἐθεράπευσεν, ἐχαρίσατο βλέπειν V 21)

folgt die Antwort Jesu (ἀποκριθεὶς εἶπεν V 22a),

die Boten sollten Johannes berichten (V 22b),
sein Wirken sei das prophetisch angekündigte (V 22c-h);
und glücklich sei, wer sich dieser Einsicht nicht verschließe (V 23).

Das vermittelte Kommunizieren über eine Gesandtschaft ist der äußeren Handlung nach durch die Gefangenschaft des Täufers (vgl. Lk 3,20) motiviert. Aber das Motiv der Trennung durch Gefangenschaft ist lediglich der von der äußeren Handlung her gewonnene Hinweis auf die innere Dimension des Geschehens, nämlich das Spannungsverhältnis zwischen den erzählten Ereignissen und der zuvor durch den Täufer aufgebauten Erwartung des Volkes bezüglich der Rolle Jesu.
Der Täufer Johannes hat im Werk des Lukas insbesondere die Aufgabe, die messianische Erwartung des Volkes wachzurufen und von sich weg auf die richtige Person zu lenken (vgl. Lk 3,15-17; Apg 13,25). Diese Aufgabe nimmt er auch hier wahr, und zwar zum letzten Mal. (Dies ist überhaupt die letzte Handlung, die im lukanischen Werk vom Täufer Johannes erzählt wird. Daß er mit dem Themenprogramm des zweiten Galiläa-Zyklus von seiner Rolle her nichts zu tun hat, wird umgekehrt dadurch sichtbar, daß Lukas die entsprechenden Markusstoffe im zweiten Galiläa-Zyklus tilgt. Darauf ist zurückzukommen.)
Seine Frage an Jesus, ob er der Erwartete sei, gibt den erzählerischen Anlaß, an einer Nahtstelle der Komposition das spezifisch lukanische Verständnis der messianischen Sendung Jesu - nach der Rede in Nazaret; vgl. Lk 4,21 - ein zweites Mal durch ein programmatisches Wort Jesu zu formulieren. Der Erwartete ist Jesus im Sinne des *kanonischen* Wissens der jüdischen Religion, der in seinem Wirken und in seinem Leiden erfüllt, was "im Gesetz des Mose und in den Propheten und Psalmen" geschrieben ist (vgl. Lk 24,44). Es kommt Lukas nicht darauf an, den eingekerkerten Täufer als einen Zweifler an der Sendung Jesu erscheinen zu lassen. Er hat hier wie am Anfang positiv die Funktion, den Leser hinzuweisen auf den erzählerisch und theologisch noch nicht explizierten, spannungsvollen Zusammenhang zwischen dem Wissen, das die Jesustradition erinnert, und dem kanonischen Wissen, welches das kulturelle Gedächtnis der jüdischen Kultur bildet. Diesen Zusammenhang von vornherein ins Spiel zu bringen, ist die Aufgabe, die Johannes zu einem Protagonisten des *Anfangs* der Geschichte macht, die das lukanische Werk darstellt. Dieser Auftrag ist mit der letzten Frage, die der Täufer an Jesus richtet, beendet und abgeschlossen. Damit tritt der Täufer von der historischen Bühne ab. Seinen Tod (vgl. Mk 6,17-29) wird Lukas nicht erzählen (vgl. Lk 9,7-9).

Die folgende Rede Jesu über den Täufer (ἤρξατο λέγειν ... περὶ Ἰωάννου) ist mit dem Abgang der Boten des Johannes durch ein participium coniunctum synchronisiert. Während also die programmatische Aussage Jesu über sein messianisches Wirken dem Täufer überbracht wird, erklärt er den Volksscharen die Bedeutung der prophetischen Rolle des Täufers.

Die Rede handelt von der charismatischen Rolle des Täufers (VV 24b-28) und vom Erfolg seiner Sendung (VV 29-35).

Die Aussagen zum ersten Thema stehen den inhaltlich entsprechenden Passagen der Kindheitsgeschichte des Täufers (vgl. bes. Lk 1,15-17.76-79) gegenüber und haben insofern vor allem eine abschließende Funktion. Das Verhältnis der Gestalt des Täufers zu Jesus ist im Zusammenhang der Kindheitsgeschichten und in Lk 3 geklärt worden. Die Dialektik der Aussagen über die Größe des Täufers - er sei "größer als ein Prophet", niemand von den Menschen sei "größer als Johannes", und dennoch sei "der Kleinere" (der von Johannes getaufte Jesus) in der Gottesherrschaft "größer als er" - verliert damit an Brisanz. Die Rede über den Täufer ist im lukanischen Kontext vor allem eine Gedenkrede auf den charismatischen Wegbereiter des Wirkens Jesu, auf dessen gewaltsamen Tod am Anfang der Rede angespielt wird.

In Äsops Fabel *Eiche und Rohr* wird ein Streit darüber ausgetragen, wie man sich der überlegenen Gewalt (des Sturms) gegenüber verhalten soll. Das schwache Rohr überlebt den Sturm, indem es sich beugt; die starke Eiche wird vom Sturm gebrochen, weil sie unflexibel ist. Ob Lukas Äsops Fabeln kannte und vor allem ob er eine entsprechende Kenntnis bei seinem Leser voraussetzt, ist schwer zu sagen. Aber schon ein heuristischer Vergleich lohnt sich. Nach der Moral dieser Fabel hat sich der Täufer Johannes unklug verhalten, als es in der Auseinandersetzung mit Herodes Antipas auf Biegen und Brechen ging. Johannes war kein Überlebenskünstler. Er war nicht das Rohr, das sich unter dem Wind beugt, sondern die Eiche, die der Sturm bricht. Er hat nicht taktiert und sich nicht opportunistisch angepaßt wie ein Höfling, hat auch nicht aus kluger Berechnung der Übermacht zeitweilig nachgegeben, um bei günstigerer Gelegenheit wieder aufzuspringen und den Kampf fortzusetzen, sondern ist seiner Sendung unbedingt nachgegangen bis zur Konsequenz des gewaltsamen Geschicks aller Propheten. Das Größte im Sinne der lukanischen Theologie ist, daß Jesus in seiner Rede die charismatische Rolle des Täufers mit einem Wort der Schrift beschreibt (V 27, formuliert nach Mal 3,1; Ex 23,20). Dies ist innerhalb des Kontextes des lukanischen Geschichtswerks das Novum im Verhältnis zu inhaltlich entsprechenden Aussagen über den Täufer in der Rede des Engels zur Ankündigung der

Geburt des Täufers und im Lobgesang des Zacharias. Als der Wegbereiter des Christus ist auch Johannes eine Gestalt des kanonischen Hoffnungswissens des jüdischen Volkes. Als der in diesem Sinn Erwartete gehört er selbst in die Geschichte der Erfüllung der Hoffnung Israels hinein und nicht nur in deren Vorgeschichte. Mit dieser denkbar größten Würdigung des Täufers läßt Lukas die Darstellung des Wirkens des Johannes enden (im Unterschied zu Markus, dessen Evangelium mit demselben Schriftwort über den Vorläufer beginnt).

Der Übergang vom ersten zum zweiten Thema der Rede ist nicht durch ein Gliederungssignal markiert, sondern durch den unharmonischen syntaktischen Wechsel von der Ihr-Anrede an die Adresse der Volksscharen (V 24b: "Was zu sehen seid *ihr* in die Wüste hinausgegangen?"; syntaktisch entsprechend konstruiert sind VV 24.25.26.28.33.34) zur konstatierenden Rede *über* das Volk und verschiedene Gruppen ("das ganze Volk ... und die Zöllner" im Gegensatz zu "die Pharisäer und die Gesetzeslehrer"; so V 29 f). Dieser syntaktische Bruch geht darauf zurück, daß Lukas hier seine differenzierenden Vorstellungen einträgt und so die Bilanz vorwegnimmt, die in der Vorlage erst durch das anschließende Gleichnis von den Spielverderbern gezogen wird.

Er erreicht damit zweierlei: erstens daß sich die Bilanz primär auf das Wirken des Täufers bezieht, zweitens daß diese Bilanz nur zu einem Teil negativ ausfällt. Mit "dieser Generation", welche die Boten der Weisheit abgewiesen hat, ist gerade nicht das "ganze Volk" gemeint, sondern die "Pharisäer und die Gesetzeslehrer", um deren Zustimmung Jesus im ersten Abschnitt dieses Zyklus vergeblich geworben hat. Die Sendung des Täufers war, sofern sie dem "ganzen Volk" und den "Zöllnern" und Sündern galt, gerade nicht erfolglos. Die letzte, von Jesus formulierte Bilanz der Sendung des Täufers entspricht der ersten, die der Erzähler Lk 3,21 formuliert hat.

Daß sich die Pharisäer und Gesetzeslehrer der Johannestaufe verweigert haben (vgl. V 30), erfährt der Leser übrigens erst hier. Erzählt wurde, daß Jesus sich vergeblich um sie bemüht hat. Das eine ist wie das andere das Indiz dafür, daß sie sich bisher dem "Plan Gottes" verweigern. Mit diesem Problem setzt sich der abschließende Dialog Jesu im Haus des Pharisäers Simon auseinander.

3.3 Der Dialog im Haus des Pharisäers Simon (Lk 7,36-50)

Die Episode spielt im Haus des Simon. Es fällt auf, daß sie in einer überleitenden Sequenz ohne szenische Gliederung, also nahtlos an die vorangehende Redesituation angeschlossen wird:

Ein Pharisäer lädt Jesus zum Mahl ein (ἠρώτα).

<

Jesus legt sich im Haus des Pharisäers zu Tisch (κατεκλίθη).

Die Exposition ist aufwendig. Sie besteht aus einer Sequenz, deren Protasis (V 37 f) das ungewöhnliche Verhalten einer Sünderin darstellt (3 vorbereitende part. coni. und 4 Hauptsatzprädikate: ἤρξατο βρέχειν, ἐξέμασσεν, κατεφίλει, ἤλειφεν) und deren Apodosis (V 39) das unausgesprochene Urteil des Pharisäers über den Vorgang formuliert (εἶπεν ἐν ἑαυτῷ). Der Leser könnte zunächst das Disäquilibrium der Episode in der Bezeichnung der Frau als notorische "Sünderin" (V 37b nach dem in lukanischen Expositionen typischen καὶ ἰδού; vgl. Lk 5,12.18) vermuten. Nach der Lektüre der Rede am Berg wird er aber das unausgesprochene Urteil des Pharisäers über Jesus ("Wäre dieser ein Prophet ...") und die Frau, deren Berührungen er zuläßt ("wer und was für eine Frau ..."), als das Ungleichgewicht erkennen, mit dem sich die Erzählung auseinandersetzen wird. Der Pharisäer richtet, und er wird gerichtet werden.
Der Weg, den der Erzähler beschreitet, ist aus der kanonischen David-Biographie bekannt: Der Prophet Natan bringt den König David, dessen Verhalten kritisiert und bestraft werden muß, dazu, seine eigene Verurteilung auszusprechen, indem er ihm die von ihm, David, an Uria wegen Batseba begangene Freveltat in der Verfremdung eines Gleichnisses vorträgt und ihn so zum gerechten Urteil provoziert (vgl. 2Sam 12,1-6). Die Haupthandlung der Simon-Episode verläuft ähnlich:

Jesus teilt dem Pharisäer seine Absicht mit (εἶπεν),
ihm etwas zu sagen;

S 1 <

Der Angeredete anwortet (elliptisch konstruiert) mit der Aufforderung,
es zu sagen (V 40).

Ohne förmliche Eröffnung der wörtlichen Rede erzählt Jesus
die Parabel von den ungleichen Schuldnern (VV 41, 42a).
Sie schließt mit der Frage an Simon, wer von den begünstigten Schuldnern die größere Liebe zeigen werde (V 42b).

S 2 <

Der Gefragte antwortet (εἶπεν)
mit der richtigen Vermutung (V 43a.b).

Bis hierher bewegt sich die Verständigung auf der Bildebene der Parabel. Simon weiß noch nicht, daß er sich selbst negativ beurteilt hat, wenn Jesus seine Antwort bestätigt (V 43c.d). In der folgenden wörtlichen Rede - es handelt sich dabei nicht um eine Sequenz; eine Reaktion Simons auf die Rede wird nicht erzählt - wechselt Jesus auf die Ausgangsebene des Dialogs. Erzählerisch wird dies durch einen Haltungswechsel des Redners signalisiert. Er allein deckt das wahre Disäquilibrium auf und prangert nicht nur das falsche erste Urteil des Pharisäers an, sondern auch dessen eigenes Verhalten als Gastgeber ihm gegenüber. Dabei wird in der Logik der Parabel von den ungleichen Schuldnern das Verhalten des Simon als mangelnde, das Verhalten der Sünderin als überschwengliche Liebe bewertet. Am Ende dieser richterlichen Rede steht die Sanktion, die aus der Beurteilung der Sache folgt: die Freisprechung der Frau. Hier liegt die eigentliche Pointe und die Differenz gegenüber der Natan-David-Episode. Beim Urteil Jesu geht es letztlich nicht darum, die Anmaßung des Simon und seine mangelnde Liebe zu tadeln und zu ahnden, sondern um die Verständigung mit dem Pharisäer über den Sinn der Mission Jesu, der aus Sündern Gottes Volk sammelt.
Die um Verständnis werbende Tendenz der Erzählung tritt in der letzten Sequenz deutlich zutage:

Jesus spricht das zuvor gegenüber Simon begründete Urteil über die Frau aus:

die Vergebung der Sünden (V 48).

S 3 <

Dies veranlaßt die übrigen (pharisäischen) Mahlteilnehmer zu der nur in Gedanken ausgesprochenen Frage,

wer dieser sei, "der sogar Sünden vergibt" (V 49).

Besonders im Vergleich mit der Formulierung der aus ähnlichem Anlaß in Lk 5,21 gestellten Fragen ("Wer ist dieser, der Lästerungen redet? Wer kann Sünden erlassen als allein Gott?") wird klar, daß die Simon-Episode mit einer für eine Verständigung Jesu mit den Pharisäern offenen Situation endet. Das Wort, mit dem Jesus die Frau entläßt ("Dein Glaube hat dich gerettet ..."), mit dem die Episode schließt, formuliert nochmals das Programm, über das Jesus die Verständigung mit den Pharisäern sucht. Im weiteren Gang der lukanischen Darstellung des Weges Jesu werden die Pharisäer nicht fehlen. Sie sind wieder dabei auf seiner Reise nach Jerusalem und werden ihn mit ihren Fragen begleiten.

IV. Der zweite Galiläa-Zyklus: Die Grundlegung des Offenbarungswissens (Lk 8,1-9,50)

Der zweite Galiläa-Zyklus hat drei Teile, von denen die rahmenden Teile A und C den Themenschwerpunkt dieses Zyklus am deutlichsten erkennen lassen.

A Übergabe der Geheimnisse der Gottesherrschaft (Lk 8,1-21)

Lk 8,1-3	Summarisches *Itinerar* Frauen in der Nachfolge Jesu

Gleichnisrede an die Volksscharen

	Überleitender Dialog 9 Jüngerfrage 10 *Logion:* Von der Übergabe des Wissens
Teil 1: 4-8 Das *Gleichnis* vom Sämann	Teil 2: 11-15 *Allegorese*: Deutung des Gleichnisses vom Sämann 16-18 *Logien*: Vom rechten Umgang mit dem Wisse
19-21 *Chrie*: Die wahren Verwandten Jesu	

B Erweis und Übereignung rettender Macht (Lk 8,22-9,17)

Erweise der rettenden Macht Jesu (8,22-56)

Rettungswunder: Der Sturm auf dem Meer (22-25)	*Exorzismus*: Der Besessene von Gerasa (26-39)	*Therapien:* Die Heilung der Blutflüssigen und die Erweckung der Tochter des Jairus (40-56)

Bevollmächtigung der Zwölf (9,1-17)

1-6 Die Aussendung der Zwölf	7-9 Die Ratlosigkeit des Herodes	10-17 Die Rettung des Volkes

C Die Offenbarung des Leidensgeschicks des Messias (Lk 9,18-50)

18-22 *Lehrgespräch* mit den Jüngern über das Schicksal des Menschensohnes	23-27 *Rede* an "alle" über Kreuzesnachfolge

28-36 Die *Christophanie* auf dem Berg

37-43a Der *Exorzismus* am Fuß des Berges	43b-50 Lehrgespräch mit den Jüngern 44 f Das Schicksal des Menschensohnes 46-48 Der Rangstreit der Jünger 49 f Der fremde Exorzist

Der zweite Galiläa-Zyklus ist erheblich kürzer als der erste. Dies hängt damit zusammen, daß in diesem Teil des Lukasevangeliums keine Diskussionen Jesu mit Repräsentanten der religiösen Kultur des Judentums dargestellt werden. Darin unterscheidet sich der zweite Galiläa-Zyklus prinzipiell vom ersten. Es gibt im zweiten Galiläa-Zyklus also keine Entsprechungen zu den für den ersten Galiläa-Zyklus und sein Themenprogramm charakteristischen Abschnitten Lk 5,12-6,11 und Lk 7,39-50.
Dies hat sachliche Gründe. Das Leitthema des zweiten Galiläa-Zyklus ist die Übergabe des Wissens um die "Geheimnisse der Gottesherrschaft" (Lk 8,10) im Hören des Wortes Jesu. Der Zyklus schließt mit der entsprechenden christologischen Präzisierung der "Geheimnisse" durch die Vorhersage des Menschensohngeschicks Jesu (Lk 9,44 f). Dieses Wort Jesu, das er gesprochen hat, "als er noch in Galiläa war", ist es, an das sich die

Frauen am leeren Grab erinnern (vgl. Lk 24,6-8). Im zweiten Galiläa-Zyklus geht es also um die Grundlegung des Wissens, das im Zusammenhang der Osterereignisse mit dem Wissen in Verbindung gebracht wird, welches die Schrift, das kulturelle Gedächtnis der jüdischen Religion, enthält (vgl. oben Teil I.2). Es wäre im Sinne des Lukas ein Anachronismus, über dieses Wissen schon vor der Passion einen Disput mit Repräsentanten der religiösen Kultur des Judentums zu beginnen. Diese Debatte zu führen, gehört zu den Aufgaben der Zeugen Jesu nach Ostern. Die Kompetenz dafür wird erst im lukanischen Osterzyklus durch die Verknüpfung von Jesus-Erinnerung und kanonischem Wissen über den Christus geschaffen. Der Versuch der Vermittlung zwischen den Instanzen der religiösen Kultur des Judentums und dem durch Jesus neu gestifteten Wissen ist das Thema der Apostelgeschichte.
Ein Blick in die Synopse bestätigt aus diachroner Sicht diese synchronen Beobachtungen zum Konzept und zum Stellenwert des zweiten Galiläa-Zyklus. Dessen materiale Grundlage ist Mk 3,20-9,41. Diese Stoffe rezipiert Lukas nur in begrenzter Auswahl. Übergangen werden bei der Gestaltung des zweiten Galilä-Zyklus sämtliche Streitgespräche, insbesondere die Auseinandersetzung mit dem pharisäischen Reinheitsdenken (Mk 7,1-23) samt den anschließenden Wundergeschichten, in denen Markus die sich daraus bezüglich des Zugangs der Heiden zum Heil ergebenden Konsequenzen darstellt (Mk 7,24-8,10). Die zuletzt genannten Themen setzt Lukas auf die Tagesordnung des Apostelkonvents (vgl. Apg 15,5).

1. Die Übergabe der Geheimnisse der Gottesherrschaft (Lk 8,1-21)

1.1 Das Itinerar und die Frauenliste (Lk 8,1-3)

Der Zyklus wird eröffnet durch eine summarische Reisenotiz. Jesus bereist (διώδευεν, V 1) in der folgenden Zeit Städte und Dörfer, "ausrufend und verkündigend die Gottesherrschaft". Die Stichwortverbindung zum folgenden Abschnitt (V 10: "Geheimnisse der Gottesherrschaft") ist gewichtig. Die programmatische Bedeutung des Itinerars wird auch durch die Erwähnung der Zwölf und die Frauenliste (V 2 f) unterstrichen. Durch die Parallelisierung der Frauen mit den Zwölfen an dieser Stelle bekommt diese Liste ihr besonderes Gewicht als Entsprechung zur Liste der Zwölf in der Exposition der Rede am Berg (Lk 6,12-16). Daß Lukas die Frauen als Jesus nachfolgende Gruppe gerade hier einführt, hat damit zu tun, daß sie es sind, die im Osterzyklus den Bogen der Erinnerung zu diesem Abschnitt des Weges Jesu schlagen (s.o.). Die Liste Lk 8,2 f deckt sich mit der von Lk 24,10 bis auf die jeweils an dritter Stelle namentlich genannte Frau (8,3: Susanna; 24,10: Maria "des Jakobus"). Entscheidend aber ist,

daß die in der Liste genannten Frauen auch im Osterzyklus den "Aposteln", die dort nach dem Ausscheiden des Judas Iskariot als "die Elf" bezeichnet werden, mit ihrem Erinnerungswissen gegenüberstehen (vgl. 24,11). Damit ist klar, daß mit dem "Dienen" der Frauen, von dem Lk 8,3 die Rede ist, keine dem Apostolat untergeordnete kirchliche Funktion gemeint sein kann. Die Frauen spielen ihre Rolle beim Zustandekommen des Wissens, das für die nachösterliche Identität der Urchristenheit grundlegend ist.
Der Katalog Lk 8,2 f setzt besondere Akzente in den Relativsätzen, die die Karriere dieser Frauen beleuchten: Sie sind von Dämonen und Krankheiten Geheilte, deren jetzige Rolle in der Nachfolge des verkündigenden Jesus beispielhaft ist für die verändernde, rettende Kraft des Wortes. Geblieben ist nach der wunderbaren Wende ihres Lebens ihre ökonomische Rolle. Eine besonders interessante Figur in dieser Beziehung ist Johanna, die Frau des Chuza, eines Verwaltungsbeamten des Tetrarchen Herodes Agrippa. Aber auch für die übrigen gilt, daß sie ihre soziale Rolle als vermögende Hausherrinnen aus der Oberschicht gerade nicht aufgeben, sondern in den Dienst der Sache Jesu einbringen. Jetzt gehen sie so mit ihrem Vermögen um, wie es dem Dienst am Wort, der sie mit - Jesus verbindet (σὺν αὐτῷ, V 1) entspricht.

1.2 Das Gleichnis vom Sämann und seine Deutung (Lk 8,4-15)

Das Gleichnis vom Sämann faßt Lukas wie zuvor Markus als Allegorie auf, d.h. als Offenbarungsrede, die einer Deutung bedarf. Dieses Gleichnis stellt insofern für Lukas einen Sonderfall dar, als Gleichnisse bei Lukas in der Regel gerade als allgemeinverständlich gelten (vgl. Lk 6,39.47-49;7,41-43). Deshalb bezieht sich die Deutung bei Lukas auch nur auf dieses Gleichnis und nicht auf alle (vgl. Lk 8,9 gegen Mk 4,10). Es werden in Lk 8 im Gegensatz zu Mk 4 auch keine weiteren Gleichnisse vorgetragen. Dieses bestimmte Gleichnis handelt von "den Geheimnissen der Gottesherrschaft" und braucht deshalb eine Deutung.
Lukas nimmt bei der literarischen Inszenierung der Rede entscheidende Veränderungen bei der Vorlage Mk 4 vor. Er streicht die szenische Situierung der Gleichnisrede als Lehre Jesu vom Boot aus an die auf dem Festland stehenden Hörer. Die Distanz zwischen dem auf dem Meer thronenden Lehrer und den Menschen auf der Erde (vgl. Mk 4,1) wird bei Lukas gar nicht in Szene gesetzt. Nachdem eine große Volksmenge aus den Städten, die Jesus bereist (vgl. 8,1), "*bei ihm*" zusammengekommen ist, spricht (εἶπεν) Jesus zu ihnen (vgl. Lk 8,4). Die zweite entscheidende Veränderung, die Lukas vornimmt, ist die Tilgung der szenischen Angabe in Mk 4,10: "Und als er allein war ...". Zwar sind es auch bei Lukas die

Jünger, die nach der Deutung fragen (Lk 8,9). Sie stellen diese Frage aber in der in der Exposition hergestellten Öffentlichkeit. Die "große Volksmenge", die aus den Städten angereist ist (vgl. V 4), wird nicht ausgeschlossen, sondern hört bei Lukas auch die Deutung des Gleichnisses, nach der die Jünger fragen, und die anschließenden Logien. Jesus hält eine öffentliche Rede, die durch die Frage der Jünger lediglich gegliedert wird.

Damit ist die scharfe Grenze zwischen "euch" und "denen draußen" (Mk 4,11) relativiert. Lukas unterscheidet zwischen "euch", denen "gegeben ist *zu wissen*", und "den übrigen", die zwar sehen und hören, aber nicht "*verstehen*". Es geht dabei aber nicht um den Gegensatz von Umkehr und Verstockung wie in Mk 4,12 (= Jes 6,9 f), sondern nur um einen graduellen Gegensatz nämlich dem zwischen den mehr oder minder gelingenden Weisen des Hörens des Wortes, von denen in der Deutung des Gleichnisses die Rede ist. Alle hören, aber nicht von allen gilt, daß sie, "mit schönem und gutem Herzen hörend, das Wort bewahren und Frucht bringen in Ausdauer" (Lk 8,15). Damit bleiben in der lukanischen Deutung alle Aussagen auf der Ebene von Wissen und Nichtwissen. Der gesamte Abschnitt ist demnach im Sinne der lukanischen ἄγνοια-Theorie aufzufassen, nicht im Sinne einer Verstockungstheorie. Alle Hörer Jesu unterliegen grundsätzlich dem Prinzip des Nichtverstehens der "Geheimnisse des Gottesreiches". Niemand wird das Gehörte jemals verstehen, wenn er das Gehörte nicht erinnerlich im Herzen bewahrt bis zur Aufdeckung seines Sinnes am Ende des Weges Jesu. (Vgl. abschließend dazu Lk 24,44-49; diese Aufzählung erklärt auch, weshalb der lukanische Jesus im Unterschied zum markinischen von "Geheimnissen der Gottesherrschaft" im Plural spricht).

Szenische Gestaltung und Figurenkonstellation der Gleichnisrede Lk 8,4-15 unterscheiden sich nicht prinzipiell von denen der Rede am Berg (Lk 6,17-49). Die Jünger als die schon Hörenden sind auch in Lk 8,4-15 die Vorhut des lernenden Volkes. Nur wird schon am Anfang des zweiten Galiläa-Zyklus die Grenze zwischen Jüngern und Allgemeinheit im Vergleich mit dem ersten Galiläa-Zyklus deutlicher markiert, weil es im Gesamtzusammenhang des zweiten Galiläa-Zyklus um das Verstehen der "Geheimnisse der Gotterherrschaft" geht, die nach Ostern durch die Zwölf als Jesu "Zeugen *vor dem Volk*" (Apg 13,31) öffentlich mitgeteilt werden. In der Gleichnisrede Lk 8,4-15 werden diese Geheimnisse aber noch nicht inhaltlich, sondern erst auf der Meta-Ebene thematisiert. Es geht um das Wie des Hörens (vgl. außer der Deutung selbst bes. V 18a). Im dritten Abschnitt dieses Zyklus (Lk 9,18-50), in dem es um den christologischen Inhalt der Geheimnisse geht, wird Lukas die Grenzziehung zwischen Jüngern und Volk entsprechend verschärfen.

Die vier Weisen des Hörens, die Lukas in seiner Deutung beschreibt, werden ausdifferenziert unter dem Aspekt der Dauer: gar nicht erst zum Glauben kommen (V 12), eine Zeitlang glauben bis zur Zeit der Versuchung (V 13), nicht zur Reife kommen (V 14) und Frucht bringen in Ausdauer (V 15). Dem entspricht eine Skala von Gefährdungen des Wissens. Das sofortige Vergessen bewirkt bei der ersten Gruppe der Teufel, der das Wort "aus ihrem Herzen" nimmt. Die endzeitliche Krise, die "Zeit der Versuchung", setzt dem zeitweiligen Glauben bei der zweiten Gruppe ein Ende. Chronische Sorge und Begierden lassen bei der dritten das Wort nicht zur Reife im entsprechenden Tun kommen. Das dauernde Fruchtbringen der vierten Gruppe ist nur möglich, wenn die drei Gefährdungen ausgehalten werden. Insofern ist die Deutung paränetisch und geht damit die Allgemeinheit an, das öffentliche Publikum in der erzählten Szene und den lukanischen Leser.

1.3 Die Logien (Lk 8,16-18)

Die Rede läuft bei Lukas mit den beiden Doppellogien weiter ohne Unterbrechung durch den Erzähler (anders Mk 4,21a.24a). Die Logien akzentuieren die paränetischen Aspekte der Deutung des Gleichnisses. Das erste Logion (V 16) setzt weisheitlich auf einer Analogie-Ebene ein: Es wäre töricht, ein Licht mit einem Krug zu "verbergen" oder an einen ungeeigneten Ort ("unter ein Bett") zu stellen. Das zweite Logion stellt die Übertragung auf die Ebene des Themas her: "Denn nichts ist verborgen, das nicht offenbar werden wird ..."(V 17).
Es fällt auf, daß Lukas (im Unterschied zu Mk 4,22) nicht ein Ziel formuliert (verborgen "dazu daß ..."), sondern eine Feststellung trifft: Alles Verborgene kommt einmal ans Licht der Öffentlichkeit. Dies entspricht der in der Rede am Berg entwickelten Vorstellung, einen Baum erkenne man an seiner Frucht, d.h. im Tun eines Menschen zeige sich, was er wirklich sei (vgl. Lk 6,43-45). Nach Lk 8,15 erkennt man an der Frucht die richtigen Hörer des Wortes. Dies wird im ersten Doppellogion als Erfahrungsregel expliziert. Darauf erst folgt im Sinne einer Aufforderung zum richtigen Hören der Satz: "Seht daher zu, wie ihr hört!" (ohne das Logion vom Maß; vgl. Mk 4,24).
Die im vierten Logion folgende Begründung dieser Mahnung entspricht den drei defizitären Modi des Hörens in der Gleichnisdeutung, vor allem dem ersten (aufgrund der Stichwortverbindung "wegnehmen" zwischen V 12 und V 18). Eine besondere paränetische Zuspitzung in V 18 ist die Warnung vor dem *vermeintlichen* Besitz des Wissens ("... wird ihm, was er zu haben meint, genommen werden"), die der lukanische Leser als an ihn gerichteten Appell auffassen wird.

1.4 Die Chrie über die wahren Verwandten (Lk 8,19-21)

Die Chrie gehört szenisch noch zu der mit V 4 beginnenden Handlung. (Die Einheitsübersetzung will dies allerdings anders und fügt eine Episodeneröffnung ein: "Eines Tages ..."). Dieselbe Menge, die Jesus seit V 4 zugehört hat, blockiert den Zugang zu Jesus für dessen Mutter und Brüder, die sich bei Jesus einfinden, ihn aber nicht erreichen können (παρεγένετο, V 19a, οὐκ ἠδύναντο συντυχεῖν, V 19b).
Dieses Disäquilibrium wird in der folgenden Sequenz aufgehoben:

> Die Distanz zwischen den natürlichen Verwandten und Jesus wird kommunikativ überbrückt (ἀπηγγέλη, V 20a).

<

> Statt die Distanz real aufzuheben, definiert (εἶπεν, V 21a) Jesus seine Verwandtschaft alternativ.

Bezeichnend ist, daß die natürlichen Verwandten Jesus "sehen" wollen. Dagegen steht die Erklärung Jesu, Mutter und Brüder seien für ihn, "die das Wort Gottes hören und tun". Damit ist der Zusammenhang mit dem Thema der Gleichnisrede hergestellt, speziell auch zu V 10 und V 15.

2. Erweis und Übereignung rettender Macht (Lk 8,22-9,17)

Der zentrale Teil des zweiten Galiläa-Zyklus parallelisiert das rettende Handeln Jesu (8,22-56) und das Handeln der Zwölf bei der Ausübung der ihnen von Jesus übergebenen Kraft und Vollmacht (9,1-17).

2.1 Erweise der rettenden Macht Jesu (Lk 8,22-56)

Anfänge sind besonders aufschlußreich. Der Handlungsverlauf der ersten Episode dieses Abschnitts wird deshalb im synoptischen Vergleich mit der Markusfassung analysiert:

2.1.1 Der Sturm auf dem See (Lk 8,22-25)

Mk 4,35-41	Lk 8,22-25
Verbindendes szenisches Element	Eröffnung der Episodenfolge (V 22a):

("Am Abend desselben Tages")	"An einem der Tage" besteigt (ἐνέβη) Jesus mit seinen Jüngern ein Boot.
1. Sequenz (V 35 f): Jesus fordert seine Jünger auf (λέγει) zur Fahrt ans jenseitige Ufer des Meeres; (vgl. 4,1). < Die Jünger nehmen Jesus in ihrem Boot mit (παραλαμβάνουσιν).	1. Sequenz (V 22b-d): Jesus fordert sie auf (εἶπεν) zur Fahrt ans jenseitige Ufer des Sees. < Die Jünger tun, was der Lehrer gesagt hat (ἀνήχθησαν).
Exposition: Disäquilibrium (V 37)	Exposition: Disäquilibrium 2. Sequenz (V 23): Jesus schläft ein (ἀφύπνωσεν). <
Sturm bricht los (γίνεται), Fluten schlagen (ἐπέβαλλεν) ins Boot.	Da kommt (κατέβη) ein Sturm; die Jünger werden überflutet (συνεπληροῦντο) und sind in Lebensgefahr (ἐκινδύνευον).
2. Sequenz (V 38): Jesus schläft (ἦν καθεύδων). < Die Jünger wecken Jesus auf (ἐγείρουσιν) und beklagen sich (λέγουσιν) , ihn kümmere ihr Untergang nicht.	3. Sequenz (V 24): Die Jünger wecken (διήγειραν) Jesus, wobei sie ihn von der Gefahr in Kenntnis setzen. < Subsequenz: Jesus bedroht (ἐπετίμησεν) Sturm und Fluten.
3. Sequenz (V 39): Jesus bedroht (ἐπετίμησεν) den Sturm und befiehlt (εἶπεν) dem Meer zu schweigen. <	<

Der Sturm legt sich (ἐκόπασεν), und Meeresstille tritt ein (ἐγένετο γαλήνη).	Beide hören auf (ἐπαύχαντο), undMeeresstille tritt ein (ἐγένετο).
4. Sequenz (V 40 f): In einem Wort an die Jünger (εἶπεν)	4. Sequenz (V 25): Jesus fragt (εἶπεν)
rügt Jesus deren Feigheit und verlangt Glauben.	nach dem Glauben der Jünger.
<	<
Die Jünger fürchten sich (ἐφοβήθσαν) und fragen (ἔλεγον)	Die Jünger reagieren mit furchtsamem Staunen ἐθαύμασαν), das zur Frage
nach der Bedeutung Jesu.	nach der Bedeutung Jesu führt.

Lukas beginnt mit 8,22 eine neue Episodenfolge (einen neuen "*Tag*") und gibt damit den bei Markus durchlaufenden Handlungszusammenhang mit der Gleichnisrede auf. Dieser Zusammenhang ist für die Markus-Version sinntragend. In der *Nacht* erweist sich beim Ausbrechen der Chaosgewalten während der Meerfahrt, daß die von Jesus in einer exklusiven Szene belehrten Jünger sich nicht als Träger des besonderen Wissens um das Geheimnis der Gottesherrschaft bewähren. Daß Jesus von der Gefahr nicht berührt ist und deshalb schläft, mißverstehen die Jünger als Desinteresse an ihrer Rettung. Das Machtwort dessen, der zuvor auf dem Meer thronend gelehrt hat, rettet zwar die Jünger aus der Gewalt des Todes, befreit sie aber nicht von Unverständnis und Todesangst. Die Distanz zu Jesus, die sich in der verständnislosen Beschwerde der Jünger in der 2. Sequenz auftut, wird in der 4. Sequenz nicht aufgehoben. Der Glaube, den Jesus von den Jüngern verlangt, würde erkennen, daß das Schlafen mitten im Chaossturm Ausdruck der Souveränität Jesu in der Konfrontation mit den Todesgewalten ist. Die Epiphanie der Vollmacht des Gottessohnes über die Todesgewalt wird innerhalb der erzählten Welt des Markusevangeliums aber von den Jüngern nicht verstanden.
Nach Lukas findet diese Meerfahrt am Tag statt, und zwar "an einem der Tage" (V 22; vgl. Lk 5,17), an welchem die Jünger mit ihrem Lehrer Jesus in einem Boot beisammen sind. Die Jünger verhalten sich angemessen, eben als Schüler (vgl. 1. Sequenz). Dieser Tag wird also für sie lehrreich werden. In der Exposition - bei Lukas eine Sequenz - machen die Schüler die Erfahrung, daß es für sie gefährlich wird, wenn ihr Lehrer einschläft. In der 3. Sequenz verhalten sie sich richtig, indem sie ihren Lehrer wecken und über die Lebensgefahr informieren, in der sie (die

Schüler) sich befinden. Die sequentielle Reaktion Jesu auf dieses richtige Schülerverhalten ist die eigentliche Lektion, die in dieser Episode gelernt werden soll (vgl. die Subsequenz): Jesus rettet aus der Gewalt des Todes. Diese Erkenntnis gewinnen die Schüler aus der Erfahrung ihrer eigenen Errettung aus dem Tod durch die Macht Jesu. Die abschließende 4. Sequenz erzählt die Sicherung der Lektion, die diese Erfahrung darstellt, auf der Wissensebene. Die Frage Jesu (Lk 8,25a) ist keine Rüge (vgl. dagegen Mk 4,40), sondern eine Aufforderung, die Lehre aus der Erfahrung der eigenen Rettung zu ziehen und als verläßliches Wissen ("Glaube") anzunehmen. Die Reaktion der Jünger auf diese Aufforderung steht bei Lukas in keinem Mißverhältnis zum Wort Jesu. Sie staunen und beginnen zu lernen.

Mit dieser Erzählung eröffnet Lukas die Reihe der folgenden Episoden, die alle als Lektionen über die Errettung aus dem Tod zu lesen sind. Wesentlich ist aber, daß diese Reihe mit der Belehrung der Jünger durch die selbst erfahrene Errettung aus der Todesgewalt durch die Kraft und Vollmacht Jesu beginnt. Sie werden am Beginn der anschließenden Episodenreihe Lk 9,1-17 selbst mit dieser Vollmacht ausgestattet.

2.1.2 Der Exorzismus im Land der Gerasener (Lk 8,26-39)

Lukas faßt die Erzählung als weiteres Beispiel für Rettung auf (vgl. V 36: Die Augenzeugen berichten, "wie der Besessene gerettet wurde"). Der Bezug zum Thema Jüngerschaft wird in Lk 8,35 gegenüber Mk 5,15 dadurch verdeutlicht, daß der von den Dämonen befreite Mann nicht nur gekleidet und bei Verstand ist, sondern als Schüler Jesus "zu Füßen sitzt" (V 35). Der Exorzismus stellt gegenüber der vorangehenden Seesturm-Episode eine neue Konkretisierung des Todesmotivs dar. Der Besessene wohnt in den Grabstätten (Vgl. V 27). Diese werden aber anders als bei Markus nicht den Bergen zugeordnet (vgl. Mk 5,5), sondern als Alternative zum Haus betrachtet (vgl. Lk 8,27). Hier wird eine Strategie erkennbar, dem städtisch orientierten Lesepublikum des Lukas diese sonderbare Episode zu erschließen. Bei der Ankunft Jesu im Land der Gerasener, das nach Lukas nicht "jenseits des Meeres" (Mk 5,1), sondern "Galiläa gegenüber" liegt (V 26), begegnet Jesus "ein Mann aus der *Stadt*", dessen Krankheit daran ersichtlich ist, daß er seit langem kein *Obergewand* trägt und nicht im *Haus* bleiben will, sondern sich in den *Grabstätten* aufhält (V 27b.c). Die Krankheit trennt den Mann von der Polis mit ihren kulturellen Standards. Auch die von Lukas umgestellte und stark veränderte Krankengeschichte (V 29) sieht dies so. Der Dämon treibt den Besessenen aus der Stadt hinaus an die wüsten Orte. Der Dämon vereitelt immer wieder alle Versuche, den Besessenen mit allen Mitteln am Weglaufen aus der Stadt zu hindern und ihn dort fest unter Aufsicht zu halten. Jetzt wird diesem Treiben ein Ende gemacht. Der Dämon wird nun selbst fortgejagt. Die Stadt ist also der Raum, an welchem definiert wird, was Krankheit ist.

Ein Vergleich mit Mk 5,6-13.14-20 würde ergeben, daß Lukas die sequentielle Struktur nur geringfügig verändert hat. Es genügt also, die Struktur der Lukas-Fassung darzustellen: Nach dem verbindenden Element (κατέπλευσαν, V 26) folgt als Exposition die Begegnung (ὑπήντησεν, V 27a) mit dem Besessenen mit einer relativ kurzen Schilderung der Phänomene der Besessenheit (s.o.). Die Handlung ist zweiteilig: Der Exorzismus (VV 28-33) hat wie bei Markus eine Nachgeschichte (VV 34-39). Charakteristisch für den Exorzismus ist, daß er nicht als Kampf des Charismatikers gegen die Dämonen gestaltet ist, sondern als Verhandlung der längst kapitulierenden Dämonen über ihr Verbleiben (VV 28-31), die, scheinbar erfolgreich geführt, im Ergebnis dennoch zum Untergang der Dämonen führt (V 32 f). Voraussetzung für diese komische Gestaltung eines Exorzismus ist die Technik der Inversion, d.h. der Umkehrung der erzähllogischen Reihenfolge in der ersten Mikrosequenz. Der Besessene fällt Jesus zu Füßen (προσέπεσεν) und spricht (εἶπεν) mit dämonisch erhobener Stimme die Bitte aus, Jesus solle ihn nicht quälen (V 28). Daß er damit auf den Ausfuhrbefehl des Exorzisten bereits reagiert, wird vom Erzähler nicht erzählt, sondern erklärend nachgetragen (παρήγγειλεν γάρ) und mit weiteren Erläuterungen zur Krankengeschichte ergänzt (V 29). Es folgt eine zweite Sequenz, in der sich die Dämonen wie brave Patienten nach ihrem Namen ausfragen lassen (Frage - Antwort; V 30). Danach präzisieren sie ihre Bitte (παρεκάλουν), der Exorzist möge sie nicht in den Abgrund schicken (V 31). Damit ist der erste Handlungszug der Sequenz abgeschlossen. Darauf antwortet im Sinne einer übergeordneten Sequenz der zweite Teil des Exorzismus mit der Gewährung der Bitte (V 32 f). Dieser Teil selbst besteht aus zwei Mikrosequenzen: Die Dämonen entdecken die vom Erzähler an dieser Stelle erwähnte Schweineherde (ἦν δὲ ἐκεῖ) als ihre Chance und präzisieren erneut ihre Bitte (παρεκάλεσαν); und bei diesem dritten Wunsch bekommen sie vom Exorzisten grünes Licht (ἐπέτρεψεν). Darauf fahren sie (εἰσῆλθον) in die Schweine und besiegeln ihr Schicksal in der folgenden Subsequenz: Die Schweineherde stürmt (ὥρμησεν) den Abhang hinab und ertrinkt (ἀπεπνίγη) im See.

Die Nachgeschichte spielt auf der Ebene der Kommunikation über das Geschehene, ist aber nicht weniger turbulent als der Exorzismus selbst. In einer ersten Sequenz (V 34) kommt der Kommunikationsfluß in Bewegung. Beim Anblick der im See versinkenden Schweine ergreifen die Schweinehirten ihrerseits die Flucht (ἔφυγον) und melden (ἀπήγγειλαν) das Geschehen in der Stadt. Damit lösen sie eine Gegenbewegung aus, die zwei Sequenzen umfaßt (V 35). Man geht (ἐξῆλθον) aus der Stadt, um selbst Zeuge des Geschehens zu werden, und kommt (ἦλθον) zu Jesus. Dort findet man (εὗρον) den Besessenen gesund und ist darüber entsetzt (ἐφοβήτησαν). In einer weiteren Sequenz (V 36 f) wird an Ort und Stelle ein zweites Mal von den Augenzeugen Bericht erstattet (ἀπήγγειλαν); dies führt dazu, daß die gesamte Bevölkerung des Gerasenerlandes Jesus auffordert, sie zu verlassen. Der Erzähler erläutert dieses Verhalten als Ausdruck ihrer großen Furcht. Im Unterschied zu Markus schließt Lukas diesen Teil der Handlung mit einer Aktion Jesu ab, indem er Jesus schon jetzt mit dem Boot abreisen läßt (ὑπέστρεψεν). Die Episode schließt mit der Entlassung des Geheilten in einer eigenen Szene (V 38 f). Auch hier wird eine Bitte formuliert (ἐδεῖτο), die aber als einzige von allen geäußerten Bitten nicht erfüllt wird. Dies hat Markus betont (οὐκ ἀφῆκεν αὐτόν, Mk 5,19a; Jesus läßt die Bitte nicht zu). Lukas schwächt dies ab. Jesus entläßt (ἀπέλυσεν) den Mann mit einem Auftrag, den dieser erfüllt: Er soll "berichten", was Gott an ihm getan hat; und er geht, um zu "verkünden", was Jesus an ihm getan hat. In der Differenz zwischen Auftrag und Ausführung werden die theologischen Aspekte des Themas Kommunikation abschließend positiv entfaltet.

Weitere wesentliche Eingriffe in die Markus-Vorlage, die für das lukanische Konzept aufschlußreich sind, liegen auf textsemantischer Ebene: Die Dämonen führen in der Markus-Version einen erbitterten Kampf darum, daß sie das *Land* (χώρα) *der Gerasener* (vgl. Mk 5,1) nicht verlassen müssen (vgl. V 10). Diesen Kampf verlieren sie zwar und verschwinden mit der Schweineherde *im Meer* (vgl. V 13). Aber Jesus wird seinerseits von den Gerasenern aus ihrem Gebiet vertrieben (vgl. V 17). Sein Sieg über die Dämonen bedeutet nach Markus also nicht, daß er die Hoheit über das Gebiet der Menschen erhält. Es bleibt in diesem Gebiet nur der Geheilte als Verkünder der Botschaft vom Sieg des Gottessohnes über die Dämonen (vgl. VV 18-20). Bei Lukas wehren sich die Dämonen dagegen, daß Jesus ihnen befiehlt, *in ihren Bereich*, den Abyssos, zurückzugehen (vgl. V 31), erreichen dies aber nicht. Sie müssen an ihren Platz zurück. Aber auch der Geheilte soll zurückkehren (ὑπόστρεφε) in sein *Haus* in seiner *Stadt*, die er als ganze (καθ' ὅλην τὴν πόλιν) zum Ort der Verkündigung seiner Erfahrung macht (vgl. V 39). Und auch Jesus selbst kehrt mit dem Boot, das ihn hergebracht hat, zurück an das galiläische Ufer (ὑπέστρεψεν in V 37c ist ein von Lukas eingefügtes Handlungselement; s.o.), wo ihn die Volksmenge schon erwartet ἐν τῷ ὑποστρέφειν αυτόν (V 40, verbindendes Element zur folgenden Episode). Alles kehrt an seinen Platz zurück, die Welt kommt in Ordnung, wenn die chaotischen Mächte des Todes sich an die Regeln der Gottesherrschaft halten. Insofern generalisiert dieser Exorzismus die Aussage der Seesturm-Episode. Dieser Tendenz entspricht es, daß Lukas hier überhaupt die Vorstellung akzeptiert, daß Jesus mit einem dem jüdischen Galiläa gegenüberliegenden Bereich in Berührung kommt.

2.1.3 Die Heilung der Blutflüssigen und die Erweckung der Tochter des Jairus (Lk 8,40-56)

Lukas folgt in der Anordnung der Stoffe weiter der Markusvorlage (Mk 5,21-43), übernimmt vor allem die Verschachtelung der beiden Therapien zu einer Doppelepisode, durch die das Todesmotiv erneut akzentuiert wird. Die seit zwölf Jahren an Blutfluß leidende Frau kann wegen der damit gegebenen Unreinheit nicht schwanger werden (vgl. Lev 15,25-27); das zwölfjährige Mädchen stirbt am Beginn ihrer Gebärfähigkeit. Das Todesmotiv steht weiterhin im Zusammenhang des mit Lk 8,22-25 begonnenen Themenprogramms. Besonders in diesem Abschnitt wird deutlich, daß Lukas diese Therapien als *Belehrungen des Volkes und der Jünger* über die Rettung aus dem Tod gestaltet. Die gegenüber Markus neue Konzeption besteht darin, die Heilung der blutflüssigen Frau als öffentliche Belehrung des Volkes der Erweckung der Tochter des Jairus als geheime Belehrung von bestimmten Jüngern gegenüberzustellen.
Bei der Rückkehr vom Land der Gerasener (V 40, verbindendes Element) wird Jesus bereits von einer Menge in Empfang genommen (ἀπεδέξατο, V 40a), die nicht erst zusammenströmt (so Mk 5,21), sondern, wie der allwissende Erzähler in einer Glosse erklärt, Jesus schon lange erwartet (ἦσαν προσδοκῶντες, V 40b). Aber es kommt etwas dazwischen. Die Exposition der Doppelepisode entwickelt das Disäquilibrium in einer Sequenz: Jairus tritt auf (ἦλθεν) und wird mit Attributen versehen. Er ist Vorsteher *der* Synagoge, also eine für die jüdische Religion repräsentative Figur. Er bittet (παρεκάλει) Jesus in sein *Haus*. (Den Grund trägt der allwissende Erzähler nach: weil *"seine"* Tochter im Sterben liegt, V 42a; Mk 5,23b trägt Jairus die Heilungsbitte selber vor: *"meine"* Tochter). Damit durchkreuzt er die Erwartung des Volkes. In sein Haus können sie Jesus nicht folgen. Deshalb die Reaktion: Während Jesus mit Jairus geht, "erstickte ihn geradezu die Menge" (V 42b), die ihre Erwartung nicht aufgibt.
Die erste Therapieerzählung beginnt mit der Einführung der Figur der blutflüssigen Frau (V 43). Die Handlung besteht aus drei Sequenzen. Die erste erzählt eine frevelhafte Tat (V 44), die beiden folgenden (V 45, V 46 f) deren Aufdeckung. Aus der Menge heraus (vgl. den nahtlosen Anschluß V 43) berührt (ἥψατο) die Frau das Gewand Jesu; und sofort ist ihr Blutfluß zum Stehen gebracht (ἔστη). Beim Vorgang ihrer Heilung blendet der Erzähler das innere Geschehen, das in der Markus-Version von entscheidender Bedeutung ist (vgl. Lk 8,44 gegen Mk 5,28 f), völlig

aus. Niemand versteht also, was bei der Berührung durch die Frau vorgegangen ist. Also muß Jesus, damit diese Heilung zu einer Lektion für das Volk wird, den Sachverhalt aufdecken und in der Öffentlichkeit zur Sprache bringen. Dies geschieht in den folgenden Sequenzen nach den bei der Ermittlung eines Tathergangs vor Gericht üblichen Fragen. Zu klären ist, wer (quis) was (quid) wo (ubi) mit welchen Mitteln (quibus auxiliis) aus welchem Motiv (cur) wie (quomodo) und wann (quando) getan hat. Diese Fragen werden, soweit hier erforderlich, gestellt und beantwortet. In der zweiten Sequenz macht Jesus den Anfang mit der Frage (εἶπεν), V 45a): "Wer war es, der mich berührt hat?" Da alle es abstreiten, antwortet (εἶπεν, V 45b) der erste Jünger, Petrus, in der Rolle des Assistenten der Ermittlung mit einem Beitrag zur Wo-Frage: Das Gedränge am Tatort sei für den Erfolg der Ermittlung nicht günstig. Aber der ermittelnde Jesus insistiert und eröffnet die dritte Sequenz, indem er den Tatbestand (quid) benennt (εἶπεν): "Berührt hat mich jemand, denn ich habe gespürt, wie Kraft von mir ausging." (V 46). Jetzt weiß die Frau, daß ihre Tat nicht unbemerkt geblieben ist, kommt (ἦλθεν) und gesteht öffentlich (ἀπήγγειλεν) ihr Motiv (δι᾽ ἣν αἰτίαν) und ihre Vorgehensweise (ὡς), die zu ihrer Heilung geführt hat (V 47). Dies erklärt die Frau öffentlich "vor dem ganzen Volk" (ἐνώπιον παντὸς τοῦ λαοῦ). Am Schluß der Erzählung entläßt Jesus die Frau in Frieden (V 48), nicht ohne zuvor gesagt zu haben, quibus auxiliis ihre Rettung erfolgt ist: "Dein Glaube hat dich gerettet." (V 48). Damit ist öffentlich ausgesprochen, was es hier zu lernen gibt. Dies ist die Lektion. Das Volk hat nicht umsonst gewartet und Jesus bedrängt.
Für einen Chorschluß ist hier kein Platz. Die Jairus-Episode wird direkt angeschlossen. In einer Zwischenszene, bestehend aus einer Sequenz, wird das Disäquilibrium für diese Erzählung neu aufgebaut. Noch während Jesus seinen Satz über den Glauben als rettendes Wissen formuliert, kommt (ἔρχεται) jemand mit der Nachricht, das Mädchen sei bereits tot (V 49). Nach menschlichem Erwarten käme damit jede Rettung zu spät. Dagegen betont Jesus in seinem Wort (ἀπεκρίθη) an Jairus, worauf es ankommt: Der Glaube ist auch hier die *Rettung* (vgl. V 50, anders Mk 5,36).
Das folgende Geschehen im Haus (VV 51-56) ist nicht mehr öffentlich. Außer den Angehörigen sind nur die ausgewählten drei Jünger als Zeugen anwesend (vgl. V 51, verbindendes Element), dieselben, welche im letzten Teil des Zyklus auch bei der Verklärung Jesu auf dem Berg anwesend sind, Petrus, Jakobus und Johannes. Sie werden hier Zeugen der Errettung des toten Mädchens, also nicht nur ihrer Bewahrung vor dem Tod, sondern der wirklichen Überwindung der tödlichen Gewalt des Todes, die aller Todestrauer ein Ende machen wird.

Die Inszenierung der Handlung hat Lukas gegenüber Markus stark verändert. Die Trauernden werden, anders als in Mk 5,40, nicht aus dem Haus gewiesen. Die Erweckung der Toten findet auch nicht in einem besonderen Raum statt. Es handelt sich in der Lukas-Fassung also um eine einzige Szene, wo in der Markusfassung drei Szenen vorgegeben sind (Mk 5,37 auf dem Weg zum Haus, VV 38-40a beim Betreten des Hauses, VV 40b-43 an dem Ort innerhalb des Hauses, "wo das Kind war".) Lukas hat auch die Distanz zwischen den Figuren gegenüber der markinischen Inszenierung stark relativiert. "Alle" weinen (ἔκλαιον) und betrauern (ἐκόπτοντο) die Tote (V 52a). Alle meinen zu *wissen* (vgl. den Erzählerkommentar V 53), daß eine Errettung aus dem Tod nicht möglich ist. Aber nicht die Trauer der Menschen im Haus des Jairus wird korrigiert oder gar verworfen (vgl. dagegen Mk 5,40), sondern ihr Unwissen wird konfrontiert mit dem machtvollen Handeln Jesu.
Entsprechend ist die Handlung im Haus strukturiert: Auf die Exposition der Szene (V 52a) folgen zwei Sequenzen:

Jesus tröstet die Trauernden mit einem Wort (εἶπεν),
das den Tod für nicht endgültig erklärt (V 52b-e).

S 1 <

Die Reaktion ist Gelächter (κατεγέλων), das vom Erzähler als Ausdruck ihres (begrenzten) Wissens um den Tod kommentiert wird (V 53).

Jesus ruft (ἐφώνησεν)
das erweckende Wort (V 54).

S 2 <

Das schon ausgehauchte Leben des Mädchens, ihr πνεῦμα, kehrt zurück (V 55a).

Den Schluß bilden zwei Sequenzen: Die erste betrifft den Heilungserfolg und seinen Nachweis: Das Mädchen steht auf (ἀνέστη, V 55b); Jesus gibt eine entsprechende Anweisung (διέταξεν, V 55c). Die zweite betrifft die Folgen der Handlung auf der Wissensebene: Die Eltern entsetzen sich ἐξέστησαν, V 56a); Jesus gibt eine entsprechende Anweisung (παρήγγειλεν, V 56b), nämlich ein Schweigegebot. Der Erzähler signalisiert damit, daß mit der Erweckung des Mädchens aus dem Tod das Verständnis der Zeugen überfordert ist. Dieser Schluß steht in deutlicher Spannung zu Lk 7,16 f, dem großen Chorschluß nach der Erweckung des Sohnes der Witwe von Nain. Solche Differenzen lassen sich nicht mit der Ungeschicklichkeit des Erzählers erklären, sondern müssen aus dem Kontext des jeweiligen Themenprogramms interpretiert werden. Der erste

Galiläa-Zyklus handelt vom Wirken Jesu im Spannungsverhältnis zur religiösen Kultur des Judentums und ihren Repräsentanten, der zweite Galiläa-Zyklus handelt von den Geheimnissen der Gottesherrschaft und ihrer Übergabe an die Hörer des Wortes, die Jünger und das Volk. Im ersten Galiläa-Zyklus besteht das Vermittlungsproblem in der Spannung zwischen dem Programm der Sammlung Israels aus Sündern zu den normativen Vorstellungen der Repräsentanten der religiösen Kultur seines Volkes. Im zweiten Galiläa-Zyklus besteht das Vermittlungsproblem in der Spannung zwischen der Erfahrung der aus dem Tod rettenden Kraft des Wortes Jesu und dem Fehlen des entsprechenden Wissens bei den Jüngern und beim Volk. Was aus der Erfahrung der Totenerweckung inhaltlich zu lernen ist, ist noch nicht vermittelbar. Dazu bedarf es nach lukanischem Verständnis des Wissens, das erst durch die Errettung Jesu aus seinem Tod erschlossen wird. Die Geheimnisse der Gottesherrschaft werden aufgedeckt, bevor sie verstanden werden können. Dieses lukanische Prinzip wird am Ende dieses Zyklus noch deutlicher entwickelt (vgl. unten zu Lk 9,43b-45). Dort wird auch klar, welchen Sinn dieses vorzeitige Aufdecken der Geheimnisse im lukanischen Verständnis hat. Es geht darum, das neue umfassende Wissen, das durch den Jesus des Osterzyklus gestiftet wird, fest mit der Erinnerung seines galiläischen Wirkens zu verknüpfen. Der zweite Galiläa-Zyklus stellt die erste Phase der Grundlegung des urchristlichen Wissens dar. In diesem Zusammenhang haben die lukanischen Schweigegebote ihren ganz bestimmten Sinn. Das erinnerte Wort darf nicht weitergesagt werden, bevor es verstanden ist.

2.2 Bevollmächtigung der Zwölf (Lk 9,1-17)

Da Lukas seine Nazaret-Episode an den Anfang des Wirkens Jesu stellt, kann er hier Mk 6,1-6a übergehen und gewinnt dadurch einen direkten Anschluß für die Aussendung der Zwölf an die voraufgehenden Wundergeschichten, die die rettende Kraft Jesu erweisen. Die Aussendung der Zwölf erscheint so als die Übertragung dieser rettenden Macht Jesu auf die Zwölf. Auf die Rückkehr der Zwölf folgt die Speisung des Volkes in der Wüste, die bei Lukas ebenfalls unter dem Aspekt der Bevollmächtigung der Zwölf dargestellt wird. Bei Markus dagegen stehen sich zwei Königsmähler im Kontrast gegenüber: das des Herodes, das zum Tod des Täufers führt (Mk 6,14-29), und die Speisung der 5000 als Rettung des hirtenlosen Volkes (Mk 6,30-44). Für die strukturelle Veränderung der Komposition in Lk schlägt vor allem zu Buche, daß Lukas die Darstellung des Todes des Täufers in der Rückblende Mk 6,17-29 übergehen kann, weil dieses Thema in Lk 7,24-35 bereits zum Abschluß gekommen ist.

2.2.1 Die Aussendung der Zwölf und die Ratlosigkeit des Herodes (Lk 9,1-6.7-9)

Die erste Sequenz (VV 1-6) ist nach dem Schema Auftrag und Ausführung konstruiert. Die Aussendung der Zwölf ordnet Lukas als Trias von drei Verfügungen, die Jesus trifft: Er übergibt (ἔδωκεν) Kraft und Vollmacht an die Zwölf (V 1), er sendet (ἀπέστειλεν) sie mit dem Auftrag zur Verkündigung der Gottesherrschaft und zum Heilen (V 2), und er gibt in einer kurzen wörtlichen Rede (εἶπεν, V 3) Verhaltensanweisungen für die Ausführung der Sendung (V 4 f). Die Ausführung (V 6) wird summarisch als Reise der Zwölf durch die Dörfer zusammengefaßt - ohne Rücksicht darauf, daß die Verhaltensanweisungen sich auf ein Wirken in der Stadt beziehen (vgl. V 4) - , wobei das Wirken der Zwölf in Entsprechung zu V 2 als Verkündigen und Heilen bezeichnet wird, ebenfalls summarisch ("überall").
Auffällig (auch im Vergleich mit Mk 6,7) ist die an die Spitze gestellte erste Verfügung Jesu, die Übergabe der zuvor von ihm selbst erwiesenen Kraft und Vollmacht über die Dämonen und Krankheiten. Sie, die rettende Macht Jesu, wird in der Sendung der Zwölf "überall" sichtbar. Daß es auf diesen Aspekt ankommt und nicht auf den der Ausstattung der Zwölf als Institution, die Jesus später ablösen soll, zeigt sich im lukanischen Desinteresse an Details, die auf die Erfordernisse nachösterlicher Praxis hindeuten könnten. Die Anweisungen für die Ausrüstung der Zwölf unterwegs sind utopisch streng. Markus gestattet ausnahmsweise einen Stock und Sandalen an den Füßen (vgl. Mk 6,8), Lukas dagegen nichts dergleichen. Die Liste der Ausrüstungsgegenstände bei Lukas führt ausnahmslos nur Dinge auf, die nicht gestattet sind. Die Zwölf nehmen also nichts mit auf den Weg außer der Macht, die Jesus ihnen gibt. Bei ihren Heilungen verwenden sie auch kein Öl (anders Mk 6,13b). So gilt im strikten Sinn, daß sie als Gesandte Jesu nur tun, was Jesus ihnen zu tun gibt, nämlich das, was zu seiner eigenen Sendung gehört. Nach der Rückkehr der Zwölf zeigt Lukas in einem Summarium, wie Jesus seine Sendung fortsetzt, und zwar als dieselbe, die er zuvor die Zwölf hat ausführen lassen (vgl. V 11).
Auf die Manifestation der rettenden Kraft Jesu "überall" in den Dörfern reagiert der Landesherr Herodes Agrippa, der "von all diesen Geschehnissen" hört. Lk 9,1-6 und 9,7-9 bilden also eine übergeordnete Sequenz. Inhaltlich erinnert sie an die entsprechende Sequenz im Zusammenhang des Wirkens des Täufers Johannes Lk 3,15-18.19 f. Auf politisch relevante Vorgänge antwortet der Landesherr erneut auf seine Weise. Damals hat er den Täufer nach dessen gefährlichen Reden über den "Stärkeren" eingekerkert. Jetzt weiß Herodes nicht, mit wem er es hier zu tun hat, wessen Macht ihm gefährlich werden könnte.

Die Reaktion des Herodes ist in der lukanischen Version unter Verzicht auf szenische Mittel ganz als inneres Geschehen konzipiert. Herodes hört von den Vorgängen (ἤκουσεν, V 7a) und weiß nicht (διηπόρει, V 7b), was er von umlaufenden Gerüchten halten soll, die dafür den Täufer Johannes, Elia oder einen von von den alten Propheten verantwortlich machen. Dieses typisch lukanische Problem, das darin besteht, daß zweierlei Wissen nicht zusammenpaßt, bringt Herodes für sich in einem gedachten Monolog (εἶπεν, V 9) auf den ihn interessierenden Punkt: Die Gerüchte ergeben für ihn keine Erklärung, weil sie alle mit dem Wiedererscheinen von bereits Verstorbenen rechnen. Herodes selbst hat die Enthauptung des Johannes verfügt. Er hat die Macht zu töten und kennt keine Macht, den Tod ungeschehen zu machen. Also ist die Frage, die ihn beunruhigt, für ihn durch die Gerüchte nicht beantwortet. Er wiederholt die Frage, wie sie sich ihm jetzt stellt: "Wer ist aber dieser, von dem ich solches *höre*?" Der Erzähler formuliert den Schluß: Herodes sucht (ἐζήτει, V 9d) ihn zu *sehen*. Mit diesem Interesse wird er den Weg Jesu weiter verfolgen in der Absicht, ihn zu töten (vgl. Lk 13,31), bis er ihn zu sehen bekommt und dennoch frustriert wird (vgl. 23,8 f). Auf seine Weise versteht Herodes die Zusammenhänge. Als Vollstrecker der Macht des Todes ist er hier mit der Macht konfrontiert, die aus dem Tod rettet.
Der Schlußsatz "Und er suchte ihn zu sehen" enthält zwar nur die Anspielung auf die Tötungsabsicht des Herodes, von der nach Lk 13,31 explizit zuerst die Pharisäer reden, indem sie Jesus warnen. Aber dieser erste Hinweis auf die Passion Jesu in V 9d ist gerade an dieser Stelle erzählökonomisch bedeutsam. Der letzte Abschnitt des Zyklus (Lk 9,18-50) wird den Weg des Menschensohnes durch Leiden zur Verherrlichung als zentralen Inhalt der Geheimnisse der Gottesherrschaft thematisieren. Bevor die Passion in diesem Sinne als von Ewigkeit im Plan Gottes vorhergesehen zur Sprache kommt, tritt auf der Ebene der erzählten Ereignisse die am Tod Jesu interessierte Partei in Erscheinung. Es ist ihr Plan, Jesus zu töten; Gottes Plan ist es, den getöteten Jesus zum "Anführer des Lebens" (Apg 3,15) zu machen, zum Prototyp der Errettung aus dem Tod, der diesen Weg gehen kann und anderen erschließen kann, weil er um ihn weiß. Bevor dies zum Thema wird, betritt in der erzählten Welt einer der an der Herbeiführung des Todes Jesu Beteiligten den Schauplatz der Ereignisse. Gottes Plan umfaßt auch, was dieser am Tod Jesu Interessierte plant.

2.2.2 Die Rettung des Volkes (Lk 9,10-17)

Die folgende Episode bildet den Schlußstein in der Reihe der Erfahrungen rettender Macht. Erzählt wird nach der Seesturm-Episode und den folgenden Einzelparadigmen die Errettung des "ganzen Volkes" (vgl. V 13). Damit werden die Einzelepisoden zusammengeführt in einer Erzählung, die den Zusammenhang der Rettung mit dem Thema der Herrschaft Gottes über sein Volk deutlich macht.

Den Gliederungseinschnitt markiert V 10 (ähnlich wie zuvor V 7) mit der metanarrativen Substitution der in V 6 summarisch dargestellten Tätigkeit der Zwölf als Gesandte (ἀπόστολοι) Jesu. Charakteristisch für die lukanische Gestaltung der Episode ist die gegenüber Markus veränderte Gliederung in Abschnitte, die durch die unterschiedlichen Bezeichnungen für die Mitarbeiter Jesu von einander abgehoben sind: V 10 f (οἱ ἀπόστολοι), VV 12-14a (οἱ δώδεκα), VV 14b-17 (τοὺς μαθητάς). Der Wechsel von den "Zwölfen" zu den "Jüngern" innerhalb der am Abend (vgl. V 12a) spielenden Einzelepisode stellt einen echten Szenenwechsel dar, da es sich hier um eine Veränderung der Figurenkonstellation handelt, nicht nur um einen Aspektwechsel in der Bezeichnung derselben Gruppe (so bei "die Apostel", "die Zwölf"). Dies ist eine wesentliche Veränderung gegenüber der markinischen Fassung der Episode, in der es von vornherein (vgl. Mk 6,35) die Jünger sind, die sich am Abend an Jesus wenden und bis zum Ende der Episode als Akteure präsent sind.

Der erste Abschnitt besteht aus einer verbindenden Sequenz, die zwei Subsequenzen umfaßt: Die zurückkehrenden "Apostel" berichten (διηγήσαντο) über ihre Tätigkeit; darauf zieht sich Jesus mit ihnen in die Stadt Betsaida zurück (ὑπεχώρησεν). Die Volksscharen folgen ihm (Jesus) nach (ἠκολούθησαν); darauf nimmt Jesus seine Sendung als Lehrer (ἐλάλει) und Retter (ἰᾶτο) des Volkes wieder auf. Gegenüber Mk 6,30-34 ist dieser Abschnitt stark gestrafft. Der Rückzug Jesu mit seinen Aposteln κατ' ἰδίαν in die Stadt (so Lukas) ist undramatischer als das Verschwinden Jesu im Boot an einen einsamen Ort (Markus), ebenso die lukanische Gestaltung der bei Markus als Wettlauf erzählten Suche der Menge nach Jesus. Am tiefgreifendsten ist der Verzicht auf das Motiv des Erbarmens Jesu über die hirtenlose Herde (vgl. Mk 6,34) in der Lukas-Fassung. Nach Markus ist die Lehre Jesu Ausdruck seines Erbarmens über die Menge. Es stellt sich damit die Frage, warum Lukas dieser Vorstellung nicht folgt, obwohl sie sehr gut in den thematischen Zusammenhang seines Zyklus zu passen scheint. Thema der Lehre Jesu ist ja nach V 11b die Gottesherrschaft.

Die Antwort ergibt sich aus der Analyse des zweiten Abschnitts, mit dem die Einzelepisode beginnt. Nach der szenischen Eröffnung (V 12a) beginnen die Zwölf einen Dialog mit Jesus, und zwar mit einem Wort (εἶπαν), das ihre Sorge um die Volksmenge ausdrückt (V 12b.c), kaum anders als in der Markus-Fassung (vgl. Mk 6,35 f; sogar der zur Ortsangabe Betsaida in Lk 9,10b wenig passende Hinweis auf den "einsamen Ort" wird von Lukas übernommen). Wie in Mk 6,37a.b antwortet (εἶπεν) Jesus ihnen mit der Aufforderung: "Gebt ihr ihnen zu essen!" (V 13a.b). Aber im Unterschied zu den Jüngern in Mk 6,37c.d antworten die Zwölf in Lk 9,13c.d nicht mit einer Gegenfrage, die ihr Unverständnis dokumentiert, sondern mit einer Feststellung, die die Situation im Sinne des Fortgangs der Erzählung adäquat darstellt: als Mangelsituation, auf die die folgende Handlung Jesu sequentiell mit der Aufhebung des Mangels antwortet: "Wir haben nicht mehr als fünf Brote und zwei Fische, es sei denn ...". Damit ist das Ziel des Dialogs erreicht. (In der Markus-Fassung ergreift jetzt Jesus im Gespräch die Initiative und stellt die Frage nach den Broten und Fischen von sich aus.) Die Zwölf haben sich damit nicht als unwissende Schüler verhalten, sondern als die für das Volk Verantwortlichen, die bereit wären, selbst hinzugehen, um "für dieses ganze Volk" Nahrungsmittel zu besorgen. Dem fügt der Erzähler an dieser Stelle (abweichend gegenüber Mk 6,38) als Kommentar hinzu: "Es waren nämlich etwa 5000 Männer." Der Abschnitt VV 12-14a ist also bei Lukas gestaltet als die Exposition der Brotvermehrungs-Szene, die ganz durch die Initiative der Zwölf dominiert ist. Die Hervorhebung ihrer Sorge für "dieses ganze Volk" ist der Grund für die Streichung des entsprechenden Motivs (vgl. Mk 6,34b, ebenfalls mit Erzählerkommentar V 34c) im ersten Abschnitt.

Der dritte Abschnitt (VV 14b-17) stellt das durch die Sorge der Zwölf motivierte Handeln Jesu dar, bei welchem ihm "die Jünger" assistieren. (Der Dienst, den sie ausüben, entspricht nach Apg 6,2b nicht der Aufgabe der Zwölf!) In einer ersten Sequenz (V 14b.15) gibt Jesus Anweisung (εἶπεν), daß sich alle setzen; die Jünger führen die Anweisung aus (ἐποίησαν), und zwar aufs Wort genau (κατέκλιναν). Damit ist die letzte Sequenz vorbereitet. Die Protasis (V 16) ist die dreigliedrige Handlung Jesu mit ihrer einprägsamen Struktur (vgl. Lk 24,30.35): dem Segensgebet (εὐλόγησεν), dem Brechen des Brotes (κατέκλασεν) und dem Geben (ἐδίδου), wobei die Jünger das Austeilen an die Menge übernehmen, aber nicht als Funktion, die ein Haupsatzprädikat verlangen würde. Hier handelt Jesus allein. Die Apodosis ist das Mahl (ἔφαγον), durch das alle gesättigt werden (ἐχορτάσθησαν). Das Einsammeln (ἤρθη) der Überfülle des Brotes in Körben bildet den idealen Schluß der Episode und des Teilzyklus. An dessen Ende steht, anders als bei Markus, das Wort "zwölf". Dies betont, daß es um die Rettung Israels als Zwölf-Stämme-Volk geht.

3. Die Offenbarung des Leidensgeschicks des Christus (Lk 9,18-50)

Die Erzählung von der wunderbaren Rettung des Volkes in der Wüste am Schluß des zentralen Abschnitts des zweiten Galiläa-Zyklus hat dem

Leser des lukanischen Werkes die Utopie der Erfüllung der *Hoffnung* des jüdischen Volkes auf die Wiederherstellung der Gottesherrschaft für Israel (vgl. Apg 1,6) in kraftvollen Symbolen vergegenwärtigt. Dem stellt der Autor im abschließenden dritten Teil des Zyklus das *Geheimnis* des für den Messias vorherbestimmten Schicksals des Menschensohnes gegenüber als den Kern dessen, was im ersten Teil des Zyklus als "die Geheimnisse der Gottesherrschaft" bezeichnet worden ist. Im ersten Teil des Zyklus war von der Übergabe der Geheimnisse der Gottesherrschaft zwar die Rede. Expliziert wurde dieses Thema aber nicht inhaltlich, sondern auf einer Meta-Ebene: Wie muß gehört werden, damit das Wort fruchtbar wird? Im dritten Teil des Zyklus wird nun inhaltlich ausgesprochen, was es zu hören und im Herzen zu bewahren gilt, damit das Wissen um die Geheimnisse der Gottesherrschaft erinnerlich ist, wenn die im Plan Gottes vorhergesehenen Ereignisse eingetreten sind und verstanden werden müssen.
Die Traditionsgrundlage dieses Teils des zweiten Galiläa-Zyklus ist Mk 8,27-9,40. Die Reihenfolge der einzelnen Stoffe wird von Lukas zwar nicht verändert. Seine Komposition ist dennoch originär gegenüber der markinischen. Mit Mk 8,22-26 beginnt ein neuer Zyklus (Mk 8,22-10,52), zugleich der zweite Hauptteil seines Buches. Lukas übergeht im Zuge der sogenannten großen Auslassung von Mk 6,45-8,26 dessen Anfang, läßt mit Lk 9,18 (par Mk 8,27) den *abschließenden* Teil seines zweiten Galiläa-Zyklus beginnen, dessen Ende (Lk 9,50) in der markinischen Komposition in gar keiner Weise vorgegeben ist (vgl. Mk 9,38-50 gegenüber Lk 9,49 f). Mit welcher Konsequenz Lukas in diesem Bereich die markinische Komposition aufgelöst hat, wird im Band II dieser Analysen an der Konzeption der Reisen nach Jerusalem bei Markus und Lukas im Vergleich der Kompositionsfiguren aufgewiesen.

3.1 Das Schicksal des Menschensohnes (Lk 9,18-21) und die Kreuzesnachfolge (Lk 9,22-27)

Lukas beginnt den Abschnitt ohne Überleitung mit einer idealen Gebets-Szene. Dies entspricht der thematischen Wende, die sich hier ankündigt. Im Unterschied zu der vergleichbaren Szene Lk 6,12 sind die Jünger bei Jesus (συνῆσαν, V 18a), während er "allein" im Gebet verweilt. Nach der Syntax des Satzes - das Alleinsein Jesu ist nur durch ein Partizip erklärt - liegt das Schwergewicht auf dem Dabeisein der Jünger. Es geht um ihre Belehrung über Gottes Geheimnisse. Diese szenische Eröffnung unterscheidet sich klar von der markinischen Inszenierung. Dort ereignet sich das folgende Lehrgespräch "auf dem Weg" Jesu nach Jerusalem, der im Markusevangelium in Cäsarea Philippi beginnt. Das Wegmotiv hat Lukas hier vermieden.

Das anschließende Lehrgespräch besteht aus zwei Frage-Antwort-Sequenzen, auf die mit der eigentlichen Belehrung der Abschluß folgt. Die erste Frage (ἐπηρώτησεν, V 18b) stellt Jesus so, daß die Unwissenheit des Volkes bezüglich der Sendung Jesu zur Sprache kommt. Die Jünger, von Jesus gefragt, für wen ihn die Volksscharen halten, referieren in ihrer Antwort (εἶπαν, V 19a) genau die Meinungen, die wenig zuvor der ratlose Herodes als Gerüchte verworfen hat (vgl. 9,19 mit 9,7 f). Jetzt muß sich zeigen, daß die Jünger mehr verstehen als Herodes. Die an die Jünger gerichtete zweite Frage Jesu (εἶπεν, V 20a) nach ihrer Meinung beantwortet (εἶπεν, V 20c) Petrus: Er hält Jesus für "den Gesalbten Gottes". Dies wird nicht als ein Bekenntnis formuliert (vgl. Mk 8,29d: "Du bist..."), sondern als sachliche Aussage, die den Wissensstand der Jünger zum Vorschein bringt. Der Zusatz τοῦ θεοῦ in Verbindung mit dem Messias-Titel verweist hier bereits auf Gott als den Herrscher, dessen planender Wille maßgeblich für den Inhalt dessen ist, was der Titel Messias besagen kann. Die von Petrus geäußerte Meinung ist also im Ansatz zutreffend und kann weiter entfaltet werden. Dies geschieht in der folgenden, bei Lukas im Unterschied zu Markus das Lehrgespräch *abschließenden* Belehrung der Jünger durch Jesus: Die noch entfaltungsbedürftige Ansicht des Petrus über die Messianität Jesu wird mit einem Schweigegebot belegt (παρήγγειλεν, V 21) und ohne neues Satzprädikat in dem unmittelbar angeschlossenen Logion mit einem bis dahin unbekannten Inhalt gefüllt: Der Gesalbte Gottes geht den von Gott geplanten, unumgänglichen (δεῖ) Weg des Menschensohnes, der durch viele Leiden führt, nämlich über die Abweisung durch die jüdischen Autoritäten und über den Tod zur Auferweckung am dritten Tag. Diese erste Leidensvorhersage ist gegenüber der markinischen Formulierung (Mk 8,31) kaum verändert. Vor allem das Spannungsverhältnis zwischen der Christus-Vorstellung der Jünger und der Menschensohn-Aussage Jesu ist auch in der lukanischen Bearbeitung relevant. Hier hat Lukas jedoch durch die Auslassung einer markinischen Sequenz das Handlungsgefüge deutlich modifiziert. Nach Mk 8,32a hat Jesus das Leidensgeheimnis "offen" ausgesprochen. Dagegen protestiert Petrus explizit (Mk 8,32b) und wird daraufhin von Jesus scharf zurechtgewiesen (Mk 8,33). Bei Lukas dagegen wird das Wort des lukanischen Jesus über den Leidensweg des Gesalbten Gottes als Menschensohn nicht als "offene" Rede deklariert, wird folglich auch nicht zum Thema eines Disputs zwischen Petrus und Jesus. Es ist ein abschließender Satz, zu dem niemand etwas sagt, der weder erklärt noch diskutiert wird, sondern als unverstandenes Wort stehenbleibt, wie es gesagt ist. Später wird man sich an die galiläischen Worte Jesu erinnern und sie verstehen.

Ohne szenische Unterbrechung (anders Mk 8,34) folgt eine Rede (ἔλεγεν, V 23a) an die Adresse "aller", d.h. erzähltechnisch an die Gesamtheit der in V 18 eingeführten "Jünger", die aber auch die Adressaten des Schweigegebots und des Menschensohn-Logions sind (vgl. das αὐτοῖς in V 21). "An alle" signalisiert also bei Lukas zunächst einen Aspektwechsel von der Mitteilung geheimen Wissens zur Paränese. In einer programmatischen Form wird erstmals von Jüngerschaft nicht nur im Sinne des weisheitlichen Lernens, sondern im Sinne der persönlichen Nachfolge Jesu gesprochen: "Wenn einer hinter mir hergehen will ...". Die Formulierung "wenn einer ... will" bezieht sich auf die Grundentscheidung für einen Lebensentwurf, setzt also dieselbe Scheideweg-Situation voraus wie die Rede am Berg Lk 6,20-49 mit ihrer Eröffnung durch die Seligpreisungen und Weherufe. Gegenüber der Rede am Berg stellt die Grundsatzerklärung über die Kreuzesnachfolge als Form der Jüngerschaft jedoch eine Präzisierung dar. Es geht in Lk 9,23-26 nicht nur um die Frage des klugen oder törichten Handelns angesichts der nahen eschatologischen Wende, wenn Gott die Verhältnisse gerecht ordnet, sondern ausdrücklich um die Frage der Rettung des Lebens aus dem Tod (vgl. V 24 f). Wenn einer gerettet werden will, muß er den Weg gehen, den Jesus als Menschensohn selbst geht und den er hier erstmals für "alle" zum einzig möglichen Weg der Rettung erklärt. Durch die Hinzufügung des Wortes "täglich" ("und er nehme sein Kreuz *täglich* auf sich", V 23d) macht Lukas klar, daß er Kreuzesnachfolge nicht im Sinne des Martyriums versteht, sondern als die Lebensweise, die sich aus dem Wissen um den Weg der Rettung ergibt. Daran zeigt sich, daß diese Paränese sich über die erzählte Situation hinaus an *jeden* Jünger richtet, nicht nur an "alle" in der Szene Anwesenden, also vor allem auch an die Leser dieses Textes.
Die ganze Rede Lk 9,23-27 hat Lukas u.a. durch die Streichung von Mk 8,37 in seinem Sinne neu strukturiert. Die Frage, was einer tun muß, wenn er als Schüler "hinter mir hergehen will", wird in V 23 durch drei Imperative beantwortet, denen eine Reihe von drei (nicht wie bei Markus vier) Argumenten folgt. Die drei Argumente begründen und konkretisieren zugleich, was in den drei Imperativen gefordert wird. Dabei stehen jeweils der erste Imperativ ("der verleugne sich selbst") mit dem ersten Argument (V 24), der zweite Imperativ ("und er nehme sein Kreuz täglich auf sich") mit dem zweiten Argument (V 25), der dritte Imperativ ("und er folge mir nach") mit dem dritten Argument (V 26) in näherer Entsprechung. Den Schluß der Rede bildet die Ankündigung der im folgenden Abschnitt erzählten Verklärung Jesu (V 27).
Das erste Argument (V 24) konkretisiert und begründet die Forderung, "sich selbst" zu "verleugnen". Gemeint und gefordert ist damit, sein Leben nicht selbst retten zu wollen. (Dies erwarten nach Lk 23,35-37 die Spötter unter dem Kreuz Jesu vom Messias!) Das Argument V 24 setzt

als Anschauungsmodell die Situation der Feldherrnansprache vor einer Schlacht voraus. Ohne die Bereitschaft, sein Leben im Kampf einzusetzen, wird ein Soldat die Schlacht nicht überleben. Für Lukas ist das Kampfmotiv allerdings kaum von Bedeutung. Was Rettung bedeutet, ist zuletzt in der Totenerweckung der Tochter des Jairus sichtbar geworden: Rettung im Sinne der Heilspläne Gottes ist die Rettung durch den Tod hindurch und aus dem Tode ins Leben. Der Weg des Menschensohnes durch den Tod zur Auferweckung am dritten Tag ist dafür das Modell, an dem das Leben eines Jüngers sich orientiert. In diesem Sinn versteht Lukas den Ausdruck "um meinetwillen". Markus dagegen meint den Lebenseinsatz im *Kampf* "um meinetwillen und um des Evangeliums willen", dessen zweites Element Lukas nicht übernimmt. Nach Lukas geht es darum, daß einer weiß, wie Jesus als der erste Gerettete gerettet worden ist, und sein Leben entsprechend täglich führt.
Das zweite Argument (V 25) begründet das tägliche Aufnehmen des Kreuzes. Wenn es darum geht, das eigene Leben aus dem Tod zu retten, ist jeder Gewinn von etwas anderem, und sei es der ganzen Welt, ein Schaden und eine Strafe, weil so das Leben nicht gerettet werden kann, sondern zugrunde geht. Lukas verändert und ergänzt hier den Wortlaut von Mk 8,36 u.a. durch Hinzufügung des Ausdrucks "sich selbst verlieren", trägt also auch hier das Todes-Motiv aus V 24 ein. Über Nutzen und Schaden ist nur sinnvoll zu reden auf dem Hintergrund der Frage der Errettung aus dem Tod.
Das dritte Argument (V 26) begründet und konkretisiert die Forderung, in der Nachfolge Jesu zu leben, mit der Gegenvorstellung der Preisgabe der Beziehung zu Jesus aus Scham. Das dritte Argument transformiert damit die Nützlichkeitserwägungen des zweiten Arguments auf die Ebene des bonum honestum, die Ebene des Geltens im Sinne von Ehre und Schande. Sie ist der Ebene des bonum utile (Nutzen und Schaden) sogar übergeordnet. Hier liegt die Pointe der Argumentation. Was als Ehre und Schande gilt, definiert sich für einen Jünger Jesu aufgrund seines Wissens um das Geheimnis der Errettung des Menschensohnes aus dem Tod. Dieses Wissen wird bestätigt vor dem Forum der himmlischen Welt. Wenn Jesus als der Menschensohn kommt "in *seiner* Herrlichkeit" (αὐτοῦ ist Zusatz zu Mk 8,38; vgl. auch Lk 24,26), werden sich die Ehrenmaßstäbe umkehren entsprechend dem Weg, den der Menschensohn gehen mußte von der Abweisung durch die religiösen Autoritäten durch den Tod hindurch hinüber in "seine" Herrlichkeit, die die Herrlichkeit der himmlischen Welt "des Vaters und der heiligen Engel" ist. Das Gerichtsmotiv tritt hinter dem Aspekt der Modellhaftigkeit des Weges Jesu für die Errettung aus dem Tod zurück. Daher tilgt Lukas auch den Hinweis auf "diese ehebrecherische und sündige Generation" in Mk 8,38, die jetzt das Forum für Ehre und Schande ist und dereinst im Gericht beschämt wird. Insgesamt

hat Lukas also die Begründungen der Paränese konsequent aus seiner Interpretation des Menschensohn-Logions 9,22 entwickelt.
Den drei Argumenten entsprechen drei Werte: Leben, Besitz und Ehre. In der stoischen Ethik spielen sie eine besondere Rolle. Bei Epiktet, einem Zeitgenossen des Lukas, stehen sie im ersten Abschnitt seines "Handbüchleins der Moral" an der Spitze des Katalogs der Dinge, "die nicht in unserer Macht liegen" (οὐκ ἐφ' ἡμῖν). "Nicht in unserer Macht liegen unser Körper, unser Besitz, unser Ansehen, unser gesellschaftlicher Rang, kurz alles, was wir nicht selber bewirken." Da diese Werte unerreichbar sind, wird man sie als philosophisch gebildeter Mensch nicht erstreben, weil man auf jeden Fall ein unglücklicher Mensch würde, wenn man sein Glück an Dinge hängt, deren Erlangung nicht in der Reichweite des eigenen Handelns liegt. Lukas, der sich mit stoischem Denken auch explizit auseinandersetzen wird (vgl. Apg 17,18), geht hier wie vor allem wiederholt auch im Kontext des Reiseberichts Lk 9,51-19,48 implizit auf die stoische Ethik ein. Die Überzeugung, daß Leben, Besitz und Ehre nicht in unserer Macht liegen, teilt Lukas durchaus, wie man hier in seiner Begründung der Kreuzesnachfolge sieht. Im Unterschied zu Epiktet zieht er aber daraus nicht als Konsequenz den Rat, sich durch das Meiden allen Strebens bezüglich Leib, Besitz und Ehre vor Frustration und Unglück zu bewahren. Das Verb "wollen" hat, und zwar auch im positiven Sinn, eine Schlüsselstellung in Lk 9,23 f. Wenn einer als Schüler hinter Jesus hergehen "will" (V 23), darf er durchaus sein Leben als Wert betrachten und bejahen; nur muß er wissen, daß er es nicht retten kann. Wenn einer sein Leben "*retten* will", wird er es verlieren (V 24a).
Das Schlußwort Lk 9,27 ist die Überleitung vom dritten Argument zur folgenden Episode. Die Herrlichkeit der himmlischen Welt, in der der Menschensohn bei seiner Parusie erscheinen wird, werden "einige" der in der Szene Anwesenden zu sehen bekommen, ohne den Tod zu kosten. Dies ist im lukanischen Zusammenhang ein Privileg im Sinne einer Ausnahme von der Regel, daß der Weg in die Herrlichkeit der Gottesherrschaft durch Tod und Errettung geht. Was die drei ausgewählten Jünger bei der Verklärung sehen, ist nicht das *Kommen* der Gottesherrschaft *in Macht* (so Mk 9,1), sondern der Glanz der himmlischen Sphäre, in die der Weg der Errettung aus dem Tod führt.

3.2 Die Christophanie auf dem Berg (Lk 9,28-36)

Die folgende Episode schließt Lukas betont an die vorangegangene Rede an: "Es geschah etwa acht Tage *nach diesen Worten* ... " (V 28). Die Ankündigung, daß einige der Adressaten der vorangehenden Rede die Gottesherrschaft sehen werden, wird jetzt wahr. Wieder wird die Episode bei Lukas anders als in der Markus-Fassung mit einer idealen *Gebetsszene* eröffnet. Nach Lk 9,28 ist es Jesus, der zum Gebet auf den Berg hinaufsteigt (ἀνέβη). Dabei nimmt er Petrus, Jakobus und Johannes mit. Dieser Nebenzug der Handlung wird durch ein Partizip bezeichnet. Nach Mk 9,2 dagegen nimmt Jesus die drei Jünger mit sich (1. Hauptsatzprädikat) und führt sie (2. Hauptsatzprädikat) auf einen hohen Berg, wo sie eine Offenbarung empfangen. Die drei Jünger sind also in der Markus-Fassung als die Zeugen gesehen, für die und vor deren Augen die Christophanie sich ereignet. Bei Lukas sind die Vorgänge auf den betenden Jesus konzentriert, während die Jünger nur dabeisein dürfen.

Die Verklärungs-Episode ist in der Markus-Fassung (Mk 9,2-8) strukturiert als Aufeinanderfolge einer Vision (VV 2c.3.4), auf die Petrus mit einem Wort reagiert (V 5, vom Erzähler in V 6 kommentiert), und einer Audition (V 7), nach der die Jünger Jesus allein sehen (V 8). Auf die *Vision* reagiert Petrus mit einem unverständigen *Wort*. Nach dem *Wort* der Himmelsstimme *sehen* die Jünger Jesus, auf den die Himmelsstimme hingewiesen hat als die maßgebliche Autorität, auf die sie hören sollen. Die markinische Verklärungs-Episode begründet also die Autorität Jesu als Lehrer für die Jünger durch seine Zuordnung zur himmlischen Welt.

Diese Intention tritt in der lukanischen Fassung in den Hintergrund. Denn die Struktur der lukanischen Fassung ist gegenüber der markinischen wesentlich verändert. Lukas gliedert die Episode in einen ersten Handlungsteil (VV 29-32), der sich ereignet "während er [Jesus] betete" (V 29), und einen zweiten (VV 33-36), der sich ereignet, "während sie [Mose und Elia] sich von ihm [Jesus] trennen" (V 33). Im ersten Handlungsteil kommt ein Bild zustande (V 29 f), das die drei anwesenden Jünger *sehen* (V 32b); im zweiten Handlungsteil wird dieses Bild aufgelöst (VV 33-36a), und die Jünger *reden nicht* über das Gesehene (V 36b.c). Es geht also bei Lukas insgesamt um das Sehen der Herrlichkeit Jesu und der beiden menschlichen Gestalten aus der himmlischen Welt, Mose und Elia (vgl. V 32), und die Beendigung dieses Sehens durch die Auflösung des Bildes und die Unterbindung des Sehens dieses Bildes. Das unverständige Wort, mit dem Petrus in die Handlung eingreift, leitet die Auflösung des Bildes ein, gehört also anders als bei Markus zum zweiten Handlungsteil der Episode.

Das Verhältnis der beiden Handlungsteile läßt sich als Sequenz verstehen. Ein Bild entsteht und verschwindet. Von der Mikrostruktur der Handlung läßt sich dies aber nicht ohne weiteres sagen. Der Erzähler sorgt mit einer sehr ungewöhnlichen Technik dafür, daß die einzelnen Funktionen der Akteure, besonders im zweiten Teil der Episode, wiederholt keine Sequenzen im Sinne der Interaktion der Figuren bilden. Die Zuordnung einzelner Handlungselemente geschieht überwiegend nicht in der Form einer

alternierenden Folge von Handlungen der Akteure, sondern durch ihre synchrone Parallelisierung bzw. Gegenüberstellung.
Auch im ersten Teil der Episode wird so verfahren, wenn auch ohne die auffällige Technik der *expliziten* Synchronisierung von Handlungselementen. Während Jesus betet (Hintergrundhandlung), verändert sich sein Aussehen (ἐγένετο ... ἕτερον ...), und seine Gewänder werden blitzend weiß (... καὶ ... λευκὸς ἐξαστράπτων, V 29). Mit "und siehe" wird das Bild ergänzt um zwei "Männer", die in V 30a sofort im Gespräch mit Jesus sind (συνελάλουν), ohne zuvor aufgetreten zu sein. Ihren Auftritt holt der Erzähler nach, indem er das Bild erläutert. Er nennt die Namen der Männer (V 30b) und kommentiert ihre Funktion in diesem Bild: "Erschienen in Herrlichkeit", reden sie - hier löst sich Lukas von der Markus-Fassung - vom "Ausgang" Jesu in Jerusalem, seinem Abtreten vom Schauplatz der im Lukasevangelium erzählten Geschichte. Das Wort "Ausgang" bezieht sich dabei nicht ausschließlich auf den Tod Jesu, sondern - in Entsprechung zum Ausdruck "Eingang" für das Auftreten Jesu am Anfang seines Weges (Apg 13,24) - auch auf das wirkliche, das glorreiche Ende des Weges Jesu, der sich in Jerusalem "erfüllen wird" entsprechend dem geheimen Plan Gottes. Der Leser kennt bereits die letzten Stationen dieses Weges Jesu als Menschensohn aufgrund der ersten Leidensvorhersage (Lk 9,22). Jetzt stellt der Erzähler in seiner Kommentierung des Bildes ausdrücklich den Zusammenhang her zwischen dem, was Jesus als sein eigenes Wissen schon mitgeteilt hat, und dem, was in der himmlischen Welt geplant und gewußt wird über das Ende des Weges Jesu. Mose und Elia - so die lukanische Reihenfolge gegen Mk 9,4 - sind dabei auch die Repräsentanten der Schrift bzw. des kanonischen Wissens der jüdischen Religion, vor allem aber die großen Paradigmen der Vollendung des Weges von charismatischen Wissensträgern durch ihre Entrückung in die himmlische Welt. (Auf diese Vorstellungen wird im Zusammenhang der Petrus-Rede in Apg 3 zurückzukommen sein.)
Für den Leser hat der Erzähler diese Zusammenhänge aufgedeckt. Die Jünger werden dagegen erst mit V 32a an der Handlung beteiligt. (Sie werden überhaupt erst hier syntaktisch als Subjekte eingeführt.) Sie sind von einem schweren Schlaf umfangen (ἦσαν βεβαρημένοι, V 32a), der sie - im Unterschied zu Mk 9,4 - vom Erscheinen des Elia und Mose und ihrem Gespräch mit Jesus ausgeschlossen hat. Beim Erwachen sehen sie (εἶδον) aber noch das ganze Bild, wie es zuvor zusammengefügt worden ist: "seine [Jesu] Herrlichkeit und die beiden Männer, die bei ihm standen" (V 32b). Die Ankündigung von Lk 9,27 ist also eingetroffen. Die Jünger haben die Gottesherrschaft geschaut, ohne allerdings verstehen zu können, was sie gesehen haben.

Der zweite Teil der Episode setzt dieses Nichtverstehen der drei auserwählten Jünger in Handlung um, und zwar durch die erwähnte Technik der Synchronisierung anstelle der sequentiellen Anordnung von Einzelfunktionen. Das folgende geschieht (ἐγένετο, V 33a), "während sie [Mose und Elia] sich von ihm [Jesus] trennen" (Hintergrundhandlung). In die Auflösung des Bildes hinein spricht (εἶπεν, V 33a) Petrus mit Jesus. *Während* Petrus seinen unverständigen Vorschlag macht, entsteht die Wolke und wirft ihren Schatten (V 34). Hier wird nicht die eigentliche Handlung mit einer Hintergrundhandlung unterlegt (wie in V 29a und V 33a), sondern durch Hauptsatzprädikate bezeichnete einzelne Elemente der eigentlichen Handlung, hier die wörtliche Rede (εἶπεν) des Petrus in V 33 und das Entstehen (ἐγένετο) der Wolke und ihr Schattenwerfen (ἐπεσκίαζεν) in V 34a.b, werden am Anfang von V 34 ("Als er dies sagte") als gleichzeitige Vorgänge einander zugeordnet. Erst die Furchtreaktion (ἐφοβήθησαν) der drei Jünger auf die Wolke und ihren Schatten in V 34c bildet mit V 34 a.b eine normale Mikrosequenz. Dasselbe Verfahren wiederholt sich in V 35 f. Die Himmelsstimme spricht (ἐγένετο ... λέγουσα) aus der Wolke (V 35), und gleichzeitig ("während die Stimme geschieht") findet man (εὑρέθη) Jesus allein (V 36a). Auf diese synchronisierten Handlungselemente erst erfolgt in V 36b.c eine Reaktion der Jünger. Sie schweigen (ἐσίγησαν) und teilen niemand mit (οὐδενὶ ἀπήγγειλαν), was sie gesehen haben.

Die synchronisierten Handlungselemente stehen in starker Spannung zueinander. Die Reaktionen darauf, Furcht und Schweigen, bestätigen, daß die Jünger dem Geschehen nicht folgen können. Aufgrund dieser erzählerischen Gestaltung versteht der Leser das Wort des Petrus an Jesus als den unmöglichen Versuch, die Herrlichkeit der himmlischen Welt am Ort ihres Erscheinens in der irdischen Sphäre festzuhalten, und das gleichzeitige Entstehen der Wolke mit ihrem Schatten als die Vereitelung dieses Versuchs. Petrus und die himmlische Regie arbeiten gegeneinander. Petrus will mit seinen menschlichen Begleitern drei "Zelte" bauen nach Art der ewigen Wohnungen (vgl. Lk 16,9), wie sie Bewohnern der himmlischen Welt angemessen sind, damit es ihnen und ihm weiterhin möglich ist, "hier" zu sein, wo zu sein "schön" ist. Der Erzähler kommentiert dies als Ausdruck des Nichtwissens und läßt gleichzeitig die Wolke entstehen und mit ihrem Schatten bewirken, daß das schöne Bild den Augen der Betrachter entzogen wird. Auf sie fällt der Schatten der Wolke, der sich bildet durch die Abschirmung des Glanzes der himmlischen Erscheinungen. Die Wolke ist also für Lukas nicht Symbol der göttlichen Gegenwart, sondern sie trennt zwischen der himmlischen und der irdischen Sphäre (vgl. Apg 1,9). (Die Trennung des Bühnenraums in einen oberen und einen unteren Bereich gehört seit Euripides zum technischen Standard der Dramaturgie.) Auf diesen Vorgang reagieren die Jünger mit Furcht (V

34c), während in der Hintergrundhandlung die beiden himmlischen Gestalten Mose und Elia in der Wolke verschwinden. (Nach der Vorstellung der Aufteilung des Raums in eine obere und eine untere Sphäre können es nicht die Jünger sein, die in die Wolke geraten. Sie bleiben unten. Das Wechseln von oben nach unten und wieder zurück ist den Göttern vorbehalten. Die entsprechenden Maschinen gehören ebenfalls seit Euripides zur Bühnentechnik des antiken Dramas.)
In der letzten Sequenz (V 35 f) erschallt die Stimme aus der Wolke nach dem Abgang der himmlischen Gestalten und damit der vollständigen Auflösung des Bildes, das die Jünger von der himmlischen Herrlichkeit gesehen haben. Denn als ein Sehen wird der gesamte Vorgang im letzten Wort der Episode zusammengefaßt ("... und teilten niemand mit, was sie gesehen hatten"). Nach dem Verschwinden des Bildes wird seine Bedeutung erklärt. Die Stimme spricht identifizierend ("Dieser ist mein auserwählter Sohn ..."); und während dieser Worte findet man Jesus "allein". Jesus ist so identifiziert als der einzige Vermittler zwischen Himmel und Erde für die, die sein Wort hören. Die himmlische Regie stellt so der aus Unwissenheit entstandenen Erwartung des Petrus, die Herrlichkeit der himmlischen Welt werde sich in der irdischen etablieren lassen, das Wort Jesu gegenüber als den einzigen Weg zur Erkenntnis seiner himmlischen Bestimmung nach dem geheimen Plan der Gottesherrschaft. Die Jünger reagieren darauf mit Schweigen. Dies ist die angemessene Reaktion in dieser Zeit zwischen der Erfahrung und dem Verstehen des Erfahrenen (vgl. Apg 15,12).
Die Christophanie auf dem Berg ist der Höhepunkt im letzten Teil des zweiten Galiläa-Zyklus. Der Erzähler verweist hier seinen Leser explizit auf das Ende des Weges Jesu und damit auf das Ende des ersten Buches des Doppelwerks. Zugleich läßt er innerhalb der erzählten Welt die Geheimnisse der Gottesherrschaft vor den Jüngern bewahrt bleiben. Den zweiten Teil des Buches, der von Beginn an (vgl. Lk 9,51) auf das Ziel ausgerichtet ist, das Mose und Elia auf dem Berg im Gespräch mit Jesus besprochen haben, die Entrückung Jesu, wird der lukanische Leser also mit einem Wissensvorsprung vor den Jüngern und dem Volk lesen, die in der Erzählung Jesus auf seinem Weg begleiten. Er wird den Reisebericht verstehen als die Darstellung der Reise des erwählten Messias an den Ort seiner Bestimmung, den Wohnsitz der Weisheit Gottes von Urbeginn, den Platz zur Rechten Gottes in der himmlischen Welt. Das Abbild der himmlischen Wohnung Gottes, den Tempel in Jerusalem, faßt Jesus seit Lk 9,51 als Ziel fest ins Auge. Es ist der Ort der Abweisung Jesu durch sein Volk. Indem der Leser diesen Weg an den Ort der Abweisung Jesu durch sein Volk verstehend mitvollzieht, wird ihm der dramatische Zusammenhang zwischen der Genese seines Wissens und der jüdischen Messiashoffnung bewußt.

3.3 Der Exorzismus am Fuß des Berges (Lk 9,37-43a) und das letzte galiläische Lehrgespräch (Lk 9,43b-50)

Die folgende Episode setzt Lukas von der Verklärungs-Episode ab, indem er sie am folgenden Tag beginnen läßt. Das markinische Gespräch zwischen Jesus und den Jüngern beim Abstieg vom Berg (Mk 9,9-13) streicht Lukas ganz, ebenso das Gespräch im Haus im Anschluß an den Exorzismus (Mk 9,28 f). Ferner entfällt das gliedernde Itinerar Mk 9,30. Damit faßt Lukas den Exorzismus am Fuß des Berges (Lk 9,37-43a) und das abschließende Lehrgespräch (Lk 9,43b-50) zu einer Doppelepisode zusammen. Sie stellt als ganze das Unverständnis des Volkes (vgl. Lk 9,41) und mehr noch das der Jünger (vgl. 9,45) dem Offenbarungsereignis auf dem Berg gegenüber. Typisch lukanisch ist die enge Verknüpfung des Exorzismus vor der Öffentlichkeit der Volksmenge mit dem nachfolgenden Lehrgespräch Jesu mit den Jüngern. Die Jünger und das Volk werden auf diese Weise auch hier wie bei der Rede am Berg und bei der Gleichnisrede Lk 8,4-18 als die zwei Ränge des Publikums Jesu einander zugeordnet. Beide werden hier auf unterschiedliche Weise konfrontiert mit dem Geheimnis der Sendung Jesu und reagieren auf unterschiedliche Weise auf das, was sie dabei erfahren.

Den öffentlichen Exorzismus hat Lukas gegenüber Mk 9,14-27 strukturell erheblich vereinfacht. In der Exposition (V 37) kommt es zur Begegnung (συνήντεσεν) einer großen Menge mit Jesus. Das gewählte Verb deutet schon die folgende Konfrontation an. In einer ersten Sequenz schreit (ἐβόησεν) ein Mann aus der Menge (V 38a) und trägt mit diesem Schreien für seinen vom Dämon besessenen Sohn die Heilungsbitte vor (VV 38b-40). Darauf antwortet (ἀποκριθεὶς ... εἶπεν) Jesus mit einer Klage über das "ungläubige und verwirrte Geschlecht", bevor er gewährend auf die Heilungsbitte des Vaters eingeht mit den Worten: "Bring deinen Sohn hierher." Die zweite Sequenz (V 42) stellt in knapper Form den Exorzismus dar. Noch beim Herankommen reißt (ἔρρηξεν) und zerrt (συνεσπάραξεν) der Dämon den Jungen. Dagegen setzt Jesus seine Macht in einer Trias von Handlungselementen ein: Er fährt den Dämon an (ἐπετίμησεν), heilt den Jungen (ἰάσατο) und gibt ihn seinem Vater zurück (ἀπέδωκεν). Der Chorschluß (V 43a), mit dem die Menge auf das Geschehen antwortet, ist eher positiv als ambivalent formuliert. "Alle" geraten außer sich (ἐξεπλήσσοντο) "über die Größe Gottes".

Der Erzähler signalisiert also, daß das Volk auf seine Weise angemessen versteht, was es gesehen hat. Damit vertieft sich der Kontrast zwischen dem Volk und den Jüngern, der schon in der Heilungsbitte des Vaters erkennbar wird. Die Rede des Vaters enthält außer der eigentlichen Bitte (V 38) nach einem für die lukanische Einführung eines Disäquilibriums typischen καὶ ἰδού die Schilderung der Notlage des Besessenen. Diese wird nicht nur in der Besessenheit des Sohnes gesehen (V 39), sondern auch darin, daß die Jünger nicht fähig sind, die Bitte des Vaters zu erfüllen und den Exorzismus zu vollziehen (V 40). Die den Zwölfen in Lk 9,1-6 übergebene Macht haben sie nicht.

Die Klage, mit der Jesus zunächst auf die Bitte des Vaters reagiert, bezieht sich zwar auf das "ungläubige und verwirrte Geschlecht". Im Zusammenhang ist aber klar, daß die Jünger als die zum Exorzismus Unfähigen für die desolate Lage des Volkes verantwortlich sind beziehungsweise selber das Beispiel für die Verwahrlosung der Menge sind. Letztlich geht es aber nicht um psychologisierende Schuldzuweisungen, sondern um den Zusammenhang zwischen dem Unvermögen der Jünger und dem Unverständnis des Volkes.

Die Überleitung vom Exorzismus zum Lehrgespräch setzt wieder das Mittel der Synchronisation ein: Während "alle" über die Taten Jesu staunen (Hintergrundhandlung) - zum Wechsel von der theozentrischen Akzentuierung im Chorschluß zur christozentrischen Akzentuierung in der Eröffnung des Lehrgesprächs vgl. Lk 8,39 - , beginnt Jesus zu seinen Jüngern zu sprechen. Die szenische Geschlossenheit der Doppelepisode wird auf diese Weise stark betont und damit der thematische Zusammenhang zwischen den Szenen der Episode unterstrichen. Dem Erweis der Macht Jesu über die Dämonen vor dem Volk steht sein Wort an seine Jünger gegenüber, in dem von der Ohnmacht Jesu die Rede ist, vom Geheimnis seines Schicksals, der Ohnmacht des in die Hände von Menschen ausgelieferten Menschensohnes. Im öffentlichen Exorzismus werden die Jünger als die Ohnmächtigen, zum rettenden Handeln Unfähigen in ein Gegensatzverhältnis zu Jesus gesetzt; im Lehrgespräch erweisen sie sich als die Unverständigen, die Jesu offenbarendes Wort über seine Ohnmacht als Menschensohn nicht begreifen können. Mit der Macht und der Ohnmacht Jesu konfrontiert, stehen sie auf beiden Ebenen, der des rettenden Handelns und der des Hörens und Verstehens, gleichermaßen als die Versagenden da, während das Volk die Größe Gottes in den Taten Jesu preist.

Das Lehrgespräch selbst besteht aus einer christologischen Lektion (VV 43b-45) und einer Lektion über Jüngerschaft (VV 46-50). Auch hier wird ein Kontrastprogramm gestaltet. Dem Wort Jesu über seine Ohnmacht als Menschensohn, das vor den Jüngern (ἀπ' αὐτῶν) verhüllt bleibt, stellt der Erzähler die Gedanken gegenüber, die in den Jüngern (ἐν αὐτοῖς) aufkommen. Dem Wort Jesu gegenüber erweisen sich die Jünger als inkompetente Hörer, mit dem, was sie selbst denken und sagen, als inkompetente Sprecher.

In der christologischen Lektion spricht Jesus (εἶπεν, V 43b); die Reaktion der Jünger (V 45) ist wortlos. Das Logion über die Ohnmacht des Menschensohnes (V 44) wird von Jesus auf der Meta-Ebene eingeführt, nämlich als "diese Worte", die die Jünger sich "in ihre Ohren legen" sollen. Das Wort über das Menschensohngeschick Jesu wird hier also unter dem Aspekt der Erinnerung eingeführt. Im Unterschied zur ersten Leidensankündigung (Lk 9,18-21) werden nicht die Stationen des Weges der Passion und Verherrlichung des Menschensohnes aufgezählt, sondern es geht um den Gegensatz, der sich im Schicksal Jesu auftut zwischen dem Menschensohn und den Menschen, in deren Hände er ausgeliefert wird. Später wird unter anderen Wissensbedingungen von einem der hier als Hörer beteiligten Jünger gesagt werden, daß es die Hände *unwissender* Menschen sind, durch die der Tod Jesu herbeigeführt worden ist (vgl. Apg 3,17). In dieser Szene aber sind es gerade die Jünger, die das Wort Jesu mit Unwissen beantworten. Dies wird in einer Trias von Satzprädikaten auffallend betont: Sie verstehen "dieses Wort" nicht (ἠγνόουν), sein Sinn bleibt ihnen verhüllt (ἦν παρακεκαλυμμένον), und ihre Angst (ἐφοβοῦντο) hindert sie, Jesus nach "diesem Wort" zu fragen. Die identifikatorische Verwendung der Demonstrativpronomina in VV 44a.45ac entspricht formal der Redeweise Jesu am Schluß des Osterzyklus: "Dies sind meine Worte, die ich redete, als ich noch bei euch war ..." (Lk 24,44). Lk 9,43b-45 ist also die Sequenz, auf die im Osterzyklus Bezug genommen wird. Die Frauen erinnern sich (vgl. Lk 24,8) seiner Worte, die er in Galiläa zu ihnen gesprochen hat (vgl. Lk 24,7), die bis dahin unverstanden geblieben sind. Lukas unterscheidet also zwischen dem Einprägen der Worte (vgl. 9,44a) und ihrem Verstehen zu einem späteren Zeitpunkt. Dies ist ein für Lukas charakteristisches Motiv. Die erinnerlichen Worte Jesu über seinen Weg werden erst durch die später eintretenden Ereignisse und die Kommunikation darüber zu einem Wissen, das als kommunikative Erinnerung den einen Bestandteil des Wissens bildet, das zusammen mit dem Verstehen der Schrift die kulturelle Identität der Glaubenden begründen wird.

Die zweite Lektion des Lehrgesprächs zum Thema Jüngerschaft besteht aus zwei Chrien, die als dissonante Sequenzen die Episode und den gesamten Zyklus abschließen. In der ersten Sequenz geht es um die interne Rangordnung unter den Jüngern. Die Gedanken, die in den Jüngern aufkommen (εἰσῆλθεν, V 46), wer unter ihnen der Größte sei, werden von Jesus entlarvt. Wie es seiner prophetischen Rolle entspricht (vgl. Lk 2,35), weiß Jesus um diese Gedanken und korrigiert sie in einer Belehrung (V 47); er stellt ein Kind neben sich auf (ἔστησεν) und erklärt (εἶπεν) an ihm als Modell, wie die Jünger seine Sendung verstehen und sich selbst Jesus zuordnen müssen. Das Kind steht in der Lukas-Version nicht in der Mitte der Jünger, sondern neben Jesus, ihm zugeordnet unter dem Aspekt der Ohnmacht. Ein Jünger muß Jesus in seiner Ohnmacht und in seiner Macht entsprechen. Beides lassen die Jünger in dieser Episode vermissen.

In der zweiten Sequenz geht es um die Grenzziehung gegenüber einem Charismatiker, der im Namen Jesu Exorizismen praktiziert. Johannes, einer der drei erwählten Jünger bei der Offenbarung auf dem Berg, berichtet (εἶπεν, V 49) von diesem fremden Exorzisten und dem eigenen Einschreiten gegen dessen Praxis mit dem Argument, er folge "uns" nicht nach. Der Fremde vollbringt, was die Jünger nicht zu tun vermögen. Wenn sie ihn daran zu hindern versuchen und dies auch noch damit begründen, daß er nicht zu ihnen gehört, disqualifiziert sie der Erzähler über ihre angemaßten Ansprüche als falsche Helden. Die richtige Niedrigkeitshaltung, zu der sie das Beispiel des Kindes anleiten soll, wird zur Karikatur in dem Versuch der Jünger, den fremden Exorzisten auf ihr Jüngersein zu verpflichten. Jesu Antwort (εἶπεν) widerspricht sowohl dem Versuch, den fremden Exorzisten an seiner Praxis zu hindern, wie der dafür gegebenen Begründung. Dieser letzte Satz: "Denn wer nicht gegen euch ist, ist für euch" sorgt dafür, daß der erste Galiläa-Zyklus nicht mit einem Eklat endet, sondern mit einer Ermutigung.

Kleine Literaturauswahl

Arbeitsübersetzungen

Das Neue Testament. Interlinearübersetzung griechisch-deutsch; griechi scher Text nach der Ausgabe von Nestle-Aland (26. Aufl.), übersetzt von E. Dietzfelbinger, Stuttgart [3]1989.

Münchener Neues Testament. Studienübersetzung, Düsseldorf 1988.

Literaturberichte, Einführungen zum lukanischen Geschichtswerk

Bovon, F.: Luc le théologien. Vingt-cinq ans de recherche (1950-1975), Neuchâtel 1978.

Ders.: Studies in Luke-Acts. Retrospekt and prospect: HThR 85 (1992) 175-196; französisch: Études lucaniennes. Rétrospective et prospective: RThPh 125 (1993) 113-135.

Ernst, J.: Lukas. Ein theologisches Portrait, Düsseldorf 1985.

Lindemann, A.: Literatur zu den synoptischen Evangelien 1084-1991 (Schluss): ThR 59 (1994) 415-423.

Löning, K.: Das Evangelium und die Kulturen, in: ANRW II 25.3, 2604-2646.

Ders.: Erinnerung und Erkenntnis. Zu den offenbarungstheologischen Leitvorstellungen der lukanischen Ostererzählungen, in: Peters, T.R. u.a. (Hgg.), Erinnern und Erkennen. Denkanstöße aus der Theologie von Johann Baptist Metz, Düsseldorf 1993, 74-84.

Ders.: Das Verhältnis zum Judentum als Identitätsproblem der Kirche nach der Apostelgeschichte, in: Hagemann, L. / Pulsfort, E. (Hg.), "Ihr alle aber seid Brüder" (FS A.Th. Khoury) [WFMR II,14], Würzburg-Altenberge 1990, S. 304-319.

Radl, W.: Das Lukas-Evangelium (EdF 261), Darmstadt 1988.

Rese, M.: Das Lukas-Evangelium. Ein Forschungsbericht, in: ANRW II 25.3, 2258-2328.

Schneider, G.: Neuere Literatur zum dritten Evangelium (1987-1989), in: ThRv 86 (1990)353-3360.

Ders.: Literatur zum lukanischen Doppelwerk. Neuerscheinungen 1990/91: ThRv 88 (1992) 1-18.

Weiser, A.: Theologie des Neuen Testaments II. Die Theologie der Evangelien (Kohlhammer Studienbücher Theologie 8), Stuttgart 1993 (S. 117-152).

Kommentare zum Lukasevangelium

Bovon, F.: Das Evangelium nach Lukas, 1. Teilbd.: Lk 1,1-9,50; 2. Teilbd.: Lk 9,51-14,35 (EKK 3,1.2), Zürich u.a. 1989.1996.
Ernst, J.: Das Evangelium nach Lukas (RNT 3), Regensburg 1977.
Kremer, J.: Lukasevangelium (NEB 3), Würzburg 1988.
Meynet, R.: L' Evangile selon saint Luc. Analyse rhétorique, 2 Bde., Paris 1988
Schmithals, W.: Das Evangelium nach Lukas (ZBK NT 3,1), Zürich 1980.
Schneider, G.: Das Evangelium nach Lukas (ÖTK 3,1.2), Würzburg 1977.
Schürmann, H.: Das Lukasevangelium I: Lk 1,1-9,50; II.1: 9,51-11,54 (HThK 3,1.2), Freiburg u.a. 1969.1994.
Schweizer, E.: Das Evangelium nach Lukas (NTD 3), Göttingen 1982.
Talbert, C.H.: Reading Luke: A Literary and Theological Commentary on the Third Gospel, New York 1986.

Kommentare zu anderen Evangelien mit leserorientiertem Ansatz

Frankemölle, H.: Matthäus. Kommentar 1, Düsseldorf 1994.
Iersel, B.v.: Markus. Kommentar, Düsseldorf 1993.
Schenke, L.: Das Johannesevangelium. Einführung - Text - dramatische Gestalt (UB 446), Stuttgart u.a. 1992.

Zur narrativen Analyse des lukanischen Geschichtswerks

Aletti, J.N.: L' art de raconter Jésus Christ. L' écriture narrative de l Evangile de Luc, Paris 1989.
Alexander, L.: The preface to Luke's gospel. Literary convention and social context in Luke 1,1-4 and Acts 1,1 (MSSNTS 78), Cambridge - New York 1993.
Coleridge, M.: The birth of the Lukan narrative. Narrative as christology in Luke 1-2 (JSNT.S 88), Sheffield 1993.
Darr, J.A.: Narrator as character. Mapping a reader-oriented approach to narration in Luke-Acts: Semeia 63 (1993) 43-60.
Dawsey, J.M.: The Lucan voice. Confusion and irony in the gospel of Luke, Macon (GA) 1986.
Diefenbach, M.: Die Komposition des Lukasevangeliums unter Berücksichtigung antiker Rhetorikelemente (FTS 43), Frankfurt 1993.
Goulder, M.: Luke's compositional options: NTS 39 (1993) 150-152.
Gowler, D.B.: Characterisation in Luke. A socio-narratological approach: BTB 19 (1989) 54-62.

Kurz, W.S.: Reading Luke-Acts. Dynamics of biblical narrative, Louisville (KY) 1993.
Meynet, R.: Avez-vous lu saint Luc? Guide pour une rencontre (Lire la Bible 88), Paris 1990.
Morgenthaler, R.: Lukas und Quintilian. Rhetorik als Erzählkunst, Zürich 1993.
Parsons, M.C.: Reading a beginning / beginning a reading: Tracing literary theory on narrative openings : Semeia 52 (1990) 11-33.
Radl, W.: Der Ursprung Jesu. Traditionsgeschichtliche Untersuchungen zu Lukas 1-2 (HBS 7), Freiburg u.a. 1996.
Sheeley, St.M.: Narrative asides in Luke-Acts (JSNT.S 72), Sheffield 1992.
Smith, D.E.: Narrative beginnings in ancient literatur and theory : Semeia 52 (1990) 1-10.
Tannehill, R.C.: The narrative unity of Luke-Acts. A literary interpretation I, Philadelphia (PA) 1986; II Minneapolis (MN) 1990.

Grundlagenliteratur zur Methodik und Hermeneutik

Assmann, J.: Das kulturelle Gedächtnis. Schrift, Erinnerung und politische Identität in frühen Hochkulturen, München 1992.
Eco, U.: Die Grenzen der Interpretation, München 1992.
Egger, W.: Methodenlehre zum Neuen Testament. Einführung in linguistische und historisch-kritische Methoden, Freiburg ^{4}1996.
Gülich, E. / Raible, W.: Überlegungen zu einer makrotextuellen Text analyse, in: Gülich, E. u.a. (Hgg.), Linguistische Tetxanalyse. Überlegungen zur Gliederung von Texten (Papiere zur Textlinguistik 8), Hamburg ^{2}1979, 73-147.
Dies. Linguistische Textmodelle. Grundlagen und Möglichkeiten (UTB 130), München 1977.
Iser, W.: Der Akt des Lesens. Theorie ästhetischer Wirkung, München 1976.
Lausberg, H.: Handbuch der literarischen Rhetorik. Eine Grundlegung der Literaturwissenschaft, Stuttgart ^{3}1990.
Link, H.: Rezeptionsforschung. Eine Einführung in Methoden und Probleme, Stuttgart u.a. ^{2} 1980.
Müller, P.: "Verstehst du auch, was du liest?" Lesen und Verstehen im Neuen Testament, Darmstadt 1994.
Raguse, H.: Der Raum des Textes. Elemente einer transdisziplinären theologischen Hermeneutik, Stuttgart u.a. 1994.
Weinrich, H.: Tempus. Besprochene und erzählte Welt, Stuttgart u.a. ^{3}1973.